JN420932

# 통일정책의 변천과 북한

김창진 저

문운당

"본 저작물은 '국립중앙박물관'에서 공공누리 제 1유형으로 개방한 '대동여지도'를 이용하였으며,
해당 저작물은 'e뮤지엄, https://emuseum.go.kr/main'에서 무료로 다운받으실 수 있습니다."

# 일러두기

## 1. 국호 표기 관련

정식국호 대한민국으로 표기하였으나, 원문 인용시는 원문 표기를 그대로 적용하였다. 남북한, 남측(북측) 등을 혼용하여 사용하기도 하였다.

## 2. 대통령 표기 관련

최초 표기는 ○○○대통령으로 하였으나, 이후부터는 ○○○(성명)으로만 표기하였다. 또한 저명 인사들에 대해서도 별도의 존칭은 사용하지 않았다.

## 3. 문법 관련

한글의 두음법칙에 따르는 것을 원칙으로 했으나, 북한의 신문 등을 인용시에는 원문 그대로를 사용하였다. 과거의 문서를 인용시에는 당시에 표기된 단어를 가능한 그대로 사용하였다.

# 글을 쓰면서

우리나라는 제2차 세계대전 당시 연합국의 적국은 아니었다. 단지 일본으로부터 수탈을 당하고 있던 식민지에 불과하였다. 그러나 미국과 소련은, 일본의 식민지는 일본과 동일하다는 논리만으로 한반도를 두 조각내는 일에 한 치의 망설임도 없었다. 이념은 평화롭던 나라와 가정을 두 조각으로 만들었다. 그렇게 이념에 따라 재단된 한반도는, 강대국이 원하는 대로 그들의 이념에 충실히 따르는 정부를 수립하기에 이르렀다. 이념의 대립은 전쟁을 예고하고 있었다. 국토완정론을 내세운 김일성은 시기가 되었다고 판단하자 우세한 무장력을 앞세워 분단선을 돌파하였다. 한반도의 끝자락까지 밀려난 대한민국은 낙동강에서 최후의 각오로 혈전을 벌였으며, 그후 국군과 유엔군이 북진하면서 분단선은 없어지는 듯하였다. 그러나 분단도 분단선을 없애는 것도 우리의 의지만으로 되는 일이 아니라는 것을 절감하면서 새로운 분단선에 따라야 했다. 새로운 분단선은 새로운 질서가 굳어져 갈 것이라는 예고이기도 하였다.

전쟁까지 불사했던 남북의 관계는, 동족이라는 애틋한 감정보다는 반드시 절멸시켜야 할 대상이라는 적대감을 높여만 갔다. 각자의 체제는 반드시 수호해야 했으며, 그러기 위해서는 상대방의 체제를 인정하지 않는 것은 물론이고 붕괴시키거나 흡수해 버려야 할 대상으로 세뇌되어 갔다. 그렇지만 시간의 흐름은 새로운 정세변화를 가져왔으며, 이로 인해 남과 북은 대화의 장을 열게 되었다. 이렇게 시작된 남북의 대화는 원하든 원하지 않든 간에 기나긴 끈을 이어왔다. 이 또한 도도히 흐르는 역사의 흐름 속에서 이루어지는 통일을 위한 여정이었다.

통일을 위한 노력과 지향한 목표는 동일했을지라도 정부의 성격에 따라 방향의 차이는 보여 왔다. 저자는 이러한 노력의 과정을 정리하여 보았다. 본서에서는 방향에 대한 문제의 지적보다는 노력한 흔적을 정리하고자 하였다. 방향에 대해 이러쿵저러쿵 할 만한 역량도 부족하지만, 그에 대한 평가는 이 책을 접하는 독자의 몫이라고 생각하였다. 다만 그에 대한 객관적인 인식을 위하여 있는 그대로의 자료를 최대한 찾아보고자 하였다. 모든 자료를 넣자면 너무나 방대한 분량이 될 것이므로, 중요하다고 판단되는 내용을 위주로 하여 정리해 보았다. 그러면서 북한의 반응을 최대한 찾아보고자 하였다. 북한에서 발행하는 노동신문 등을 찾아보았으며, 우리나라의 신문을 통하여 보도된 관련 자료를 참고하였다.

각 장의 구성은 정부의 성격을 기준으로 하여 시대별로 기술하였다. 군부정권, 진보정권, 보수정권 등으로 함께 묶어 정책의 계승 여부를 살펴보면서, 정부의 특성에 따른 공통점을 찾아보기 용이하게 하였다. 이는 성향이 유사한 정부에서의 공통점을 찾아보고, 성향이 다른 정부와의 차이점을 살펴보는 것이 통일정책의 변천을 이해하는 데 도움이 될 것이라는 판단에서였다.

통일을 바라는 평범한 시민의 한 사람이 통일과 관련된 자료를 모아서 정리해 본 단순한 내용이다 보니 부족한 점이 많은 책자라고 생각된다. 하지만 통일은 국민적 관심이 지대해질 때 비로소 문을 열 수 있다는 마음으로 용기를 내어 보았다. 통일을 이루기 위해서는 평범한 시민들의 관심을 끄집어 내는 노력이 우선적으로 이루어져야 한다. 통일정책에 대한 국민적 관심의 정도가 결국에는 한반도의 통일을 견인하는 핵심적인 동력이 될 것이기 때문이다. 이를 토대로 시민들의 생각을 모으고 모으다 보면, 어느 날인가는 통일을 열 수 있는 힘으로 변해 있을 것이라고 믿는다.

임인년 정월 보름달을 바라보며

석야 씀

# 목 차

# 제 1 장

# 통일정책의 변천 개관

1. 냉전과 탈냉전 그리고 한반도
2. 시대별로 본 남북한의 통일정책 비교

## 1. 냉전과 탈냉전 그리고 한반도

제2차 세계대전이 끝나자 인류는 전쟁 없는 평화의 길이 열릴 것을 기대하였다. 그렇지만 평화의 길은 보이지 않았다. 전쟁은 인류의 역사임을 증명이라도 하듯이 세계의 질서는 이념에 따라 급격히 재편되기 시작하면서 전쟁의 먹구름을 만들어 내기 시작하였다. 독일과 일본을 주적으로 했던 연합국은 이념에 따라 분화되었다. 세계질서의 재편은 이념의 정점에 위치한 미국과 소련에 의해 주도되었다. 양대 세력은 대립의 구도를 형성하면서 보다 광활한 영역과 영향력을 확보하여 패권을 차지하고자 하였다. 이 과정에서 치열한 경쟁은 피할 수 없었다.

제2차 세계대전의 전승국이 전범국을 분할하여 통치하는 것은 전쟁의 승리에 따른 당연한 결과로 받아들일 수 있었다. 그렇지만 전승국의 패권 논리에 따라 그동안 피해를 감수해야 했던 국가를 대상으로 분단선을 그어나갔다. 독일과 일본의 지배 아래 놓였던 국가들은 독립과 함께 그들의 세력권 안으로 급속히 편입되기 시작하였다. 그중에서 한반도는 양대 세력이 절반씩 나누겠다고 덤벼들었다. 그들 간에는 전승의 결과로 얻은 공평한 논리였을지 모르겠지만, 우리에게는 너무나 처절하게 내려쳐 진 토막질이었다. 이처럼 분단은 우리의 의지가 아닌 전승국의 의지에 따라 이루어졌다. 그렇지만 이를 잇기 위한 노력은, 우리가 주체가 되어야 한다는 민족사적 책임을 갖고 있다.

본서에서는 이에 대한 그간의 노력을 찾아보고자 하였다. 분할의 배경에 강대국의 입김이 있었듯이 통일의 과정에 있어서도 주변 강대국의 정세는 너무나 중요한 변수로 작용할 것이다. 그렇기에 세계정세의 변화는 우리나라의 통일정책 수립에 대단히 중요한 요소로 작용한다. 어쩌면 종속변수 이상의 파워를 갖고 있다고 볼 수 있다. 때문에 통일정책이 수립될 당시의 세계의 정세를 함께 살펴보면서 타산지석으로 삼을 필요가 있다. 여기에서는 정권이 출범하면서 북한에 제의한 통일관련 내용과 각종 선언을 시대를 중심으로 살펴보고자 한다. 혹자는 정부에서 북한에 제의한 통일방안 자체를 통일정책으로 볼 수 있는가라는 의문을 제기할 수 있다. 이에 대해 사전적 의미와 정책학에서 정의하는 정책에 대해 살펴보면서 정리해 보는 것도 도움이 되리라 생각된다.

정책(政策)이 갖고 있는 사전적 의미는 '정치적 목적을 실현하기 위한 방책'을 말한다. 여기에 나오는 수단으로써의 방책(方冊)은 '방법이나 꾀를 아울러 이르는 말'이다. 방안(方案)은 '일을 처리하거나 해결하여 나갈 방법이나 계획'을 말한다. 이들 용어를 분석해 보면 정치적 목적의 실현 수단은 방책이며, 방책에는 방안을 포함하고 있다. 그러므로 통일정책은 통일방안을 포함한다고 보아도 무방해 보인다. 정치적 목적이라는 말은 쓰임에 따라서 다양한 분야와 대상을 포함한다. 그 자체로 포괄적인 의미를 갖는다. 정치적 목적을 달성하기 위한 분야와 대상은 다양하다. 일반적으로 보았을 때 정치적 목적을 실현한다는 것은 국가 차원 또는 정치집단에서의 목적 실현을 의미한다. 국가 차원에서는 국가의 행정조직 등에서 추구하는 목적 실현 또는 목표달성으로 볼 수 있을 것이다. 즉, 국가목표를 실현하는 것이다.

정책학에서는, '정책은 바람직한 상태를 이룩하려는 정책목표와 이를 달성하기 위해 필요한 정책수단에 대하여 권위 있는 정부기관이 공식적으로 결정한 기본방침'[1]이라고 정의하고 있다. 즉, 정책은 정치적 목적을 실현하기 위한 목표를 설정하고 수단을 강구하는 것이며, 이것은 국가 차원의 정부조직에서 수행한다는 것으로 정리해 볼 수 있다. 그러므로 역대 정부를 이끌었던 대통령 또는 통일 관련 부서에서 내놓았던 통일과 관련한 국가 차원의 목적 또는 목표를 가지고 북한에 제의한 각종 선언 등을 정책의 측면에서 이해하여도 무방하리라 보여진다. 특정 정부에서 내어 놓은 각종 제의와 선언을 모아 놓으면 지향하는 방향을 발견할 수 있다. 점의 연속은 결국 선으로 이어질 것이다. 이것은 일관성을 갖고 목표를 향하여 추진하는 과정으로 평가할 수 있다. 그러므로 정책으로서의 조건을 갖추었음을 인정할 수 있을 것이다. 다만 정권의 성격에 따라 지향점은 동일하여도 방향의 차이는 있을 것이다.

다음 장부터는 역대 정부의 통일정책이 나오게 된 배경을 국제정세와 국내 및 북한의 정세를 바탕으로 시대별로 살펴보기로 하겠다. 한반도의 지정학적 가치는 예나 지금이나 불변하다. 한반도의 중요성은 아이러니하게도 분할 그 자체가 입증하고 있다. 대륙세력과 해양세력이 교차하는 한반도는 그 중요성으로 인해 어느 세력도 결코 포기할 수 없는 지정학적 위치를 지니고 있다. 당연히 대륙세력과 해양세력으로 대표되는 전승국 소련과 미국은 한반도를 양분해서라도 그 이점을 향유하고자 하였으며, 분단은 피할 수 없었다.

그동안 역대 정부는 취임식, 경축일 등을 맞게 되면 북한에 대하여 통일과 관련한 각종 제안을 하여 왔다. 그리고 이를 집대성한 통일정책을 내놓았다. 헌법에 명시된

---

1) 정정길, 『정책학원론』 (서울: 대명출판사, 2000), p.52.

대통령의 책무에 따라 시대가 요구하는 내용을 담고자 하였을 것이다. 역대 정부의 통일정책은 세계질서의 흐름과 깊은 연관성을 갖고 진화하여 왔다. 우리나라를 중심으로 포진해 있는 강대국은 한반도의 통일에 대하여 지대한 관심을 갖고 촉각을 곤두세울 수밖에 없다. 어쩌면 그들의 속내는 관심보다는 간섭에 더 가까웠을 것이며, 우리가 통일을 이루지 못하는 이상 앞으로도 그럴 것이다. 이는 역사가 증명하고 있다.

조선말기의 정세를 살펴보면 근대화에 성공한 강대국들은 한반도를 자국의 세력권에 편입시키기 위해 갖은 술책을 부리고 있었다. 그렇지만 나라를 자력으로 지킬 힘을 기르지 못한 조선은 주도적으로 특정세력과 연합하여 이에 대항할 만한 처지가 되지는 못하였다. 조선말기의 상황은 일본과 청나라, 러시아가 한반도를 자국의 세력권 안으로 편입시키기 위해 야욕을 부리던 시기였다.

러시아는 부동항을 얻기 위하여 남진하고자 했으며, 일본은 일찍이 서양의 문물을 받아들이면서 근대화의 길로 접어들고 있었다. 반면에, 청나라는 대국이라는 아편에 취해 안일하게 변화를 관망할 뿐이었다. 조선 역시 지도층의 각성이 부족하였으며, 변화를 따라잡지 못하고 과거의 질서와 가치에만 집착하고 있었다. 즉, 조선은 정책

그림 1-1. 조선에 대한 청 · 일본 · 러시아의 야욕을 그린 삽화

과 전략의 부재로 인해 혹독한 전환점을 맞이했으며 이로 인해 식민지의 시대로 접어드는 계기가 되었다. 일본은 청일전쟁과 러일전쟁을 승리로 이끌면서 이에 대한 역사의 교훈을 간직하고 있다. 적절한 절차를 거친 명분을 유지하여 국제사회의 지지를 획득한다면 한반도로 또 다시 진입하고자 할 것이다. 그들은 여건만 조성된다면 거리낌 없이 이를 시도할 것이다.

대륙으로 진출할 여건을 마련하기 위하여 고대로부터 한반도에 관심을 갖고 있었던 일본 특유의 유전자는 변질되거나 사라지지 않았을 것이다. 오히려 더 진화했을 것이다. 한말과 현재의 상황 모두의 공통점은 해양세력과 대륙세력의 충돌은 한반도를 중심으로 이루어지고 있다는 것이다. 한말의 해양세력은 영국과 미국, 일본이 대표적이었으며, 대륙세력은 중국과 러시아가 중심이었다. 현재의 국제질서는 미국을 중심으로 한 해양세력과 중국과 러시아의 대륙세력이 충돌 직전에 있으며 그 중심에 있는 한반도는 예나 지금이나 선택을 강요받고 있다.

해양세력인 미국을 중심으로 하는 일본, 호주 등이 강한 연대를 맺고 있으며, 여전히 미국은 패권국의 지위를 누리고자 한다. 중국과 러시아는 전통적인 대륙국가이며 미국의 패권 질서에 맞서고 있다. 이들 세력은 인도-태평양에서 우위를 확보하기 위하여 고도의 세력경쟁을 벌이고 있으며, 그 교차점에 우리나라가 있다. 최근에 대륙세력 중국과 러시아의 공군기가 독도와 동해 상공에 출현한 것은 우리나라를 교차점

그림 1-2. 한때는 동지였던 미군과 소련(러시아)군의 모습

으로 한 해양세력과 대륙세력의 충돌 조짐으로 볼 수 있을 것이다. 한말의 상황과 현재의 상황에서 반복되는 일치감을 찾을 수 있다.

냉전은 무력을 직접적으로 사용하지는 않지만 경제・외교・군사 등의 영역에서 국가와 국가간의 대립을 말하는 것이다. 제2차 세계대전 후에 미국과 소련은 연합국에서 적국으로 변화하였다. 이렇게 되자 세계는 미국과 소련이 주도하는 질서에 따라 양분되면서 냉전의 시대를 지내게 되었다. 1970년대를 지나면서 미국은 중국과 소련 등의 동구권 국가들과 화해의 만남을 통하여 탈냉전의 시대를 맞았다. 그렇지만 항상 화해의 분위기를 지속시킬 수는 없었다.

국제관계에서 영원한 적도 영원한 우군도 없다는 냉엄한 진리는 예나 지금이나 변함이 없다. 단지 무대만이 변하고 있을 뿐이다. 상황이 변화하면 언제든지 등을 돌리게 되는 경우는 수도 없이 발생하였다. 수많은 국가들은 동맹, 연합 등으로 우호적인 관계를 유지하면서 세를 과시하기도 하였지만, 상황이 변화하면 어김없이 갈라섰다. 대표적인 사례가 우리나라의 분단에 영향을 크게 미친 미국과 소련의 관계였다.

냉전과 탈냉전을 알리는 신호탄은 강대국 지도자들이 발표한 독트린을 통하여 쏘아 올려지는 경우가 많았다. 그만큼 강대국의 힘은 막강했으며 그렇기에 그들이 선출한 대통령의 힘은 세계를 움직였다. 냉전과 탈냉전을 오고 가게 한 주요 독트린과 사건들은 세계정세에 미친 영향이 지대하였다. 특히 이러한 사건들은 우리나라의 통일정책 추진에도 많은 영향을 미쳤다. 당시 미국과 소련의 입장에서 본다면, 양대세력의 전초기지에 해당하는 우리나라의 통일문제는 그들에게 미치는 전략적 가치가 지대한 문제였다. 이러한 가치는 앞으로도 계속될 것이다. 그러므로 그들의 국가이익을 구현하기 위한 정책은 한반도를 관통하여 나타날 것이다. 강대국의 정책은 세계의 정세뿐 아니라 우리나라의 통일문제에도 중요한 변수로 작용하게 될 것이다. 여기에서는 이러한 역사적 사실을 조명해 보기로 하겠다.

**[ 냉전과 탈냉전을 불러온 사건과 나타난 현상 ]**

| 주요사건 | 나타난 현상 |
|---|---|
| 트루먼 독트린(1947) | 북대서양조약기구 창설<br>바르샤바조약기구 창설<br>베를린 장벽 설치<br>중화인민공화국 수립<br>6·25전쟁, 베트남전쟁 |
| 스탈린 사망(1953) | 동구권의 반소운동 전개(폴란드, 헝가리 등) |
| 반둥회의(1956) | 미국과 소련 주도의 질서 거부<br>프랑스, 북대서양조약기구 탈퇴 |
| 닉슨 독트린(1969) | 미국과 소련의 군비축소 협정<br>미국-중국, 미국-소련과의 대화<br>7·4남북공동성명 발표 |
| 고르바초프의 개방·개혁 정책<br>(1980년대 후반~1990년대 초반) | 베를린 장벽 제거<br>몰타회담에서 냉전종식 선언<br>소련연방 해체<br>노태우 정부의 북방정책 추진 |

1947년 3월에 미국의 33대 대통령 트루먼은 독트린을 발표하였다. 트루먼이 밝힌 독트린의 요지는, 공산주의 확산을 막기 위해 유럽의 국가들을 지원하겠다는 내용이었다. 이에 따라 미국은 서유럽 국가들의 경제성장을 촉진시키고 공산주의의 확산을 방지하기 위해서는 적극적인 재정지원이 필요함을 인식하고 독트린에 기반한 '마샬플랜(Marshall plan)'을 계획하여 시행하고자 하였다.

당시 소련은 동부 유럽 국가들을 위성국가들로 만들면서 급격히 세력을 확장하고 있었으며, 미국은 이를 심각한 위협으로 인식하고 있던 상황이었다. 그렇지만 미국의 이러한 움직임을 바라만 보고 있을 소련이 아니었다. 소련 역시 마샬플랜에 대응할 목적으로 코민포름(Cominform)[2]이라는 공산주의 국가 정보국과 경제협력 기구인 코메콘(Comecon)을 만들었다. 이후에는 1949년에 미국을 중심으로 한 물리력을 갖춘 군사동맹기구인 북대서양조약기구(NATO, North Atlantic Treaty Organization)가 창설되었다. 그러자 1955년에 소련 역시 군사력을 투입할 수 있는 바르샤바조약기구

2) 코민포름은 1947년에 설립되었다가 1956년에 해체된 국제공산당 정보기관을 말한다.

(WTO, Warsaw Treaty Organization)를 창설하였다. 이처럼 미국과 소련은 경제·외교·군사 등의 분야에서 한 치의 양보 없는 팽팽한 경쟁을 이어갔다. 이러한 상황은 비록 총성은 없으나 전쟁을 방불케 하는 것과 같았다. 냉전(Cold War)의 시대는 본격적으로 막을 올렸으며, 이로써 양대 세력이 대립하는 구도가 만들어졌다. 결과적으로 트루먼 독트린으로 세계는 본격적인 냉전시대를 맞게 되었다.

냉전체제는 미국과 소련은 물론 여타의 국가에도 영향을 미치게 되었다. 독일에서는 1948년에 동베를린을 점령하고 있던 소련에 의해 서베를린으로 통하는 도로가 봉쇄되었다. 이로 인해 미국은 서베를린에 대하여 생필품을 공급하기 위한 공수작전을 1년여를 전개해야 했다. 1961년에는 베를린 장벽이 설치되면서 동서독의 주민들의 왕래가 차단되었다. 독일은 이로써 완벽하게 동서로 분리되었으며, 베를린 장벽은 냉전의 상징으로 굳어졌다. 또한 그동안 유일한 핵무기 보유국은 미국이었으나 소련에서도 핵무기를 만들면서 치열한 군비경쟁에 돌입하였다.

트루먼이 쏘아 올린 독트린은 비단 유럽에만 국한되지는 않았다. 중국 대륙에서는 1949년 10월에 중화인민공화국이 수립되면서, 국민당은 대만으로 쫓기듯 밀려나야 했다. 중국 대륙은 공산당의 차지가 된 것이다. 베트남에서도 이러한 현상이 나타났다. 미국은 남베트남을 지원하였으며, 북베트남은 민족해방전선과 연계하여 미국과의 전쟁을 진행하고 있었다. 전쟁 시기에 북베트남은 소련과 중국의 지원을 받고 있었다. 결국 1975년에 북베트남의 승리로 전쟁은 종결되었으며 베트남은 사회주의 국가로 통일되었다. 냉전의 여파는 한반도에도 영향을 미쳤다.

미국과 소련의 대립은 한반도를 두 동강으로 토막을 냈으며, 그 결과로 인해 1950년에 동족상잔의 비극을 맞아야 했다. 냉전은 전쟁이 끝난 후에도 한반도에서는 크고 작은 침투와 도발을 만들어 냈다. 1960년대를 맞이하면서 그 횟수와 강도는 점점 더 강해지고 있었다. 미국과 소련의 지원을 받는 남과 북은 강대국이 주도하는 냉전 구도로 자연스럽게 빨려 들어가고 있었다.

1962년에는 미국과 지척에 있는 쿠바에 미사일 기지가 세워진 것을 미국이 발견하였다. 당시에 쿠바는 공산권 국가였다. 소련은 공산주의 정권이 장악한 쿠바에 별다른 어려움 없이 미사일 기지를 건설할 수 있었다. 이미 핵무기까지 개발한 소련이 미사일 기지를 미국의 코앞에 건설하자, 미국은 이를 묵과할 수 없었다.

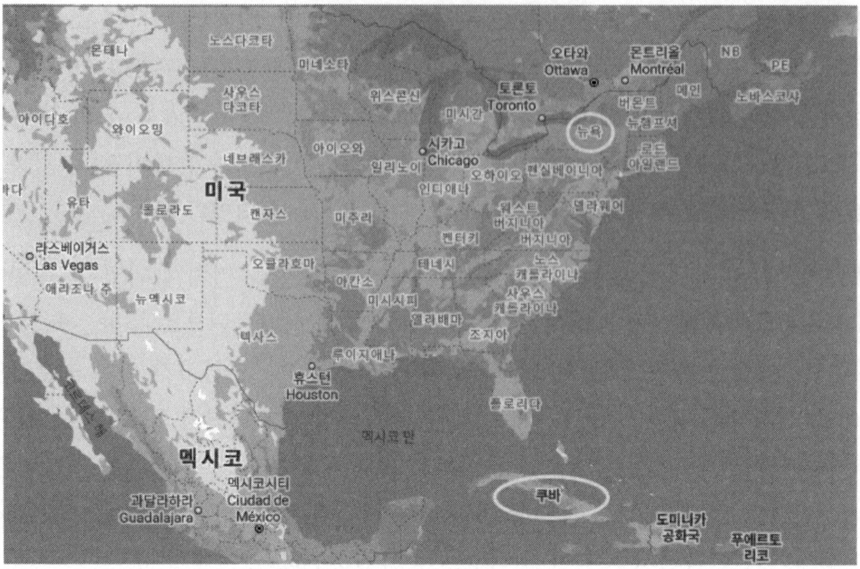


그림 1-3. 미국과 지척에 위치한 쿠바

미국은 격앙했으며 전쟁을 불사할 태세였다. 미국은 쿠바로 향하는 모든 군사장비에 대해 봉쇄를 단행하는 등 강력한 조치를 이어갔다. 이는 핵전쟁까지 염두에 둔 경고였다. 계속적인 대화의 결과로 소련은 기지를 철수하겠다고 약속하면서 위기의 국면은 겨우 넘어갔다. 제3차 세계대전의 위기를 가까스로 넘긴 것이다.

미국과 소련이 강력하게 주도하는 이념의 질서는 영원할 것 같았으나 이들로부터 이탈하려는 움직임도 점차 나타났다. 1953년 스탈린이 죽음을 맞자 이러한 경향은 소련과 동구권 국가에서도 구체적으로 나타나기 시작하였다. 1956년에 소련 공산당 당대회에서 스탈린 비판이 시작되면서 동구권 국가들의 탈스탈린 운동이 발생하였다. 1956년 6월에 폴란드에서 반소 봉기가 일어났으며, 10월에는 헝가리에서도 혁명이 발생하였다. 동유럽에서 자유화 바람이 불기 시작한 것이다.

유럽에서도 이러한 움직임은 나타나고 있었다. 1957년에 유럽경제공동체(EEC, European Economic Community )[3]가 결성되면서 미국 주도의 질서로부터 독자

3) 설립 당시 회원국은 프랑스・벨기에・룩셈부르크・네덜란드・이탈리아・서독 등으로 구성되었다. 회원국들은 ① 회원국가간의 무역장벽 제거 ② 비회원국에 대한 공통의 통상정책 수립 ③ 수송체계・농업정책 등 전반적인 경제정책의 궁극적인 조정 ④ 자유경쟁을 제한하는 사적・공적 조치 제거 ⑤ 노동력・자본・기업의 자유로운 이동 보장 등을 촉진한다는 결의를 내세웠다.

노선으로의 움직임을 보이기 시작하였다. 1966년에 프랑스는 북대서양조약기구에서 탈퇴를 선언하기도 하였다.

소련과 중국은 그동안 우호관계를 유지해 왔으나 1969년에 우수리강 중류의 전바오(珍寶・다만스키) 섬에서 충돌하였다. 이것은 중국과 소련(러시아)의 오래전부터 누적되어 온 영토에 대한 문제를 보여준 사건이었다.

한편, 아시아와 아프리카의 신생독립국들은 1955년 반둥회의에서 비동맹 중립노선을 내세웠다. 이들 국가들은 평화10원칙을 결의하면서 동서 양대진영에 가담하지 않겠다는 비동맹 중립노선을 표방하였다.[4] 아시아 23개국과 아프리카 6개국 등 29개국이 참여한 반둥회의는 세계인구의 절반을 차지하는 규모였다. 여기에 중국도 참가하였다. 당연히 미국과 소련에서는 관심을 갖고 지켜보게 되었다. 미국과 소련은 제2차 세계대전의 승전국이었으며, 그들은 승전국으로서의 영향력을 세계 도처로 확장하고자 하였다. 이것은 패권국의 지위를 누리고자 하는 당연한 수순이었다. 그렇지만 그동안 식민 지배를 받았거나 강대국의 통치를 받던 아시아와 아프리카 다수의 국가들은 이러한 체제에서 벗어나고자 하는 욕망이 강하였다. 이와 같은 인식을 함께하는 국가들은 승전국의 영향력에서 벗어나고자 하는 공동의 목표를 가지고 모임을 갖기에 이른 것이다.

1960년 후반기의 미국은 베트남전의 수렁에 빠져 있었다. 미국은 쉽게 굴복되지 않는 북베트남의 항전과 반전여론에 밀려 베트남전에서 발을 뺄 수밖에 없는 처지에 직면하게 되었다. 미국은 베트남전 철군 정책을 고려해야 했으며 그 수순으로 1969년 닉슨 독트린을 발표하였다.[5] 닉슨 독트린은 1979년 7월에 괌에서 미국의 닉슨 대통령이 발표한 아시아에 대한 대외안전보장정책이다. 이를 '괌 독트린'이라고도 한다. 핵심은 '아시아의 방위는 아시아인의 힘으로 한다' 라는 것이다. 즉 베트남전의 철군

---

4) 반둥회의 10원칙은 ① 기본적인 인권과 유엔 헌장의 목적과 원칙 존중 ② 모든 국가의 주권과 영토 보전 존중 ③ 모든 인류의 평등과 크고 작은 모든 나라의 평등 승인 ④ 타국의 내정 불간섭 ⑤ 유엔 헌장에 의한 단독 또는 집단적인 국토 방위권 존중 ⑥ 집단적 방위를 강국 특정 이익을 위해 이용하지 말고 다른 나라에 압력을 가하지 말 것 ⑦ 침략이나 침략의 위협이나 무력행사는 타국의 영토 보전이나 정치적 독립을 침범하지 말 것 ⑧ 국제 분쟁은 평화적 수단에 의해 해결 ⑨ 상호 이익과 협력을 촉진 ⑩ 정의와 국제 의무를 존중 등이다.

5) 미국은 막강한 군사력을 투입하고 있었으나 전쟁은 오히려 깊어지고 있었다. 미국은 결과적으로 베트남전의 개입이 실패할 가능성이 커지고 있었다. 이 무렵의 국제적인 환경은 화해의 시대에 접어들고 있었다. 따라서 미국의 대외안전보장정책은 변화를 요구하는 시점에 있었다.

을 의미하고 있었으며, 미국은 앞으로 이와 같은 전쟁에서의 군사적 개입을 피하겠다는 선언이었다. 그동안 미군은 베트남전 개입 이래, 전쟁 기간이 길어지면서 파병의 규모는 계속 증가하였으며 희생도 누적되고 있었다. 정점을 찍은 것은 1967년의 약 48만 명이 주둔한 시기였다. 이 시기에는 우리나라도 전투부대를 파병하기에 이르렀다. 우리나라의 파병 규모는 미국 다음으로 많은 병력이었다. 이때까지만 하여도 미국은 막강한 화력을 믿고 있었으며 승리로 전쟁을 종결할 것으로 확신하고 있었다. 그렇지만 베트남전은 미국의 기대와는 다르게 흘러갔다. 이에 더하여 국내의 반전여론은 더욱 높아지던 시기였다. 미국은 결국 전쟁을 승리로 이끌지 못하면서 1973년에 베트남에서 철군하였다.

1972년에 미국과 소련은 전략무기제한협정(SALTI, Strategic Arms Limitation Talks)을 체결하면서 화해를 모색하고 있었다. 1970년을 전후한 세계정세는 미국을 중심으로 한 자유진영과 소련과 중국을 중심에 둔 공산진영 간의 극렬했던 대립이 점차 화해의 분위기를 찾게 되는 시기였다. 이러한 정세 변화의 시기에 닉슨은 베트남전 종전을 내걸고 당선되었다. 1972년에는 미국의 닉슨은 중국의 모택동과 회담을 개최하면서 본격적인 화해의 장면을 만들었다. 미국과 중국은 1979년에 수교를 하기에 이르렀다.

그림 1-4. 1972년 닉슨과 브레즈네프의 전략무기제한조약 서명 장면

유럽에서도 서독과 동독의 교류가 시작되었다. 서독의 브란트 총리가 동방정책을 추진하면서 통일을 모색하자 동서화해의 분위기는 달구어지고 있었다. 이러한 분위기는 1980년대를 넘어서도 계속되었다.

소련의 고르바초프는 동유럽 국가에 대해 비간섭 정책을 표방하면서 페레스트로이카(개혁)·글라스노스트(개방), 정치 민주화를 추진하였다. 정치와 경제 모두를 병행하여 개혁하고자 하였다. 그는 소련의 경제발전을 촉진시키기 위해서는 정치의 민주화가 함께 이루어져야 한다는 소신을 갖고 있었다. 급격하게 개혁과 개방의 시대를 맞은 소련 사회는 정치토론을 자유롭게 하면서 체제에 대한 비판까지도 가능해졌다. 하지만 소련은 이처럼 자유로운 토론을 흡수하면서 성장할 만한 힘을 갖고 있지는 못하였다. 외형적인 크기를 지탱할 내부의 유연성이 없는 너무나 경직된 체제를 지니고 있었다. 70여 년간 지속되었던 억압의 체제는 한계를 보였다. 이로 인해 소련의 정치민주화는 공산당의 힘을 약화시키는 결과를 가져오면서 소련의 몰락으로 이어졌다는 평가를 받기도 한다. 소련은 1991년 12월에 독립국가연합(CIS, Commonwealth of Independent States)을 결성하기에 이르렀다. 이것은 냉전 시대의 한 축을 이끌던 소비에트 사회주의 공화국 연방(소련)의 종말을 고하는 것이었다.

소련이 휘청거리기 시작하자, 1989년 11월에는 동서냉전의 상징이었던 베를린 장벽이 무너지면서 독일은 통일을 눈앞에 두었다. 결국, 독일은 1990년 10월에 통일을 이루었다. 정점을 찍은 것은 1989년 12월 몰타회담에서였다. 여기에서 미국과 소련의 두 정상은 냉전 종식을 공식 선언하였다. 베를린 장벽의 붕괴는 이념의 장벽이 허물어지는 순간을 상징적으로 보여주었다. 더욱 극적으로 정점을 찍은 것은 1991년 12월 25일 미하일 고르바초프 소련 대통령의 사임 연설과 최고회의에서 소련을 해체한다는 선언이었다. 고르바초프의 사임 연설이 끝나자, 곧이어 다음날 소련 최고회의는 소련의 연방을 구성했던 우크라이나 등 15개국의 독립을 공식적으로 승인하였다. 이것은 소련의 해체를 선언하는 세계사적인 순간이었다. 그렇지만 소련의 몰락은 이미 예견되어 있었으며 독립국가연합을 결성할 때 이미 선언만을 남기고 있었다고 하여도 과언은 아닌 상황이었다.

북한에서는 소련의 몰락을 어떠한 측면에서 지켜보았을까? 소련의 몰락을 한두 가지의 이유로 설명하기는 곤란할 것이다. 분명한 것은 소련 몰락 당시 소련의 경제성장은 큰 문제를 갖고 있었으며, 고르바초프는 정치와 경제의 개혁을 통하여 이를 극복하고자 하였지만 한계를 절감해야 했다는 것이다.

1990년대에 접어들면서 지구촌은 세계화 시대를 맞이하게 되었다. 세계무역기구, 유럽연합, 동남아국가연합이 결성되면서 본격적인 세계화 시대의 막을 열었다. 이 시기의 중국은 초강대국으로 부상하는 전기를 마련하였다. 중국은 미국과의 화해로 미국으로부터 경제발전을 위한 지원을 충분히 받을 수 있었다. 또한 등소평은 이를 개방정책으로 연계하였으며 중국의 경제를 크게 도약시켰다. 1978년부터 개혁・개방정책을 추진한 결과, 현재의 중국은 미국과 패권 경쟁을 벌일 정도로 몸집이 커진 상태이다. 등소평은 개방정책을 추진하면서 몸을 크게 낮추는 의미를 갖고 있는 도광양회를 대외정책의 근간으로 삼았다. 힘을 기르기까지는 겪어야 할 처신이었다. '도광(韜光)은 빛을 감춘다는 말이며, 양회(養晦)는 어둠 속에서 남몰래 힘을 기른다'의 뜻이다.

미소 양국이 냉전체제를 이끌면서 패권을 유지하고 있을 때 등소평이 구사한 국가전략이었다. 당시 중국은 덩치는 크지만 미국이나 소련에 대적할 능력은 부족하였다. 등소평은 몸을 낮추고 상대방의 경계심을 풀어야 했다. 등소평은 힘을 기르기 위하여 자본주의 국가와 교류를 활성화하면서 경제대국의 기초를 닦기 위해 몸을 낮추었다. 그러한 그의 처신은 미국으로부터 많은 도움을 받게 되었다는 것이 일반적인 평가이다. 그 결과 미국과 중국의 양강 구도를 가능하게 만든 기초를 만들어 냈다. 현재의 중국은 미국과 패권 경쟁을 벌이고 있다. 중국을 이끌고 있는 시진핑은 대륙굴기 전략을 세우고 있다. 이것은 도광양회와 대조되는 의미이다. 이제는 숨죽이며 강자의 눈치를 보지 않고 할 말을 하겠다는 뜻이며 세계의 질서를 주도하겠다는 의지이다.

지구촌은 이념의 대립으로 인하여 크고 작은 전쟁을 벌여왔다. 소련의 해체는 이념의 장벽을 거둬냈다는 평가를 받았으며, 이를 바라보면서 인류는 보다 평화롭게 될 것이라 기대하였다. 그렇지만 21세기에 접어들어서도 냉전의 시대는 계속되고 있다. 미국과 중국의 갈등은 심화되고 있으며, 러시아와의 적대관계도 계속되고 있는 실정이다. 여기에 북한의 핵문제는 아직도 진행중에 있는 크나큰 과제이다.

## 2. 시대별로 본 남북한의 통일정책 비교

남북한이 경쟁하듯이 각각의 정부를 수립하면서 분단은 현실로 다가왔다. 그 배경에는 미국과 소련을 정점으로 하는 이념의 분할이 있었다. 그들은 패권을 추구하면서 그들의 이익에 기초하여 일방적인 조치를 단행하고 있었으며, 한반도에서도 예외는 아니었다. 분할은 일본 열도에서 이루어져야 했으나 불행하게도 한반도에서 이루어졌다. 두 세력의 이해관계는 자국의 패권을 우선시하는 냉엄한 국제관계의 한 단면을 보여주었다. 이념을 달리하는 분단은 전쟁을 피할 수 없었다. 곧이어 전쟁이 발발하였으나 그 어느 쪽도 통일을 이루지는 못했다.

북한은 위대한 조국통일전쟁이라고 하였지만, 전쟁이 가져온 물리적 상처에 더하여 마음의 상처까지 깊게 파이게 만들었을 뿐이었다. 대한민국은 북진통일을 줄곧 주장하였지만, 한계를 갖고 있는 물리력은 공허한 구호에 불과하였다. 강대국에 의해 분단된 땅에서 그들의 패권추구와 관련이 깊은 전쟁의 발생은 처참한 결과를 가져왔다. 남북은 치열한 전쟁을 1129일간 벌이면서 동족이기에 앞서 원수라는 인식으로 세뇌되고 말았다. 얼굴을 돌려 버린 형제가 한자리에서 대화를 하기까지는 많은 세월이 필요하였다.

그림 1-5. 전쟁기념관의 '형제의 상' 조형물

전쟁의 비극은 형제를 적과 적으로 갈라놓기도 하였다. 전쟁터에서 남과 북의 군인으로 헤어진 형제가 극적으로 만난 장면을 표현한 조각상이다. 남북통일을 염원하게 해주는 작품이다.

전쟁으로 국토는 또 다시 두 쪽으로 갈라졌다. 미국과 소련을 정점에 둔 두 세력이 가른 분단선과 별반 다르지 않았다. 전쟁으로부터 발생한 대가는 너무나 컸지만, 그 고통은 오롯이 우리들의 몫으로 남았다. 각각은 상대방을 절멸시켜야 할 대상으로 삼았으며, 살기 위해서는 서로의 체제를 수호해야 한다는 논리로 무장되어 졌다. 이러한 관념을 더욱 촉진시킨 배경에는 안타깝게도 권력을 유지하기 위한 권력자의 의중이 작용하고 있었다. 이것은 남과 북 모두에게 동일하였다. 이로 인해 전쟁보다도 더한 체제경쟁이 벌어지게 되었다. 경쟁은 일사불란한 질서를 강요하면서 권력자를 중심으로 한 일치단결만이 살길이라고 부르짖었다. 당연히 남에서의 반공은 전국민이 절대적으로 신봉하고 따라야 할 단어가 되었으며, 모든 국민들은 반공이라는 질긴 줄에 매달려 살아야 했다. 잠시라도 줄을 놓는 순간 빨갱이라는 낙인을 찍혀야 했다. 한편, 북에서의 김일성은 이미 신의 반열로 들어서고 있었다. 시도 때도 없이 김일성을 향하여 머리를 조아려야 하는 왕조국가를 만들었으며 세습까지 하는 체제로 이어지게 하였다.

전쟁을 거치면서 가장 큰 혜택을 입은 자들은 식민지 시절부터 일제의 충견 노릇을 하던 부류였다. 그들은 해방정국에서부터 그럴듯한 자리를 이미 꿰차고 있었다. 애초부터 미군정은 행정경험자들을 우대하여 신생독립국의 통치를 이어나가기로 방침을 정하였다. 이것은 그들에게는 두 번째로 받는 은전이었다. 일제가 베풀어 준 은전에 이어, 미국이 베풀어 준 두 번째 은전으로 그들은 전쟁이 일러나기 이전부터 이미 한국을 움직이는 중요한 직위에서 대한민국의 주류를 형성하고 있었다. 당연히 전쟁을 지도하는 중요 직위를 차지하고 있었으니, 전쟁은 또다시 찾아온 기회였다.

일제의 식민지배에 대한 책임 역시 우리의 역사에서 단죄하지 못하였다. 단죄는 고사하고 오히려 민족반역자들에게 모든 혜택이 돌아갔다. 김일성의 도발은 친일파들에게 면죄부를 주는 결정적인 계기가 되었다. 전쟁은 그들에게 훈장을 수여하고 영전시켜 주는 기회로 작용하였다. 전쟁을 만난 그들은 시간이 흐르면서 더욱 승진에 승진을 거듭할 수 있었다. 애초부터 고위직을 차지하고 있었으니 생명의 위험도 덜한 편이었다. 전쟁이 끝나자 이들은 구국의 영웅으로 행세하고 있었다. 대표적인 인물이 간도특설대에서 복무한 백선엽이다. 일본군 중에서도 독립군을 때려잡겠는 전문 군대조직에 해당하는 간도특설대에서 맹활약하던 그가 해방정국에서 국군으로 옷을 갈아입는 데는 너무나 민첩했으며 아무 꺼릴 것이 없었다. 이러한 그가 아무런 죗값도 치르지 않고 죽게 되자 대한민국 육군에서는 그를 위하여 5일장을 치러 주었다. 역사를 잊지 않고서는 할 수 없는 일이 군대조직에서 버젓이 발생한 것이다. 이에 더해 어떠한 제재도 받지 않고 현충원에까지 묻혔으니 피로써 항거했던 독립투사들의 영혼은 허탈하지 못해 하늘이 원망스러웠을 것이다.

김일성이 일으킨 전쟁은 민족을 배신했던 친일파들에게 구국의 영웅을 자처할 수 있는 확고한 위치를 점유하게 만들고 말았다. 누릴 것을 몽땅 누리며 천수를 다한 그들은 국가에서 베풀어 주는 예우를 받으며 당당하게 현충원으로 향할 수 있었다. 혹한에 얼어 죽고 굶어 죽는 것을 참아 내면서, 일본군의 총에 맞아 죽고, 고문으로 죽는 고통까지 참아내면서 독립항쟁을 이어 간 투사들이 통분할 일이 광복의 하늘 아래에서 버젓이 행해지고 있었다. 그러나 이제부터 이들을 비난하다가는 반공사상에 문제가 있는 자로 낙인찍히는 세상이 되었다. 결과적으로 그들은 김일성이 베풀어준 세 번째 은전이자 가장 큰 은전을 입게 되었다. 김일성이 용서받지 못할 민족사적 이유를 바로 여기에서 찾을 수 있다.

분단의 아픔을 아는지 모르는지 연이어 은전을 입은 자들은 그들만의 성벽을 쌓고, 그들만의 세상을 유지하기 위해 혈안이 되어 있었다. 이것은 남북이 마찬가지였다. 헌법을 뜯어고치면서까지 독재를 이어가려는 욕망의 근원은 어디였는가? 국가와 민족을 위하여 통일이 필요하다는 말을 하면서도, 실상은 자신들의 기득권을 유지하고자 혈안이 되어 있었다. 그러는 사이에 통일은 그들만의 전유물로 전락하였다. 평범한 시민이 통일을 운운하면 자칫 빨갱이로 몰리기까지 하는 세상이 되었다. 독재자의 입맛에 맞지 않는 통일 담론은 사상이 불온한 빨갱이로 내몰려야 했다. 그저 밥이라도 편안히 먹고 살기 위해서는 북녘에 두고 온 부모형제가 보고 싶어도 입을 닥치고 질긴 삶을 살아야 했다. 이들에 대해 보고 싶다는 말을 했다가는 인도주의도 형제애도 아닌 빨갱이로 매도되어야 했다.

남과 북이 벌이는 대결국면에서 권력자의 탐욕은 커리어가 쌓여 갈수록, 세월이 더할수록 노욕으로 변하고 있었다. 남과 북을 이끄는 권력자들 중에는 분단 상황을 정권유지에 이용하는 기발한 아이디어와 기민함을 보이기도 하였다. 그들이 내뱉는 통일정책은 노욕에 찬 그들의 의중을 배경에 두고 있었다. 그러니 통일정책이 올바르게 추진될 리가 없었다. 당연한 수순이라도 밟듯이 통일정책은 가다 서다를 반복하면서 원점에서 맴돌 뿐이었다. 그렇지만 그 자체도 통일을 향한 긴 여정 속에서의 하나의 역사로 인정할 수밖에는 없을 것이다. 우리의 아픈 역사이자 현실이다.

그림 1-6. 끊어진 대동강 철교를 넘는 피난민들

그래도 정의는 살아있었다. 정의로운 시민들은 권력에 굴복하지 않는 투쟁으로 권좌에 앉아 위엄만을 내세우던 자들을 끌어내면서 민주주의를 지키고 발전시켜 나갔다. 권좌에 앉아 있던 남북한의 그들은 분단의 상황이야말로 가장 안락한 세상이었을 것이다. 분단 상황은 아이러니하게도 독재자들에게는 완벽한 안전장치를 제공하였다. 그렇지만 영원할 것 같았던 독재자의 길은 어떤 형태로든 심판을 받아야 했다.

시민들은 독재자의 말로를 보면서 통일에 대한 담론을 보다 자유롭게 펼치는 날이 올 것이며, 통일은 충분히 걸을 수 있는 길이라고 여겼다. 통일의 길이 멀다고 하지만, 남북이 함께 간다면 멀게 느껴지지는 않는 길이다. 함께 가는 길은 멀지 않은 법이다. 출발지와 도착지를 명확하게 새겨 놓는다면 언젠가는 도착할 수 있는 길이다. 그런데 남북이 벌이는 작금의 상황을 보면 출발지는 있지만, 도착지가 없는 끝없는 트랙 돌기 게임을 보는 듯하다. 돌다가 지치거나 싫증이 나면 슬그머니 트랙을 벗어나 무언가를 주고받다가 다시 나타난다. 통일의 길이 정치 논리에 휘말린다면 도착지가 없는 길이 되고 만다.

우리의 역사에서 국난은 기득권층이 아닌 평범한 시민의 힘으로 극복해 온 것이 대세였다. 기득권층은 오히려 나라를 갖다 바치다시피 하면서 굴종의 역사를 쓰고자 하였다. 그들은 그 길을 평화라고 외쳤으며, 영원히 사는 길이라고 항변하였다. 그러나 빼앗긴 나라를 다시 찾아와 웃고 떠들면서 밥이라도 마음 편히 먹고 살게 만든 것은 시민의 힘이 크게 작용하였다. 시민은 항상 자유와 영원히 사는 길을 찾고자 하였으며 반드시 이루어 냈다. 멸시받기도 했던 민초의 위대함은 여기에 있었다. 통일을 이루는 길 역시 마찬가지가 아닌가 싶다. 역사를 돌이켜 보면 통일로 가는 길은 시민의 힘으로 열어야 가능할 것으로 보인다. 통일의 길과 방법은 시민들이 함께 찾아야 하며, 함께 걸어야만 도달할 수 있을 것이다. 지극히 정치적인 논리를 갖고 임하는 남북의 위정자들에게서 통일의 희망을 찾기는 어렵게 되었다. 이것은 통일정책의 변천을 살펴보면 충분히 이해할 수 있고 입증되고 있다.

민주화를 이룩한 것은 정치인들의 노력보다는 시민들의 투쟁이 있었기에 가능하였다. 통일의 문을 여는 것도, 통일의 길을 가는 것도 마찬가지로 여겨진다. 이제는 시민들이 전면에 나서야 가능할 것으로 보인다. 우리의 역사는 늘 이렇게 진행되어 왔다. 시민들의 의식은 언제나 정치인들의 의식 보다 깨어 있었으며, 지향할 방향을 명확하게 통찰하고 있었다.

남과 북은 긴 세월을 하나의 민족으로서 공동체 생활을 영위하였다. 당연히 같은 언어를 고대로부터 함께 사용하고 있다. 여기에서 통일의 일차적인 당위성을 찾아야 한다. 그렇지만 서로 상반되는 이념과 체제를 갖고 있다. 그러므로 통일에 대한 의견의 일치를 기대한다는 것은 대단히 어려운 문제이다. 통일은 기나긴 여정이 될 것이다. 남북이 공감하고 만족하는 공통분모를 찾지 못해서가 아니라고 본다. 공통분모는 이미 찾아 놓은 지 오래되었으며, 이를 자축하기 위해 모여서 사진을 찍고 밥 먹고 하면서 자화자찬한 장면도 수두룩하게 넘쳐나고 있다. 이를 실행하지 못하고 있는 것은, 남북 모두가 정치 논리를 우선시 하는 통일정책 추진이라는 한계 때문으로 보아야 한다. 우리는 그동안의 여정에서 통일로 가는 길은 이미 찾아냈다고 보아도 충분하다.

남북의 최고 지도자들이 만나서 대화를 시작한 이후의 세부적인 협력사항과 추진과제를 살펴보면 세월이 흐르고 있을지라도 대동소이한 경우가 대부분이다. 이를 보면 더 이상의 공통분모는 찾지 않아도 될 것이다. 그러므로 찾아낸 공통분모로부터 서로의 차이점을 정교하게 보완하는 과정이 필요할 것이다. 만들어 나가는 과정에 좀 더 많은 역점을 들 필요가 있다는 것이다. 이렇게 함으로써 통일의 환경은 조금씩 조성되어 갈 것이다. 남과 북이 그동안 제시한 통일정책을 시대별로 비교해 보면 다음과 같다.

**[ 시대별로 본 대한민국과 북한의 통일정책 ]**

| 시기 | 대한민국 | 북한 |
|---|---|---|
| 1948년~1960년 | 남북자유총선거 통일론<br>북진통일론 | 민주기지론<br>(민족해방론) |
| 1960년대 | 남북자유총선거 통일론<br>선건설 후통일론(1966) | 남북연방제(1960) |
| 1970년대 | 선평화 후통일론(1974) | 고려연방제(1973) |
| 1980년대 | 민족화합 민주통일방안(1982) | 고려민주연방공화국창립방안<br>(1980) |
| 1990년대 | 한민족공동체 통일방안(1989)<br>민족공동체통일방안(1994) | 1민족 1국가 2제도<br>2정부에 기초한 연방제(1991) |
| 2000년대 | 민족공동체통일방안(계속) | 낮은 단계의 연방제(2000) |
| 2010년대 | 민족공동체통일방안(계속) | 조국통일 3대 헌장<br>고려민주연방공화국창립방안<br>전민족 대단결 10대 강령 |

출처 : 『2018 통일문제 이해』 (2018), pp.100~106에서 정리.

통일에는 상대가 있다. 우리의 통일정책 상대는 북한과의 통일이다. 북한과는 분단선을 사이에 두고 첨예한 군사력으로 대치하는 국면을 이어가고 있지만, 통일을 위해서는 협력의 관계를 유지하면서 함께 문제를 풀어야 하는 상대방이다. 국민 모두가 협력의 관계임을 공감하기 위해서는 통일이 주는 사회·경제적 유리점을 인식하여야 하며 이에 대한 통일정책 홍보도 필요할 것이다. 오랜 역사 속에서 형성된 민족공동체의 회복 문제, 과도한 군사비 지출과 긴장의 불안감에 따른 사회적 문제, 분단선으로 인해 제한될 수밖에 없는 경제개발의 문제 등은 국력 신장의 균형 훼손과 잠재력을 제한시키는 요인으로 작용하고 있다.

그림 1-7. 철원평야에서 겨울을 나는 평화로운 흑두루미들 출처 : 철원군청 홈페이지에서 캡처

민족사적 측면뿐 아니라 사회・경제적으로 나타나는 이러한 문제점 해결은 통일을 위한 당위성으로 제기되어 왔다. 또한 헌법의 가치를 실현하는 것중의 하나는 통일을 이루는 것이다. 최고의 상위법인 헌법에서는 통일에 대하여 명확히 말하고 있다. 헌법 제4조에는 '대한민국은 통일을 지향하며, 자유민주적 기본질서에 입각한 평화적 통일정책을 수립하고 이를 추진한다'를 명시하고 있다. 또한, 제66조 3항에는 '대통령은 조국의 평화적 통일을 위한 성실한 의무를 진다.'라는 조항을 두고 있다. 헌법 전문에서는 '평화적 통일의 사명'을 언급하고 있으며, 행정부의 수반인 대통령은 이에 대한 책무를 갖고 있음을 헌법에서 명시하고 있다. 그러므로 통일정책은 헌법의 가치를 실현하는 것이며, 통일을 이루는 것은 헌법을 구체적으로 실천하는 행위이다. 통일정책은 시대적 상황과 국민의 요구에 따라 변화하여 왔다. 우리나라에서의 시대적 상황은 동서진영의 대립과 관련이 깊었다.

국민의 통일 논의 요구는 민주화시기를 거치면서 민의가 중요시되는 시대가 도래하자 더욱 중시되었다. 민주화라는 도도한 시대의 흐름은 통일정책에서도 국민적 합의를 담기 위하여 노력하게 되었다. 통일정책은 더 이상 밀실에서 논의하는 정책이 될 수 없었다. 헌법에 명시된 바와 같이 대통령의 책무중의 하나는 평화적 통일이다.

이를 실천하기 위한 구체적 추진방안을 역대 대통령들은 제시하여 왔다. 이러한 과정을 거치면서 통일에 대한 여정은 계속되고 있다. 국민의 요구에 부합하기 위한 통일정책은 보다 투명하고 민주적인 절차를 거치면서 논의되어야 한다.

정부수립 후에 우여곡절을 겪으면서 유엔 감시하 남북총선거 실시를 권고하는 유엔총회의 결의에 따라 자유총선거를 실시하였다. 그렇지만 북한지역은 이를 감시할 유엔한국임시위원단의 입국이 거부되면서 남한지역에서만 선거가 이루어졌다. 이에 따라 남북에서 각각의 정부수립을 하였으며, 유엔의 감시하에 총선거를 실시한 대한민국은 유엔으로부터 승인받은 유일한 합법정부라는 자부심이 앞섰다. 당연히 북쪽은 불법집단이 불법으로 점유하는 우리의 땅이므로 이를 회복해야 한다는 내용의 통일론이 힘을 받을 수밖에 없었다. 즉, 북한의 존재를 인정하지 않았다. 그러므로 북진통일론과 함께 유엔 감시하 남북한 자유총선거를 통일정책으로 지향하게 되었다. 제2공화국에서도 유엔 감시하 남북한 자유총선거 주장은 계속되었다. 이는 최초 유엔에서 권고한 유엔 감시하 선거를 치르지 않은 북한지역에서의 선거를 완성하여야 한다는 의미였다.

1961년 군사쿠데타 이후의 박정희는 군정기간을 포함하여 무려 18년간을 집권하였다. 박정희의 집권기는 크게 1960년대와 1970년대로 구분할 수 있다. 1960년대에는 선건설 후통일의 기조를 유지하면서 경제건설에 매진하고자 하였다. 1970년대

그림 1-8. 1970년 경부고속도로 개통 출처 : 국가기록원

에 들어서면서 동서의 냉전이 완화되자 통일정책에도 많은 변화를 겪게 되었다. 무엇보다도 적십자사 회담과 남북 특사의 서울과 평양 방문 등은 대단히 발전된 분위기였다. 그렇지만 남북의 공동성명에 대한 흥분이 채 가라앉기도 전에 더 이상 대화를 할 수 없다는 소식이 들려왔다. 곧 이어 남과 북에서는 헌법을 개정하였다.

남북에서 개정한 헌법의 공통점은 독재체제를 확고히 하고자 하는 개정이었다. 헌법 개정을 위하여 1972년 10월 17일 전국에 비상계엄을 선포하면서 10・17비상조치를 단행하였다. 혼란을 방지한다는 명분이었다. 비상조치에 의해 국회는 해산되었으며 정당 및 정치활동이 금지되었다. 사실상 공포 분위기를 조성한 것이다. 이어서 평화적 통일지향, 한국적 민주주의 토착화를 내세운 개헌안이 10월 27일 비상국무회의에서 의결되었다. 박정희의 독재 권력을 더욱 공고히 하고자 하는 제7차 헌법 개정이었다. 11월 21일 국민투표를 거쳐 12월 27일 공포되어 시행되었다. 일명 유신헌법은 한국적 민주주의 토착화라는 미명 아래 나왔으나, 실상은 '한국적 독재체제 구축'이었을 뿐이다. 박정희는 대통령 재임기간을 3기로 연장하고자 한 제6차 헌법 개정도 부족하여 종신토록 하고자 하는 욕망에 사로잡혀 제7차 헌법 개정을 무리하게 밀어붙이고 말았다. 명분은 민주주의 체제로의 통일을 하기 위한다는 것이었다. 그러나 그의 흉심은 가릴 수 없었다. 그의 운명은 이렇게 하여 스스로 단축시키고 있었음을 정작 본인은 알지 못하고 있었다.

1970년대에 들어서면서 닉슨의 독트린과 함께 세계의 정세는 변화를 보이고 있었다. 기류의 변화는 미국이 주도하고 있었다. 미국은 중국과 소련과의 만남을 추진하면서 새로운 변화를 몰고 왔다. 우리나라 역시 1970년 8월 15일 광복절 경축사에서 평화통일구상 선언을 하면서 세계의 변화와 함께 보조를 맞추고자 하였다. 변화는 북한의 실체를 인정하지 않을 수 없게 하였다. 7・4남북공동성명이 본격화 되면서 한반도는 어느새 통일의 희망을 앞에 두는 듯하였다. 최초로 남북이 공동선언을 하는 등 예전에는 상상하지 못한 일들이 뉴스로 보도되었다. 대화를 본격화하기 위해 남북조절위원회가 만들어지기도 했으나 희망의 싹은 오래가지 못하였다. 그렇지만 정부는 1974년에 남북불가침협정 체결과 평화통일 3대 기본원칙을 제안하기도 하면서 통일정책을 지속적으로 내놓았다. 그렇다고 북한의 위협이 줄어들지는 않았다. 남과 북의 긴장은 변함없이 계속되고 있었다. 그렇지만 강력한 추진력에 의한 경제개발은 소득을 높이면서 자신감을 축적시켜 주고 있었다.

1980년대는 갈망하던 민주화를 목전에서 놓쳐버린 시대이기도 하였다. 정통성에서 자유롭지 못했던 전두환 정부는 남북한 당국 최고책임자 회담 개최를 촉구하면서 민족화합 민주통일방안을 제시하였다. 통일헌법 제정으로 통일민주공화국에 이르는 일련의 과정을 제시한 것이다. 1980년대의 후반기에 들어서자 대통령 직선제 및 민주화에 대한 열망은 1987년 6월 민주화항쟁을 불러왔으며, 그 결과 6・29선언을 이끌어 내면서 대통령 직선제를 약속받아 냈다. 이때 제9차 헌법 개정을 거치면서 헌법 전문과 제4조, 제66조에 통일을 위해 노력할 것을 규정하기도 하였다. 뒤를 이은 노태우 정부는 1988년 7월 7일에 민족자존과 통일번영을 위한 대통령 특별선언(7・7특별선언)을 발표하였다. 여기에서 중국과 소련 등 동구권 국가와의 수교 및 경제교류를 추진하겠다고 하면서, 북한과의 관계개선을 천명하였다. 때마침 치러진 서울올림픽에 소련 등 동구권 국가들이 참가하면서 더욱 힘을 얻었다. 남북관계 개선에 있어서도 변화가 있었다. 1989년 9월 11일 노태우는 특별선언을 발표하였다. 자주, 평화, 민주의 3대 원칙을 담은 한민족공동체 통일방안이 그것이다.

1990년대 초반과 중반은 노태우 정부와 김영삼 정부의 통일정책이 나오면서 우리나라 통일정책의 방안이 구체화되던 시기였다. 노태우 정부는 올림픽을 개최하면서

그림 1-9. 6월 민주화항쟁　　　출처 : 국가기록원

상승된 국가의 위상으로 많은 자신감을 안고 정책을 추진하였다. 특히 소련을 비롯한 동구권 국가와의 활발한 수교를 펼치면서 변화를 주도하였다. 1990년 소련, 1992년에는 중국 등을 비롯하여 지속적으로 공산권 국가와 수교를 확대하여 나갔다. 공산권과의 수교는 북한과의 대화로도 연계되어 졌다. 1990년부터 서울과 평양에서 남북고위급회담과 범민족통일음악회, 남북축구대회 등을 성사시키면서 남북관계의 분위기는 훈풍으로 고조되었다. 이러한 여세를 몰아 1991년 4월 일본 지바에서 열린 세계탁구선수권대회와 5월 세계청소년축구선수권대회 남북한 단일팀 참가까지 이어지면서 성과를 보였다. 또한, 학술목적의 북한 관련 자료의 열람 허용 등을 통하여 이전보다는 좀 더 과감성을 보였으며, 남북고위급회담을 개최하여 세계의 이목을 집중시키기도 하였다.

김영삼 정부는 노태우 정부의 한민족공동체 통일방안을 계승하여 민족공동체통일방안으로 보완하여 발표하였다. 1994년 광복절 경축사에서 밝힌 통일방안은 점진적 단계적으로 하나의 민족공동체를 건설해 나간다는 통일 구상이었다. 이후에 우리나라의 통일방안으로 계승되어 발전되고 있다. 민족공동체통일방안에서는 화해협력과 남북연합 단계를 거쳐 1민족 1국가의 통일국가를 완성한다는 3단계에 의한 통일방안을 제시하였다.

2000년대의 시작은 모두가 희망을 갖고 출발하였다. 새천년에 대한 기대와 금융위기를 극복하면서 안도감을 찾게 되자 점차 웃음이 돌게 된 시기였다. 1997년에 발생한 국가부도 수준의 금융위기는 모두를 침울하게 만들었다. 이로 인해 1998년에 새로 출범하는 김대중 정부에 대한 기대는 상대적으로 높은 상태였다. 임기 중반에 맞이한 2000년은 금융위기를 극복했다는 자신감이 바탕이 되면서 새로운 희망의 출발점으로 받아들이는 분위기가 역력했다. 이러한 희망찬 분위기 속에서 김대중 정부는 정부수립 후 최초로 남북정상회담을 추진하였다. 2000년 6월에 북한의 김정일 국방위원장을 평양에서 만난 김대중 대통령은 6・15공동선언을 채택하면서 남북관계의 획기적인 장을 열었다. 노무현 정부에서는 한반도 평화증진과 남북한 공동번영 실현 및 동북아 공동번영 추구를 목표로 하는 평화번영정책을 추진하였다. 노무현 대통령은 김대중 대통령에 이어 김정일 국방위원장과의 2007년 남북정상회담을 성사시키면서 남북관계 발전과 평화번영을 위한 선언(10・4선언)을 채택하면서 훈풍을 이끌었다.

2010년대는 보수정권이 집권한 시기였다. 그렇지만 이전의 진보정권이 이룩한 성과를 보다 획기적으로 확대시키는 전기를 마련하지는 못하였다. 이명박 정부는 남북관계의 진전을 위해서는 북한의 핵문제 해결이 필요하다는 판단으로 국제사회와의 공조를 도모하면서 북한의 무력도발에 적극적으로 대응하고자 하였다. 핵문제 해결과 무력도발에 대한 단호한 대응 없이는 정상적인 남북관계 유지가 어렵다고 보고 정책을 추진했으나 별다른 성과를 거두지는 못하였다. 이어진 박근혜 정부에서는 역대 정부의 대북정책 분석을 통하여 보다 근원적인 대책을 마련하고자 하였다. 그동안의 남북관계는 발전과 퇴행을 거듭해 온 결과 제자리걸음을 반복할 수밖에 없었다는 결론을 내렸다. 이를 극복하기 위해서는 남북간의 신뢰 형성이 우선이라는 전제 아래 한반도 신뢰프로세스정책과 이를 실행하기 위한 한반도 평화통일을 위한 구상을 제안하였지만 성과를 내지는 못하였다. 한 손바닥만으로는 소리를 내지 못한다는 평범한 진리를 새삼스럽게 경험한 셈이 되고 말았던 시대였다.

2010년대 후반과 2020년대 초반의 문재인 정부는 한반도 평화 프로세스라는 한반도 정책을 제시하였다. 남과 북은 분단 이후 70년 가까이 적대적 긴장을 이어왔다. 이러한 현상은 남북한 모두에게 소모적인 퇴행적 행위에 불과하므로 항구적 평화를 정착해야 한다는 목표를 두었다. 이를 위해서는 전쟁 위협을 제거하고, 한반도의 완전한 비핵화를 통하여 평화를 정착시켜야 한다고 보았다. 한반도 평화 프로세스는 2017년 7월 문재인 대통령의 '베를린 구상'에서 출발하였다. 2018년 평창동계올림픽 북한 선수단 참가를 이끌어 내면서, 2018년 세 차례의 남북정상회담을 개최하였다. 이러한 남북의 적극적인 관계개선의 동력은 2018과 2019년에는 두 차례의 북미정상회담을 개최하는 데 일조하기도 하였다. 이러한 과정을 거치면서 한반도 평화 프로세스는 구체화 되는 듯하였다. 그렇지만 북한은, 하노이에서의 북미정상회담이 결렬되자 태도의 변화를 보이기 시작하였다. 2020년에는 탈북민단체 대북전단 살포를 문제 삼으면서 남북연락사무소를 폭파하기도 하였다. 또한 핵시설을 재가동하는 징후가 포착되기도 하였다.

분단 상황의 지속은, 동족인 남북한 모두에게는 불필요한 긴장감 조성 및 소모적인 논쟁, 세계인에게는 언제라도 전쟁지역이 될 수 있다는 인식의 확산으로 인한 투자 기피 등으로 이어져 국력의 낭비와 확장을 저해하며, 이산가족에게는 크나큰 고통을 갖고 살아가게 만든다. 또한, 동족으로서 함께 향유하던 문화의 이질화마저 깊게 진행되어 민족의 정체성마저 훼손된다면, 통일은 보다 어려운 과제로 남을 것이다.

**그림 1-10. 평양의 고층빌딩** 출처 : KBS '남북의 창' 화면에서 캡처

북한은 2021년 1월 제8차 당대회에서 개정된 조선노동당규약을 개정했다고 발표하였다. 개정된 내용에서 중요한 것은 '조선노동당의 당면목적은 전국적 범위에서 사회의 자주적이며 민주주의적인 발전을 실현하는데 있으며, 최종목적은 인민의 리상이 완전히 실현된 공산주의 사회를 건설하는데 있다'라는 부분이다. 이를 두고 일각에서는, 북한이 남조선혁명론을 폐기했다는 의견을 내기도 하였다. 과거의 '최종목적은 온 사회를 김일성-김정일주의화하여 인민대중의 자주성을 완전히 실현하는데 있다'라는 문구의 삭제를 두고 해석한 결과이다. 그렇지만 '인민의 위상이 완전히 실현된 공산주의 사회를 건설하는데 있다'라는 문구는 해석의 방향에 따른 차이를 갖고 있다. 즉, 문구의 수정은 있었지만 기존의 목적과 다를 바 없다고 볼 수도 있다.

여기에서는 이에 대한 논쟁의 타당성을 말하고자 하는 것은 아니다. 다만 북한의 특징은, 노동당은 절대적인 위상을 갖고 있다는 사실을 언급하고자 한다. 또한 앞으로 언급할 북한의 통일정책은, 2021년 개정 이전의 노동당규약으로부터 통제를 받던 시절이었다는 점을 밝혀 두고자 한다. 북한의 체제는, 당이 국가보다 우선한다. 그러므로 노동당은 국가에 우선하는 존재이다. 그런 관계로 노동당 규약은 북한의 헌법보다 상위의 규범으로서 역할을 하고 있다고 평가할 수 있다. 즉, 노동당규약은 북한의 모든 것을 규율하는 법률로서의 가장 최상위의 위상을 갖고 있다.

북한은, 1950년대에는 민주기지론을 들고 나왔다. 민주기지론은 '하나의 조선을 이룩하겠다'는 것이 골자이다. 김일성은 1945년 12월 17일 '북조선을 통일된 민주국가를 위한 강력한 민주기지로 만들어야 한다'면서 한반도 전체의 공산화를 위한 전초기지로의 역할을 언급하였다. 이를 바탕으로 국토완정론을 내세우면서 전쟁을 일으킬 명분을 만들었다.

1960년 4·19혁명이 발생하고 대한민국이 혼란해지자 이후에는 '남조선혁명론'으로 발전시켰다. 이 시기에 북한은 연방제를 주장하기 시작하였다. 이는 과도적 조치로서의 과정을 갖고 있는 연방제였다. 연방제는 1960년 8월 14일에 광복절 15주년 기념 연설에서 처음으로 밝혔다. 김일성은 "어떠한 외국의 간섭도 없이 민주주의적 기초 우에서 자유로운 남북총선거를 실시하는 것이 평화적 조국통일의 가장 합리적이고 현실적인 방편입니다."라고 하면서 남북이 총선거를 받아들일 여건이 되지 않는다면, 남북연방제를 제의한다고 하였다. 이때의 북한은 여유를 보이면서 통일정책 제시를 할 정도였다. 그것은 북한의 경제력이 대한민국보다는 앞서고 있었기 때문이다. 또한 체제의 안착을 완료시킨 상태였으므로 정치적 환경도 평온한 상태였다. 이후 남조선혁명론과 남북연방제 통일방안은 명칭의 변경을 거치면서 약간의 수정을 가미하기 시작하였다.

1973년에는 남북연방제에 이어서 조국통일 5대 강령을 발표하였다. 이때 발표한 강령에서 고려연방제를 내놓았다. 연방제에 '고려'를 추가하여 '고려연방제'를 주장한 것이다. 고려가 주는 상징성을 최대한 이용하고자 한 것으로 볼 수 있다. 이때부터는 남북의 경제력 격차가 급격히 좁혀지기 시작하였다. 곧 북한은 대한민국에 추월당할 처지에 놓여 있었다. 이때부터 김일성은 초조함을 느끼기 시작하였다.

1980년대에는 '민주'를 추가하여 1980년 10월 10일 노동당 제6차 대회에서 '고려민주연방공화국 창립방안'을 제시하였다. 당시에 김일성은 이것을 통일정책의 완결판으로 인정하였다. 죽어서도 절대적인 존재로 인식되어 있는 김일성이 통일정책의 완결판으로 삼은 이상, 고려민주연방공화국은 북한 통일정책의 최상위 개념을 계속하여 유지할 것이다.

1990년대 들어서면서 북한은 체제 유지를 급선무로 삼아야 할 만큼 빈약한 상태로 전락하고 있었다. 또한 소련을 비롯한 동구권 국가들의 급격한 변화는 체제 유지를 위한 대책을 필요로 하였다. 체제 유지를 위한 방안으로 삼은 논리로 만든 것이 '1민족, 1국가, 2제도, 2정부'에 기초한 연방제이다. '김일성은 이것을 처음에는 '느슨한 단계의 연방제'라고 말하였다. 남북이 각각의 체제를 인정하면서, 통일은 후대에 달성할 일로 남기자고 하였다. 자나 깨나 조국통일을 외치던 김일성이 갑자기 변한 것은 남북한의 심각한 경제력 차이였다. 북한은 먹는 문제조차 해결하지 못하고 있는 반면에 대한민국의 발전은 세계가 인정할 수준으로 변하기 시작한 시기였다. 그러므로 자칫하다가는 흡수되기 딱 알맞은 상황으로 갈 것 같다는 불안감이 몰려온 것이다.

2000년대 '낮은 단계의 연방제'를 주장하였다. 2000년 남북정상회담에 이은 6·15 공동선언에서 '낮은 단계의 연방제'를 제시했다. '낮은 단계의 연방제'는 "1민족, 1국가, 2제도, 2정부에 기초하되 남북의 현 정부가 정치, 군사, 외교권을 비롯한 내치에 해당하는 현재의 기능과 권한을 그대로 보유하면서 그 위에 민족통일기구를 구성하자는 것이었다.

3대의 김정은은 2016년 신년사와 7차 당 대회에서 선대의 통일전략과 통일방안을 계승할 것임을 천명하였다. 김정은은 '자주, 평화, 민족대단결'의 '조국통일 3대 원칙'과 '고려민주연방공화국 창립방안', '전민족대단결 10대 강령' 등 이른바 조국통일 3대 헌장을 기준으로 풀어가야 한다고 주장하였다. 이것은 죽고 없는 김일성이 생전에 제시했던 내용이며, 그의 유훈을 받들겠다는 의미이다. 북한의 체제 특성과 비록 죽고 없지만 김일성이 차지하고 있는 위상을 고려해 본다면 계속하여 근간으로 삼게 될 것이다. 또한 최상위의 개념인 노동당규약이 변하지 않는 한, 한반도 전역을 공산화하겠다는 목표의 수정도 생각할 수 없을 것이다.

북한이 조국통일의 근간으로 삼는 것은 조국통일 3대 헌장이다. 조국통일 3대 헌장은 조국통일 3대 원칙, 고려민주연방공화국 창립방안, 전민족대단결 10대강령 등을 하나로 묶은 것을 말한다. 김정일은 1996년 11월 판문점을 시찰하면서 통일과 관련하여 위의 세 가지를 언급하면서, "위대한 수령님께서 내놓으신 조국통일의 3대 기둥이자 3대 헌장" 이라고 말하였다. 이것이 3대 헌장이 나오게 된 배경이다. 북한이 조국통일 3대 헌장이라는 공식적인 표현을 쓰기 시작한 것은 1997년 신년공동사설에서였다. 여기에서 '3대 헌장', '3대 기둥'이라고 하면서 조국통일 3대 헌장을 공식화 하였다. 2001년에는 평양에 이를 기념하는 '조국통일 3대 헌장 기념탑'을 건립하기도 하였다.

조국통일 3대 원칙은 7·4남북공동성명에서 남북이 합의한 '자주, 평화, 민족대단결'이라는 통일원칙 세 가지를 말한다. 북한은 이를 김일성이 제시한 것이라 주장하고 있으며, 남과 북이 견지해야 할 통일정책의 기본지침이며, 민족공동의 항구적인 통일

그림 1-11. 북한거리의 선전벽화 출처 : KBS '남북의 창' 화면에서 캡처

강령 이라고 의미를 부여하고 있다. 즉, 남북이 선언한대로, '통일은 어떠한 외세의 간섭도 없이 민족자결의 원칙에 의하여 조선사람들 자신이 해결하여야 한다'는 것이다.

고려민주연방공화국 창립방안은 1960년 남북연방제 주장을 시작으로 하고 있다. 이때는 남북한 자유총선거 실시에 따른 과도적 국가형태로의 연방제를 주장하였다. 1970년대에 접어들면서 냉전의 세월을 넘어 세계는 데탕트 분위기를 맞게 되었다. 이러한 분위기를 무시할 수 없었던 북한은 남북공동성명에 이어 1973년에 조국통일 5대 강령을 발표하면서, 통일의 과도기적 조치를 포함한 고려연방공화국을 내세웠다. 이때 고려연방공화국이라는 단일국호로 남북연방제를 실시할 것과, 유엔 가입을 제안하는 등의 주장을 하면서, '고려'라는 명칭을 사용한 고려연방공화국이 처음으로 등장하였다. 고려연방공화국은 1980년에 고려민주연방공화국으로 구체화되었다. 1980년 제6차 당대회에서 김일성은, "조국을 자주적으로, 평화적으로, 민족대단결의 원칙에서 통일하는 가장 현실적이며 합리적인 방도는 북과 남에 있는 사상과 제도를 그대로 두고 북과 남이 연합하여 하나의 연방국가를 형성하는 것이다."라는 주장을 하였다. 북한이 주장하는 연방제는 시대에 따른 변천을 겪었음을 알 수 있으며, 고려민주연방공화국을 완결판으로 삼고 있다.

이후 북한은 1993년 4월에 전민족대단결 10대 강령을 발표하였다. 이것은 그동안 남북이 공동성명으로 발표한 조국통일 3대 원칙과 김일성이 제시한 조국통일 5대 강령, 고려연방제통일방안 등과 함께 각종 통일 관련 제안을 모두 종합하여 10개 항으로 집약시킨 것이다. 1항  민족대단결로 자주・평화・중립적 통일국가 창립. 2항 민족애와 민족자주정신으로 대단결. 3항 공존・공영・공리를 도모하고 통일 위업에 모든 것을 복종시키는 원칙에서 단결. 4항 동족 간 분열과 대결을 조장시키는 일체의 정쟁 행위를 중지하고 단결. 5항 북침과 남침, 승공과 적화를 가시고 신뢰하고 단합. 6항 민주주의를 귀중히 여기며, 주의와 주장이 다르다고 배척 금지. 7항 개인과 단체가 소유한 물질적, 정신적 재산 보호와 이를 민족대단결 도모에 사용. 8항 남북한 접촉, 왕래, 대화를 보장. 9항 남과 북, 해외 동포와의 연대성 강화. 10항 민족대단결과 조국통일 등에 공적이 있는 자 예우 등으로 이루어졌다.

북한의 통일방안에 대해서는 시대 위주로 정리한 우리나라의 통일방안과 함께 정리해 보기로 하겠다. 민주기지론은 해방 후부터 전쟁시기에 해당하므로 제2장에서 살펴보겠으며, 1970년대에 나온 조국통일 5대 강령은 제3장의 경제개발과 유신의 시대에서 다루겠다. 또한 1960년대부터 현재까지 주장하고 있는 연방제 통일방안은 시대의 흐름에 따라 일부 내용과 용어의 변천을 거쳤으나 흐름의 이해를 위하여 제3장에서 통합하여 다루기로 하겠다.

우리나라의 통일방안에 대한 북한의 반응을 살펴보기 위해서는 주로 노동신문 등 북한의 언론매체와 각 기관에서 발표한 내용을 발췌하여 정리하였다. 이것은 우리나라의 통일정책이 발표될 당시에 나온 북한의 반응들이다.

제 2 장

# 해방정국과 전쟁의 시대

1. 해방정국과 이승만의 등장
2. 이승만 정부의 통일정책
3. 북한의 통일방안 민주기지론

## 1. 해방정국과 이승만의 등장

해방을 맞은 우리나라는 아쉽게도 단일정부를 수립해야 한다는 각계의 열망을 담아내지 못하였다. 1948년 제1공화국의 문을 연 초대 대통령 이승만은 강한 반공의식과 유엔으로부터 승인된 정부라는 자부심을 갖고 있었다. 따라서 그는 공산주의자와 공산주의를 이념으로 하는 북한의 정권과는 대화와 타협을 거부하였다. 공산주의와 북한의 정권을 공존할 수 없는 척결할 대상으로 보았다. 이러한 그의 인식은 반공체제를 강화시킨 측면과 함께 남북관계를 더욱 경직되게 만든 두 가지의 측면을 갖고 있었다고 볼 수 있다. 그렇지만 이것은 신생독립국의 생존을 위해 불가피한 점이 있었다는 점은 인정해야 할 부분이기도 하다.

제1공화국의 통일정책은 무력에 의한 북진통일로 대체적으로 표현하고 있다. 그러나 보다 자세히 살펴보면 정부수립 직후와 정전협정 체결 후에도 유엔 감시 하의 총선거에 의한 통일을 주장하기도 하였다. 특히 정전 직후의 북진통일은 현실적으로 가능하지 않았다. 현재까지도 계속 논의되는 부분이지만, 우리나라 군대의 작권통제권은 미군에게 있다. 작전권이 없는 국가에서 군대를 동원하여 전쟁을 하기 위해서는 넘어야 할 과정이 너무 많은 것이다. 그러므로 이는 가능한 방안의 통일정책으로 보기에는 어려운 측면이 있다. 오히려 국민을 단결시켜려는 의도를 갖고 있는 정치적 구호로 보아야 할 것이다.

그렇지만 이승만 대통령은 시종일관 북진통일 정책을 고수하다시피 하면서 여타의 통일 논의는 봉쇄하여 왔다. 초기의 북진통일은 실체가 없는 구호성의 통일정책이었다. 당시의 군사력으로 북한을 무력으로 굴복시킨다는 어려운 일이었다. 그러나 전쟁이 계속되면서 육군의 사단 수는 2배 이상이 증가하였다. 전쟁이 발발할 당시의 8개 사단에서 정전 시에는 총 18개 사단으로 증강되어 있었다.[1)] 따라서 이때부터는 실체가 빈약한 구호성 통일정책으로 볼 수만은 없을 것이다. 이승만은 군사력의 비약적인 발전을 배경으로 정전협정을 반대하고 북진통일을 계속 주장하기도 하였다. 이를 우려한 미국은 정전협정을 방해하지 않는 대가로 한미상호방위조약을 체결하기에 이르렀다. 이승만은 일체의 통일 논의에 대하여 강경한 입장을 취하였다. 그렇다고 군사

1) 김창진, 『우리에게 6・25전쟁이란?』 (인천: 진영사, 2018), p.618.

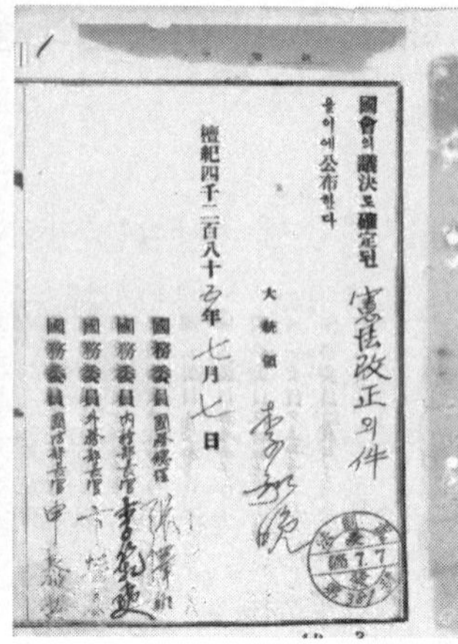


**그림 2-1. 발췌개헌에 서명하는 이승만** 출처 : 국가기록원

력이 증강되어 있었다고는 하지만, 우리의 자력만으로 북진통일을 이룬다는 것은 여전히 어려운 현실임에는 틀림이 없었다. 그러므로 이것은 국가를 하나의 강력한 이슈로 안정시키면서 자신의 장기집권을 강화하기 위한 슬로건 형태에 불과하였다고 볼 수 있다.

이승만을 독재자라 하는 근거는 헌법 개정을 통하여 독재의 길을 닦았다는 사실이 있기 때문이다. 우리나라 최초의 헌법 개정은 전쟁을 치르던 중에 있었다. 1952년 7월 7일 대통령 간선제를 직선제로 개정하였는데, 이는 국회의원에 의한 간선제를 국민이 직접 선출하는 직선제로 개정한 것이 골자였다. 당시의 대통령은 국회의원에 의해 선출되었다. 제헌국회에서는 이승만을 지지하는 의원들이 압도적이었다. 그런데 1950년 5월 30일 제2대 국회의원 선거를 치르고 난 뒤의 상황은 예전과 같지 않았다. 이승만을 지지하는 세력이 급격히 감소한 것이다. 이것은 국민들이 기성 정당에 대한 실망감을 표현한 결과이기도 하였다.

다른 한편으로는 초대 국회의원선거에 참여하지 않았던 많은 중도세력과 남북협상세력들이 대거 무소속으로 참여한 것도 하나의 원인으로 볼 수도 있는 결과였다. 제2대 국회의 인적구성은 기성정당 정치인들이 대거 탈락함으로써 총 210명의 의원 중 재선의원은 29명에 불과하였다. 대통령에 비판적인 무소속 의원이 126명으로 3분의 2를 차지하고 있었다. 총선 민심은 이미 대통령과 정부를 떠났다. 국민들은 어서 빨리 대통령이 교체되기만을 고대하며 총선에 임한 결과로 해석할 수 있는 표심이었다.

이승만을 지지하는 세력이 대거 탈락한 국회의원 선거 결과는 다음 대통령 선거의 결과를 이미 암시하고 있었다.[2] 당시는 국회의원이 대통령을 선출하는 간접선거였으므로 이승만의 고심은 커져 가고 있었다. 이러한 결과를 맞이한 이승만은 그의 4년 임기가 끝나는 1952년에 치러질 대통령선거에서 당선되기 위해서는 무언가 특단의 조치를 강구하여야 했다. 전선에서는 국군과 유엔군이 피를 흘리며 싸우고 있었지만, 이승만의 관심은 권력을 부여잡기 위한 선거에서의 승리였다. 급기야 그는 장기집권을 위한 개헌을 추진하였다. 간선제를 직선제로 하는 개헌안을 발의하였다. 그렇지만 정부에서 발의한 개헌안은 부결되었다. 그러나 이승만은 순순히 물러나지 않았다. 오히려 혼란한 상황의 안정과 후방지역의 공비토벌을 구실로 하여 헌병사령관을 앞세워 1952년 5월 25일에 부산과 경남 등 23개 시・군에 계엄령을 선포하였다.

전쟁이라는 상황을 이용하여 공포분위기를 적절히 조성한 것이다. 1952년 5월 26일 임시수도 부산에서 야당 소속 국회의원들이 탄 통근버스가 경상남도 도청 앞에서 견인차에 끌려 헌병대에 연행되는 사건이 발생하였다. 이른바 '부산 정치 파동'의 시

그림 2-2. 헌병대에 의해 연행되는 국회의원 출근버스 출처 : 국가기록원

2) 당시의 대통령 임기는 4년이었다. 국회의원의 임기는 제헌국회(초대국회)에서는 2년이었으나, 제2대 국회부터는 4년으로 연장되었다.

작이었다. 결국 헌법을 개정하는 방법을 통하여 무리하게 대통령으로 당선되는 길을 스스로 마련하였다. 1차 개헌을 통하여 이승만은 1952년 8월 5일 제2대 대통령에 재선될 수 있었다. 이승만은 이에 그치지 않고 다음 선거를 위하여 또 다시 헌법 개정을 시도하였다.

여당인 자유당은 이승만의 장기집권을 위해 주도적으로 개헌에 돌입하였다. 자유당은 1954년 9월 6일 헌법 개정안을 제출하였으나, 11월 29일 국회 표결에서 재적의원 203명 중 135명이 찬성하여 부결되었다. 그러나 집권 여당은 순순히 물러서지 않았다. 그들은 사사오입원칙에 의해 부결선언을 취소하였으며, 의사록을 수정하여 개헌안 가결을 선포하였다. 주요 골자는 초대 대통령에 한하여 중임제한 조항을 폐지한다는 것이었다.[3] 이러한 개정안은, 초대 대통령을 지낸 이승만에 대해서는 중임 제한을 예외로 하겠다는 의미였다. 1960년 3월 15일 제4대 대통령 선거는 대대적인 부정선거로 이루어졌다. 이승만은 대통령에 단독으로 입후보하여 당선되었다. 그렇지만 이러한 무리수는 그의 정치생명을 비참하게 앞당기는 출발점이 되었다. 결국 그는 4・19민주화혁명으로 권좌에서 끌려 내려와야 했으며, 망명의 길에 올라야 했다.

이승만의 정치 이력을 살펴보면 권력욕에 대단한 집착을 갖고 있었음을 알 수 있다. 그의 이러한 권력에 대한 집착은 자신을 위한 개헌을 단행하였으며, 이로 인해 그를 독재자로 칭하게 만든 배경이 되었다. 나라를 위한 개헌이 아니었음을 국민들은 정확하게 통찰하고 있었다. 이승만은 공산주의에 대하여 크게 부정적인 인식을 갖고 있었다. 그는 정부수립 후 1949년 11월의 담화문에서 세계의 가장 큰 화근은 공산주의 활동이라고 하였으며, 이는 우리나라에서도 마찬가지라고 하였다.[4]

이와 같은 그의 인식은, 공산주의는 타도의 대상이었다. 38도선을 중심으로 하여 남과 북에서 각각의 정부가 수립되자, 크고 작은 분쟁이 분단선을 사이에 두고 발생

---

3) 제55조 제1항 대통령과 부통령의 임기는 4년으로 한다. 단, 재선에 의하여 1차 중임을 할 수 있다.

4) 연설문 내용은 다음과 같다. "오늘 세계에서 당하고 있는 큰 화근은 공산당의 활동입니다. 우리나라에서도 목전에 제일 큰 화근은 공산분자들의 활동입니다. 우리가 지난 3년 동안을 두고 싸워서 인명도 많이 상했고 피도 많이 흘려서 동족상쟁의 화(禍)를 당하고 있는 중인데 지금은 우리 정부가 서서 모든 장해를 삭제(削除)하였으므로 이후부터는 공산분자를 제어(制禦)하기에 순조로 진행될 것을 바라고 정권 이양에 전력하고 있는 중인데 (중략) 우리가 가장 믿고 의뢰하던 국방군에 몇몇 반란분자들이 잠입해서 여수(麗水), 순천(順天) 등지에서 혹독한 참상을 이루었으니 물론 그 중에 불량분자들이 몇 명 끼어 있었던 것을 모른 바는 아니지만 인면수심(人面獸心)의 행동이 이같이 심하게 되리라고는 꿈에도 생각지 못한 바입니다." (후략)

軍事援助問題

趙博士 美要路와 協議

擊退만으론不滿

조병옥 박사를 단장으로 하는 사절단이 육군성, 국무성의 관리들과 회견하기로 했다는 내용의 기사이다. 이승만의 사진과 함께 '격퇴만으로는 불만'이라는 말은 보다 강력한 무기지원을 요청함을 암시하고 있다.

**그림 2-3. 미국에 대한 군사원조 요청** 출처 : 경향신문(1949.5.8.)

하면서 급기야는 군부대 반란으로까지 이어졌다. 심지어는 군부대에 남노당 조직이 암약했던 것으로 드러나기도 하였다. 이로 인해 군부대는 대대적인 숙군작업을 벌여 군부대에 침투한 남노당원들을 색출하여 처벌하면서 일단락되었다. 만약 숙군이 되지 않은 상태에서 전쟁을 치렀다면 더욱 심각한 상황으로 이어졌을 것이라는 것이 일반적인 평가이다. 군부대 반란진압과 숙군작업을 계기로 1948년 12월 1일에 국가보안법을 제정하기에 이르렀다.

그의 통일정책을 이해하기 이전에 미국에 대한 인식을 살펴보는 것이 필요할 것이다. 미국은 예나 지금이나 우리의 통일정책에 가장 강력한 영향을 미치는 국가임에는 틀림없다. 이승만은, 미국은 분단의 책임을 갖고 있다는 것과 이를 감안하여 자위에 필요한 무기를 지원해야 한다는 내용의 연설을 수차례 하여 왔다. 신생국 대한민국은 미군에 의한 군정시기를 보냈으며 이후에도 미국의 지원으로 기틀을 잡아가고 있는 형편이었다. 그러나 아무리 도움을 받고 있는 입장이지만, 미국은 분단의 책임을 일정부분 갖고 있다는 인식을 하고 있었다. 그는 남북분단의 책임에 대하여 미국과 소련을 명확히 지목하고 있었으며 이로 인하여 공산주의자가 생겨났다고 성명에서 주장한 바가 있었다. 1949년 5월 8일 이승만이 발표한 성명의 주요내용은 '국토양분은 미소책임이며 우리에게 미국은 자위에 필요한 무기 공급이 필요'하다는 내용을 담고 있었다.[5] 해방과 함께 남한에 주둔한 미군은 1949년 6월에 철수하였다. 북쪽에는 이미 공산주의 정권이 들어선 이상 이에 대비하는 것이 시급하였다. 정부는 이에 따라 조병옥 박사를 단장으로 하는 사절단을 구성하여 미국으로 건너가 군사원조를 요청하는 등의 노력을 기울여야 했다.

이승만은 지원되는 무기를 이용하여 공산주의자들에게 심대한 피해를 입혀야 한다고 하였다. 그렇지만 전쟁 이전까지 있었던 각종 연설과 신문기사 등에서 무력을 이용한 북진통일을 직접적으로 언급한 사실은 찾기 어렵다. 다만 실지회복이라는 완화된 표현을 사용한 기록은 찾을 수 있다. 이것은 북진통일과 어감의 차이는 있을 지라고 무력을 이용한 실력행사라는 공통점을 갖고 있다. 이와 함께 군부와 일부 국회의원 중에는 북진통일이라는 강경한 어조를 사용하면서 이에 대한 실력행사를 자신하고 있었던 흔적은 찾아 볼 수 있다.

1949년 7월 17일 국방장관은 "우리 국군은 대통령의 명령만 기다리고 있으며, 명령만 내리면 이북의 평양, 원산까지 1일 내로 완전 점령할 자신과 실력이 있다."는 회견을 하기도 하였다.[6] 그렇지만 다음해 발생한 전쟁에서 국군은 불과 3일 만에 수도 서울을 북한군에 내주는 수모를 감수해야 했다. 내무장관을 역임했던 국회의원 윤치영은 유엔 한국위원단과의 협의에서, "불법적인 소련의 점령으로 야기된 이북 실지를 대한민국 정부의 실력으로 회복할 수 있을 뿐이다."라는 요지로 협력을 요청하기도 하였다.[7] 무력에 의한 적극적인 방법을 주장한 것으로 평가할 수 있다.

분단선을 사이에 둔 국군과 북한군의 상황은 잦은 충돌을 야기하고 있었다. 심한 경우에는 개성까지 북한군이 침입하기도 하는 등 혼란을 넘어 일촉즉발의 상황이었다.[8] 이러한 상황을 안고 있는 가운데 무기원조를 강력히 희망하고 있었으며, 실지회복에 대한 실력행사를 공개적으로 토해내는 장면을 바라보는 미국의 입장은 복잡했을 것이다. 미국은 무엇보다도 전면전을 원하고 있지는 않았다.

---

5) 연설문 내용은 다음과 같다. "우리 남한은 미국자체의 방위의 제일선에 해당하는데 미국도 이와 같이 생각하는지 알고 싶다. 대한민국은 자신이 조성하지 않은 공산계열의 위협에 대항하여 우리들의 생명을 위하여 투쟁하고 있는 것이다. 일본이 항복할 당시만 해도 한국에 공산주의는 하나도 없었다. 그러나 공산주의 위협은 미소에 의해 한국 중부를 분할한데서 야기된 것이다. (중략) 공산당과 타협한다는 것은 최후의 항복을 의미한다. (중략) 공산당들이 삼팔선을 끊임없이 침범하고 있다. (중략) 그들에게 다대한 손실을 주도록 하여야 할 것이며 이 목적을 위하여 지위에 필요한 적당한 무기를 충분히 공급받아야 한다."

6) 동아일보, 「미군사원조는 낙관」, 1949.7.19.

7) 조선일보, 「통일에 실력뿐」, 1949.3.10.

8) 전쟁 이전에 개성은 대한민국이 통치하고 있었다. 그러나 정전협정이 체결되면서 북한이 장악하게 되었다.

## 2. 이승만 정부의 통일정책

일본의 패망에 이은 해방의 배경에는 연합군의 승리가 있었다. 물론 기나긴 세월 동안 일신을 돌보지 않고 일제에 항거한 독립투사들이 흘린 피의 가치를 과소평가할 수는 없다. 그들은 독립의 열망을 선혈로 보여줌으로써 꺾이지 않는 독립국 수립의 의지를 보여 주었다. 그렇지만 미국과 소련을 비롯한 연합국은 엄연한 승전국임에는 틀림없었다. 일제가 항복을 선언하자 승전국은 당당하게 한반도로 진입하였다. 미국과 소련은 38도선을 기준으로 정하여 각각의 군대를 보냈으며, 그들 군대는 군정을 실시하였다. 승전의 기쁨이 채 가시기도 전에 남과 북으로 갈린다는 흉흉한 소문은 점차 구체화 되기 시작하였다. 결국 남과 북에는 군정을 담당한 국가의 이념에 따른 정부가 수립되고 말았다.

두 강대국이 이끄는 거대한 물줄기는 격랑의 흐름으로 이어졌으며 격랑이 만들어 낸 소용돌이는 거침없이 흘렀다. 한반도의 운명은 이들 물줄기에서 뿜어내는 강력한 흡입력에서 자유롭지 못했다. 유엔감시하총선거 과정에서 북한지역은 소련의 방해로 유엔 감시단이 입북하지 못하였다. 결국 남한지역에서만 총선거를 실시하였으며 그 결과 대한민국이 탄생하였다. 행정력이 한반도의 절반에만 미칠 수 있는 결정적인 한계를 지닌 상태의 정부수립이었다. 유엔에서 인정받은 유일한 합법정부였으나, 정부의 행정력은 북한지역에는 미치지 못하는 한계를 갖고 있었다. 당연히 나머지 부분에 대한 회복이 절실하다는 과제를 안겨주었다. 논리적으로 타당한 대안은 총선거를 치르지 못한 북한지역에 대한 유엔감시하선거를 마저 하는 것이었다. 그러므로 이것은 당시 이승만이 줄곧 주장했던 한반도 통일정책으로 자주 역설되었다.

온전하지 못한 상태로 태어난 신생 대한민국은 축복보다는 어수선한 시국을 걱정해야 하는 처지였다. 무엇보다도 좌우익의 대립은 극심했으며, 국민들은 예측할 수 없는 앞날을 걱정해야 했다. 민주주의를 표방하면서 수립한 정부의 최우선 과제는 공산주의자들의 준동을 막아내고 민주주의를 수호하는 것이 국정의 최우선 목표가 될 수밖에 없는 절박한 상황이었다. 이러한 시대적인 분위기는 공산주의를 타도해야 한다는 정책으로 이어질 수밖에 없는 상황이었다.

그림 2-4. 6 · 25전쟁기념 행사에서 연설하는 이승만 출처 : 국가기록원

또한 전쟁을 거치면서 이러한 분위기는 고조되었다. 북한은 동족이기에 앞서 원수로 인식하는 경향이 강해졌으며, 시간이 흐르면서 이러한 시대적 상황과 정서를 정권유지에 활용하려는 의도가 더해지고 있었다. 특히 북한에서 주장하는 통일정책과 유사한 통일방안을 주장하면 사상을 의심 받기에 충분하였다. 당연히 통일에 관한 문제를 논의하는 것은 대단히 위험한 행위가 되면서 공론의 장은 크게 위축될 수밖에 없었다.

이승만 정부가 갖고 있는 통일정책의 한계였으며, 이러한 경향은 오랜 세월을 두고 한국사회를 지배하였다. 이승만의 통일정책은 유엔감시하선거를 통한 통일과 북진통일론이었다. 그렇지만 현실적으로 둘 다 가능성은 낮았다. 이미 그는 단독정부 수립 이전부터 남한지역만이라도 유엔감시하선거를 해야 한다는 입장으로 기울어지고 있었음을 당시의 여러 행적에서 찾아볼 수 있다. 이러한 그가 세삼스럽게 북한지역에서의 선거를 주장하는 것은 앞뒤가 맞지 않는다. 그렇지만 이승만의 당면과제는 사회적 혼란을 극복하고 민의를 결집시키는 것이 급선무였다. 북한지역에 대한 유엔감시하선거를 줄기차게 주장한 것은, 대한민국이 한반도의 유일한 합법정부라는 국민적 자긍심을 고취시켜 결집된 분위기를 이루고자 했을 것으로 보인다. 그러므로 이를 이끌고 있는 자신이야말로 한반도의 유일한 지도자라는 논리를 전개하는 것이 통치에 유리했을 것이다.

제1공화국의 통일정책은 무력에 의한 북진통일론으로 대체적으로 평가하고 있는데, 이는 당시의 정세와 국민들이 받아들이고 있던 북한에 대한 정서와 무관하지 않다. 그렇지만 북진통일론은 실현성을 갖고 있다고 보기는 어려웠다. 전쟁을 거치면서 한국군의 작전통제권은 1950년 7월 14일에 이미 미군에 이양된 상태였다. 작전통제권을 갖고 있는 미군이 한국군이 단독으로 북진한다면 이를 바라보고만 있지는 않았을 것이다. 또한 한국군의 군사력이 북한군을 크게 압도하고 있다고 볼 수도 없는 상태였다. 전쟁 이전에는 자위를 위하여 무기지원을 미국에 적극적으로 요청하였지만, 미국은 이에 대해 충분한 지원을 하지 않았다. 당시의 세계정세로 보았을 때 미국은 군사원조지원 요청에 적극적으로 응하기는 어려웠을 것이다. 1949년 9월에 미국은 대외 군사원조법안을 통과시켰다. 여기에서 한국은 2764만 불이었던 반면, 중국(대만)은 7500만 불이었다.[9] 이를 보면 한국은 대만에 비해 그 절반에도 미치지 못하는 원조를 받은 셈이었다. 이는 두 국가 모두 민주진영의 최일선이라는 형편을 고려하면 분명한 차이로 볼 수 있는 부분이다.

그 결과 전쟁 당시에 북한은 전차를 242대를 보유하고 있었던 반면에 국군은 단 한 대도 없는 상태였다. 이러한 차이는, 미국은 공격형 무기의 지원에 인색했음을 증명하는 부분이기도 하다. 미국은 세계대전이 이제 막 끝난 시점에서 또 다른 전쟁의 발발을 원하지 않았다. 그렇지만 주요 인사들은, 앞에서 살펴본 바와 같이 실지회복에 대한 열망을 나타내고 있었다. 이승만 역시 실지회복에 대한 의지를 나타냈다. 1949년 10월 31일 기자회견을 살펴보면 이에 대한 내용이 나온다.

> "대부분의 한국인은 북한공산정권을 타도할 것을 기구하고 있으나, 만약 우리가 이와 같은 행동을 개시한다면, 유엔은 이에 항의할 것이다. (중략) 우리는 북한의 실지를 회복할 수 있으며 북한의 우리 동포들은 우리들이 소탕할 것을 희망하고 있다는 점이다. 이러한 조치는 늦으면 늦을수록 더욱 곤란하게 될 것을 두려워하고 있다는 점이다."

실지회복은 무력을 이용하여야 가능한 것이며, 이는 곧 북진통일을 의미하고 있었다고 보아야 할 것이다. 전쟁을 거치면서 이승만은 수시로 북진통일론을 주장하였다.

---

9) 경향신문, 「미군원 안 발효」, 1949.3.10.

그렇지만 보다 자세히 살펴보면 북진통일론 하나에만 매달리지는 않았다. 특히 남한에서의 총선거가 끝나고 국회를 개원한 직후부터 전쟁 이전에는 대체로 유엔감시하 선거에 의한 통일을 주장하였다. 즉, 선거를 치르지 못한 북한지역에서의 선거를 주장하였다. 정전협정 체결 후에도 유엔감시하 선거에 의한 통일을 주장하였다. 이때에는 남북한 인구비례에 의한 총선거를 주장하였다. 그렇지만 북한에서 이를 수용할 가능성은 지극히 낮았다. 대한민국에 비해 인구가 열세인 북한에서 이를 수용할 리는 없었다. 북진통일론은 전쟁을 거치면서 더욱 빈번하게 나왔으며 특히 정전협정을 앞둔 시점에서는 더욱 격렬하게 반응하였다.

그렇지만 냉정하게 평가해 보면 이승만 정부가 주장한 통일정책은 모두가 실현 가능성은 지극히 낮았다. 이승만의 통치 프레임은 반공이었으며, 다른 하나는 반일이었다. 비록 친일파를 적절히 정권유지에 활용한 인물이었지만 아이러니하게도 반일을 줄곧 주장한 인물이기도 하였다. 그중에서 반공은 미국의 이익과도 일치하였다. 그렇다고 미국이 적극적으로 이승만을 지지한 것만은 아니었다. 정전협정을 두고는 치열하게 대립하였으며, 급기야 미국은 이승만 제거를 위한 계획까지 도모했을 정도였다.

失地回復을自負
李大統領記者會見談

전쟁 이전에 이승만은 실지회복에 대하여 기자회견을 하였다. 그의 북진통일론은 비록 구호성에 불과했지만 이미 오래전부터 형성되어 왔던 것으로 보인다.

**그림 2-5. 실지회복을 자부 (1949.10.2.)**

출처 : 경향신문(1949.10.2.)

## ❑ 유엔감시하 선거를 통한 통일

1945년 12월에 미국, 영국, 소련은 제2차 세계대전의 전후처리 문제를 논의하기 위하여 모스크바에 모였다. 삼국의 외무장관은 여기에서 한국의 독립문제도 함께 거론하였다. 여기에서 임시민주정부 수립과 이를 지원하기 위한 미・소공동위원회 개최, 최고 5년의 신탁통치가 결정되었다. 이후 찬탁과 반탁은 한국사회를 요동치게 만드는 극렬한 이슈로 등장하였다. 그동안 일본으로부터 받아 온 식민지배를 이제 막 벗어났는데 또 다시 외세의 통치를 받아야 한다는 소식은 뜨거운 논쟁을 가져오기에 충분하였다. 자연히 사회는 혼란으로 뒤엉키면서 좌우익의 대립으로 이어졌다. 대립은 충돌로 이어지면서 혼란은 격화되고 있었다.

1946년에는 모스크바 3상회의 결정사항을 이행하기 위한 미・소공동위원회가 열렸지만 의견 차이를 좁히지 못하고 결렬되었다. 1947년에 제2차 미・소공동위원회가 열렸으나 이견을 좁히지 못하면서, 미국은 한국문제를 유엔으로 이관하였다. 유엔총회에서는 인구 비례에 의한 남북한 총선거를 통해 정부를 수립하기로 결정하고 유엔 한국임시위원단을 파견하였다. 이러한 결정이 순조롭게 실행되었다면 분단은 막을 수 있었을 것이다. 그러나 북한지역에서는 북한과 소련의 반대로 위원단의 입북이 막히는 상황을 맞았다. 이렇게 되자 유엔은 소총회를 개최하고 선거가 가능한 남한지역에서만이라도 총선거를 실시하기로 결정하였다.

이러한 소식을 접한 한국 사회는 찬성과 반대로 나뉘어 술렁이기 시작하면서 극심한 대립을 이어갔다. 단독정부수립은 분단을 의미하고 있었다. 이렇게 분위기가 흐르자 김구와 김규식은 1948년 2월에 남북협상에 대한 내용을 유엔 한국임시위원단 의장 메논에게 제시하였다.[10] 이에 대해 북한에서는 평양방송을 통하여 반응을 보였다. 그렇지만 명확하게 제의에 따라 회담을 개최할 것인가는 나오지 않았다. 당시의 신문기사를 살펴보면 다음과 같은 내용의 사설이 있었다. '북한은 남북협상을 수락한다고 하면서 한민당을 제외한 민전, 민련 산하의 군소정당을 지정하여 4월 14일에 평양에서 회동하자는 것이다. 그렇지만 이러한 제안은 비애국적이고 비자주적임을 간과할 수 없는 바이다'[11] 이와 같은 비판적인 기사가 나온 것은, 이미 북한은 소련의 지시에 따라 움직이는 자주성을 상실한 정치집단에 불과하다는 것을 간파하고 있었다는 것

10) 동아일보, 「남북협상안 제시」, 1948.2.11.
11) 동아일보, 「남북협상의 비자주성」, 1948.3.30.

南北要人의平壤會談
=政協關係의十四政黨만招請?=
來月十四日開催提案
北朝鮮放送

남북협상을 김구와 김규식 등이 제의했으며, 북한은 평양에서 남북요인 회담을 개최하겠다며 이들을 초청했다는 기사 내용이다.

**그림 2-6. 남북요인의 평양회담**

출처 : 조선일보(1948.3.27.)

이며, 참가 범위를 북한의 자의적인 뜻에 따라 정했다는 것은 문제가 큰 것으로 보았기 때문이다. 사설에서는 남북협상의 비현실적이며 모략성이 있음을 냉철하게 지적한 것이다.

당시의 분위기는 이와 같이 북한과의 협상이 의미 없다는 측과 분단을 막기 위해서는 협상이 필요하다는 측으로 대립하고 있었다. 김구와 김규식은 1948년 2월 25일에 남북협상을 제의한다는 내용의 서한을 김일성과 김두봉에게 전달하였다. 그러나 이에 대한 반응을 보이지 않던 북한은 1948년 3월 25일 북조선방송을 통하여 4월 14일에 남북정치협상을 개최한다면서 초정 의사를 밝혔다.[12] 특이한 점은 대부분의 정당을 초청하면서 한민당은 제외한다고 밝혔다.

김구와 김규식 등은 북한과의 협상을 통하여 분단을 막아야 한다는 대표적인 인사였으며, 이승만과 한민당 등에서는 남한만의 총선거 실시를 주장하고 있었다. 김구와 김규식 등은 분단을 막기 위하여 김일성과의 남북협상을 추진하겠다는 목표를 가지

12) 조선일보, 「남북요인 평양회담」, 1948.3.27.

고 1948년 4월에 38도선을 넘었다. 김일성과의 협상으로 통일된 독립을 이루고자 하였다. 하지만 북한 역시 그즈음에는 단독정부 수립을 사실상 정해 놓고 있었다. 김구의 방문은 방문 이전부터 헛걸음이 될 수밖에 없었던 셈이다. 김일성은 이미 정부수립 준비를 마친 상태였으며, 민족지도자 김구의 방문은 이에 이용 당하기 십상인 형국이었다.

그 이전으로 거슬러 올라가 보면, 단독정부 수립 문제에서 김구와 이승만의 의견은 서로 엇갈리고 있었음을 발견할 수 있다. 당대의 두 민족지도자 김구와 이승만은 의견에서 큰 차이를 보이고 있었다. 1948년 2월 11일 김구는「3천만 동포에게 읍 고함」이라는 제하에 통일정부수립을 주장하는 요지의 담화를 발표하였다. 요지는 "통일된 조국을 건설하려다가 38선을 베고 쓰러질지언정 일신에 구차한 안일을 취하여 단독정부를 세우는 데는 협력하지 아니하겠다."[13]라고 하면서 의지를 분명히 하였다.

이에 뒤질세라 이승만은 1948년 2월 22일 다음과 같은 내용을 발표하였다. '유엔소총회에서는 남한총선거를 결정하고 삼월 초 일일 이내로 공포되면 우리가 그대로 진행할 것이오, 그것이 못 된다면 이제는 더 볼 것도 없고 더 기다릴 것도 없으니 이왕 어비한 계획대로 진행해 나갈 뿐이다. (중략) 이말 저말 듣고 아무것도 못하고 앉았다가는 마침내 다 공산화하고 말 것이니, 천인만인이 다 한마음 한뜻으로 나가서 순조로이 독립하려면 우리는 독립할 날이 없을 것이다. 죽었던 나라를 한편에서라도 살려

남북협상에 참여한 대표적인 인사는 김구와 김규식이었다. 사진은 김구(중앙), 비서 선우진(좌측), 아들 김신(우측)의 모습이다.

**그림 2-7. 남북협상을 위해 38도선을 넘는 김구 일행**

출처 : 국가기록원

13) 경향신문,「염원은 통일독립」, 1948.2.11.

놓아야 전체를 살릴 희망이 있을 것이다. (후략)'[14] 이와 같이 당시의 두 정치지도자는 의견의 합일을 보지 못하고 있었다.

이승만은 단독정부 수립 지지를 이미 오래전부터 하고 있었다. 이른바 정읍 발언에서 이를 확인할 수 있다. 이승만은 1946년 6월에 지방 순회를 하는 중이었다. 이승만은 6월 3일 11시에 정읍에서 강연을 하였으며, 오후 4시에는 전주에 도착하였다.[15] 정읍연설에서 다음과 같은 내용을 언급했음을 신문에서는 보도하고 있었다. '우리는 무기 휴회된 공회(미・소공동위원회)가 재개될 기색도 보이지 않으며, 통일정부를 고대하나 여의케 되지 않으니 우리는 남방만이라도 임시정부 혹은 위원회 같은 것을 조직하여 38선 이북에서 소련이 철퇴하도록 세계 공론에 호소하여야 될 것이니 여러분도 결심하여야 될 것이다. (후략)'[16] 이를 보면 이승만은 이미 이때부터 단독정부 수립을 염두에 두고 있었을 것으로 보인다.

부족한 힘마저 이처럼 분열되어 있었으며, 북한을 장악한 소련에의해 조종당하는 김일성 역시 평화적인 선거를 통한 통일된 정부수립을 이루겠다는 의지는 이미 상실된 상태였다. 민족의 운명을 결정짓게 될 받아놓은 날짜 5월 10일은 무심하게도 한발한발 다가오고 있었다. 마침내 김구를 비롯한 단독정부 수립 반대파의 불참 속에서 최초의 선거가 치러졌다. 시각에 따라서는 김구의 주장을 당시의 현실을 냉정하게 바라보지 않고 이상만을 추구했다고 평가하기도 한다. 반면, 이승만은 현실을 직시하였다는 평가를 받기도 한다. 그렇지만 분단된 정부수립은 전쟁을 예고하는 것이라고 한 김구의 예언은 불행하게도 맞아 떨어지고야 말았다. 두 민족지도자가 견지했던 남북총선거를 통한 단일정부수립, 남한만의 선거를 통한 단독정부수립은 이상론과 현실론의 차이로 평가하기도 한다.

비록 한반도 전체의 지역이 아닌 남한지역에서만의 선거였지만, 대한민국은 유엔 감시하 선거를 통하여 탄생한 한반도의 유일한 합법정부였다. 그러나 북한지역에 해당하는 의석은 남겨두고 있었으므로 온전한 통일은 이루지 못한 상태였다. 그러므로 아직 실시되지 못한 북한지역에 대한 선거를 실시하여 국회의원 의석수를 완성하여야 했다. 북한지역에서의 선거를 실시해야만 남겨진 문제를 해결할 수 있는 것이었으며, 통일을 이루기 위해서는 반드시 해결해야 할 문제였다. 이승만은 취임 이후에도 줄곧 이에 대

---

14) 조선일보, 「선거급속착수」, 1948.2.24.
15) 동아일보, 「이박사 군산에」, 1946.6.4. (군산에 도착했다는 기사내용은 없으나 제목에는 군산을 언급하고 있다)
16) 조선일보, 「공위가 재개 안되면 통일기관 즉시 설립」, 1946.6.5.

김구와 이승만은 단독정부 수립을 두고 라이벌 관계로 변하였다. 그후 김구는 의문의 암살을 당하였으며, 끝내 그 배후는 추정만 할 뿐 밝혀지지 않았다.

그림 2-8. 해방정국의 라이벌 김구(우측)와 이승만(좌측)

한 문제를 지적하면서 선거를 독촉하였으며, 국회에서도 동일한 기조를 유지하였다. 이와 같은 입장은 다소의 차이는 있었지만 이승만 정부 내내 유지되었다.

국회에서는 1948년 6월 11일 개최된 제8차 회의에서 '북조선 동포에게 고함'이라는 안을 상정시켜 통과시켰다.[17] 주요 내용은 북한지역에서도 남한과 같이 자유롭고 민주적인 방식으로 총선거를 실시하여 국회의원을 선출하고 국회에 들어올 것을 촉구하는 것이었다. 여기에서 주목할 것은 '북한동포'라고 지칭함으로써, 북한지역을 실질적으로 통치하고 있는 특정세력을 인정하지 않았다는 것이다. 남한에서는 이미 선거를 통하여 국회를 구성하였으나, 북한에서는 특정세력의 방해로 선거조차 치르지 못하고 있는 점을 지적한 것이다. 그 당시 북한을 실질적으로 통제하는 세력을 인정하지 않았던 것이며, 이는 당연한 처사이기도 하였다.

7월 17일에 국회의장 이승만은 북한 동포들의 대표들을 하루빨리 선출하여 국회에 보내 달라고 재차 호소하였다. 이러한 결의와 국회의장의 호소는 국회라는 국민의 대표기관을 통하여 통일된 정부를 구성해야 한다는 의지를 적극적으로 피력한 것으로 볼 수 있다. 그렇지만 남한에서만의 총선 실시는 분단을 의미한다는 것은 당연한 결과였

17) 경향신문, 「북조선도 선거 실시하라」, 1948.6.12.

으며, 이를 이승만도 충분히 알고 있었을 것이다. 또한 이러한 호소를 북한에서 수용할 것임을 기대할 수 있는 상황도 아니었으며, 이를 모르고 있지도 않았을 것이다. 이는 통일에 대한 의지의 피력보다는 다분히 정치적인 제스처에 불과하였다. 이승만은 1948년 7월 24일 취임사에서도 북한지역에 대해서는 원론적인 입장을 밝혔다.

> "이북의 공산주의자들은 절실히 깨닫고 일제히 회심개과(悔心改過)해서 우리와 같은 보조를 취하여 하루바삐 평화적으로 남북을 통일해서 정치와 경제상 모든 복리를 다 같이 누리게 하기를 바라며 부탁합니다. 만일 종시(終始) 깨닫지 못하고 분열을 주장해서 남의 괴뢰(傀儡)가 되기를 감심(甘心)할진대 인심이 결코 방임(放任)치 않을 것입니다."

취임사의 요지는, 북한지역을 공산주의자들이 불법점유하고 남북을 분열시키고 있음을 지적하면서, 하루속히 선거를 통하여 대표를 선출하고 통일을 논의하자는 말이었다. 이승만은 1948년 12월 18일 제1회 국회 폐회식에서 다음과 같이 통일에 관한 연설을 하였다.[18)]

> "오늘 폐원식을 행한 후에는 이다음에 소집은 국회는 제2회 개원이 될 것이니 앞으로 긴급히 토의될 만한 사항을 몇 가지 설명하고자 합니다. 첫째는 남북통일 문제입니다. 유엔대표단이 3~4주일 내로 도착 될 것입니다. 이분들이 선언하고 오는 목적은 남북통일을 하루바삐 시키자는 것입니다. 우리는 유엔과 협의해서 이북에 자유선거를 진행해서 100명 내외 되는 이북 의원들을 선출하여 국회의 비어 놓은 자리를 보충하도록 할 것이니 이것이 우리 원하는 대로 순조로 되기를 바라는 것은 아니나 우리는 어디까지든지 일정한 계획으로 분투해 나가므로 모든 장해가 다 삭제되기를 역투(力鬪)할 것입니다.
> 1년 전에 우리 앞길이 태산 대하와 같이 막혔던 것이 오늘 이것이 다 풀린 것을 우리는 거울삼아서 합심 매진하면 또 이와 같이 앞길이 열릴 것을 확실히 믿는 바입니다. 동시에 정부에서는 이북 각도에 지사를 임명할 터이며, 38선 관계로 부임은 지체될지라도 일일이 임명하여 궐석이 없도록 만들려는 것입니다."

---

18) 제헌국회 제1회 회의는 1948년 5월 31일부터 12월 18일까지 있었으며 제128차 회의를 끝으로 폐회하였다. 출처: 국회본회의 회의록.

이승만은 북한지역에서의 100명의 의원을 선출하여 통일을 논의하고자 하였다. 당시의 남북한은 인구비례에 따라 국회의원 숫자를 2:1[19]로 구성하고 있었으며 남한지역에서는 제주도의 2명을 제외한 198명을 이미 선출하였다.

1949년 11월 25일에는 미 기자와의 회견에서 유엔의 한국위원회 감시하에 북한에서 자유선거를 실시해야 한다는 요지의 말을 반복하였다. 소련은 유엔한국위원회를 초청하여 그들의 감시하에 자유선거를 실시하여야 한다는 내용이었다. 이승만은 유엔감시하 총선거를 완료한 후 통일을 논의하겠다는 의지를 견지하고 있었다. 당시 대한민국 정부는 한반도의 유일한 합법정부임을 주장하며 북한의 실체를 인정하지 않겠다는 의지를 확고하게 갖고 있었다. 따라서 북한지역에 대한 주권회복 강조와 이를 위한 북한지역의 선거를 계속하여 주장하였던 것이다. 1949년 7월 10일에는 담화에서도 유엔감시하 북한지역에 대한 선거에 대하여 언급하였다.

> "만약에 공산주의자가 승인될 만한 선거를 실시할 것을 원한다면 그것은 반드시 유엔 감시하나 그와 같은 기관의 감시하에 실시되어야 할 것이다. 북한 괴뢰정권을 지배하고 있는 분자들은 그들의 우방 소련 이외에는 어떤 나라, 어떤 사람들과도 협조하기를 두려워하고 있다. 북한측이 조국통일민주전선[20]을 내세우는 것은 상투적인 기만이며 선전에 불과한 것이다. 그런데 북한측의 제안 중에는 한국통일을 위하여 유엔위원단은 철퇴하라는 요구가 들어 있다. 한편, 동(同) 위원단은 통일을 위하여 북한에 가기를 희망한다."

담화의 요지는, 북한에서의 선거가 이루어지지 않은 책임의 배후로 소련의 영향이 있었다는 것과 북한을 지배하는 세력의 기만적인 행위를 말하고 있다. 남한에서 대한민국을 국호로 정부를 수립하여 합법정부임을 주장하고 있었으나, 북한은 이를 인정하지 않고 있었다. 대한민국 역시 마찬가지였다. 결국 남북은 상대방의 실체를 인정하지 않

19) 1949년 남북한 인구는, 남한 20,189천(68%)명 이었으며 북한 9,622천(32%)명으로 약 2.1배의 차이를 보이고 있었다. 출처: 통계청, 『남북한 경제사회상 비교』 (1995), p.15.

20) 남북문제와 관련된 북한의 입장을 대변하는 노동당의 외곽단체이다. 해방 이후 혼란한 정국의 연속이 계속되던 1949년 5월 14일 남한지역에서 활동하던 남노당, 근로인민당, 천도교청우당, 사회민주당, 남조선여맹 등 8개의 정당과 사회단체는 남북한의 두 전선조직을 통합하여 조국전선 결성을 제안하였다.
남한에서 제안했지만 실제로는 북한과 연계되어 있었으며, 6월 28일에 평양에서 남북한의 71개 정당과 사회단체 대표 704명이 모여서 조국전선을 결성하였다. 출처: 통일부 통일교육원, 『북한지식사전』, (서울: 통일교육원 교육개발과, 2016), p.562.

그림 2-9. 국군 평양입성 환영대회 연설 출처 : 대통령기록관

으려 했다. 북한의 배후에 있는 소련은 유엔의 권위를 인정하지 않았다. 결국 미국과 소련이라는 강대국이 팽팽하게 맞서고 있던 형국에서, 통일을 향한 우리의 외침은 공허한 메아리에 불과할 뿐이었다. 따라서 유엔감시하 북한지역만의 총선거는 이루어질 수 없는 우리만의 희망사항에 불과하였다.

분단의 세월은 하염없이 흐르고 있었으며, 이도 부족한 듯 급기야는 전쟁이 발발하였다. 대한민국 정부는 수원에서 대전으로, 대구로, 부산으로 점차 밀려가고 있었다. 이를 본 유엔은 대한민국을 합법정부로 승인한 근거를 들어 유엔군의 파병을 결의하였다. 마침내 유엔군은 인천상륙작전을 성공시키고 서울을 탈환하였다. 국민들의 안위는 팽개치고 가장 먼저 피난길에 올랐던 이승만은 1950년 9월 23일 수도 서울 탈환과 입성에 대한 소감을 발표하였다. 여기에서 이승만은, 38도선은 인정할 수 없다고 말하면서 남북한 통일의 당위성을 언급하였다. 또한 유엔감시하에 북한지역에서의 선거를 조속히 실시할 것을 강조하였다. 당시의 전쟁 상황은 유엔군의 일방적인 공세였으며, 북한군은 지리멸렬한 상태로 퇴각하기 바빴다. 따라서 곧 통일을 이룰 것으로 믿고 있었다. 통일이 된다면 그동안 실시하지 못한 북한지역에서의 총선거는 당연한 것이었다.

그러나 중공군의 참전은 전쟁 상황을 다시 전쟁 이전의 상황으로 되돌렸다. 이에 따라 이승만의 총선거에 대한 인식의 변화도 가져왔다.

> **1950년 10월 25일 북한 임시통치에 관한 담화**
>
> "대한민국 정부는 북한 각도에 대한민국 정부의 기관을 수립하기 위하여 임시위원회(臨時委員會)와 더불어 지사(知事)를 파견중에 있다. 만약 민중이 승인한다면, 이들 지사는 본격적으로 임명되게 될 것이다. 민중이 만약 전한(全韓)의 총선거를 희망한다면, 총선거는 실시될 것이다. 나는 선거시행까지 북한은 유엔이 관리한다는 결정에 대하여는 유엔총회로부터 아직 아무런 공식통고에 접하지 않았다. 유엔이 선거실시까지 북한관리를 주장할 아무런 이유는 없다고 생각한다."
>
> **1953년 11월 25일에 남북총선거 성명**
>
> "내가 며칠 전에 외국신문기자와 담화할 적에 묻는 말에 대해서 대답하기를 남북통일이 되고 선거를 시작할 적에는 우리가 기왕부터 주장하는 원칙대로 이북에서 총선거를 해서 국회의원을 피선하여 국회의 비어 놓은 자리를 채우게 한다는 것이 우리 사람에 보통 알려진 바이나, 만일 그때에 이북 동포들이 이북에서만 총선거를 행하나니 보다 남북이 다 합해서 다시 총선거하는 것을 지지하기를 주장할 때에는 나로서는 그것을 반대하거나 막지 않을 것이요, 오직 민족자결주의를 따라서 시행하겠다고 한 것이니, 이 말은 내가 지금 새로이 의도를 고쳐서 하는 말이 안이고 내 마음에 늘 있어 가지고 한 것은 언제나 남북통일 문제에 대해서는 나 개인의 지위나 권리로 인연해서 문제 되지 않게 하겠다는 주의를 이때 설명한 것뿐이다."

위의 담화에서와 같이 이승만은 1950년 후반에 들어서면서 북한지역만의 총선거에서 남북한 전지역에서의 총선거도 수용하겠다는 의사를 밝히고 있었다.

이것은 전쟁 이후 남북총선거 실시에 관한 성명을 통해 정부의 통일방안을 제시한 것이다. 그 핵심내용은 ① 북한만의 단독 선거로 국회의 잔여 의석을 채운다는 것이다. 즉, 기존의 원칙을 다시 확인한 것이다. ② 그렇지만 북한 주민이 원한다면 전국 총선거를 받아들일 용의가 있음을 표명한 것이다. 또한 여기에서는 총선거에 대한 원칙을 제시하기도 하였는데, 민족자결과 주권보호이다. 민족자결은 남북을 다 터놓고 국민투표로 해서 다수의 뜻에 따라 시행하자는 것이었다. 주권보호에 관해서는 남북

그림 2-10. 1948년 5월 10일 총선거 모습 출처 : 국가기록원

총선거에 관한 담화문에서 언급하였다. 담화의 내용 중에는, "국권을 무시하고 정치운동에 음모나 모략적 수단으로 우리민국에 신성한 국권을 침손하게 될 때에는 우리 전 민족은 누구를 막론하고 전적으로 싸워서 우리민국정권을 보호하여 우리정부의 독립권을 굳건히 세우며 우리 민족의 자유권리를 완전히 보존할 것이다."[21]라고 하였다. 이것은 주권에 따라 독립권을 보장받아야 한다는 것을 의미한다.

이때의 성명을 전쟁 이후 정부의 통일방안으로 평가할 수 있다. 이승만 정부는 정부수립 후 유엔감시하 북한지역에서만의 총선거 주장에서, 전쟁을 거치면서 유엔감시하 남북한 자유총선거에 의한 통일로 변화를 보이고 있었다. 이승만 정부의 남북한 총선거는 남북의 인구비례에 따른 선거를 의미한다. 그러므로 대한민국에 비해 상대적으로 인구가 적은 북한에서는 이를 수용할 리 없었다. 그럼에도 불구하고 이를 계속 주장한 것은, 이것이 대외용이었다는 것으로 이해할 수밖에 없을 것이다. 통일을 위한 의지라고 보기에는 곤란한 부분이 있어 보인다.

21) 대통령기록관, '이승만 대통령 담화집', 「남북총선거 성명」, 1953.11.25.

광복에 이은 분단 초기의 혼란했던 상황은 북한과의 대화를 더욱 어렵게 만들었다. 또한 당시의 정치지도자들의 힘으로 이를 극복하기는 어려웠을 것이다. 거대한 물줄기의 흐름은 우리민족이 아닌 미국과 소련이 틀어 쥐고 있던 상황이었으며, 정치지도자들의 의견마저 분열되어 있었다. 김구와 김규식 등은 남한만의 총선을 반대했으나, 이승만은 이를 수용하고자 하였다. 해방정국에서 정치지도자들은 각자의 신념에 따라 정부수립을 놓고 반대의 노선을 걷게 되었다. 정부수립에 관한 노선은 결국 통일의 문제였다. 중차대한 통일문제를 놓고 국가 운영을 책임져야 할 정치지도자들은 미약한 힘마저 모으지 못하고 있었다. 해방정국은 이처럼 지도층의 분열과 강대국의 일방적인 독주로 점철된 상황이었다. 한반도의 운명은 강대국의 의지에 따라 처참하게 끌려다니는 결과를 맞이할 수밖에 없었다.

이승만 정부의 내심은 북진통일이었다. 특히 전쟁을 거치면서 이러한 구호성 통일정책은 더욱 빈번해졌다. 전쟁시기의 전력은 유엔군의 전력이 함께 하고 있었으므로 대단한 기세였다. 그렇지만 그들이 일방적으로 한반도에서 무한정한 피를 흘리면서까지 우리의 통일을 담보해주기를 기대할 수 없는 것이 현실이었다. 전쟁이 장기화되면서 양측의 희생이 누적되자, 전쟁을 하루속히 끝내야 한다는 인식은 당연히 조성되고 있었다. 특히 전쟁 당사국이 아닌 참전국의 이러한 분위기는 당연하기도 하였다. 전쟁에서의 출구를 찾고자 하는 것을 목표로 삼을 수밖에 없었으며, 정전협정을 모색하게 되었다. 그러므로 당시의 상황에서 북진통일은 실행의 실체와 능력이 부족한 통일구호에 불과하였다. 이것은 어디까지나 내부 결속용의 통일구호에서 벗어날 수 없다는 한계를 갖고 있었다. 북진통일을 통일정책이었다고 평가하기에는 부족한 감이 있었다 할지라도, 행정부 최고의 지위를 갖고 있으며, 국군통수권의 권한을 갖는 대통령의 발언을 고려하면 이를 무시하기도 곤란하였을 것이다. 이러한 점을 고려해 보면 유엔감시하 남북총선거와 북진통일론은 전쟁 후반기 이승만 정부의 통일정책이었다고 평가할 수 있을 것이다.

요약하여 정리해 보면 이승만 정부는 정부수립 직후에는 대체로 북한지역에서의 총선거를 통한 통일과 실지회복(북진통일)을 주장하였다. 전쟁을 거치면서 줄곧 북진통일을 주장하면서 북한을 인정하지 않았다. 다른 한편으로는 북진통일과 함께 유엔감시하 남북총선거를 주장하기도 하였다.

그림 2-11. 서울수복 후 서울시청에 걸린 유엔군 환영 현수막 출처 : 국가기록원

### ❑ 북진통일론

북진통일론이 제1공화국의 통일정책으로 깊게 인식되고 있는 것은 무엇보다도 시대적인 상황과 관련이 깊다. 제1공화국 시기는 '해방과 분단 → 전쟁 → 분단과 냉전'의 시기였다. 이승만의 북한에 대한 인식은 불법집단에 불과하였다. 한반도의 북부를 불법으로 점유하고 있는 불순한 집단으로 규정하고 있었다. 그러므로 이들과의 대화나 협력은 애초부터 고려할 대상으로 보고 있지 않았다. 거기에다가 전쟁까지 일으킨 집단과는 대화할 수 없다는 것이며, 이것이 북진통일론의 출발점이었다. 북한은 하루 속히 남한의 정통정부에 흡수되어야 할 대상으로 보고 있었다.

이처럼 극단적인 인식에서 출발한 정책은 국민을 이분법으로 제단하기까지 이르렀다. 즉, '북진통일 = 애국', '북진통일반대 = 좌익'이라는 등식이었다. 극우반공은 이승만의 독재를 구축하는 주된 소재로 활용되기에 더없이 좋은 것이었다. 약삭빠르게 움직이는 친일세력은 이에 동조하며 정권의 친위세력으로 성장하고 있었으며, 이로 인한 상대적 박탈감은 더욱 커져 갔다. 무엇보다도 이처럼 지나치게 극우화된 현상은 통일정책의 유연성을 상실하여 남북간의 긴장과 적대감을 더욱 고착화시켜 나갔다.

이즈음 북한은 민주기지론에 입각한 국토완정론을 들고 나왔다. 이 역시 무력에 의한 통일방안이었다. 이처럼 서로가 한반도의 정통임을 주장하며 접점을 찾지 못한 양측의 통일정책은 전쟁을 피하기 어려웠다. 남북은 각각의 상대방에 대하여 실체를 인정하지 않았으며 상대방이 차지하고 있는 지역은 실지(失地)에 해당하였다. 그러므로 남북 모두는 실지회복이라는 그럴듯한 명분으로 대치국면을 이어갔다. 그러던 와중에 북한은 한반도 전체를 통일하겠다는 야욕을 드러냈다. 그들이 말하는 소위 조국해방전쟁을 벌인 것이며, 그들 역시 나머지 땅을 차지해야 된다는 명분이었다. 신생독립국 대한민국은 나라의 기틀이 안정되기도 전에 전쟁을 맞이하게 되었다.

대한민국은 전쟁을 억제할 만큼 북한에 비해 상대적으로 우월한 자위력을 갖추고 있지도 못하였다. 또한 실지회복을 외치는 이승만의 정책을 미국은 반기지 않았다. 이러한 미국의 우려로 인하여 한국은 방위에 필요한 무기마저도 충분히 공급받지 못하고 있었다. 이러한 취약점을 뒤로 한 채 이승만과 그를 추종하는 세력은 호기롭게 실지회복만을 외치고 있었다.

그림 2-12. '38선은 없다' 현수막을 든 시민 궐기대회 모습 출처 : 국가기록원

分斷休戰이면
國軍單獨北進

李大統領 記者會見

▽韓日會談△

➤ 1953년 5월 1일 이승만은 '분단휴전이면 국군단독 북진'을 하겠다는 내용의 기자회견을 하였다.

그림 2-13. 국군 단독북진

출처 : 동아일보(1953.5.1.)

그러나 다행히도 유엔은 안보리 결의안 1511호의 채택으로 유엔군 참전의 근거를 제공하였다. 마침내 유엔군의 참전으로 인천상륙작전을 거치면서 순조로운 북진작전을 전개할 수 있었다. 서울을 수복하고 북진작전을 전개할 때 미군을 비롯한 유엔군은 9월 28일 진격중지 지시에 따라 일시적으로 진군을 멈추었다. 그것은 최초의

유엔군 참전목적에 따라 38도선까지를 회복하였기 때문이다. 그 과정에서 이승만은 국군만이라도 북진을 계속하라는 명령을 하달하였다. 이승만은 "38도선은 이미 북한군의 남침 시 허물어졌으므로 북진에 아무런 장애가 되지 않으며 이 기회에 반드시 통일을 이루어야 한다."고 주장하였다. 38도선에서 국군이 정지하자 이승만은 정일권 총참모장 등 군 수뇌부를 불러 국군 단독으로 38도선을 넘어

북진하라고 다그쳤다. 그는 이 자리에서 "국군의 통수권자는 맥아더 원수냐, 그렇지 않으면 이 나라의 대통령이냐? 유엔은 우리가 38도선을 넘어가서 국토를 통일시킬 우리의 권리를 막을 권한이 없다." 라는 강경한 발언을 하며 국군을 독려하기도 하였다.

이후에 유엔의 절차를 거쳐 '한국통일안'이 가결됨에 따라 10월 9일에 유엔군은 진군을 계속하게 되었다. 북진작전이 순조롭게 진행되자 오히려 전쟁을 기회로 삼아 온전한 통일국가를 이룰 수 있다는 생각을 국민 대다수는 자연스럽게 하게 되었다. 그

러나 그 꿈은 통일의 문턱에서 다시 한번 좌절되었다. 손안에 잡힐 것 같던 통일은 중공군의 참전으로 신기루처럼 날아가 버렸다. 양측은 밀고 밀리는 공방전 속에서 정전협정을 모색하기 시작하였다.

이승만은 정전협정을 진행하려는 미국과는 대척점에 서면서 반공포로를 석방하기도 하는 등 미국을 자극하였다. 전쟁 막바지에 이승만은 정전을 반대하였고 국군을 유엔군 휘하에서 해제할 수도 있다는 강경 발언을 시사하기도 하였다. 즉, 국군만으로 북진통일을 하겠다는 것이었다. 1953년 5월 1일 분단 상태의 휴전이면 국군만의 단독북진이라도 하겠다는 기자회견을 갖기도 하였다. 이처럼 이승만은 전쟁을 거치면서 북진통일을 거듭 강하게 주장하고 있었다. 당시의 상황은 국군의 전력도 많이 확대된 상태였으므로 군사력에 대한 자신감도 예전과는 달랐을 것이다.

이에 미국은 국군 독자적인 행동을 우려하여 대통령 제거를 위한 비상계획을 수립하기에 이르렀다.[22] 정권교체계획까지 수립한 것이다. 만약 이승만이 끝까지 유엔 정전계획에 동의하지 않으면 그를 독방에 감금하고 총리를 필두로 하는 새로운 정부를 수립한다는 계획이다. 이를 '에버래디 계획'이라 한다. 작성 시기는 정전협정이 막바

北進은 韓國의 不動原則

政治協商 明年一月로 期限

李大統領

❯ 1953년 12월 9일 이승만은 유엔의 정치협상이 좌절되어 유엔 주도의 한국통일을 이룰 수 없다면 한국군 단독으로 북진하겠다는 것이 부동원칙이라고 천명하였다.

**그림 2-14. 북진은 한국의 부동원칙**

출처 : 경향신문(1953.12.11.)

---

22) 김창진, 앞의 책(2018), p.211.

지에 다다른 1953년 5월이었다. 시행은 다음의 경우에 한다는 것이었다. ① 국군이 유엔 지시를 거부할 경우(정전협정에 따르지 않고 계속적인 전투를 할 경우) ② 국군이 독자적인 행동을 취할 경우(통일을 명분으로 북진을 할 경우) ③ 국군이나 민간인이 유엔군에게 적대적으로 나올 경우 등이었다.

무엇보다 가슴 아픈 것은 신생독립국의 재건을 위하여 집중할 시기에 전쟁까지 겪었으나 통일마저 물 건너 가버렸다는 사실이다. 정전협정 후에도 이승만의 북진통일 의지는 확고하였다. 그는 1953년 12월 9일에 유엔에 의한 한국의 통일이 어렵게 되더라도, '북진은 한국의 부동원칙'이라고 선언하였다. 이승만은 전쟁이 끝난 얼마 지나진 않은 상태에서 재전투불사를 언명한 것이다. 북진통일에 대한 그의 의지와 통일의 수단은 무력이라는 의식의 저변을 볼 수 있는 대목이다.

통일이 좌절된 배후에는 소련과 중공이라는 공산주의를 대표하는 강대국이 있었다. 그러나 현실적이고 직접적인 당사자는 불법적으로 한반도의 북부를 점령하고 전쟁까지 불러온 북한이 지목되었다. 당연히 북한은 '민족의 원수, 응징할 대상'이었으니 대화를 상상한다는 것은 용납될 수 없었다. 따라서 제1공화국 시절에는 평화통일을 운운하는 것도 정책 결정권자의 입장에서는 받아들일 수 없는 용어였다. 또한 그 당시 일반국민 대다수의 북한에 대한 보편적인 인식도 유엔에서 인정받지 못한 비합법적인 집단에 불과하다는 생각이었다. 즉, 북한괴뢰였다. 이러한 불법집단으로부터 전쟁까지 겪어야 했던 것이다. 반면에 대한민국은 유엔에서 인정한 한반도의 유일한 합법정부였다. 이러한 현실적인 여건과 분위기는 북한에 대한 인식을 응징하여 섬멸하여야 할 대상으로 고착화시켰다.

응징의 가장 현실적이고 효과적인 1차적인 수단은 무력을 수단으로 하였을 때 가능하다. 물론 경제력을 이용하여 응징하는 방법도 있다. 중요한 것은 당시의 우리나라는 군사력이나 경제력에서 북한을 응징할 충분한 능력은 없었다는 것이다. 그럼에도 불구하고 북진통일을 줄기차게 주장한 것은 무슨 이유일까? 다양한 분석이 나올 수 있지만, 이를 통하여 국론을 결집시키는 효과는 충분히 가져왔으리라 보인다. 전쟁과정을 거치면서 살아남는 것보다 더 중요한 것은 없었다. 눈앞에 존재하는 적에 대한 분노를 이용하여 단결을 도모하는 것은 효과적이었다. 즉, 반공이라는 이데올로기를 활용한 정권의 안정에도 유리한 측면이 있었을 것이다.

결론적으로, 이승만은 북진통일이라는 실체가 빈약한 구호성 통일론으로 정권을 유지하고자 하였다는 평가가 합당하다고 본다. 이후 1959년 6월 8일에는 서울운동장에서 거행된 제5차 아세아민족반공대회환영시민대회의 메시지를 보내어 '멸공방침을 천명하고 중립주의는 생존할 수 없다'고 단언하기도 하였다. 이러한 과정을 거치면서 이승만 정부는 반공정권으로의 입지를 구축할 수 있었다. 분명한 것은, 이승만은 전쟁을 막지 못한 국가최고책임자로서의 크나큰 과오를 갖고 있다.

전쟁을 계기로 이승만 정부는 남북관계를 보다 확고하게 규정짓는 계기로 삼았다. 또한 국민들도 공산주의에 대한 적개심을 간직하기에 충분한 명분을 갖게 되었다. 따라서 이승만은 반공정책으로 일관할 수 있었으며, 이를 명분으로 권좌의 안정까지 도모할 수 있었다. 이러한 영향으로 제3공화국을 넘어 제5공화국은 물론이고 이후에도 반공을 절대적인 국시로 자리 잡게 만든 토대를 구축할 수 있게 만들었다. 북한의 남침은, 이승만 정부로 하여금 북진통일과 반공을 저변에 둘 수 있는 논리를 제공하였다. 이승만은 이를 정권유지의 수단으로 이용한 측면이 있으며, 정부의 통일정책에 적극적인 비판을 제기할 수 없는 환경을 조성하기도 하였다.

북진통일이 통일정책으로 평가할 만한지의 문제를 짚어볼 필요가 있다. 이승만 정부는, 비록 실체는 빈약하였지만 북진통일이라는 구호는 넘쳐나게 만들었다. 이로 인해 구호성이라는 평가를 대체적으로 받고 있다. 그것은 북진통일을 수행할 수 있는 명확한 실체가 없거나 부족한 상태에서의 주장이었기 때문이다. 따라서 북진통일은 구호성이며, 이를 이용한 내적 결속력을 높이고자 했다는 평가가 오히려 타당할 것이다. 통일에 대한 구호는 난무했지만, 통일에 대한 의지는 빈약한 정부였다는 평가를 피할 수는 없다. 오히려 이를 정치적 목적으로 활용하고자 하였다. 따라서 북진통일을 통일정책이라고 표현하기에는 부족한 점이 많다. 북진통일론이 오히려 타당성이 있으리라 본다.

우리는 여기에서 한 가지를 명확히 짚고 넘어가야 할 것이 있다. 전쟁을 막지 못한 책임을 그 누구도 지지 않고 넘어갔다는 것이다. 그것도 단 사흘 만에 서울을 빼앗긴 전쟁이었다. 전쟁예방은 물론이고 전쟁에 전혀 대비하지 못한 책임을 아무도 지지 않았다는 사실이다. 일제의 식민지배에 대한 책임 역시 우리는 민족사적 차원의 단죄를 하지 못하였다. 단죄는 고사하고 오히려 민족반역자들에게 모든 혜택이 돌아가게 만들었다. 이승만은 그의 정치적 입지를 강화하기 위하여 친일파를 중용했다는 것은 모

무대 상단에 '국부 이대통령각하 만세', 우측에는 '위대하신 영도자를 받들어 조국통일 완수'라는 현수막이 걸려 있다.

**그림 2-15. 화엄사 방문 기념 연설하는 이승만** 출처 : 국가기록원

두가 아는 사실이다. 그들은 이승만을 정점으로 하여 행정조직을 이끌고 있었다. 그렇다면 전쟁을 막지 못한 책임과 준비하지 못한 책임은 그들에게 물어야 마땅했을 것이다. 전쟁은 오히려 그들에게 면죄부를 주는 계기가 되었다. 이러한 자들은 독재 권력을 추구하던 이승만에게는 더없이 구미가 당기는 이용가치를 갖고 있었을 것이다. 반공을 앞세운 이승만은 이러한 세력을 충분히 활용하면서 끝없는 독재의 길을 가고자 했다. 그러나 정의를 아는 성난 민심은 그를 권좌에서 끌어내었다. 당연한 결과였다. 이처럼 민초의 힘은 위대하였다.

## 3. 북한의 통일방안 민주기지론

해방정국을 맞은 북한지역에서도 대한민국과 마찬가지로 다양한 정파들이 활동하였다. 이러한 가운데 북한에 진주한 소련군은 그들의 지시를 받아 북한지역을 통치할 주도 세력을 내세워야 했다. 결국 그들에 의해 낙점된 인물은 김일성이었으며, 김일성이 주도하는 세력이 중심세력으로 입지를 굳혀가게 되었다. 6・25전쟁을 벌이면서 김일성은 전쟁 피해의 책임을 남노당 세력을 제거하면서 권력 기반을 더욱 강화하였다. 전쟁은 남북한의 권력자에게는 기반을 더욱 굳히는 계기가 되었다. 전쟁의 누구에게나 고통을 주지는 않았다. 오히려, 남한에서는 반공을 명분으로 독재체제를 구축하기 적합한 환경을 조성할 수 있었으며, 북한에서는 김일성의 반대파들에게 전쟁 실패의 책임을 물어 숙청을 단행함으로써 독재의 길을 구축할 수 있었다.

북한에서는, 김일성이 소련의 지원을 받으면서 1948년 9월 9일에 정부를 수립하였다. 김일성은 정권을 수립하기 이전부터 한반도 전역을 공산화하겠다는 야욕을 갖고 있었다. 김일성은 나름의 통일정책을 해방 직후부터 수립하고 있었던 것이다. 소련의 지지를 등에 업은 김일성은 1945년 12월 17일 민주기지론을 선언한 것이 그 증표이다. 그는 "전조선 인민들을 단결시켜 통일된 민주주의자주독립국가를 세워야 한다."고 주장하였다. 이 말은 대남 무력 적화 통일 방안을 말하는 것으로 결국은 전쟁을 통해서라도 공산화를 이루겠다는 의지였다. 민주기지론은 김일성의 통일정책이었던 셈이다. 민주기지란 한반도를 적화통일하기 위해서는 북한지역에서 먼저 민주기지를 강화하여 이를 토대로 공산화 통일을 이룩한다는 것이며, 북한이 이를 위한 전초기지가 되어야 한다는 것이다.[23] 북한은 이러한 통일정책에 따라 노동당 창당에 이어 인민군을 창설한 후 정권수립을 선포하였으며, 6・25전쟁은 민주기지론에서 말하는 한반도 전역을 공산주의화하고자 한 것이었다.

북한의 초창기 무력 통일 방안인 민주기지론의 근원을 찾아보면 스탈린의 공산화 방식에서 나타난다. 점령지에 대하여 소련식의 사회주의 변혁을 거치게 하면서, 정치・경제・군사적 역량을 강화해 이를 기지로 하여 대외적으로 공산화를 추진한다는 방식이다. 이것을 한반도에 대입하면, 북한을 먼저 민주기지화한 다음에 역량을 갖춘

---

23) 통일부 통일교육원(2016), 앞의 책, p.413.

후에 남한마저 공산화하겠다는 것이다. 그 수단은 무력이 되는 것이며 이는 전쟁을 의미한다.

김일성은 정권을 수립한 다음 날인 1948년 9월 10일에 '조선민주주의인민공화국 정부 정강'을 발표하였다.[24] 여기에서 국토완정과 민족통일의 선결조건으로 미・소 양국 군대의 철수를 요구하였다. 그로부터 1년이 채 되지 않아 미군과 소련군은 한반도에서 철군하였다. 결과적으로 김일성의 의도대로 일이 추진된 것이다. 이를 보면 미군 철수를 주장하는 역사는 북한의 정권수립 직후부터 줄곧 되어 온 하나의 전략으로 볼 수 있다. 국토완정론은 한반도 전역을 공산화한다는 말이다. 민주기지론의 논리를 대입해 보면, 북한지역의 기지화는 완성된 상태이며 이를 역량으로 삼아 남한지역을 공산화시키겠다는 의미이다. 좀 더 구체적으로 목표를 달성하기 위한 공산화 전략이었다. 즉, 국토완정을 실현시키겠다는 목표를 갖고 일으킨 전쟁이 6・25전쟁이다.

민주기지론은 북한의 기본적인 대남혁명 전략이다. 이것은 후에 민족해방 인민민주주의혁명전략으로 발전하였다. 또한 1946년 2월에 노동당 중앙위 전원회의에서 '3대 혁명역량 강화'를 채택하였는데, 이것은 북한의 혁명기지역량 강화, 남한의 혁명기지역량 강화, 국제적 혁명기지 역량을 강화하여 조국통일을 달성해야 한다는 것이다.[25] 3대 혁명역량 강화는 민주기지론에 근거하여 발전시킨 대남적화전략이다.

북한에 김일성이 등장하데 된 배경과 정권수립 과정을 살펴보기로 하겠다.[26] 1945년 10월 14일은 평양에서 조선해방경축 집회가 열리고 있었다. 이 행사에 김일성은 소련군과 함께 처음으로 대중 앞에 등장하였다. 이것은 김일성이 귀국한지 20여일 만이었다. 행사에는 소련군과 북한지역에서의 정치지도자로 입지를 굳히고 있었던 조만식도 참석하였다. 조만식은 북한지역의 대표적인 민족지도자였다. 여기에서 김일성은 연사로 나서 연설을 하였는데, 연설제목은 '모든 힘을 새 민주조선 건설을 위하여'였다. 주요내용을 보면, "인민 대중의 이익을 철저히 옹호하며 나라와 민족의 부강한 발전을 확고히 담보할 수 있는 참다운 인민정권을 건설하자, 힘 있는 사람은 힘으로, 지식 있는 사람은 지식으로, 돈 있는 사람은 돈으로, 건국사업에 적극 이바지하자."고 하였다.

---

24) 통일부 통일교육원(2016), 앞의 책, p.70.
25) 통일부 통일교육원(2016), 앞의 책, p.414.
26) 김창진, 『우리에게 6・25전쟁이란?(개정판)』(인천: 진영사, 2020), pp.44~46에서 정리.

이 행사에 참석한 조만식은 일찍부터 평남 건국준비위원회의 위원장을 맡고 있었다. 북한지역도 남한지역에서와 마찬가지로 해방 전부터 일본의 패망을 예견하고 독립을 위한 단체가 구성되어 있었다. 이에 따라 8월 17일에 조만식을 위원장으로 하는 평남 건국준비위원회와 현준혁을 중심으로 하는 조선공산당 평남지구 위원회의가 있었다. 그러나 이들 조직의 활동을 소련은 바라보고만 있지 않았다. 소련에게는 이미 낙점해 놓은 통치자가 있었다. 군대라는 무력을 진주시킨 소련의 계획은 철저하게 계산되어 추진되었다.

한반도에 진주한 강대국의 입장은 일본군의 무장해제와 항복접수가 최종 목표는 아니었다. 당시 소련의 스탈린은 소련에 충성하는 정권수립을 원하고 있었다. 이를 위하여 김일성을 전면에 내세우는 작업을 진행 중이었다. 그러므로 적절한 시기가 도래하면 북한지역의 민족지도자들은 제거당할 운명이었다.

소련군은 일본군으로부터 항복을 받는 행사장에 조만식을 초청한 것은 민족지도자를 예우하기 위한 행동이 아니었다. 그들의 저의는 따로 있었다. 그들은 민족지도자를 추대하여 정부수립의 일을 맡기겠다는 생각은 애초부터 없었다. 소련이 내세워 정부수립을 맡길 인물은 따로 있었으며, 인지도가 높은 민족주의자들을 이용하고자 했

그림 2-16. 북한지역의 항복식에 소련군과 함께 참석한 조만식 출처 : 국가기록원

을 뿐이었다. 조만식은 1945년 11월에 조선민주당을 창당하였으며, 이를 통하여 북한에서 반탁운동을 전개하였다. 그의 이러한 활동을 소련은 묵인하지 않았다. 그는 1946년 1월 5일 소련군에 의해 고려호텔에 연금당하고 말았다. 조만식의 불운한 운명은 여기에서 그치지 않았다. 6·25전쟁이 발발하기 직전에 북한은 평양방송을 통하여 체포되어 있던 북한의 간첩 김삼룡과 이주하와의 교환을 제의하기도 하였다. 이것은 조만식을 이용한 일종의 평화 제스처였다. 전쟁을 발발시키기 전에 일종의 연막전술을 전개한 것이다. 그들은 목적을 달성하기 위해서는 민족지도자마저도 정치적으로 이용하는데 주저하지 않았다.

인천상륙작전에 이어 국군과 유엔군이 평양을 수복하였을 때 조만식의 생사가 알려졌다. 북한군이 평양에서 퇴각할 때 그를 총살하였다는 것이다. 이처럼 소련은 이미 정권 수립의 주역을 그들의 기준에 맞게 세워두고 있었으며, 그가 바로 김일성이었다. 소련의 군정은 그들의 위성국을 세울 준비의 일환으로 1945년 10월에 북한지역을 관할하게 될 중앙행정기구와 당 차원 지원조직의 구성 작업을 준비하기 시작하였다. 또한 서울에서는 박헌영 중심의 '조선공산당'을 1945월 9월 11일에 조직하였다. 남북한 모두를 장악하기 위한 속셈이었다.

이러한 준비를 차질 없게 진행하기 위하여 각 도에는 조선공산당 도당지부가 조직되고 있었다. 소련 군정은 '조선공산당 서북 5도 책임자 및 열성자 대회'를 개최하여 38도선 이북의 조선공산당 5도 책임자를 중심으로 한 '조선공산당 북조선 분국'을 1945년 10월 13일에 조직하기에 이르렀다. 이러한 기초 작업을 마친 소련 군정은 평양에서 열린 해방 경축대회에 김일성의 모습을 전격적으로 공개한 것이다. 같은 해 12월 17일부터 18일까지 개최된 제3차 중앙확대집행위원회에서는 '북조선공산당'으로 명칭을 바꾸면서 김일성을 책임비서로 선출하였다. 여기에서 김일성은 민주기지론을 역설한 것이다. 소련은 마침내 북한지역을 장악할 기초 준비를 끝낸 것이며, 김일성의 입지를 강화시킨 후 그를 앞세워 한반도 전역을 공산화하는 일만 남게 되었다. 소련 군정은 점령 3개월 만에 그들의 계획대로 북한에서의 통치 조직 기반을 구축하고 김일성을 세워 권력 장악을 위한 모든 실질적 기반을 완성하였다.

해가 바뀐 1946년 2월 소련 군정은 '북조선임시인민위원회'를 조직하여 중앙행정기관의 모태로 삼았다. '북조선임시인민위원회'는 북한지역의 최고 행정집행기관이었지만 그들 자체적으로 모든 행정을 집행할 수는 없었다. 반드시 소련의 군정으로부터

북한은 김일성 우상화를 위하여 사진을 조작하기도 한다. 왼쪽의 사진에서 김일성은 우측 끝의 인물로 추정되고 있으나, 이를 조작하여 우측의 사진에서는 중앙으로 옮겼다.

**그림 2-17. 김일성의 빨치산 시절 사진**

승낙을 받아야 하는 구조를 갖춘 위성 조직에 불과하였다. 1947년 2월에는 '북조선임시인민위원회'를 '북조선인민회의'로 개편하고, 1947년 11월 개최된 제3차 회의를 통해 '조선임시헌법제정위원회'를 조직하였다.

이윽고 정권을 행사할 근거가 되는 헌법 초안을 12월 20일에 마련하였다. 이를 통하여 조선인민군 창설 등을 포함하여 정권 수립을 위한 모든 준비 작업을 진행하였다. 1948년 2월 8일에는 무력의 기본이 되는 '조선인민군[27]'을 창설하였다. 이후 1948년 4월 29일 북조선인민회의는 특별회의에서 '조선민주주의인민공화국 헌법 초안'을 승인하였다. 헌법을 근거로 8월 25일 제1기 최고인민회의 대의원선거에서는 212명의 대의원을 선출하였다. 또한 '남조선인민대표자대회'에서 360명을 최고인민회의 대의원으로 선출하여 보냈다고 발표하였다.[28] 이어서 평양에서는 9월 2일부터 10일까지 572명의 대의원이 참가한 최고인민회의 제1차 회의를 개최하였다. 여기에서 9월 8일에 헌법을 최종 채택한다고 공포하였고, 9월 9일에는 김일성을 내각의 수상으로 하는 '조선민주주의인민공화국' 수립을 선포하였다.

---

27) 북한은 1978년부터 '조선인민군 창건일'을 1948년 2월 8일에서 항일 유격대 창건일인 1932년 4월 25일로 변경하여 기념해왔다. 그후 2018년 1월 22일 노동당중앙위 정치국 결정에 따라 다시 2월 8일로 변경하고, 2018년 2월 8일 조선인민군 창건 70주년 열병식을 거행하였다

28) 통일부 통일교육원, 『2021 북한이해』 (서울: 통일교육원 연구개발과, 2021), p.22.

북한은 대한민국의 정부수립일보다 약 한 달 후에 정권을 수립하였다. 굳이 한 달 늦은 날짜를 선정하여 정권을 수립한 것을 두고 분단의 책임전가를 위한 술책으로 평가한다. 분단의 책임을 남한의 단독정부수립 탓으로 돌리기 위한 논리의 일환이었다. 남한의 정부수립은 통일을 저버린 행동이며, 이 때문에 북한에서도 어쩔 수 없이 정권을 수립하진 않을 수 없었다는 논리의 전개를 위한 것이다. 이로써 한반도에는 이념을 달리 하는 두 개의 정부가 세워지고 말았다. 이념을 달리하는 두 개의 정부수립은 머지않은 장래에 벌어질 불행을 예고하는 것이었다.

# 제 3 장

# 경제개발과 유신의 시대

1. 박정희의 등장과 제3공화국의 출범
2. 주변정세와 한반도
3. 북한의 도발과 국내정세
4. 박정희 정부의 통일정책
5. 북한의 통일방안 연방제

## 1. 박정희의 등장과 제3공화국의 출범

그칠 줄 모르던 이승만의 폭주는 결국에 4·19혁명이라는 민중의 저항을 불러왔으며, 이로써 독재는 막을 내렸다. 그렇지만 민주화 열망을 안고 출범한 제2공화국은 너무나 짧은 수명으로, 역할을 해 보기도 전에 무대에서 내려와야 했다. 민주화를 기치로 내건 민중의 요구로 탄생한 우리나라 최초의 내각제 정부였지만 채 1년을 채우지도 못하였다. 열망을 안고 출범한 내각은 봇물 터지듯 넘쳐나는 민주화 요구와 함께 당내의 혼란을 진정시키지 못하였다. 이때에는 비록 짧은 기간이었지만 통일에 대한 논의는 다양하게 나타났다. 그렇지만 이러한 모든 것은 혼란의 연속으로 투영될 뿐이었다.

이를 바라보던 일단의 무리들은 이 기회를 놓치지 않았다. 1961년 5월 16일 혼란을 방지하고 국가의 발전을 도모한다는 기치를 든 정치군인들은 정부를 뒤엎고 말았다. 이후로 국민들의 생활에는 많은 변화를 가져왔다. 그들이 내세운 혁명공약의 주요 핵심 키워드는 '반공, 부패척결, 경제재건, 국토통일'이었으며 미국 등 우방국과의 유대 강화를 내세웠다. 또한 마지막에는 정권이양을 내세우고 있었다.[1] 어느 것 하나 당시의 상황에서 중요하지 않다고 할 수 있는 것은 없었다. 그렇지만 이미 정치화된 군인들이 내세운 구호는 정치색을 갖고 있을 뿐이었다. 돌이켜 보면 정치군인들만의 책임으로 돌리기에도 어려운 측면은 있다. 정치군인들의 불순한 의도와 함께 집권세력의 무능이 그 배경이 되었다고 보아야 할 것이다. 그 결과 이 땅의 민주화는 발길을 멈추어야만 했다. 혁명이라는 탈을 쓴 정치군인들은 국회를 해산하고 군정을 실시하였다. 군사정부 국가재건최고회의가 국회를 대신하여 입법권을 행사하고 행정부를 장악하였다. 무력을 앞세운 군사정부를 견제할 장치는 존재하지 않았다. 오히려 이들에 줄을 서고자 할 뿐이었다.

---

1) 1.반공(反共)을 국시의 제일로 삼고 지금까지 형식적이고 구호에만 그친 반공태세를 재정비 강화한다. 2.유엔헌장을 준수하고 국제협력을 충실히 이행할 것이며 미국을 위시한 자유 우방과의 유대를 더욱 공고히 한다. 3.이 나라 사회의 모든 부패와 구악을 일소하고 퇴폐한 국민도의와 민족정기를 바로잡기 위해 청신한 기풍을 진작시킨다. 4.절망과 기아선상에서 허덕이는 민생고를 시급히 해결하고 국가 자주경제재건에 총력을 경주한다. 5.민족의 숙원인 국토통일을 위해 공산주의와 대결할 수 있는 실력배양에 전력을 집중한다. 6.이와 같은 우리의 과업이 성취되면 참신하고도 양심적인 정치인들에게 언제든지 정권을 이양하고 우리들은 본연의 임무에 복귀할 준비를 갖춘다.

그림 3-1. 1961년 5월 16일에 등장한 정치군인들　　출처 : 국가기록원

1962년 12월 17일 국가재건최고회의는 국민투표를 통해 제5차 개헌을 단행하였다. 개정헌법은 강력한 대통령중심제를 주요 골자로 하였다. 박정희는 혁명공약에서 내걸었던 약속을 교묘하게 피하였다. '과업이 성취되면 참신하고 양심적인 정치인에게 언제든지 정권을 이양하고 본연의 임무에 복귀할 준비를 하겠다'는 혁명공약의 마지막 구절은 구호에 불과하였다. 박정희가 민간인복으로 옷을 갈아입는 시간은, 그가 일본군복을 국군복장으로 갈아입었을 때처럼 기민하였으며 망설임 없었다. 그 후 박정희는 대통령에 출마하였다. 1963년 10월 15일 실시된 제5대 대통령 선거에서, 박정희는 46.6%를 득표하여 45.1%를 획득한 윤보선을 어렵게 제치고 당선되었다. 군사정권은 이렇게 하여 그 서막을 열고 있었다.

혁명이라는 구호를 앞세우고 군정에 임하면서 밝힌 민정이양은 허울에 불과하였다는 것을 증명한 셈이다. 비록 대통령이라는 최고 권력자의 자리에 올랐지만, 박정희는 그의 취약점을 누구보다도 제대로 인식하고 있었다. 그의 최대의 취약점은 이념이 의심스럽다는 것이었다. 더군다나 첨예한 이념의 대립이 극단으로 치닫는 시기에서 이념의 문제는 시급히 불식시켜야 할 문제였다. 무엇보다도 우방국이자 세계의 정세를 주도하는 미국으로부터 이념의 신뢰를 받는 것은 매우 중대한 문제로 인식했을 것이다. 그는 한때 남노당에 입당한 전력이 있었다. 이로 인해 그는 무기징역형을 선고

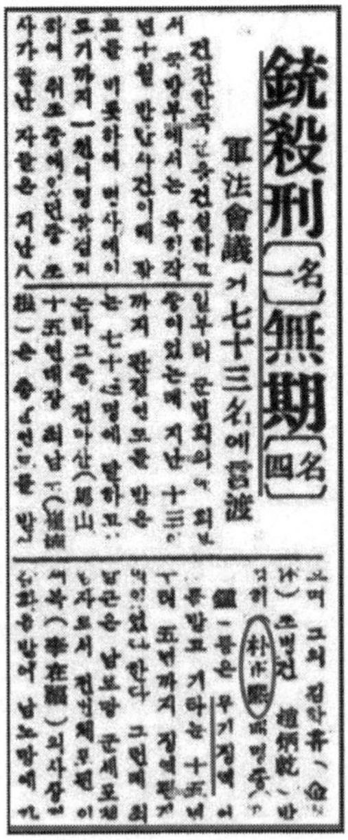

銃殺刑(一名) 無期(四名)

軍法會議서 七十三名에 言渡

➊ 국방부는 군내 반란사건을 조사하여 1949년 2월 8일부터 관련자들을 군법회의에 회부하였다. 이들은 남노당과 관련이 깊은 자들이었다. 13일까지 판결언도가 된 자는 73명에 달하였다. 그 중 박정희 등은 무기징역을 선고받았다.

**그림 3-2. 총살형 1명, 무기 4명** 출처 : 경향신문(1949.2.17.)

받기도 하였으나, 6·25 전쟁을 겪으면서 감형과 복권을 거쳐 현직에 복귀하였다. 결국에는 전쟁의 혜택을 입은 셈이었으며, 쿠데타를 통하여 최고의 권력을 거머쥐기에 이르렀다.

혁명공약의 제1조는 '반공을 국시로 삼는다'고 한 것은, 남북한이 치열한 전쟁을 벌인지 채 10년도 지나지 않은 상태에서 너무나 당연한 것이기도 하였다. 국민적 정서에도 맞았으며 대외적으로 내세우기도 적절한 구호였다. 또한 이것은 그의 사상적 결함의 의심을 교묘하게 피할 수도 있었다. 그는 혁명이라는 허울 좋은 명분을 내세워서 군대를 동원하여 권력을 찬탈하였다. 이러한 점은 헌정을 유린하였다는 점에서 자유로울 수 없었다. 박정희는 이것을 누구보다도 잘 알고 있었을 것이다. 여기에 더해 그의 사상적 이력은 아킬레스건이기도 하였다. 그러므로 혁명공약에 반공을 제일의 국시로 삼겠다고 한 것은 남북의 현실에서 당연한 것이었지만 매우 적절한 아이디어였다고 평가할 수 있다.

이러한 공약을 내건 군사정부는 반공을 강화하였고, 부패공직자와 폭력배를 처벌하였으며, 민생안정을 위한 농가 부채 탕감, 화폐개혁 등을 시행하였다. 또한 군정에 비판적인 세력을 탄압하기 위하여 중앙정보부를 창설하기도 하였다. 정통성이 취약한 박정희는 시대적 상황과 그의 의심되는 이력의 문제를 잠재우기 위해 반공을 전면에 내세우면서 경제개발을 추진하였다. 시대적인 상황을 고려할 때 제대로 맥을 짚고 있었다.

당시의 국민적 정서는 전쟁을 방지할 힘과 먹고 사는 걱정을 하지 않기만 해도 행복할 것이라는 소망이 지배하던 시절이었으니, 적절한 구호를 선택하면서 국민적 지지를 이끌어 내고 우방국의 의심도 거두고 싶었을 것이다. 그렇지만 정통성이 취약하고 집권 과정이 편법이었던 그의 최후는 순탄하지 못하였다. 그가 숨을 거둔 1979년의 시국은 1961년과 별반 다르지 않았다. 혼란을 방지하고 국가를 보위하기 위하여 은인자중하던 군이 일어설 수밖에 없었다고 항변하던 그때 그 시절과 사람만 다를 뿐 시국은 다르지 않았다. 그때 그 사람들은 가고 없었지만, 그 시절은 반복되고 있었다. 역사는 뒤풀이 된다고 했듯이 비슷한 시국에 다다르자 권좌는 중심을 잃고 술에 취한 듯 비틀거리기 시작하였다.

그림 3-3. 법정에 선 김재규 前중앙정보부장 출처 : 국가기록원

가을이 깊어가던 어느 날, 그는 불편한 시국에 대한 시름을 잠시라도 잊기 위함이었는지 주요 측근과 함께 비밀스러운 장소에서 여성 두 명이 함께 하는 만찬을 열었다. 그렇지만 만찬장의 분위기는 그의 시름을 달래주지 못하였다. 믿었던 측근 둘은 이미 갈라져 있었으며, 그 폭발은 만찬장에서 발생했다. 총성과 함께 18년간 철권통치를 하던 그는 술잔을 기울이다가 술에 취한듯이 쓰러져 갔다. 박정희는 그가 신임하던 심복의 총에 쓰러질 때까지 기나긴 시간을 최고의 정점에서 한국의 역사를 이끌었다. 시간이 길었던 만큼 그가 남긴 업적에서의 명암도 크게 엇갈리고 있다. 경제를 크게 일으켜 먹고 살게 만들었다는 공은 긍정적으로 평가되고 있으나, 민주주의를 발전시키지 못한 것을 넘어 억압한 것은 과오로 평가받고 있다. 밝은 햇볕만큼 그림자도 짙게 깔려 있었다. 그렇다면 긴 시간 동안 통일에 대해서는 어떤 발자취를 남겼을까? 이에 대해서는 그의 통일정책을 중심으로 살펴보기로 하겠다.

## 2. 주변정세와 한반도

우리나라를 에워싸고 있는 주변국의 공통점은 지구촌에 영향력을 크게 발휘하는 막강한 세력을 갖고 있는 국가들이다. 비록 미국은 지정학적으로는 태평양을 건너 반대 방향에 위치하고 있으나, 실질적으로 미국은 전세계 어느 곳이나 즉각적으로 자국의 군사력을 어느 때라도 투사할 능력을 갖고 있다. 미국의 국익과 관련이 있는 상황이 발생한다면 미군은 즉시 출격할 수 있는 기동력을 갖추고 있다. 그러므로 물리적 거리는 원거리일지라도, 상황적 거리는 지척에 있는 나라이다.

이러한 미국의 영향력은 한반도에서도 예외가 아니다. 6·25전쟁 당시 가장 많은 군대 파병, 미군 주둔의 역사와 한미동맹은 그 중요성을 말해 주는 대목이다. 한반도를 에워싸고 있는 강대국은 미국뿐 아니라 중국, 일본, 러시아 등이 있다. 막강한 외교력과 군사력을 겸비한 국가들이다. 이들은 조선의 힘이 약화 되어 나라를 지탱할 힘마저 상실되었을 때 이리떼처럼 모여들었다. 한반도의 가치가 낮았다면, 자원도 그리 풍부하지도 않은 나라를 두고 크게 전쟁까지 벌이지는 않았을 것이다. 예나 지금이나 강대국의 이해관계는 한반도를 중심으로 역학관계를 형성하고 있다. 그러므로 미국을 비롯한 주변국은 우리나라의 통일문제에 지대한 관심을 갖고 자국에 미치는 손익계산서에 민감하게 반응할 수밖에 없다.

우리나라의 통일정책은 지정학적인 위치와 통일이 주변국에 미치는 영향으로 말미암아 이를 고려하여 움직인 측면이 있다. 그 대표적인 사례가 최초로 남북한이 한반도에서 얼굴을 마주하고 통일문제를 골자로 하여 공동으로 선언한 7·4남북공동성명에서 발견할 수 있다. 제2차 세계대전 후 세계는 이념에 따라 양분되었다. 미국을 중심으로 한 자유진영과 소련을 중심으로 한 공산진영의 대립은 냉전시대를 개막하였다. 강대국의 논리에 따라 남과 북으로 구분된 한반도는 강대국의 영향에서 자유롭지 못하였다. 세계대전이 끝나고 5년이 지나는 시점이었다. 인류의 역사는 전쟁의 역사라는 말을 증명이라도 하듯이 전쟁은 다시 모습을 드러낸 것이다.

이름도 알려지지 않은 신생독립국에서의 전쟁은 수많은 국가들을 불러들였다. 참전국은 무려 67개국에 이르렀다. 이 중에서 전투부대 파병국은 16개국, 의무지원 5개국, 물자 및 재정지원 39개국이었다. 이밖에도 지원 의사를 표명한 국가도 3개국이 있었다.[2] 그만큼 양대 세력의 관심이 컸다는 증표이기도 하다. 크지도 않은 나라를 두고 이처럼 많은 국가에서 전쟁에 참여했다는 것은 당시 첨예한 대립을 펼치고 있었던 이념의 무게를 느끼게 해준다. 이념의 차이로 인해 세계대전이 끝나자마자 발생한 두 세력의 충돌은 이념전쟁의 시작을 예고하고 있었다.

인도차이나반도 역시 이념에서 자유롭지 못하였다. 우리나라와 흡사한 역사를 지닌 베트남 역시 양대 세력의 영향에서 벗어날 수 없었다. 남베트남은 미국의 지원을 받고 있었으며, 북베트남은 소련과 중공의 지원을 받고 있었다. 프랑스의 식민지였던 베트남에서도 독립과 함께 양대 세력의 강대국이 개입하기 시작하였다. 미국은 도미노 현상에 의한 인도차이나반도의 공산화를 우려하였다. 미국의 군사력을 앞세운 개입은 적극적으로 진행되었다. 1964년 8월 2일에 통킹만 해상에서 미국의 구축함 매독스호를 북베트남의 어뢰정이 공격한 사건이 발생하였다. 그 결과 북베트남 해군은 어뢰정 3척이 손상을 입었으며, 4명의 사망자와 6명의 부상자가 발생하였다. 반면에 미 해군은 구축함 1척과 항공기 1대에 경미한 피해를 입었다. 그런데 또 다시 8월 4일 교전이 발생했다. 모두 두 차례의 교전이 있었던 셈이다.

세월이 흐르고 2차 교전의 원인은 미국의 조작으로 밝혀졌다. 일명 '펜타곤 페이퍼'가 유출되어 신문에 보도되면서 알려지게 되었다. 미국은 이로 인해 세계적인 비난을 받기도 하였다. 이 사건은 미국의 군사개입을 정당화하기 위한 조작으로 밝혀졌다. 미국은 통킹만 사건을 구실로, 당시 대통령 존슨은 북베트남의 해군기지를 폭격하라는 지시를 하게 된다. 본격적인 미국과의 전쟁 서막이었다. 전쟁이 개막되었을 때 미국의 의회는 대통령에게 전쟁수행에 관한 전폭적인 권한을 위임한다는 '통킹만 결의안'을 통과시키기도 하였다. 의회의 동의 없이 대통령 권한으로 무제한적인 군사활동을 보장해 주는 결의였다.

의회로부터 막강한 권한을 받게 된 존슨은 공군에 의한 북폭뿐 아니라 지상군 투입까지도 감행할 수 있었다. 전쟁 초기에 북폭은 지상군 투입 없이도 신속하게 전쟁을 끝낼 수 있다는 계산속에 이루어졌다. 막강한 공중폭격을 동원하여 공격한다면 미국과의 협상에 응하리라 생각한 것이다. 베트남과의 전쟁에서 패했던 프랑스와 동일한

---

2) 국방부, 『2012 국방백서』 (서울: 국방부, 2012). pp.282~285.
지원의사를 밝힌 국가 중에서 니콰라과는 쌀 등을 지원하겠다고 했으나 수송문제로 제한되었으며, 브라질은 물자지원을 하기로 했으나 국내문제로 지원하지 못하였다. 볼리비아는 구호전문장교 30명을 지원하겠다고 했으나 유엔사령부에 의해 받아들여지지 않았다.

그림 3-4. '사이공식 처형'으로 총살당하는 베트콩

생각을 미국도 하고 있었으며, 이로 인해 그 전철을 밟게 되었다. 북폭이 이루어지자 북베트남의 베트콩들은 남베트남의 미군기지 등을 기습하여 타격한 후 종적을 감추는 일이 빈번하였다.

북폭이 진행되었지만, 베트남은 쉽게 항복하지 않았으며 시간이 지날수록 베트남민의 미국에 대한 적개심만 높아져 가고 있었다. 북베트남에서 라오스와 캄보디아의 국경을 따라 남베트남에 이르는 '호치민루트'를 이용하여 끊임없이 병력과 장비를 공급하면서 미국과의 게릴라전을 강화하였다. 이에 따라 미국은 지상군을 파병하기에 이르렀다. 파병의 규모는 계속 증가하여 1967년에는 48만 명 이상이 될 정도였다. 이 시기에 우리나라도 전투부대를 파병하기에 이르렀다. 우리나라의 파병 규모는 미국 다음으로 많은 병력이었다. 이때까지만 하여도 미국은 막강한 화력으로 곧 승리를 거둘 수 있을 것으로 전망하였다.[3)]

1968년 1월 북베트남은 구정공세를 감행하면서 미 대사관을 공격하였다. 그러나 구정공세는 결과만 놓고 보면 미군의 승리로 볼 수 있었다. 미군은 2,500여 명이 손

3) 김창진, 『전쟁사와 무기체계』 (서울: 문운당, 2019). pp.342~346.

실된 반면에 베트콩은 37,000여 명의 손실을 입고 후퇴한 전투였다. 그러나 남베트남의 주요도시와 미국의 대사관이 공격받았다는 소식은 고스란히 매스컴을 통하여 본국의 국민들에게 제공되면서 전쟁에 대해 의아심을 갖는 미국인이 많아져 갔다. 이 중에서 전쟁의 잔인성을 폭로하면서, 전쟁을 계속한다는 것에 염증을 느끼게 만드는 장면이 중계되었다. 그것은 생포한 베트콩을 거리에서 즉결처분하는 장면이었다. 1968년 2월 1일 AP를 통신 기자에 의해 촬영된 사진이다. 이 사진으로 인해 베트남 전쟁에 대한 미국의 여론은 부정적으로 돌아섰다. 베트남 경찰청장 구옌 곡 로안(Loan) 준장이 사이공에서 생포된 베트콩의 머리에 권총을 대고 사격하는 장면이었다. 이 한 장의 사진은 '사이공식 처형'이라 불렸으며 전쟁의 잔혹함을 알렸다.

미국의 여론은 급격히 악화되어 갔다. 미국인은 미 당국의 전쟁수행 능력을 불신하기 시작하였다. 미국의 전쟁지도부는 계속되는 반전시위로부터 명분 없는 전쟁이라는 지탄을 들어야 했다. 미군은 화력과 장비의 우세를 통한 소모전 위주로 전쟁을 진행하면서 전면전을 하고자 했으나, 장비와 화력이 빈약한 베트콩은 철저하게 '치고 빠지는 식의 전투'를 구사하는 특유의 게릴라전으로 맞서고 있었다. 이러한 베트콩의 전략은 미군의 첨단 장비와 우세한 화력을 조롱하기라도 하듯 언제라도 어디라도 출몰하면서 미군을 괴롭히고 있었다. 이제는 미국인뿐만 아니라 국방부의 고위급까지도 전쟁의 승리를 낙관하지는 못하게 하는 상황으로 몰아 가고 있었다. 따라서 구정공세는 군사적 실패에도 불구하고 정치적 승리로 인해서 북베트남은 전쟁수행에서 승기를 잡아가고 있었다.

베트남전을 시작할 당시의 세계 최강국 미국의 힘은 1960대 말에 접어들자 서서히 힘에 부치는 모습을 보이고 있었다. 베트남전은 이를 더욱 가속화시키는 상황에 직면하게 만들었다. 이 시기에 미국은 대통령 선거가 진행되고 있었다. 전쟁에 염증을 느끼는 국민들이 늘어가는 이때 전쟁을 단기간에 종식시키겠다고 선언한 닉슨이 차기 대통령에 당선되었다. 그동안의 미국은 강한 힘을 바탕으로 세력을 확대시키는 것이 가능하다고 믿고 있었다. 제2차 세계대전을 거치면서 최강대국으로 올라선 미국은 자신감에 넘쳐 있었다. 또한 미국의 적극적인 군사개입이 냉전체제에서 소련의 영향력을 방어하는 것이라 믿었으며, 가능하다고 자신하고 있었다. 그렇지만 베트남전에 개입하면서 전쟁이 감추고 있었던 깊은 수렁으로 빠져들고 있었다. 대외정책의 균형감을 상실하고 있었던 시기였다.

닉슨은 1969년 7월 25일에 괌에서 아시아 동맹국들에 대한 미국의 정책에 대하여 군사적 개입을 최소화한다는 내용을 골자로 하는 기자회견을 하였다. '닉슨독트린'을 발표하면서 '자국의 방위는 자국책임'임을 천명하였다. 미국의 이러한 제스처는 비단 베트남만을 염두에 둔 것은 아니었다. 베트남전을 종식시키는 것은 새로운 대외정책을 의미하고 있었다.

미군에게 밀림은 깊은 수렁이었다. 미군은 밀림을 고사시켜 베트콩의 은거지를 없애고, 군수물품의 수송을 차단할 목적으로 고엽제를 대량 살포하기 시작하였다. 고엽제에는 가장 독성이 강한 물질이라는 '다이옥신'이 포함되어 있어 폐암, 후두암, 전립선암 등을 비롯한 각종 질병의 유발을 가져오는 것으로 알려져 있다. 고엽제는 저장 드럼통을 두른 띠 색깔에 따라 '에이전트 오렌지' '에이전트 화이트' '에이전트 블루' 등으로 불렀다. 이중에서 에이전트 오렌지가 가장 많이 살포되면서 고엽제의 대명사로 불리게 되었다. 인체에 치명적인 고엽제를 다량으로 살포했으나 베트콩의 은거지 제거에는 성공하지 못하였다. 또한 폭격으로 호치민 루트의 도로가 파손되면 베트남인들이 즉시 복구하여 전투물자 보급을 보장하고 있었다. 전쟁물자는 중국을 통하여 대부분 지원받고 있었다. 만약 북베트남에 군수산업시설이 있었다면 이를 폭격하여 소기의 성과를 나타낼 수도 있었겠지만, 북베트남에는 그러한 시설이 없었다. 또한

그림 3-5. 헬기를 이용하여 밀림에 살포되는 고엽제

베트콩의 치고 빠지는 식의 게릴라전법을 무력화시킬 전술의 개발이 부족하였다. 미군은 화력의 이점을 이용하여 소모전으로 전면전을 벌이고자 했으나, 베트콩은 이에 말려들지 않았다. 이러한 상황이 계속되자 미국의 전략은 '명예로운 철군'으로 변경되었다. 닉슨은 이러한 분위기에 맞게 베트남전 철군을 공약으로 내세웠다.

미국의 대외정책은 '전쟁의 베트남화'를 추진하면서 패배했다는 인상 없이 무사히 철군하는 것이었다. 베트남의 방위는 베트남이 책임지라는 것이었으며, 이는 아시아의 모든 국가에 해당된다고 선언한 것이다. 여기에는 우리나라도 역시 해당된다. 베트남전의 베트남화를 우리나라에 대입시키면, 한국의 안보는 한국이 책임지라는 의미였다. 시대의 변화가 진행되고 있는 상황이었으며, 닉슨독트린의 결과 우리나라에서도 미군철수가 논의되면서 미국과의 사이에 갈등이 예상되고 있었다.

미국은 더 이상 미국과 소련이라는 강대국이 군사력 우위에 의존한 양극체제를 유지하는 것에는 한계가 있다는 것을 인식하고 있었다. 이미 핵무기는 1949년에 소련에서도 성공하였으며, 지속적으로 전략무기를 개발하여 1960년대의 말에 이르러서는 미국과 대등한 수준의 전략무기 능력을 보유하고 있다는 평가를 받고 있었다. 이는 미국의 전략적 우위가 상실되었다는 의미가 되기도 한다. 1964년에는 중국에서도 핵무기를 개발한 상태였다. 이러한 정세의 변화는 미국으로 하여금 소련을 견제하기 위해서는 중국이라는 세력이 필요함을 절감시키고 있었다. 미국은, 적의 적은 나와 동지가 된다는 평범한 진리가 작용하는 시기임을 직감하였다.

1960년대 말에 접어든 지구촌의 상황은 많은 부분에서 변화가 있었다. 미국뿐 아니라 영원할 것 같았던 소련의 공산권 종주국 위상도 흔들리고 있었다. 1968년 체코슬로바키아에서 발생한 '프라하의 봄'은 사회주의의 균열을 염려해야 했다. 중국과 소련의 국경분쟁에 따른 충돌은 소련이라는 공산권의 절대 권력이 흔들리는 계기가 되었다.

이 시기에 소련과 중국은 이미 우호관계에 의존하는 동맹국으로 보기 어려운 지경에 이르러 있었다. 국경선 문제로 이미 치열한 전투를 벌인 상태였다. 중국과 소련은 1969년 3월에 우수리강 중류의 전바오(珍寶・다만스키) 섬에서 충돌하였다. 중국과 러시아의 오래전부터 누적되어 온 영토에 대한 문제를 보여준 사건이기도 하면서, 둘의 관계는 앞으로도 언제든지 충돌할 가능성을 매우 높게 만들었다. 양극에서 다극으로 변화하는 것은 시간문제였으며, 이는 미국이 추구하고자 하는 전략이기도 하였다.

그림 3-6. 닉슨과 모택동의 만남

미국은 베트남전을 진행하면서 급변하는 시대의 상황과 미국의 현실을 정확하게 진단하고 있었다. 미국은 정책의 변환을 위해서는 소련과 중국과의 관계개선이 필요함을 인식하고 미국에 유리한 국제환경을 구축하고자 하고 있었다. 미국이 소련과 중국과의 관계개선을 원하고 있는 이상 베트남전의 종결은 우선적으로 해결해야 할 필수조건으로 등장할 수밖에 없었다. 미국의 정책은 베트남전 종결이라는 일대 전환을 요구하였으며, 그 여파는 한반도에도 미쳤다. 이러한 측면으로 볼 때 닉슨독트린은 미국의 한반도 정책에 대한 전환의 시작을 알려준 선언이었다. 그동안 우리나라는 미국과 소련이 벌이는 이념의 경쟁을 통하여 경제와 안보의 많은 부분에 대하여 미국의 지원을 받고 있었다. 이념의 경쟁은 전쟁을 불러오기도 하면서 지구상의 어느 국가보다도 많은 위험이 잠재되어 있었으나, 미국으로부터 받는 경제적 이익과 군사적 지원은 대단히 높았다. 미국의 지원이 없거나 줄어드는 상황에서는 모든 것이 부족한 형편이었다. 닉슨독트린이 발표된 이상 이를 현실화하는 것은 당연한 수순 이었다. 미국은 베트남전의 종식뿐 아니라 화해의 제스처로 주한미군 감축을 논의하고자 할 것이 당연한 수순이었다.

경제와 군사력의 많은 부분을 미군에 의존하는 우리나라의 충격은 여타의 국가들보다 더 크게 다가올 수밖에 없었다. 이것은 비단 경제와 군사분야에서만 국한되는 것도 아니었다. 미국이 소련과 중국이라는 적대국과 관계개선을 도모하고자 하는 이상 우리나라 역시 남북관계에서도 새로운 변화를 모색해야 했다. 변화를 원치 않는다 하여도 적절한 변화의 모습을 표현해야만 하는 상황이었다. 남북관계의 새로운 변화를 찾아야 하는 상황이 점점 가까이 다가오고 있었다. 닉슨독트린은 소련과 중국과의 관계개선을 추구하고자 하는 예고편이었으며, 1969년 1월 미국의 37대 대통령으로 취임한 닉슨은 1970년대에 들어서자 소련과 중국과의 긴장완화를 적극적으로 추진하였다.

1972년 2월 21일에 미국의 닉슨 대통령과 중국의 모택동은 세계의 이목을 집중시키는 악수 장면을 내보냈다. 이어서 일정을 마친 닉슨은 공동성명을 발표하였다. 성명에서 미국과 중국은 각각 한반도와 관련된 내용을 포함하였다. 미국의 한반도 긴장완화, 교류 증진의 노력을 지지하는 것이 포함되어 있었으며, 중국의 북한에 대한 평화통일 8개 항 방안을 지지한다는 내용이 포함되었다. 또한 양측의 합의사항으로는, ① 양국의 관계 정상화를 통한 진전은 모든 국가의 이익이 된다. ② 양국은 국제적 무력분쟁의 위험을 줄이기를 희망한다. ③ 양국은 어느 쪽도 아시아 태평양지역에서 패권을 추구해서는 안되며, 이러한 패권을 장악하려는 다른 어떤 국가 또는 국가집단의 노력을 반대한다. ④ 양국은 어느측도 제3자를 위해 협상하거나, 제3국들에 관한 협

그림 3-7. 핑퐁외교에 대한 만평 출처 : 경향신문(1971.4.8.)

정 또는 양해를 맺을 용의가 없다 등이었다. 중국이 재확인한 입장에는 대만문제가 있었다. 중국은 대만 문제는 중국의 일부임을 인정하라는 것이었으며, 미국은 이를 인정한다는 내용이었다.

미국과 중국의 교류에는 탁구가 한몫을 하였다는 평가를 받는다. 1971년 3월에서 4월에는 일본의 나고야에서 세계탁구선수권대회가 열렸다. 여기에서 미국 선수단은 중국의 초청을 받았으며 이에 응하였다. 나고야에서 열린 세계탁구선수권 대회의 마지막 날인 1971년 4월 7일에 중국은 미국 탁구팀을 초청한다고 하였으며, 미국은 이를 받아들였다. 미 대표팀 15명은 1주일간 머물면서 북경, 상해, 광주 등에서 친선경기를 갖게 되었다. 핑퐁외교가 시작된 것이다. 중국은 미국 선수단 초청에 앞서 캐나다, 영국, 콜롬비아, 나이지리아, 리카라과 등 5개국을 초청하였다. 중국의 정권수립 23년 사상 놀라운 일이었다. 중국은 스포츠를 매개로 화해의 제스처를 미국에 보낸 것이며, 미국은 이에 화답하면서 변화는 시작되었다.

핑퐁외교를 계기로 미국은 그동안 중국에 취해왔던 금수조치를 해제하기에 이르렀고 여세를 몰아 미국 대통령으로는 최초로 중국을 방문하였다. 물론 핑퐁외교 이전부터 미국의 중국에 대한 화해의 제스처가 있었다. 1971년 2월 26일에 닉슨은 외교교서를 발표하였다. 미국은 이때 처음으로 중공을 중화인민공화국으로 지칭하였다.[4] 중공에서 중국으로의 호칭 변화는 대륙의 주인임을 정식으로 인정하는 수순이었다.

일본 역시 중국과의 접촉이 진행되고 있었다. 미국과 중국의 분위기 전환을 놓치지 않고 일본은 1972년에 재빠르게 중국과 국교를 수립하기에 이르렀다. 중국을 1971년 10월 26일에 유엔총회의 결정에 따라 유엔 가입과 동시에 안전보장이사회 상임이사국으로 받아들이는 한편 자유중국을 유엔에서 제외하는 안건이 통과되었다. 그동안 세계는 미국과 소련의 양대 축을 중심으로 하였으나, 이제부터는 중국이라는 강국이 등장함을 알리고 있었다. 그러나 대만의 고심은 깊어가고 있었다. 이제부터의 세계는 이념과 체제가 달라도 국익에 부합되면 얼마든지 공존이 가능하다는 것을 보여주고 있었다. 중국은 드디어 국제무대에서 존재감을 부각시키기 시작했으나, 대만의 입지는 상대적으로 좁아지고 있었다. 자국의 실리를 우선하는 국제질서의 냉엄한 현실은 동서고금을 가리지 않고 언제나 일정하게 움직이고 있었다.

---

4) 이 내용은 일본 외무성에서 닉슨의 중국 방문에 관한 종합보고서의 내용이다. 출처: 동아일보, 「아시아 평화에의 시구」, 1971.9.16.

그림 3-8. 남중국해에서 기동하는 미국의 전함들

이어서 미국의 닉슨 대통령은 5월 22일에는 소련을 방문하게 되었다. 닉슨은 소련의 브레즈네프 공산당 서기장 등과 회담을 하게 되었다. 주요의제는 전략무기 제한 협정체결, 미소 불가침조약 체결 가능성, 미소 양국간 무역 쌍무협정 체결 문제 등 긴장완화를 위한 주요 세계문제와 양국 간의 현안문제 등이었다. 이 시기에 미국은 베트남전쟁으로 인해 소련과는 긴장감을 유지하고 있었다. 당시에 미국은 월맹에 대한 해안봉쇄를 단행하여 소련과는 민감한 분위기를 유지하고 있었다. 해안봉쇄는 월맹에 대한 소련의 지원을 봉쇄하겠다는 의미였다.

그렇지만 시간의 흐름은 단순히 계절의 변화만을 의미하는 것은 아니었다. 전쟁의 문턱까지 넘나들었던 냉전의 시대는 시간이 흐르면서 훈풍으로 변하고 있었다. 닉슨의 베트남전 종결을 언급한 괌에서의 독트린은 중국방문에 이은 소련을 방문하면서 구체적으로 표현되고 있었다. 이러한 사건은 새로운 관계 정립을 위한 획기적인 변화였다. 이처럼 미국, 중국, 소련을 중심으로 한 강대국의 변화는 세계를 데탕트[5]의 분위기로 몰아가고 있었다. 세계는 이미 거대한 물줄기의 흐름에 순응하고 있었다. 남북한에 막대한 영향을 미치고 있는 주변 강대국의 움직임은 한반도의 변화에도 영향을 미쳤다. 1970년대를 맞이하면서 그토록 살벌하던 남북관계는 서서히 녹아내리기

5) Detente는 프랑스어로 '긴장 완화'라는 의미이다. 1960년대와 1970년대 미국과 소련의 점진적 관계 개선과 국제적 긴장 완화를 가리킨다.

시작했으니, 이는 거대한 물줄기의 변화에서 그 원인을 찾아볼 수 있을 것이다. 한반도에도 이러한 변화에 따라 대화의 조짐은 나타나고 있었다. 세계사의 흐름을 변화시킨 닉슨 독트린은 강대국이 갖고 있는 영향력을 말해 주고 있었다.

오늘날에도 한반도를 중심으로 벌어지는 두 강대국의 첨예한 대립은 어떠한 변화를 몰고 올지 모를 일이다. 특히 미국과 중국은 정전협정 서명 당사국이자 6·25전쟁에서 가장 많은 병력을 파병하면서 전쟁을 주도한 국가이다. 전쟁 당시에도 그들은 전쟁의 주요 국면을 주도하였으며, 적절한 시점에 정전협정을 모색하면서 총성을 멈추게 하였다. 우리나라는 자의에 의해 분단된 것도 아니었으며, 이로 인해 발생한 전쟁을 스스로 멈추게 할 수도 없었다. 그만큼 힘이 없는 존재였다. 그렇지만 현재의 국력은 그 당시와는 비교할 수가 없을 정도로 비약적인 발전을 하였다. 스스로의 힘을 바탕으로 하여 주도적으로 통일문제를 풀어나가야 할 것이다. 이를 위해서는 가장 먼저 남북의 신뢰와 이를 동력으로 한 협력이 이루어져야 가능할 것이다.

현재의 상황을 살펴보면 미국과 중국은 서로의 패권을 위협하는 가장 큰 적의 관계에 있다. 이런 상황에서 우리나라는 이들 모두와 전략적 관계를 유지해야 하는 형편이다. 여기에 핵무기 개발에 열중하는 북한이라는 중요한 변수까지 갖고 있다. 그러므로 통일은 민족사적 과제를 넘어 생존과 번영을 해결할 수 있는 중대한 과제이다. 주변의 강대국은 이러한 우리의 처지를 너무나 명확히 인식하고 있다. 따라서 그들은 우리의 통일에 대한 염원을 전략적으로 이용하고자 할 것이다. 주변 강대국들은 우리의 통일에 지대한 영향을 미치는 구조로 작용하고 있지만, 그들은 우리의 희망대로 움직여 주지는 않을 것이다. 그들의 국가이익을 관철하는 수단으로 이용하고자 할 것이다. 이처럼 두 강대국을 포함한 주변의 상황은 우리에게 선택을 강요하며 통일문제에도 큰 영향을 미칠 것이다. 분명한 것은 그 어느 나라도 통일된 한반도에 의해 동북아의 질서가 급격하게 재편되는 것을 원하지 않는다는 것이다. 다만 자국의 이익에 부합되는 경우에는 쌍수를 들고 환영할 것이다.

미국과 중국은 동북아의 질서는 그들 자국의 국가이익에 따라 질서를 유지하거나 움직이기를 바라고 있다. 통일된 대한민국의 힘에 의해 새로운 질서가 재편될 우려가 있거나, 이러한 영향이 자국의 전략에 도움이 되지 않는다면 절대로 원하지 않을 것이다. 그렇기 때문에 두 강대국은 이러한 점에서 한국의 통일에 대한 딜레마를 갖게 되는 구조를 갖게 되는 것이며, 이는 한반도 남동쪽에 위치해 있는 일본도 예외는 아니다.

한반도를 중심으로 포진해 있는 강대국의 군사력은 그 수준에서도 세계 상위권이다. 가장 막강한 미국과 뒤를 잇고 있는 러시아, 중국, 일본은 이미 군사대국으로 인정받고 있다. 이들은 군사력을 바탕으로 한반도와 그 주변에서 영향력을 유지하고자 한다. 대륙과 해양세력의 지정학적 중요성이 교차하는 한반도의 숙명이기도 하다. 영토의 현실적인 개념은 군사력으로 확보가 가능해야 한다. 이것이야 말로 평화를 보장할 수 있으며, 통일을 이룰 수 있는 가장 기본이 되는 국력의 한 부분이다. 그 어느 때보다도 힘의 우위를 확보하는 것이 필요한 시기이며, 그 때문에 한미동맹은 중요한 과제로 취급해야 할 생존의 문제이기도 하다.

미국은 패권에 도전하는 중국을 억제하기 위하여 인도-태평양전략을 적극 추진하고 있으며, 중국은 과거의 영광을 재현하고자 일대일로전략[6]을 펼치고 있다. 주변 세력은 자국의 이익을 실현하고자 다양한 역학관계를 만들고자 할 것이다.

6) 시진핑이 말한 중국몽은 구체적인 실체가 없는 추상적인 개념이다. 반면에 일대일로는 이를 구현하기 위한 구체화된 국가전략인 셈이다. 이것은 시진핑이 집권한 다음해인 2013년에 발표되었다.

## 3. 북한의 도발과 국내정세

### ❑ 1960년대 북한의 도발

1953년 7월 27일에 이루어진 정전협정은 1129일 동안의 총성을 멈추게 하였다. 살상이 난무하던 직접적인 충돌이 멈추자, 남북한 모두는 전후복구에 전력을 다하여야 했다. 1950년대의 중반에 들어서자 북한은 통치이념으로 떠받들 주체사상을 수립하기 시작하였다. 주체사상은 1955년 사상에서의 주체를 시작으로 점차 분야를 확장하여 나가며 통치이념으로의 골격을 갖추어 나가기 시작하였다. 1955년 경제에서의 자립, 1957년 정치(내정)에서의 자주, 1962년 국방에서의 자위, 1966년 정치(외교)에서의 자주를 내세우며 체계화시키고 있었다.[7] 드디어 1960년대 후반에 이르자 북한은 주체사상을 유일사상으로 체계화하여 통치이념으로 정착시켰다. 북한의 김일성 1인 독재체제 구축이 완성되는 시기였다.

전후복구 사업이 어느 정도 진척을 보이고, 통치체계가 자리를 잡자 1960년대 초까지 유지되던 소강상태는 이후 급격한 변화를 보이기 시작하였다. 그 배경은 군사력의 확충에 있었다. 이 시기에 주목할 것은 북한의 군사력 증강을 위한 노력이다. 도발의 실체는 군사력이므로 북한의 군사력 증강을 살펴보아야 할 것이다. 북한은 1960년대 초에 군사력 증강을 위한 이른바 4대 군사노선을 마련하였다. '전인민의 무장화, 전군의 간부화, 전지역의 요새화, 전군의 현대화'를 말하며 이는 북한군의 군사력 증강을 위한 기본노선으로 자리 잡았다. 북한은 전쟁 후부터 1950년대 후반까지의 전후복구사업과 경제적 성과를 바탕으로 본격적인 군사력 증강을 추진하였다.

북한은 중국과 소련 사이에서 등거리외교를 통하여 양국으로부터 최대한의 지원을 이끌어 내고자 하였다. 1950년대의 중국과 소련은 협조 관계를 유지하고 있었으나 점차 이념과 국경문제로 인해 관계가 악화되고 있었다. 이러한 요인으로 인해 중국과 소련으로부터 경제원조는 급감하고 있었지만, 이를 교묘하게 이용하면서 최대한의 지원을 받아내고 있었다. 이러한 대외적인 환경은 독자적 노선을 모색하게 만드는 계기가 되었다. 4대 군사노선은 1962년 12월에 열린 당중앙위원회 제4기, 제5차 전원

---

7) 통일부 통일교육원(2016), 앞의 책, p.623.

그림 3-9. 북한군의 행진 모습 출처 : KBS뉴스 화면에서 캡처

회의에서 정립한 것으로 알려져 있다.[8] 1950년대부터 1960년대까지의 북한은 정치적, 경제적, 군사적으로 나름의 독자성을 갖추기 위해 노력하고 있었던 시기로 평가할 수 있다. 특히 군사적 능력은 도발로 연계할 만큼 역량을 강화하고 있었다.

이와 같은 대내외적인 영향으로 북한의 도발은 1960년대 중반에 접어들자 급증하였다. 이 시기에 우리나라는 베트남에 전투부대를 파병 한 상태였으며, 그 규모는 미국 다음으로 많은 병력이었다. 이로 인해 미국과는 그 어느 시기보다도 긴밀한 결속력을 과시하고 있었다. 그렇지만 북한은 미국이 베트남과 한반도 모두에 집중할 수는 없을 것으로 판단하였을 것이다. 북한은 한국군의 대응능력을 시험하기 위한 의도를 갖고 빈번한 도발을 이어갔을 가능성도 많이 작용했을 것이다. 이 시기에 집중된 도발 현황을 통계에서 살펴보면 다음과 같다.[9]

8) 통일부 통일교육원(2016), 앞의 책, p.360.
9) 국방부, 『2016 국방백서』, (서울 : 국방부, 2012), p.252.
침투도발은 직접침투, 간접침투, 월북・납북자 간첩남파를 말하며, 국지도발은 접적지역도발, 접적해역도발, 공중도발 등 군사력을 이용한 무력행위를 말한다.

**[ 북한의 침투 및 도발현황 ]**

단위: 건

| 구분 | 1950년대 | 1960년대 | 1970년대 | 1980년대 | 1990년대 | 2000년대 |
|---|---|---|---|---|---|---|
| 침투도발 | 386 | 1,011 | 311 | 167 | 63 | 16 |
| 국지도발 | 19 | 329 | 95 | 61 | 159 | 225 |

통계에서 보듯이 북한에 의한 도발은 1960년대에 급증하였음을 알 수 있다. 특히 1968년 들어 대형도발이 연이어 터졌다. 한 해 동안 국군 145명, 민간인 25명, 미군 17명이 사망했을 정도였으니 전쟁수준이었다고 해도 과언은 아닐 것이다. 특히 1960년대 후반에 접어들면서 전쟁 이후 최고 수준의 무력행위가 반복되었다. 이러한 사태를 겪으면서 동족이라는 인식보다는 척결할 대상이라는 인식으로 각인되어 갔다.

북한은 1960년대에 들어서자 남북연방제를 제안하면서 평화공세를 펼치고 있었다. 1960년 4월 27일에는 북한의 22개 제정당・사회단체 지도자 연석회의와 남북조선 제정당・사회단체 연석회의 개최를 제의하였으며, 8월 14일 김일성은 과도적 조치로서의 남북연방제를 제안하였다. 11월 21일에는 남한에 송전을 제의하였고, 22일에는 최고인민회의에서 남북경제・문화교류 및 남북협상회의 개최를 제의하였다. 1961년에 들어와서도 북한의 이러한 평화공세는 계속되었다. 9월 17일에는 조선노동당 제4차 대회에서 '조국의 평화적 통일을 위하여'라는 선언을 하였다. 이에 대한 주요골자는 통일을 이루기 위해서는 미국을 반대하여야 한다는 선동적인 내용이 주를 이루고 있었다. 1962년 6월 19일에는 국제올림픽위원회와 대한올림픽위원회에 도쿄올림픽 남북한 단일팀 구성을 제안하기도 하였다.

이러한 북한의 태도는 1960년대에 계속 이어졌으나 이를 진정으로 원한 평화라고는 볼 수 없다. 1950년대의 북한은 전후복구사업을 추진하면서 경제적인 면에서도 다소의 여유를 찾고 있었다. 하나의 예로 든다면, 북한의 적십자사는 1956년 7월 12일에 대한적십자사에 수재민 원조를 제의하기도 하였다. 6월 22일 새벽부터 내린 폭우로 인해 서울을 비롯한 많은 도시는 물난리를 겪게 되었는데, 이를 돕겠다는 의사를 표시한 것이다. 반면에 4대 군사노선을 수립하여 전쟁준비를 재추진하고자 하던 시기였다. 1960년대 후반에 들어서자 북한은 무장력을 제법 갖춘 무장공비를 대거 남파하기 시작하였다. 이를 보면 1970년대를 적화야욕 달성의 적기로 보고 있었다는 추론이 가능하다.[10]

10) 김창진, 『대통령과 통일정책』, (서울 : 문운당, 2019), pp.83~86.

그림 3-10. 기자회견하는 김신조 출처 : 국가기록원

1968년을 전후하여 한반도를 초긴장 상태로 몰고 간 대표적인 도발사건을 열거해 보면 다음과 같다. 1967년 1월 19일 동해에서 명태잡이 어선 70여 척을 호위하던 한국의 PCE-56 해상경비정이 북측 해안포의 공격을 받아 침몰했으며 39명의 장병이 희생되었다. 1968년 1월 21일 북한 특수부대 124부대 소속 31명의 무장공비가 침투하여 청와대를 향하였다. 이를 1·21사태라고 부르고 있다. 그렇다면 무려 31명이라는 무장공비를 침투시킨 북한의 저의는 무엇이었는지 살펴보아야 할 것이다. 북한은 1966년부터 대남 무력공세를 공세적으로 전개하기 시작하다가 급기야는 최고 직위의 대통령 암살을 목표로 대담한 작전을 감행하기에 이르렀다. 청와대와 유사한 모형 건물에서 고도의 침투와 암살훈련을 마친 공비들은 드디어 그 모습을 나타냈다.

무장공비들은 휴전선을 넘어서 밤새 청와대 바로 뒷산까지 침투했다. 공비들은 청와대를 목표로 하여 산악으로 이동하던 중에 나무꾼 형제와 최초로 조우하였다. 우여곡절 끝에 그들은 나무꾼 형제를 살려 보내게 되었으며, 형제들의 신고로 이어졌다. 그렇지만 이들은 이미 서울 한복판까지 침투한 후였다. 신고를 받고 출동한 우리 군과 경찰은 소탕작전을 펼친 끝에 대부분 사살했으며, 김신조 한 명을 생포하였다.

생포된 무장공비는 TV로 중계되는 기자회견장에 모습을 드러냈다. 여기에서 남파 목적을 묻자, "박정희 목 따러 왔수다."라는 섬뜩한 한마디를 던졌다. 온 국민이 경악하는 순간이었다. 온 국민이 경악한 것은 북한의 무장공비가 서울 한복판에 출현한 것보다, 박정희라는 이름을 서슴없이 부르며 그의 목을 따러 왔다는 말을 하는 장면이었다. 사건 이후 우리 정부는 684부대를 창설하기도 하였다.[11] 남북관계는 대결과 대결의 반복을 부르고 있었다. 북파를 위한 684부대원의 최후는 비참하였다. 그들의 존재는 극한 대결 상황에서는 필요하였으나, 남북이 화해의 모드로 접어들기 시작하는 1970년대가 되자 더 이상 필요성이 대두되지 않았다.

1968년 1월 23일 북한 해군은 미국의 정보수집함 푸에블로호와 승무원들을 동해에서 나포하여 원산항으로 끌고 가는 사건이 발생했다. 승무원과 배를 돌려받기 위해 미국은 북한과 판문점에서 회담을 가졌다. 미국은 북한과의 11개월에 걸친 오랜 협상 끝에 사과문을 써주고 나서야 12월 23일에 승무원 82명과 시체 1구를 돌려받을 수 있었다. 이 사건으로 미국은 북한과의 협상에 임해야 하는 처지가 되었다. 국가로 인정하지 않고 있던 집단과의 첫 번째 양자협상이었다. 이 사건은 의미하는 바가 매우 컸다. 미국은 북한의 존재를 인정해야 하는 현실을 실감해야 했기 때문이다.

푸에블로호는 원산항에 머물러 있다가 1999년 10월 대동강변으로 옮겨졌다. 1866년 7월 조선에 대하여 개방을 요구하던 미국 상선 제너럴셔먼호가 불탔던 장소였다. 이후 이를 전시하여 단체관람객이 즐겨 찾는 반미 교육기지로 쓰고 있다. 북한은 이를 선전의 도구로 활용하고 있지만, 미국으로서는 굴욕적인 일이 아닐 수 없다. 현재까지 북한은 미국에 반환하지 않고 있으니 최강전력 미국의 굴욕은 아직도 진행형에 있다고 보아야 할 것이다.

1968년 10월 30일과 11월 2일 사이에 울진과 삼척에서 북한의 대규모 침투작전이 발생하였다. 1967년에 창설된 특수작전부대인 124군부대 소속 15명 정도로 구성된 8개 작전조가 침투하여 민간인을 학살하는 등의 만행을 자행하였다. 이를 진압하기 위하여 수개월 동안 4만 명이 넘는 군과 경찰이 동원됐다. 북한은 이 사건을 북한지역 주민들에게 '남한인민들이 일으킨 용감한 무장봉기'라고 대대적으로 선전했다.

---

11) 1968년 4월에 창설했다고 해서 붙여진 이름이다. 이 부대의 목표는 김일성 암살이었다. 부대원들은 인천 인근 실미도에서 수년간 무장훈련을 하였다. 따라서 이 부대를 실미도 북파부대라고도 부른다. 이들은 3년이 넘게 혹독한 훈련을 견디며 북파를 기다렸으나, 남북한 해빙무드가 다가오면서 부대 해체를 검토하기에 이른다. 북파를 실행에 옮기기에는 무리였으며, 이로 인해 점차 이들에 대한 처우도 열악해져 갔다.
1971년 8월 23일 실미도 요원들은 무장을 한 채 서울로 향하였다. 인천에서 버스를 탈취하여 서울로 오는 과정에서 군・경과 총격전을 벌이기도 하였다. 대방동 유한양행 앞에서 군・경이 버스를 봉쇄하자 버스 안에서 수류탄을 터뜨려 스스로 목숨을 끊었다. 일부 생존자는 후에 사형에 처해 졌으며, 당시 언론은 북한 무장공비 침투로 보도하였다.

그림 3-11. 나포한 푸에블로호를 대동강변에 전시한 모습 출처 : KBS뉴스 화면에서 캡처

1969년 4월 북한의 미그-21기 두 대에서 공대공미사일을 발사하여 미 해군의 EC-121 정찰기가 동해상에서 격추하는 사건이 발생하였다. 이로 인해 승무원 전원이 사망했다. 닉슨 대통령은 군사보복을 생각했지만 결국 실행하지는 않았다. 1968년을 전후하여 북한은 특수부대를 동원한 도발에 집중하였다. 도발을 감행한 배경으로 특정 요인을 말하기는 어려울 것이다. 다만, 이시기의 우리나라는 제1차 경제개발 5개년 계획을 성공적으로 추진하여 8.5%라는 높은 경제성장률을 달성하고 제2차 경제개발 5개년 계획을 추진중에 있었다. 특히 제1차 경제개발은 무엇보다도 국민들에게 할 수 있다는 자신감을 심어주었으며, 공업분야의 비약적인 성장은 장차 공업국가로 성장할 수 있는 기반을 구축할 수 있는 계기가 되었다.

이 당시 우리나라는 베트남에 전투부대를 파병하였다. 1960년에는 남베트남에 민족해방전선(National Liberation Front, NLF)이 결성되었다. 이들의 군사조직을 베트콩(VC)라 하며, 남베트남 전복 활동을 전개하였다. 북베트남은 1960년 9월 제3차 노동당 전당대회에서 "북부에서의 사회주의 혁명완수와 동시에 미제국주의의 지배로부터 남부를 해방시켜 국가의 통일을 완수한다."는 결의를 채택하였다. 이로써 본격적인 베트남전쟁이 시작되었다. 우리나라에서는 비전투부대에 이어 전투부대의 파병을 시작하였으며, 이로 인해 미국과의 관계는 대단히 우호적으로 유지되었다.

1964년 9월에 제1이동외과병원 병력 130명과 태권도 교관 10명으로 최초의 파병이 이루어졌다. 1965년 2월에는 비둘기부대 2,000여 명, 10월에는 전투부대인 해병 청룡부대와 육군 맹호부대를 파병하였다. 건군 역사상 최초의 전투부대 파병이었다. 이어서 백마부대를 추가 파병함으로써 미국 다음으로 많은 수의 전투부대를 파병한 국가가 되었다. 이 시절의 베트남에서는 미국과 소련을 중심으로 한 힘의 경쟁이 이루어지고 있던 시절이었다.

또한 베트남전에 참전한 한국군 전투부대의 파병은 무엇보다도 군사강국의 이미지를 구축할 수 있는 계기가 되기도 하였다. 베트남전에 파병된 맹호와 백마는 이미 공중기동작전을 통한 입체작전 능력까지도 구사하면서 위용을 과시하고 있었다. 베트남의 동쪽 해변가를 따라 남북을 관통하는 1번 국도는 그 전략적 중요성의 의미가 대단히 큰 도로이다. 사이공에서 하노이를 연결하는 맹호와 백마가 만나는 오작교작전을 전개하였다 이를 바라보는 김일성은 경제적 군사적으로 성장하는 우리나라의 국력에 초조감을 느낄 수밖에 없었을 것이다. 김일성의 중대한 도발의 배경에는 이러한 요인도 분명 작용했을 개연성은 충분히 있었다고 평가할 수 있다.

그림 3-12. 맹호부대 환송식 장면

출처 : 국가기록원

1·21사태와 푸에블로호 나포 사건은 국방력 강화에 중대한 전환점을 마련해 주었다. 북한의 도발에 맞서 1968년부터 박정희는 자주국방을 언급하였다. 1968년 2월 8일 여야 시국간담회에서 "국방을 군 중심으로 생각하던 개념을 우리 국민의 주체적 입장을 중심으로 생각해야 할 개념전환의 단계에 들어섰다."고 강조하면서, 이를 위해 재향군인의 무장과 향토방위법 제정이 시급하다고 말하였다. 국군 이외에 예비 전력이 필요함을 말한 것이다. 그동안 박정희는 향토예비군 창설을 추진하고자 하였으나 반대 기류에 막혀 있던 상태였다. 그렇지만 북한의 도발이 점차 규모가 커지고 빈번해지자 이를 추진하는 명분이 충분해 졌으며, 1968년 2월에 250만 향토예비군의 창설을 발표하였다.

「향토예비군법」이 국회를 통과하자 창설에 속도를 내게 되었다. 이와 함께 국군의 복무기간도 연장하였다. 1968년 4월 1일에 향토예비군이 창설되었으며, 대통령은 다음의 연설로 결의를 주문하였다.

> "우리는 먼저 우리 머리 속에서 낡은 국방관을 추방해야 하겠다는 것입니다. 공산 침략을 막아내고 나라를 방위하는 일은 우리를 돕는 우방과 우리의 60만 대군이 있으니 안심이라고만 생각하고 범국민적 자주국방 태세의 확립을 잠시라도 게을리해서는 안 되겠다는 것입니다."

박정희는 연설에서 우방국에 의존하는 사고를 버리고 자주국방을 해야 함을 강조하였다. 남북은 휴전선을 사이에 두고 밀도 높은 군사력으로 무장력을 강화하고 있었으며, 힘에는 힘으로 맞서야 한다는 대결의 분위기마저 조성되고 있었다.

한편, 민주주의 국가를 대표하는 미국 역시 한국군의 증강을 지원하는 약속을 하였다. 존슨 대통령은 푸에블로호 사건 직후인 1968년 2월 8일 미국 의회에서 한국의 안보 위기를 고려하여 1억 달러에 이르는 추가적인 군사 원조를 하겠다고 밝혔다. 또한 한국의 대침투 활동 강화를 위한 군사원조의 실행이라는 맥락에서 3,230만 달러의 군사 원조의 조속한 실행을 약속하였다. 1968년 2월에 한국을 방한한 밴스 특사 역시 박정희와의 회담 직후에 존슨 대통령에게 한국군의 증강을 위한 지원을 건의하였다. 미국은 이처럼 한국의 방위에 대해 큰 관심과 함께 과감해지는 도발에 깊은 우려를 갖고 있었다. 그렇지만 미국은 그에 상응하는 과감한 응징에는 소극적이었다. 푸에블로호 사건 직후에 북한과의 협상을 추진한 점이 대표적인 사례이다.

**그림 3-13. 향토예비군 창설** 출처 : 국가기록원

미국은 베트남전이 수렁으로 빠지고 있는 상황에서 한국에서의 전쟁 발생을 우려하고 있었다. 한국의 중요성은 인정하고 있었지만, 이에 집중할 군사력 투입은 곤란한 것이 현실이었다. 북한은 이 틈을 과감하게 이용하고 있었으며, 푸에블로호 사건을 통하여 미국으로부터 그들의 실체를 인정하게 만들었다. 북한의 이러한 처신은 통일을 위한 남북한의 대화에서도 그대로 투영되어 왔다. 아이러니하게도 남북이 통일을 위한 대화를 하면 할수록 북한은 국가로서의 실체를 인정받게 되었다. 대한민국의 헌법 조문을 놓고 볼 때 북한은 불법집단에 불과하며, 이들은 한반도의 북쪽 지역을 불법으로 지배하고 있는 것에 불과하다. 그렇지만 실체를 인정받은 이상 그들은 국가 또는 정치적 목적을 달성하기 위한 무력을 갖춘 정치집단으로의 위치를 굳힌 셈이었다.

### □ 국내정세

앞의 현황에서 보았듯이 1968년에 들어와서는 북한의 대남군사도발이 전쟁 못지않았다. 이에 따라 총성이 멈추고 평온을 찾은 듯 했던 한반도는 다시 불안에 빠져들고 있었다. 마치 곧 전쟁이 발생할 것처럼 느껴졌다. 당시 우리나라는 1960년대에 들어서면서 시작된 경제개발 5개년계획으로 전반적인 사회 분위기는 역동성을 띠고 있었다. 이러한 긍정적인 분위기는 경제성장으로 직결되는 선순환의 작용을 가져 오게 되

1962년은 제1차 경제개발 5개년계획(1962-1966)이 시작되는 해였다. 1962년 2월 3일 이를 위한 첫 사업의 시작을 울산군 대현면 고사리에서 울산공업지구 조성 기공식으로 알렸다. 울산은 공업발달에 유리한 자연항과 풍부한 용수를 갖춘 지역으로 일제시대부터 공업부지 조성을 위한 매립 허가가 이미 진행된 바 있었다. 이에 힘입어 울산은 우리나라의 대표적인 공업도시로 성장할 수 있었다.

**그림 3-14. 울산공업지구 기공식 장면**

출처 : 대통령기록관

므로 이를 오랫동안 유지하는 것이 필요하였다. 그러므로 지속적인 경제성장을 위해 평화는 필요조건이었다. 정부예산에서의 과도한 군사비 지출은 경제발전을 추진하기 위해서는 부정적인 요인으로 작용하기 때문이다. 국방비 부담 비중은, 1965년에는 36.7%, 1975년은 30%를 유지하고 있었다.[12] 그런데 1968년에 와서 더욱 격화된 한반도의 긴장상태는 국방비에 대한 부담을 더욱 가속화시키는 요인으로 작용 되었다.

북한의 도발이 극렬했던 1960년대 말을 지나게 되자, 평화를 관리하기 위해서는 정부 차원의 특단의 조치가 필요한 시점으로 인식하기 시작하였다. 북한의 잦은 도발에 대비하기 위해서는 지속적인 전력증강이 필요하였다. 그렇지만 이는 경제건설에 악영향을 초래하는 요인으로 작용 될 수밖에 없었다. 남북의 지나친 대결로 인한 과도한 군사비 지출은 이제 막 경제를 발전시키고자 하는 단계에서는 큰 부담이 될 수밖에 없었다. 이 시기에 우리나라는 경제성장과 함께 북한의 강력해지는 위협에 대처해야 하는 어려운 상황에 직면해 있었다.

제1차 경제개발 5개년 계획은 '자립경제 달성을 위한 기반 구축'으로 추진하였다. 제2차 경제개발은 1971년에 종료를 앞두고 있었으며, 순조롭게 진행되고 있었다. 이러한 상황에서 박정희의 경제개발에 대한 자신감은 더욱 높아졌을 것으로 보인다. 그 시점에 대통령에 다시 도전하는 박정희는 어느 때보다도 자신감에 차 있었던 반면, 기어코 계획한 목표를 모두 달성하겠다는 의욕은 독재의 길로 접어드는 계기로 작용하고 있기도 하였다.

12) 통계청, 『남북한 경제사회상 비교』 (서울: 통계청, 1995), p.31.

'선경제건설 후통일' 기조는 그가 대통령직을 수행하면서 일관되게 유지한 것으로 평가할 수 있다. 이러한 그의 의지를 제7대 대통령 선거에 입후보할 당시의 인터뷰 내용을 참고해 보면 쉽게 알 수 있다. 박정희는 "제3차 경제개발 5개년계획이 끝나고 우리의 국력이 월등히 배양되는 1970년대 후반에 가서 통일논의가 활발히 거론될 것이며 평화통일의 길이 열릴 것"이라는 요지의 기자회견을 하였다.[13] 그즈음에 반공법 폐지도 함께 밝혔다. 그는 경제력이 발전하기 시작한 1960년대 후반부터 북한과의 관계에서 자신감을 갖게 된 것으로 보이며, 1970년대가 지나면 북한을 크게 압도할 것으로 내다보고 있었다. 경제발전은 먹는 문제의 해결뿐 아니라 북한의 위협에 대응할 최대의 무기로 인식하고 있었다.

박정희는 경제성장을 더욱 끌어올려 이를 바탕으로 국방력에서 북한을 압도하고자 했다. 이러한 의중은 1970년 8월 15일 광복절 경축사에서, 남북이 선의의 경쟁을 할 것을 제의하기에 이르렀다. 1971년 1월 11일 연두기자회견에서도 이에 대한 언급이 있었다. "통일의 시기를 앞당기기 위한 방법은 우리의 국력을 배양하고 우리의 국력이 빨리 성장해서 모든 면에서 북한 괴뢰를 압도하는 그러한 시기가 결국은 평화통일에 대한 길이 트이는 시기다."라고 강조하였다. 평화통일을 위해서는 경제성장이 필요하다는 말이었다. 당분간은 평화적인 분위기를 유지하면서 경제발전에 집중해야 할 필요성이 어느 때보다 대두되고 있었음을 말하는 것이었다. 그해 광복절 경축사에서도 평화통일만이 우리가 추구하는 통일의 길임을 천명하였다. 1972년 연두기자회견에서도 평화통일 대화조건을 제시하였다.

이 시기에 박정희가 지속적으로 밝힌 평화통일은 곧 경제건설을 의미한다고 보아도 무방할 것이다. 박정희는 경제건설이 순조롭게 이루어지기 위해서는 북한과의 관계개선이 필요하다는 생각을 했으며 이를 실천할 명분을 만들고 있었다. 1972년에 최고 권력자의 명을 받은 남북의 특사들은 분단 후 최초로 남북을 오가면서 서울과 평양을 방문하고 있었다. 이들은 대화의 명분을 만들고 있었다.

한반도의 평화문제를 근본적으로 해결하는 것은 분단된 한반도의 재통일 문제와 자연스럽게 결부된다. 한반도에 있어서 평화와 통일은 불가분의 문제이다. 따라서 첨예한 관심이 남북의 두 정권 사이에 있는 것이다. 1970년대 들어 대한민국은 고도의 경제

---

13) 동아일보, 「70년대 후반에 평화통일 길 열려」, 1971.4.17.

성장을 이루기 시작하였다. 경제적 자신감은 북한에 대한 자신감으로 나타나기 시작하였다.[14] 이렇게 되자 이때부터 남북대화는 우리측에서 먼저 제안하기 시작하였다.

한반도의 남쪽에는 자유민주주의 이념에 입각한 민주국가인 대한민국이, 북에는 공산주의 이념에 입각한 조선민주주의인민공화국이 존재하고 있다. 남북의 두 체제는 비단 이념과 사상과 제도만을 달리하지는 않고 있다. 시간이 흐르면 흐를수록 역사관과 가치체계, 그리고 생활양식까지도 점차 이질화되어가게 된다. 이론상 두 체제를 가장 민주적인 방법으로 단일화하는 방안은 이미 있었다. 그것은 전체 한국민의 총의에 물어 다수가 택하는 바에 따라 체제를 택일하는 방안이었다. 이것은 남북한 토착인구비례에 입각한 남북한 총선거를 실시하여 통일한국정부를 수립하자는 우리나라의 전통적인 통일방안이기도 하다.

그렇지만 1970년대 당시 남한의 3,300만대 북한의 1,400만이라는 인구의 차이는 북한으로 하여금 이를 수용하기 곤란하게 만드는 근본적인 문제였다. 더구나 남한의 개방체제에 비해 북한의 폐쇄체제가 지니는 취약점 때문에 북한공산주의자들은 결코 이러한 민주방식에 의한 통일방안을 수락할 수 없는 구조였다. 따라서 북한은 적화통일달성의 가장 확실한 방법으로 오로지 대한민국의 '선공산화'가 선결조건이 될 수밖에 없었다. 이것은 엄연한 현실이었다. 따라서 통일이란 결코 단순한 과제가 아닌 어느 한쪽의 체제를 흡수해야 가능하다는 지극히 현실적인 문제를 안고 있었다. 전쟁까지 치른 체제에서의 당연한 사고였을 것이다.

이러한 현실 상황 속에서 가장 시급한 과제는 한반도의 평화를 파괴하려는 북한의 책동을 억제하는 것이었다. 이것이야말로 한반도에 보다 항구적이고 안정된 평화를 정착시킬 수 있다는 논리는 이론의 여지가 없는 설득력이 있었다. 안정되고 항구적인 한반도 평화의 정착은 남북한의 두 체제 간에 상호 부정과 간섭이 배제되는 평화적 관계의 정립에 의해서 선도되어야만 한다는 것은 너무도 당연하였다. 또한 남북한 간의 이러한 평화적 관계야말로 평화적 통일을 지향하는 노정의 출발점이 되는 것이라는 것은 너무나 당연한 논리를 갖고 있었다. 이러한 현실을 논리로 하여 그동안 금기시되다시피 한 남북대화, 남북통일이라는 용어는 서서히 공식적으로 등장하기 시작하

14) 1인당 GNP를 비교해 보면, 1965년에는 우리나라 105달러에 비해 북한은 162달러로 우리를 앞섰다. 그러나 우리나라의 경제력이 발전하여 1975년에는 우리나라 594달러에 비해 북한은 415달러로 우리에게 뒤떨어졌다. 출처 : 통계청, 앞의 자료, p.41.

였다. 1971년 8월 우리측에서는 남북적십자회담을 북한에 제의함으로써 남북의 대화를 예고하고 있었다. 닉슨 독트린으로 시작한 동서의 데탕트 분위기는 한반도에서도 시작되고 있었다.

그렇지만 남북에서 대화와 통일을 추구한다는 것이 대화와 통일에 대한 진심을 담고 있었다고는 보기는 어려웠다. 결론부터 말하면 7・4남북공동성명은 남북 모두가 적절한 정치적 시점에 이를 거부하였다. 오히려 남북의 두 권력자는 그들의 독재체제를 구축하기 위한 수단으로 전락시켰다는 평가를 받아야만 했다. 시간을 거슬러 올라가면 그러한 조짐은 미리부터 보이고 있었다. 개헌을 통하여 대통령 3선의 길을 열고자 한 것이 대표적 사례이며, 이는 독재를 구상하고 있었다고 추론해 볼 수 있는 대목이다.

1969년 박정희는 서서히 권력욕을 드러내기 시작하였다. 헌법 개정을 추진하여 3선에 도전할 수 있도록 하기 위한 것이었다. 야당은 독재로 가는 길이라며 개헌에 반대하는 범국민투쟁위원회를 개최하였고, 대학가에서도 박정희의 장기집권 야욕이라며 대대적으로 반대시위를 벌였다. 그렇지만 당시 여당인 민주공화당을 주축으로 하여 9월 14일 일요일 새벽 2시에 야당의원이 불참한 가운데 국회 제3별관에서 개헌안을 처리하였다. 개정안은 10월 17일 국민투표로 확정되고 10월 21일에 공포되었다. 이는 헌정사의 오점이자 박정희를 독재자라 부르는 이유가 되는 시발점이 되는 순간이기도 하였다.

정점을 찍은 것은 1972년 10월 17일 전국에 비상계엄을 선포하면서 비상조치를 단행하고 비상국무회의에서 의결한 제7차 개헌이었다. 이날에 발령된 비상조치에 의해 국회는 해산되었으며, 정당 및 정치 활동은 금지되었다. 10월 27일에 허울 좋은 '평화적 통일지향 한국적 민주주주의 토착화'를 내세운 개헌안은 한 권력자의 의중에 따라 비상국무회의에서 의결・공고 되었다. 그해 11월 21일 국민투표에서 확정되어 12월 27일 공포・시행되었다. 일명 유신헌법은 그의 권력욕에서 탄생하였으며, 그 조짐은 이미 여러 차례 있었다. 그렇지만 이는 국가의 불행은 물론이고 개인적인 비극을 앞당기는 신호탄이 되고 말았다.

박정희 정부가 유신체제로 국정운영을 전환하자 정치뿐 아니라 경제발전에서도 우연이었지만 많은 어려움을 겪게 된다. 이른바 석유파동이 그것이다. 1973~1974년의 제1차 석유파동은 중동전의 여파로 찾아왔다. 여기에서 그치지 않고 1978~1980년에 또 다시 찾아온 제2차 석유파동(Oil shock)은 유류가격을 59%가 인상하게 만들

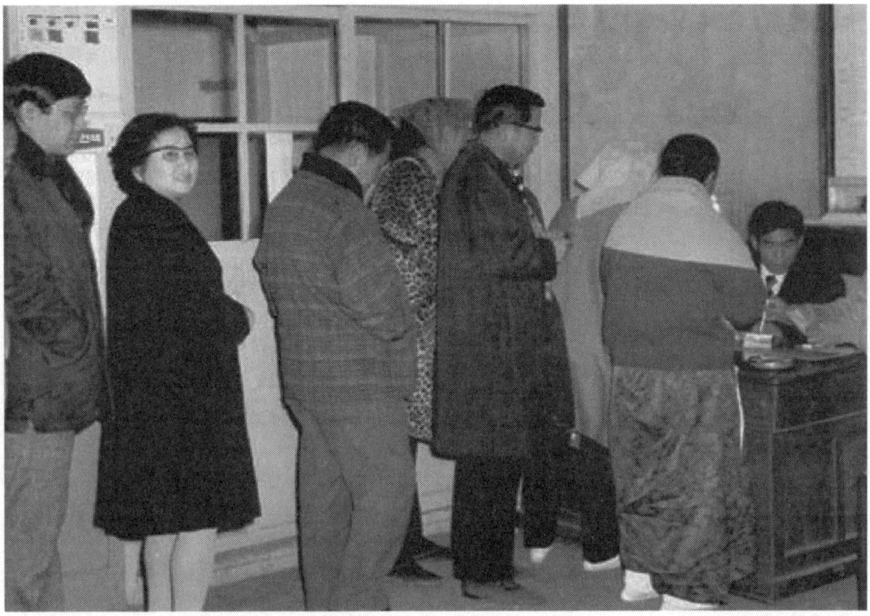

그림 3-15. 7차 개헌을 위한 국민투표장에서의 시민들 출처 : 국가기록원

었으며, 도미노 현상으로 전기료는 35%가 인상되는 등 경제는 어려움에 빠졌다.[15] 정부는 양면으로부터 공격을 받는 형국이었다. 갑자기 오른 원유가격으로 인해 세계 경제는 휘청거렸다. 경제성장률이 크게 떨어지면서 선진국마저 마이너스성장을 기록하였고, 불황과 인플레이션이 가속화되었다. 정부는 연일 절약 캠페인을 벌여야 하는 처지였다. 원유 의존도가 높은 우리나라는 난감한 환경에 처한 것이다. 조금만 더 탄력을 받으면 높은 경제성장을 바탕으로 넉넉한 살림을 살게 될 것이며, 북한을 크게 압도할 아까운 기회를 놓칠 것만 같았다. 세계정세를 바라보는 이 시기의 박정희는 착잡함을 넘어 낭떠러지까지 왔음을 직감하고 있었을 것이다.

15) 경향신문, 「유류59%, 전기료35%인상」, 1979.7.9.

## 4. 박정희 정부의 통일정책

### ❑ 적십자사의 대화 모색

남북적십자회담의 목적은 1945년의 타율적인 남북한 분단과 6・25 전쟁으로 말미암아 남북한에 흩어져 살고 있는 1천만 이산가족들의 상호 주소, 생사의 확인, 상호 방문과 상면, 상호 서신교환을 주선해 주고 당사자들의 원에 따라 재결합시켜 주자는 것이었다. 이러한 인도주의사업은 틀림없이 남북한 간의 긴장을 완화시키고 오해와 불신을 제거하며 상호 민족적 유대를 재확인시켜 주는 데 유익한 결과를 예고하는 것이었다. 다만 이러한 활동이 정권유지를 위해 변질되지 않았을 때 가능한 것이었다. 그러나 남북한 어느 곳에서도 보장할 수 없다는 것이 문제였다. 때문에 제의하는 내용 자체의 진의와 저의는 좀 더 따져 보아야 하는 원초적인 문제를 안고 있었다.

적십자사의 인도주의적 사업을 위한 노력은 오래전부터 시작되어 왔다. 북한적십자사가 대한민국에 대하여 원조를 제의한 것은 1956년으로 거슬러 올라간다. 그해 여름에 수해로 인한 피해가 크게 발생하자 북한의 적십자사는 수재민 원조를 제의하였다. 그해 10월 28일에는 이산가족 상봉 주선을 요청하기도 하였다. 1957년에는 적십자 단체 대표들간의 정기적인 문안편지 교환을 제의하기도 하였다. 북한은 1959년

1970년대는 정치적으로는 비록 암울했지만 희망이 넘치던 시절이기도 하였다. '1980년 수출 100억 달러, 1000불 소득'이라는 구호가 넘쳐났다. 1977년도 국내 10대 뉴스에는 수출 100억 달러 초과 달성이라는 소식을 전하기도 하였다.
박정희는 농사 현장을 찾아 농사꾼과 함께 막걸리 한잔도 걸칠 줄 아는 소박한 면모도 지니고 있었으며, 희망과 비전을 보여주는 것은 물론이고 이를 실행하는 강한 추진력을 겸비한 지도자였다.

그림 3-16. 막걸리잔을 기울이는 대통령

출처 : 대통령기록관

그림 3-17. 남북적십자회담을 제안하는 최두선 총재

9월 23일에 우리나라의 풍수해 이재민에게 구호물품을 제공한다는 결정을 하였다고 발표하였다. 그러나 대한민국 정부에서는 9월 24일에 제공 제의를 거부한다고 밝혔다. 이처럼 남북은 냉랭한 분위기를 유지해 가고 있을 뿐이었다.

그러던 중 1970년대에 접어들자 국제정세의 변화와 함께 북한으로부터 통일방안을 제의받았다. 북한은 1971년 4월 12일 최고인민회의 제4기 제5차 회의에서 8개항으로 된 평화통일방안을 제의하였다. 그 내용은, ① 주한미군의 완전 철수 ② 미군 철수 후에 남북한의 군병력 모두를 10만 명 이하로 감축 ③ 한미상호방위조약과 한일협정 등 민족이익에 배치되는 남한이 맺은 외국과의 조약 완전 폐기 ④ 자주적이고 민주적으로 남북총선거를 실시하여 통일적인 중앙정부를 수립 ⑤ 자유로운 남북 총선거를 실시하기 위한 조치로 남북한 전 지역에서 각 정당, 사회단체 및 개별적 인사들이 정치 활동을 벌일 수 있는 완전한 자유를 보장하고 정치범과 애국자들을 석방 ⑥ 과도기적 조치로 완전한 통일 이전에는 남북한의 상이한 사회제도를 그대로 두고 남북연방제를 실시 ⑦ 통상과 경제적 협조 추진, 과학, 문화, 예술, 체육 등 여러 분야에 걸친 상호교류와 관련인사들의 왕래를 추진, 남북한의 편지거래와 인사내왕 실현 ⑧ 이상의 모든 문제를 다룰 남북정치협상회의를 개최하고, 여기에는 모든 정당과 사회단체의 애국적 인사들의 참여를 전제로 한다는 내용이었다.

이에 대해 최규하 외무장관은 4월 14일에 북한의 8개 항 제의에 대하여 이를 거부한다고 밝혔다. 그렇지만 이 시기에 적십자사는 남북적십자회담을 제안하는 등의 활동을 통하여 북한과 민간차원에서의 대화를 유지하고자 하는 노력을 전개하고 있었다. 1971년 8월 12일 대한민국의 최두선 대한적십자사[16] 총재는 남북이산가족 찾기를 위한 남북적십자회담을 제안하였다. 8월 14일 북한적십자사에서 이에 대해 회담에 응한다고 하면서, 양측의 대표들이 판문점에서 예비회담을 열자고 화답하였다. 남북대화가 실현될 가능성은 점점 높아 가고 있었다. 그로부터 약 1년 후에 남북공동성명이 발표되었으니 이미 양측은 세계의 흐름에 따라 남북한도 보조를 맞출 필요성을 느끼고 있었던 것이다.

비록 정세의 변화에 따른 타의적인 요소가 있었을지라도 이와 같이 남북의 적십자사는 이산가족문제 해결을 고리로 하여 대화 의지를 밝히고 있었다. 이러한 적십자사의 대화제의와 호응은 남북의 정치대화가 순조롭게 열릴 것을 미리 암시하는 듯하였다.

[ 남북적십자 본회담 개최 현황 ]

| 차수(장소) | 회담일정 | 주요의제 |
|---|---|---|
| 제1차 본회담<br>(평양) | 1972.8.30. ~ 9.3. | 남북이산가족 문제 해결<br>생사와 주소 확인 문제<br>서신왕래 실시 문제 |
| 제2차 본회담<br>(서울) | 1972.9.12. ~ 9.16. | 제3, 4차 본회담 일정 합의<br>남북공동성명 정신 구현 |
| 제3차 본회담<br>(평양) | 1972.10.23. ~ 10.26. | 남북의 입장 차이 확인 |
| 제4차 본회담<br>(서울) | 1972.11.22. ~ 11.24. | 남북적십자 공동위원회와<br>판문점 공동사업소 설치 |
| 제5차 본회담<br>(평양) | 1973.3.20. ~ 3.23. | 제6차 본회담 일정 합의 |
| 제6차 본회담<br>(서울) | 1973. 5.8. ~ 5.11. | 의제 내용에 대한 주장과 반박<br>(가족의 범위 문제 등) |
| 제7차 본회담<br>(평양) | 1973.7.10. ~ 7.13. | 제8차 본회담 일정 미결정<br>(추후 직통전화 등으로 협의) |

16) 대한적십자사는, 1903년 대한제국이 제네바 협약에 가입하면서 시작되었다. 1905년 대한적십자 규칙을 칙령 제47호로 반포하였으나, 일제에 의해 강제 병합되면서 폐지되었다. 그렇지만 1919년 임시정부 내무부령 제62호에 의해 대한적십자회가 설립되었다. 1955년에 대한적십자사는 국제적십자사연맹에 가입함으로써 74번째 회원국이 되었다.

그렇지만 남북적십자사 본회담을 하기 위한 과정은 멀고도 험난하였다. 남북의 적십자사 파견원의 접촉, 예비회담, 실무회담 등은 본회담의 어려움을 미리 예고하는 듯하였다. 남북적십자 파견원은 1971년 8월 20일에 제1차 접촉을 시작하였다. 총 4차에 걸친 파견원의 접촉을 통하여 예비회담 일정을 9월 20일에 판문점에서 개최하기로 합의하였다. 제1차 예비회담은 1971년 9월 20일 시작하였지만 반복되는 회담은 계속되었다. 제20차 예비회담에 이르러서야 본회담 의제를 채택할 수 있었다. 지루했던 예비회담은 1972년 8월 11일에 제25차 예비회담을 갖고 나서야 본회담 개최 일정과 진행절차를 채택할 수 있었다. 예비회담 간에는 실무회의가 계속되면서 세부 내용을 협의해 나갔다. 이중에는 남북 통신실무자회의가 열리면서 본회담을 위한 통신기술 실무자회의 합의문에 합의하면서, 서울과 평양 간 20회선의 통신선로를 구축하기로 하였다.

이러한 과정에서 북한의 당과 사회단체들은 남북한의 제정당과 사회단체연석회의 개최를 주장하기도 하였다. 인도주의적 사업과는 거리가 있는 제안이었다. 이러한 주장은 북한에서 줄곧 주장해온 그들의 통일전략과 무관하지는 않았다. 제1차 본회담의 주요의제는 남북의 이산가족 문제 해결에 대한 내용이었다. 여기에서는 제20차 예비회담에서 채택한 의제에 대하여 확인하고, 이를 본회담의 의제로 할 것을 결정하였다.

**[ 제1차 남북적십자 본회담 합의서 ]**

제1차 남북적십자회담에서 쌍방은 다음과 같이 합의하였다.

1. 남북적십자회담 쌍방 대표단은 1972년 6월 16일 판문점에서 열린 제20차 남북적십자예비회담에서 채택한 다음과 같은 남북적십자회담 의제를 1972년 8월 30일 평양에서 개최된 제1차 남북적십자회담에서 확인하고 이를 남북적십자회담 의제로 한다.
   1) 남북으로 흩어진 가족들과 친척들의 주소와 생사를 알아내며 알리는 문제
   2) 남북으로 흩어진 가족들과 친척들 사이의 자유로운 방문과 자유로운 상봉을 실현하는 문제
   3) 남북으로 흩어진 가족들과 친척들 사이의 자유로운 서신거래를 실시하는 문제
   4) 남북으로 흩어진 가족들의 자유의사에 의한 재결합문제
   5) 기타 인도적으로 해결할 문제

**[ 제1차 남북적십자 본회담 합의서(계속) ]**

2. 쌍방은 자주, 평화통일, 민족적 대단결의 3대원칙이 천명된 남북공동성명과 그리고 적십자 인도주의 원칙에 기초하여 남북적십자회담 의제로 설정된 모든 문제들을 성과적으로 토의 해결함으로써 남북으로 흩어진 겨레들의 고통을 하루속히 풀어주며 나아가서 조국통일의 디딤돌이 되도록 모든 노력을 다한다.

합의한 내용을 보면 대체적으로 이산가족에 관한 문제의 해결과 남북공동성명에서 제시한 3대 원칙에 의해 모든 문제를 토의하고 해결하자는 것이었다. 그렇지만 간단한 문제를 놓고도 양측은 의견충돌을 빚으며 기약 없이 회담을 종료해야 했다. 이산가족의 만남을 정하지 못하고 사실상 회담이 종료된 것이나 다름없었다. 이산가족이 상봉하기 위한 가족의 범위를 정하는 문제마저도 쉽게 해결하지 못하였다. 희망에 들뜬 이산가족은 이러한 소식을 전해 듣고는 답답함과 한심함을 토로했을 것이다. 그러나 이마저도 제7차 본회담을 끝으로 다음 회담을 기약조차 하지 못하였다. 단지, 제8차 본회담 일자는 쌍방 적십자간의 직통전화나 판문점 연락사무소를 통하여 협의한다는 결정만 하였다.

그림 3-18. 남북적십자 본회담을 환영하는 시민들 출처 : 국가기록원

전쟁 후 20여 년이 흐르면서 이처럼 남북은 이처럼 이질화되어 있었다. 남북의 대표들이 만나 덥석 손을 맞잡기 위해서는 정치적 차원의 문제에서 자유로워야 했다. 그러나 형제의 우애보다는 서로의 체제를 수호하고자 하는 살벌함을 가슴 한편에 묻어 두고 있었을 것이다. 이산가족의 한을 달래줄 것으로 믿었던, 1972년 8월 30일 대동강 문화회관에서 열린 제1차 남북적십자회담은 1973년 7월 13일 평양에서 개최된 제7차 본회담을 끝으로 구체적인 성과를 보여주지 못하고 말았다.

그렇지만 그로부터 12년이 흐른 1985년 5월 28일에 서울에서 제8차 본회담을 열게 되었다. 그리고 8월 15일을 전후하여 이산가족 고향방문 및 예술공연단으로 고향방문단을 구성하자는 합의를 이루었다. 그해 9월 20일 고향방문단 50명, 예술공연단 50명, 취재기자 30명 등 151명은 각각 서울과 평양을 방문하였다. 정작 이산가족은 기대한 수에 미치지 못하는 규모였지만 상징하는 바는 컸다. 분단된 이후 양측의 공식적인 합의에 따라 이산가족이 상봉하였다는 것은 더 큰 기대를 갖게 해주었다.[17)]

### ❑ 7・4남북공동성명

1972년 7월 4일 오전 10시에 전국민과 세계의 이목을 집중시키는 성명이 남북한에서 동시에 발표되었다. 성명은, "서울의 이후락 중앙정보부장[18)]이 1972년 5월 2일부터 5월 5일까지 평양을 방문하여 김일성의 동생인 김영주 노동당 조직지도부장과 회담을 진행하였으며, 김영주 부장을 대신 한 박성철 제2부수상이 1972년 5월 29일부터 6월 1일까지 서울을 방문하여 이후락 부장과 회담을 진행했다."는 경과보고와 남북의 통일문제 해결을 위해 합의한 7개 항에 이르는 합의문 발표였다.

이것은 남북이 최초로 합의한 남북공동성명이었으며, 대결에서 대화를 천명한 민족사적 사건이자, 세계의 이목을 집중시키기에 충분한 장면이었다. 남과 북은 세계적인 데탕트 분위기에 따라 공동성명을 발표하기 이전부터 밀사를 교환하고 있었다. 대립의 구도에서 대화의 구도로 지향하겠다는 의지를 남북한 모두가 천명한 것이다. 이

---

17) 1985년 이후 15년 동안 이산가족 상봉은 이루어지지 못하고 있었다. 2000년 역사적인 첫 남북 정상회담이 성사되면서 6・15 남북 공동선언이 발표되었다. 여기에서 이산가족 문제 해결을 명시하면서 이산가족 상봉이 재개되었다. 이를 계기로 설과 추석에 매년 2차례의 상봉이 꾸준히 성사되어 왔다.
그렇지만 2008년 이명박 정부가 출범하면서 남북은 또 다시 냉랭한 관계를 가지게 되었다. 그 후 박근혜 정부가 출범하였지만 1년이 지난 2014년 2월에야 19차 이산가족 상봉이 열릴 수 있었다. 2015년의 20차 상봉 후 중단된 상태로 가다가 문재인 정부가 들어선 2018년에 21차 상봉을 재개하였다.

18) 현재의 국가정보원장에 해당하며, 국가안전기획부, 국가정보원 등으로 명칭의 변경을 거쳤다. 이후락은 제6대 정보부장(1970.12.21. ~ 1973.12.2.)을 역임하였다.

그림 3-19. 남북공동성명을 보도한 신문들 출처 : 국가기록원

처럼 전광석화처럼 발표된 7 · 4남북공동성명은 남북한 당국이 국토분단과 동족간의 전쟁 이후 최초로 통일문제를 합의하여 발표한 역사적인 공동성명이었다.

국제정세의 변화에 따른 통일정책의 유연성 필요는 1970년 8월 15일 광복절 경축사에서 이미 '평화통일구상 선언'을 통하여 나왔다. 7 · 4남북공동성명이 발표되기 이전부터 대화를 위한 변화의 조짐을 보이고 있었다. 그것은 북한의 실체를 인정하고 대화와 교류를 바탕으로 통일의 여건을 조성한다는 것이었다. 당시 박정희 는 1970년 8 · 15 선언에서 남북이 선의의 경쟁을 하자고 제안한 바 있었다. 주요 관련 내용만을 발췌하여 살펴보면 다음과 같다.

> "(전략) 북괴가 한국의 민주, 통일, 독립과 평화를 위한 유엔의 노력을 인정하고 유엔의 권위와 권능을 수락한다면, 유엔에서의 한국 문제 토의에 북괴가 참석하는 것도 굳이 반대하지 않을 것입니다. 이러한 나의 구상에 덧붙여서 한 가지 더 말하고 싶은 것은, 북괴에 대하여 '더 이상 무고한 북한 동포들의 민생을 희생시키면서 전쟁 준비에 광분하는 죄악을 범하지 말고, 보다 선의의 경쟁, 즉 다시 말하자면 민주주의와 공산 독재의 그 어느 체제가 국민을 더 잘 살게 할 수 있으며, 더 잘 살 수 있는 여건을 가진 사회인가를 입증하는 개발과 건설과 창조의 경쟁에 나설 용의는 없는가' 하는 것을 묻고 싶은 것입니다. (후략)"

비록 북괴라는 용어를 사용하고 있지만, 그들의 실체를 인정하고 선의의 경쟁을 하자고 하였다. 그렇지만 그들의 체제를 인정하지는 않겠다는 것은 변함이 없었다. 서로의 체제를 인정하지 않겠다는 점은 북한도 동일하였다. 제안 후, 이듬해 김일성도 남한의 모든 정당과 협상할 용의가 있다고 천명하였다. 남북 정상 간의 긍정의 메시지가 교환된 셈이다. 이에 따라 앞에서 미리 언급한 남북한의 적십자사가 움직였다.[19]

1972년 7월 4일 남북한이 동시에 발표한 7・4남북공동성명은 국토분단 이후 대립과 대결로 일관하던 중에 최초로 통일을 지향하는 것을 주요 내용으로 합의 발표한 역사적인 공동성명이었다. 남북한은 두 번에 걸친 회담에서 무엇보다도 남북 사이의 오해와 불신을 풀고 긴장을 완화하여 조국통일을 촉진시키기로 합의하였다. 합의에 이른 주요 내용은 ① 상호 중상과 비방 중지, 무력도발중지, 군사적 충돌방지 ② 다방면적 교류 실시 ③ 적십자회담 적극 지원 ④ 서울-평양 직통전화 가설 운용 ⑤ 공동성명을 원활히 추진하기 위한 남북조절위원회의 구성과 운영이다. 이러한 합의문을 담고 있는 7・4남북공동성명은 전문과 7개 항으로 구성되어 있는데 주요 내용은 다음과 같다.

[ 7・4남북공동성명 주요 내용 ]

| 구분 | 주요내용 |
|---|---|
| 제1항 | 조국통일의 3대 원칙을 규정 ① 자주적 통일 ② 평화적 통일 ③ 민족적 통일 |
| 제2항 | 정치와 군사문제 해결: 긴장 완화와 충돌 방지 |
| 제3항 | 민족동질성 회복과 상호 이해 증진 위한 교류 실시 |
| 제4항 | 남북적십자회담이 조속히 성사되도록 협조 |
| 제5항 | 서울과 평양 사이에 상설 직통전화를 설치 |
| 제6항 | 쌍방 합의를 추진하기 위한 남북조절위원회 구성 |
| 제7항 | 합의사항 성실 이행 |

제1항의 통일원칙은 통일은 외세에 의존하거나 외세의 간섭을 받음이 없이 자주적으로 해결해야 하며, 통일은 상대방을 반대하는 무력행사에 의거하지 않고 평화적 방법으로 실현하여야 하며, 사상과 이념 그리고 제도의 차이를 초월하여 하나의 민족으로서 민족적 대단결을 도모하여야 한다는 내용을 담고 있다.

19) 김창진, 앞의 책(2019), pp.88~97 요약정리

2항의 정치와 군사문제는 전쟁을 방지하기 위한 긴장상태의 완화를 구축하여야 하며, 이를 이루기 위해서는 신뢰의 분위기를 조성해야 한다는 것이다. 이를 위한 상호 중상 및 비방과 무장도발을 중단하고, 불의의 군사적 충돌방지를 위한 조치 사항을 담고 있다.

3항의 민족동질성 회복과 상호 이해 증진을 위해 다방면적인 교류를 실시한다는 것은 동질성을 회복하기 위한 서로의 이해와 노력이 필요하다는 내용을 담고 있다.

4항은 현재 진행되고 있는 남북적십자회담이 조속히 성사되도록 협조한다는 내용이며, 5항은 서울과 평양 사이에 상설 직통전화를 설치한다는 내용을 담고 있다.

6항은 쌍방 합의사항을 추진하기 위한 남북조절위원회를 구성하여 운영한다는 것을 담고 있다. 이에 따라 남북은 제반 문제와 통일문제를 해결할 목적으로 남측의 이후락과 북측의 김영주를 공동위원장으로 하는 남북조절위원회는 구성되어 활동하였으나 얼마 가지 못하고 중단되고 말았다.

7항은 선언의 내용에 대한 성실한 이행을 민족 앞에 엄숙히 약속한다는 내용으로 이루어져 있다.

여기서 살피고 넘어갈 부분은 선언문의 마지막 서명 부분이다. 일반적으로는 직책명과 성명이 기록되지만 특이하게도 '상부의 뜻을 받들어' 라는 문구와 함께 이후락과 김영주가 서명하였다. 두 대표에 대한 남북한에서의 직책과 소속을 표시하지 않았다. 이것은 서로의 실체를 인정하지 않아 온 냉전의 체제 논리가 그대로 투영된 것으로 새로운 현실을 즉각적으로 받아들이지 못한 과도기적 현상이라고 볼 수 있다.[20] 즉, 공식적인 국가와 국가 사이의 공문서 성격에서 벗어나는 형식을 취하고 있다. 이처럼 다소 모호한 형식을 채택한 이유를 찾아 보면 다음과 같은 내용을 발견할 수 있다. 역사적인 성명의 초안은 북측의 김덕현과 남측의 정홍진에 의하여 다듬어 졌는데, 당시 성명서 작성에 참여한 정홍진의 회고를 살펴보면 그 내막을 알 수 있다.[21]

"7・4남북공동성명을 공식 문서로 만들 경우, 불신과 대결로 이어진 남북관계가 급선회하고 통일정책이 크게 바뀌는 인상을 국민들에게 줄 우려가 있었으므로 실질적으로 박대통령의 '위임'으로 표기하자는데 양해가 이루어졌다. 북측은 정보부장 직위도 쓰자고 했으나 우리측에서 뺐다. 그래서 결국 외형은 공문서인지 사문서인지 구별하기

---

20) 통일부 통일교육원, 『남북관계 지식사전』 (서울: 통일교육원 교육개발과, 2015), p.789.
21) 동아일보, 「남산의 부장들」, 1991.8.9.

그림 3-20. 7·4남북공동성명 지지 국민궐기대회 출처 : 국가기록원

어려운 형식이 됐다." 이러한 사정으로 다소 애매한 형태의 성명서가 만들어졌다는 내용으로 볼 수 있는 대목이다.

비록 7·4남북공동성명을 통하여 통일문제 해결에 대한 의지를 밝히고 있었지만 불신은 여전함을 보여주고 있었다. 서로의 실체는 인정하지만, 체제는 인정할 수 없다는 인식을 투영한 결과이다. 체제를 인정한다는 것은 통일정책의 급선회를 의미하기도 하는 것이었으므로 신중한 접근이 필요하다고 판단한 측면도 갖고 있다. 박정희 정부의 초기 통일정책은 '선경제건설 후통일'의 정책기조 속에 추진되었다. 경제발전을 통하여 충분한 능력을 배양한 후 통일을 본격적으로 논의해야 한다는 것이 기본노선이었다. 실력배양론과 자유민주주의 원칙에 의한 통일지향이었다. 때문에 충분한 경제발전이 이루어지지 않은 상태에서 통일문제를 급하게 추진할 경우 오히려 혼란이 있을 것으로 본 측면이 있다. 이런 관계로 급격한 방향의 선회는 바라지 않고 있었다. 그렇지만 1970년대 이후부터의 기조는 '선평화 후통일'의 기조로 서서히 변화되고 있음을 발견할 수 있다. 특히 남북공동성명의 발표는 이러한 기조를 더욱 확연하게 보여준 사례이기도 하다.

7·4남북공동성명은 이를 발표하게 만든 남북한 최고 권력자들의 저의를 떠나서 본다면, 역사적이고 민족사적인 의미가 크다고 볼 수 있다. 그것은 7·4남북공동성명이

남북한의 민족적 유대를 확인하고 사상과 이념 제도의 차이를 초월하여 단일민족의 차원에서 남북간에 평화적 관계를 정립하여 이를 개선 발전시키며 나아가 같은 민족으로서 자주적이고 평화적 통일을 달성하겠다는 민족의지를 강력하게 표현했기 때문이다.

이것은 1991년의 남북기본합의서와 2000년의 6・15공동선언과 더불어 남북한 3대 합의 중 하나를 이루게 된다. 아쉬운 점은 불과 1년이 지난 1973년 8월에 중단되고 말았다. 그렇지만 이때 합의한 성명 내용은 현재까지 통일과 평화를 위한 남북한의 각종 활동의 이정표를 제시하고 있음을 볼 때 그 의의는 대단히 크다고 평가할 수 있다. 또한 7・4남북공동성명은 강대국에 의해 강요된 분단 속에서 서로 30여 년을 적대시해 온 남북한에 통일이라는 희망을 보게 한 긍정적인 측면이 있었다.

그러나 한계성도 갖고 있는데, 7・4남북공동성명은 통일에 대한 국민적 합의 없이 정부 당국자들 간의 비밀회담 만을 통해 이루어졌다는 점이다. 보다 폭 넓게 각계각층의 통일에 대한 논의가 부족하였다는 점이다. 일부에서는 선언문에 대해 한 가지 지적을 하였다. 그것은 '외세를 배격하고 자주적으로 해결, 평화통일, 민족대단결'이라는 내용이다. 의미는 좋으나 여기에 '민주적 방식'이라는 용어가 포함되었어야 한다는 주장이다.[22] 그러나 용어에 대해서는 각자의 이해에 따라 달리 해석하는 경우가 비일비재하다. 그러므로 이러한 용어를 추가하였다 하더라도, 그 용어가 의미하는 바는 각각의 정치적 이해관계에 따라 달리 해석할 수도 있다는 것이다. 이에 대한 예로 선언문에 등장하는 '자주, 평화, 민족대단결'에 대하여 남과 북은 해석을 달리하고 있다. 이에 대한 용어의 논란을 그간의 회담에서 양측이 주장한 내용 등을 고려하여 정리해보고자 한다.[23]

**[ 조국통일 3대 원칙에 대한 해석의 차이 ]**

| 용어 | | 남북의 해석 |
|---|---|---|
| 자주 | 대한민국 | 남북 당사자 해결 원칙을 의미 |
| | 북한 | 외세배격과 같은 '배타적 자주'를 의미 |
| 평화 | 대한민국 | 무력도발 포기와 상호 불가침을 의미 |
| | 북한 | 남한의 군사력 강화 억제를 의미 |
| 민족 대단결 | 대한민국 | 민족적 이질화 극복을 의미 |
| | 북한 | 공산주의자들에게도 자유로운 활동 보장 의미 |

22) 여기에 대한 내용은 동아일보 「남산의 부장들」(1991.8.9.)에 나와 있는 기사 중 일부이다.
23) 통일부 통일교육원(2015), 앞의 책, pp.790~791.

표에서 보듯이 동일한 용어라 할지라도 남북이 의미하는 바는 차이를 보이고 있다.[24] 우리는 자주에 대해서, 남북한이 당사자가 되어 민족문제를 해결해 나가되 국제사회의 지지와 협력을 바탕으로 하는 것을 말한다. 반면에 북한의 해석은 외세를 배격하는 것이며, 구체적으로 표현하면 미군철수를 의미하고 있다. 미군철수는 이를 근거로 삼고 있다.

평화는, 북한의 무력도발 포기와 상호 불가침을 의미하는 것으로 이해하고 있으나, 북한은 우리측의 자주국방력 강화를 위한 노력을 인정하지 않는 것은 물론이고 한미연합군사훈련을 중단해야 한다는 의미로 삼고 있다.

민족대단결은, 민족적 이질화를 극복하기 위한 민족구성원 전체의 의사를 결집하는 것으로 이해하고 있다. 반면에 북한은 우리의 반공정책 포기와 국가보안법 폐지 등으로 이해하고 있으며, 궁극적으로는 자유민주체제를 부정하는 세력에게도 자유로운 활동을 보장해 주어야 한다는 것으로 인식하고 있다.

이처럼 용어에 대한 해석은 각자의 정치적 이해관계에 따라 자국에 유리하게 해석하는 경향을 보인다. 용어에 대한 양측의 주장에서 우리는 대화를 위해 풀어야 할 간극이 얼마나 큰지를 알았으며, 이를 타개하기 위해서는 많은 노력과 시간이 필요함을 교훈으로 얻을 수 있었다. 그러므로 통일의 과정에서 인식의 차이를 좁혀주는 대화는 꼭 필요한 요소이다.

대다수의 국민들은 남북한의 대화와 성명을 바라보면서 통일이 손에 잡힐 것처럼 생각하였다. 그렇지만 북한은 1973년 8월 28일 남북조절위원회 북한측 공동위원장 김영주의 명의로 남북대화를 중단한다는 성명을 발표하였다. 북한은 대화 중단의 이유로 두 가지를 들었다. 첫째는 8월 8일 발생한 일본에서 발생한 김대중 납치사건에 중앙정보부가 개입되어 있으며, 그 수장인 이후락과는 통일 관련 논의를 할 수 없다는 것이었다. 또 다른 하나는 박정희가 1973년에 밝힌 6・23평화통일외교선언을 이유로 들었다. 6・23평화통일외교 선언은 2개의 조선을 선언한 것으로, 이것은 영구적인 분단을 하고자 하는 것이라고 주장하였다. 따라서 대화 중단의 모든 책임은 남한에 있다고 하면서 중단을 선언하였다.

24) 제3공화국의 박정희 대통령은 '자주'라는 용어를 다른 분야에서도 사용하였다. 대표적인 업적으로 평가받는 '새마을운동'에서는 '자주・자조・자립'의 3대 정신을 내세우기도 하였다.

당시에 7·4남북공동성명은 남북관계의 획기적인 전환을 가능하게 하는 조치로 높이 평가받았다. 그러나 결정적인 것은 남북관계를 정권 유지 차원으로 악용했다는 것이다. 정통성이 희박한 정권일수록 통일정책을 정권 유지에 적극 활용했다는 것은 지나간 역사가 증명해 주고 있다. 박정희는 1971년 제7대 대통령 후보로 대북정책을 피력할 때도 통일논의는 70년대 후반으로 보아야 한다고 하였다. 그 이유는 제3차 경제개발계획이 완료되는 시점이라는 것이었다. 이때가 되면 경제력의 차이는 보다 더 격차가 발생할 것이므로 이때까지는 기다려야 한다는 주장이었다. 즉, '선경제건설 후통일'을 추진하자는 것이었다. 그렇지만 이것은 경제발전을 위해서는 통일논의를 하지 말자는 것을 애둘러 표현한 것에 불과하였다. 그러므로 1972년에 발표된 7·4 남북공동성명은 그의 장기집권 플랜을 완성시키기 위한 수단으로 활용했다는 비난을 피하기는 어렵게 되었다.

### ❑ 7·4남북공동성명에 대한 북한의 반응

북한에서도 남북동동성명을 대대적으로 홍보하고 있었다. 1972년 7월 9일 조선중앙통신은, '남북공동성명은 조선의 평화적 통일을 위한 길에서 역사적 전환점으로 된다', '어떠한 외세의 간섭도 없이 조선인민 자체의 힘으로 조국을 평화적으로 통일하자'는 등의 기사를 내보냈다. 김일성이 제시한 조국통일 3대원칙에 기초한 남북공동성명이라고 하면서, 이를 지지하는 군중대회가 펼쳐지고 있다는 것과, 중국의 인민일보 사설에서도 이를 환영한다는 보도가 있었다고 소개하였다.

7월 9일 노동신문에서는 '남북공동성명의 발표는 경애하는 수령 김일성 동지를 수반으로 하는 조선로동당과 공화국 정부의 조국의 자주적 평화통일로선의 거대한 승리이다'라는 제목의 기사를 실었다. 기사에서는 '위대한 수령님께서 제시하신 조죽통일의 3대 원칙에 기초한 남북공동성명'이라고 하면서, 이를 김일성이 주도한 것으로 표현하였다.

또한 대한민국 신문의 보도라고 하면서, '우리민족은 단일민족이므로 모든 성의를 다하여 대화를 나누면 반드시 통일이 이루어질 것이다. 남북공동성명에 접한 남조선의 각계각층인민들의 반향'이라는 제목으로 남북공동성명을 찬성한다는 내용과 이산가족의 생사를 알지 못함을 안타까워한다는 시민들과의 인터뷰 내용을 함께 싣고 있었다. 이산가족과 관련된 내용에 있어서는, 미군에 의해 강제로 끌려간 북반부 출신 주민들은 크나큰 기쁨에 휩싸이게 하고 있다는 말을 덧붙이기도 하였다.

남북공동성명에 대한 북한의 관심은 다음 해인 1973년까지도 계속되었다. 노동신문에는 1973년 7월 25일 조국통일민주주의전선[25] 중앙위원회 명의로 실린 '남조선 각계각층 인민들과 각 정당, 사회단체들, 해외교포단체들과 해외교포들에게 보내는 호소문'에서, '민족분열의 영구화를 방지하고 조국의 자주적 평화통일을 촉진시키기 위하여 대민족회의를 시급히 소집할 것을 남조선의 모든 정당, 사회단체들과 각계각층 인민들 그리고 모든 해외교포단체들과 해외교포들에게 정중히 제기한다'고 하였다. 여기에서 주목할 점은 대민족회의를 소집하자는 것이다. 정부라는 공식적인 기구보다는 다양한 단체들을 모아 대민족회의라는 하나의 대표기구를 구성하자는 주장이다. 이는 북한의 저의를 충분히 짐작하게 해주는 대목이다.

북한의 보도내용에서 주장하는 요지를 살펴보면, 북한은 남북공동성명을 대대적으로 홍보하고 있었으며, 이에 대한 환영의 분위기를 확산하는 의미에서 주민들을 동원한 군중대회도 개최했음을 알 수 있다. '역사적 전환점', '훌륭한 시작' 등으로 표현하고 있는 것은 남북정상회담에 대한 긍정적인 분위기를 조성하기 위한 것으로 보인다. 또한 이와 관련한 신문의 모든 기사에서는, 김일성이 3대원칙을 제시한 것으로 보도하고 있었다. 이것은 남북공동성명의 제1항에서 천명한 3대 원칙을 말하는 것이며, 이것은 김일성이 제시한 것을 대한민국이 수용했다는 것을 의미하고 있다. 이는 김일성이야말로 남북을 아우르는 지도력을 갖추고 있으며, 조국통일을 위하여 항상 노력한다는 인상을 심어주고자 한 것으로 풀이된다. 즉, 지도자의 자질과 열정을 부각한 것으로 보인다.

이산가족의 문제를 야기한 가장 큰 책임이 미국이라는 점을 부각시키면서 반미감정을 유발시키고자 한 점도 나타나고 있다. 또한 제3의 기구를 창설하여 이를 통한 통일논의를 주장하고 있다. 이러한 북한의 의도는 정체불명의 다양한 단체를 모두 끌어들여 통일을 논의하자는 것이다. 결국은 반정부 세력을 규합하여 통일을 명분으로 혼란을 조성하고자 하는 것으로 평가할 수 있다.

---

25) 조국통일민주주의전선(조국전선)은 북한의 대남통일전선기구이며, 남한의 적화를 위하여 1949년에 결성되었다. 북한에 존재하는 정당・사회단체의 연합체로 구성된 단체이다. 노동당의 외곽단체로서 주로 남북문제와 관련하여 북한의 입장을 대변하고 있다. 노동당의 노선과 정책을 옹호・관철하는 당의 전위기구로서 각종 대남제의 및 성명을 발표하고 있다.
북한에서 대남전략전술 업무의 총괄은 통일전선부(통전부)이다. 여기에서 대남 외곽단체의 업무까지도 조정 통제하고 있다. 남북회담・경제협력・민간교류, 대남자료에 대한 수집과 분석 등의 대남사업 전반을 총괄하는 핵심부서이다.
조국평화통일위원회(조평통)는 현안의 남북관계에 대한 문제에 대한 공식적인 입장을 발표한다. 또한 회담・교류・공동행사 등 대남 실무사업을 총괄하고 집행하는 기관으로 알려져 있다.

### ❑ 6・23평화통일 외교선언

1973년 '6・23평화통일 외교선언'의 배경으로는 우리나라의 외교정책 변화 필요, 국제정세의 변화와 북한의 활발한 외교정책에 대한 대응을 들 수 있다. 그동안 우리나라는 강경일변도의 외교정책을 추진하여 왔다. 우리나라의 외교는 유엔으로부터 합법 정부로 인정받았다는 점을 들어 북한과의 수교국과는 외교 관계를 맺지 않았으며, 외교 관계를 수립하고 있는 국가라 할지라도 북한과 외교 관계를 맺게 되면 단교하는 등의 강경일변도의 외교정책을 추진하였다.[26] 그 결과 외교 관계의 확장성은 크게 제한을 받고 있었다. 그 반면에 북한은 1960년대 후반 들어 외교력을 강화함으로써 많은 국가들과 외교 관계를 수립하였다. 또한 북한은 1973년 4월에 IPU(국제의원연맹), 1973년 5월에 WHO(세계보건기구) 등에 가입하는 등의 적극성을 보이고 있었다. 앞으로의 외교관계를 전망해 보면 북한은 자유로운 서방국과의 외교 관계에서 확장성을 계속적으로 기대할 수 있는 분위기였다.

그에 반하여 우리나라는 동구권과 비동맹국과의 관계 정립이 낙관적으로 보기는 힘든 형편이었다. 단적인 예로, 특별선언이 발표된 그해의 9월에 알제리에서 열린 비동맹국가[27] 정상회담에서는 친북한적인 결의가 이루어지기도 하였다. 그리고 그해 제28차 유엔총회는 남북한의 대표가 참석한 가운데 '한국 문제'토의가 예정되어 치열한 외교전이 전개되고 있었다.[28] 당시의 외교 관계 수립현황은 우리나라가 압도적이었다. 그러나 우리나라는 정체되어 있던 반면 북한은 증가추세에 있던 상황이 문제였다.

[ 1973년 기준 남북의 외교 관계 현황[29] ]

| 구분 | 총 | 대사관계 | 영사관계 | 대표부 |
|---|---|---|---|---|
| 대한민국 | 114 | 86 | 22 | 6 |
| 북한 | 61 | 46 | 8 | 7 |

---

26) 1964년에 모리타니와 북한이 수교하자 단교 조치를 취하였다. 이것이 첫 번째로 단행한 북한과의 수교국에 대한 단교 조치였다.

27) 비동맹운동(Non-Aligned Movement)은 1961년 제1차 베오그라드회의에서 설립되었다. 모든 나라가 타국의 체제와 상관없이 서로 공존하자는 것이다. 민족해방운동을 지지하고, 강대국의 군사동맹에 참여하지 않고, 독자적 정책을 추구하려는 신생 독립국들로 구성된 국제기구였다. 1955년 인도네시아 반둥에서 개최된 반둥회의는 비동맹정책이 논의되었다. 이들 국가는 동서진영에 가입하지 않으면서 자국의 독립과 나아가서는 세계평화에 기여함을 목적으로 하였다.

28) 경향신문, 「다가선 남북한 유엔 첫 대결」, 1973.11.6.

29) 동아일보, 「남북관계 73년의 장 남북시대의 외교」, 1973.1.9.

특히 비동맹국으로부터의 지지를 북한에 비해 압도적으로 받게 된다면, 대부분의 국제사회가 대한민국을 지지하는 모양을 갖게 만드는 효과로 보일 수 있었다. 또한 이념을 초월하여 모든 국가에 문호를 개방한다는 것은 공산권을 공략한다는 것이었다. 그렇게 되면 북한의 적극적 해외 지지세력을 약화시킬 수 있었다. 결과적으로 북한보다 질적 양적으로 우위를 확보하는 외교적 성과를 기대할 수 있었다.

국제정세의 변화는 이념의 대결로 모든 것을 재단하던 추세에서 각국은 실리를 향하는 신축성 있는 외교 관계로 변화하고 있었다. 중국의 유엔가입이 있었으며 비동맹국들이 점차 증가추세에 있었다. 이들 비동맹국은 미국의 편도 소련의 편도 아닌 국가들로 동맹을 맺고 있었다. 즉, 이념에 의해서가 아닌 실리에 의한 동맹이었으며 대외정책에 있어서 강대국에 휘둘리지 않는 자주적이고 적극적인 중립주의 외교를 추구하였다. 이러한 환경의 변화는 강대국 미국이 대한민국을 지지한다고 하여도 한계가 있음을 예상하게 해주는 변화였다. 변화하는 국제환경에 적응하지 못하면 우리에게 불리한 상황으로 다가올 수 있는 형국이었다.

**[ 6 · 23평화통일 외교선언 내용 ]**

1. 조국의 평화적 통일은 우리 민족의 지상 과업이다. 우리는 이를 성취하기 위한 모든 노력을 계속 경주한다.
2. 한반도의 평화는 반드시 유지되어야 하며, 남북한은 서로 내정에 간섭하지 않으며 침략을 하지 않아야 한다.
3. 우리는 남북공동성명의 정신에 입각한 남북대화의 구체적 성과를 위하여 성실과 인내로써 계속 노력한다.
4. 우리는 긴장 완화와 국제 협조에 도움이 된다면 북한이 우리와 같이 국제기구에 참여하는 것을 반대하지 않는다.
5. 국제연합의 다수 회원국의 뜻이라면 통일에 장애가 되지 않는다는 전제하에, 우리는 북한과 함께 국제연합에 가입하는 것을 반대하지 않는다. 우리는 국제연합 가입 전이라도 대한민국 대표가 참석하는 국련총회에서의 한국 문제 토의에 북한측이 같이 초청되는 것을 반대하지 않는다.
6. 대한민국은 호혜 평등의 원칙하에 모든 국가에게 문호를 개방할 것이며, 우리와 이념과 체제를 달리하는 국가들도 우리에게 문호를 개방할 것을 촉진한다.
7. 대한민국의 대외정책은 평화 선린에 그 기본을 두고 있으며, 우방들과의 기존 유대 관계는 이를 더욱 공고히 해나갈 것임을 재천명한다.

**[ 6・23평화통일 외교선언 내용(계속) ]**

"나는 이상에서 밝힌 정책 중 대(對)북한 관계 사항은 통일이 성취될 때까지 과도적 기간 중의 잠정 조치로서, 이는 결코 우리가 북한을 국가로 인정하는 것이 아님을 분명히 하여 둡니다."

6・23평화통일외교선언은 1970년 광복절 경축사에서 언급한 "어느 체제가 국민을 더 잘 살게 할 수 있으며, 더 잘 살 수 있는 여건을 가진 사회인가를 입증하는 개발과 건설과 창조의 경쟁"을 주장한 평화통일구상 선언의 연장선으로 볼 수 있다. 1969년의 닉슨 독트린으로 세계는 데탕트 물결이 밀려오고 있었으며, 남북은 공동성명을 선언하기에 이르렀다. 이러한 세계적인 변화에 부응하여 한반도 문제의 해결도 평화를 바탕으로 한 변화가 필요하였던 것이며, 이를 좀 더 확장할 필요성이 있었다. 또한 우리의 경제력이 날로 발전하는 추세에 있었으나 군사력에서는 북한을 압도하는 수준은 아니었다. 따라서 안정적인 정세를 바탕으로 경제성장을 더욱 끌어올리기 위해서는 북한과의 평화적인 관계 유지가 필요하였다. 6・23평화통일외교선언은 다음의 내용을 담고 있다.

6・23평화통일외교선언은 통일을 위한 대화의 지속 추진, 내정 불간섭, 국제연합 동시 가입 및 관련 기구 참가에 대한 찬성, 공산권 국가에도 문호개방 등을 담고 있었다. 이러한 내용은 당시로는 금기시 되던 공산권과의 교류와 남북의 유엔가입을 최초로 천명한 것이었으며, 이것은 제6공화국에서 북방정책으로 이어져 외교적 성과를 나타내기도 하였다. 그러나 두 달 뒤에 북한에서는 두 개의 조선정책이라며 강하게 비난하고 나섰으며 대화의 단절을 선언하였다. 이로써 남북적십자회담에서 시작한 대화는 파국을 맞게 되었다. 6・23평화통일외교선언의 의의를 살펴보면 다음과 같다.

첫째로, 북한을 국가로 인정하는 않는다는 전제하에 북한의 실체를 인정하였다. 우리의 헌법에서 밝히고 있는 북한은 엄연한 대한민국의 영토이다. 하지만 실제로는 행정력을 작동할 수 없는 한계를 갖고 있다. 그러므로 북한에 대한 실체는 인정해야 된다는 현실적인 문제를 인정한 것이다. 또한 국내뿐 아니라 국제사회에 공식적으로 북한의 실체를 인정하겠다고 밝힌 것으로 볼 수 있다. 그렇지만 그들을 국가로는 인정하지 않겠다고 못 박았다.

둘째로, 남북한의 유엔 동시가입을 최초로 천명하였다는 점이다. 대한민국은 정부수립을 유엔으로부터 공식적으로 승인받았다. 따라서 유일한 합법 정부라는 자부심과 한반도는 대한민국의 영토라는 논리는 유엔으로부터 나온 것임에 대한 자부심을 갖고 있었다. 남북한 대치 국면에서 유엔은 언제나 한국의 든든한 후원자로 인식하고 있었다. 반면에 북한은 유엔으로부터 6・25전쟁의 발발 책임에 따른 침략자로 낙인찍히기도 하였다. 또한 북한은 유엔의 권위와 기능을 인정하지 않으려 했다. 그렇지만 우리나라는 이미 유엔으로부터 받은 권위에 집착하지 않겠다는 것을 천명한 것이었다.

셋째로, 한반도의 안정적인 평화체제를 구축하기 위한 유엔과 국제사회의 도움을 요청한 것이다. 1971년 남북적십자회담을 시작으로 남북 간에 대화가 이루어지고 있었다. 하지만 더 이상의 진전은 어려워졌다. 그렇지만 평화를 유지하는 것은 필요하였다. 우리의 입장에서는 불붙기 시작한 경제개발의 탄력을 보장하기 위해서는 평화유지가 필요하였다. 한정된 예산에서 과도한 국방비의 지출은 경제발전의 저해로 이어진다는 것은 뻔한 이치였다. 이러한 문제를 해결하기 위해서는 국제적인 공조가 필요하였고 북한에 대한 긍정의 메시지를 보낼 필요가 있었다. 그 방안 중의 하나는 북한을 유엔에 가입시켜 국제사회의 일원으로 인정받게 함으로써 한반도의 평화와 안전을 확보하겠다는 것이었다.

넷째로, 세계정세에 발맞추며 국익을 우선으로 하는 외교정책의 계기가 되었다. 공산권과의 관계개선은 그동안 금기시 되던 말이었다. 공산주의를 표방하는 국가와 대화를 한다는 것은 민주주의를 포기하고 적과 대화한다는 인식에서 과감하게 탈피하고 실익 위주의 외교정책을 추진하게 되었다. 또한 비동맹국과의 수교를 통하여 한층 두터운 외교력을 갖추는 계기로 삼고자 하였다. 이것은 대서방권으로 진출하는 북한의 외교정책에 대응하는 효과도 있었다. 호혜 평등의 원칙에 입각한 대공산권에 대한 과감한 문호개방은 1980년대 후반 탈냉전 시대의 도래와 함께 추진한 북방정책으로 연속성을 갖게 되는 결과까지 가져왔다.

다섯째로, 북한의 김일성이 발표한 '조국통일 5대 강령'에 대한 반론적 성격을 내포하고 있다. 여기에서 김일성은 여기에서 '고려연방공화국'이란 단일국호에 의한 연방국가의 창설과 유엔가입을 주장하였다. 이에 대응하는 개념으로 남북한 각각이 함께 유엔에 가입하자는 방안을 내놓은 것이다.

그러나 북한은 이 선언을 문제 삼았다. 북한은 6・23평화통일외교선언에 대해 북한이 '2개 조선' 조작 책동이고 분열주의 노선이라고 강하게 비난하고 나왔다. 앞에서 언급하였던 남북조절위원회와 남북적십자회담의 중단은 여러 가지를 들 수 있다. 그중에서도 6・23평화통일 외교선언은, 북한이 대화중단을 결단하게 만든 결정적인 계기였다.

6・23평화통일외교선언 1주년인 1974년 6월 23일 박정희는 담화를 통해 "북한공산주의자들은 하루속히 무력이나 폭력에 의한 적화통일노선을 버리고 7・4남북공동성명의 정신으로 돌아와 남북적십자회담과 남북조절위원회를 정상화하고 상호교류와 협력을 실현하고자 하는 우리의 노력에 즉각 호응하라."고 촉구하였다. 박정희는 이 담화에서 1973년 남북대화의 중단 이후 북한에 의해 더욱 격화되고 있는 대한민국에 대한 군사도발과 내정간섭 등 적대적 행동의 일체 중지를 촉구하면서, "북한은 더 이상 지체하지 말고 불가침협정의 체결을 위한 협상에 응하라."고 하였다.

그러나 대화의 길은 멀었고 평화를 정착시키는 일은 더 어려웠다. 소련을 비롯하여 세계의 여론은 긍정적이었지만 북한은 그렇지 않았다. 북한은, 후견국의 역할을 해온 소련이 남한과 우호적인 관계를 유지하는 것이 부담이었을 것이다. 북한은 불만의 표시로 모스크바 유니버시아드 대회에 불참하기까지 하였다. 남과 북은 오히려 과거에 비해 더욱 더 극렬한 관계를 유지하고 있었다. 과거로의 회귀였다.

북한은 6・23평화통일외교선언에 대한 반대를 보다 효과적으로 하기 위해 남북관계를 계획적, 의도적으로 악화시키기 시작했다. 남북관계를 악화시키고 긴장을 조성하기 위한 대상은 남북대화를 희생시키는 것이었다. 이러한 이유로 해서 북한은 6・23평화통일외교선언의 발표가 있자 대화의 일방적 중단을 결심하고, 1973년 8월 28일을 기해 대화 중단을 선언하였다. 이후 남북 간에는 '유엔 동시가입'과 '단일 의석 가입'에 대하여 한 치의 양보 없이 대립하는 양상을 보이게 되었다.

1974년 8월 15일에 장충동 국립극장에서 열린 제29주년 광복절 기념식장에서 재일교포 2세인 문세광에 의한 대통령 암살을 노린 저격사건이 발생하였다. 대통령은 피격을 면했지만, 육영수 여사는 사망하였다. 1974년 11월 15일 경기도 연천군 고랑포에서 남침용 땅굴이 발견되었다. 그로부터 4개월 뒤인 1975년 3월 19일 강원도 철원군에서도 제2땅굴이 발견됐다.[30] 1976년 8월 18일 오전에는 판문점 공동경비구역에서 북한군에 의해 미군장교 2명이 도끼에 살해되는 비극이 발생하기도 하였다. 당시 판문점 내에는 남북을 가르는 경계선이 별도로 구분되어 있지 않았다. 유엔군은 경계에 지장이 있는 미루나무의 가지를 치는 작업을 하는 노무자를 경계하고 있었다. 현장에서 이를 감독하고 경계하는 미군장교 2명을 북한군이 도끼로 살해한 것이다.

30) 1978년에는 판문점 남쪽 4km 지점에서 제3땅굴이 발견되었다. 서울에서 불과 52km 떨어진 지점이었다. 1990년 3월 3일 동부전선에서는 최초로 강원도 양구군에서 제4땅굴이 발견됐다.

그림 3-21. 북한이 철원지역으로 파 내려온 제3땅굴 발견 출처 : 국가기록원

이로 인하여 미 항공모함 미드웨이호가 한반도로 급파되었고, 데프콘 3이 발령되었다.[31] 한반도는 전쟁의 문턱에까지 다다르고 있었다. 김일성은 유감을 표명하고 사과문을 유엔군에게 제출함으로써 사건은 겨우 봉합되었다. 이처럼 연속으로 발생한 극한을 내달은 사건은 남북관계를 회귀시키기에 충분한 상황이었다.

우리나라의 적극적인 문호개방과 세계의 정세변화는 과거의 경직된 관계를 벗어나는 일대 변화를 가져왔다. 대표적인 예를 들면, 소련은 유니버시아드 대회에 한국선수단 입국을 허용하기도 하였다.[32] 이것은 정치적인 여건의 변화로 볼 수 있었다. 그동안 소련은 한국에 대해 적대적인 정책을 고수해 오고 있었다. 그러므로 한국선수단에 대해서 문호를 개방하였다는 것은 의미가 있었다.

이러한 점은 그동안 수교에 제한적이었던 동구권과의 외교관계 수립에 긍정적으로 작용할 수 있는 분위기였다. 세계 각국은 실리를 추구하기 위하여 평화공존으로 나아가고 있던 상황이었다. 이러한 국제질서의 변화와 신축성 있는 외교력을 보장하기 위

31) 적의 공격이 우려되는 상황에서 발령되는 전투준비태세를 말하며, 총 5단계로 이루어져 있다.

32) 우리나라는 1959년 제1회 이탈리아 토리노 유니버시아드 대회에 옵서버 자격으로 6명이 참가하였다. 이후 1973년 제7회 모스크바 대회에 3개 종목 35명의 선수단이 참가하였다.

해서는 무엇인가의 조치가 요구되었다. 이미 7·4남북공동성명 선언은 평화의 메시지가 되어 전세계로 타전되었다. 여기에 더하여 외교력을 강화하기 위한 조치를 추가한 것이다. 북한과의 평화를 모색하면서 국제무대에서의 세력 확장을 도모하고자 한 것이었으며, 경제성장과 더불어 외교관계에서도 자신감을 보이면서 성과를 견인하고자 하는 야심찬 선언이었다.

### ❑ 평화통일 3대원칙

박정희는 1974년 1월 18일 연두기자회견에서 남북한 상호 불가침협정 체결을 제의함으로써 대한민국의 평화지향적인 통일접근정책을 다시 천명했다. 박정희는 회견에서 그가 제의하는 남북한 상호 불가침협정의 골자를 ① 남북한이 절대로 서로 무력침략을 하지 않겠다고 만천하에 약속하고 ② 서로 절대로 상대방의 내정을 간섭하지 않으며 ③ 여하한 경우에도 현존 정전협정의 효력을 존속시키자는 것이라고 밝히고, "이 협정을 맺어 놓고 앞으로 통일이 될 때까지 남북이 서로 평화공존을 해나가면서 그동안에 서로 대화를 활발히 하고 교류와 협력을 실시해서 평화통일의 기반을 하나하나 다져 나가자."고 역설했다.

1974년 8월 15일 광복절기념사를 통해 '평화통일 3대 기본원칙'을 제시하였다. 이는 1970년의 '평화통일구상선언'의 연장선상으로 그동안 우리측이 제안한 내용을 모두 포괄한 개념이다. 이러한 일련의 정책을 통하여 '선평화 후통일'의 정책기조를 확고하게 유지하고자 하는 것이었다. 이것은 '선건설 후통일론'에서 '선평화 후통일론'으로 정책이 변환되는 계기가 되었다. 또한 경제건설에 집중할 수 있는 토대를 구축하겠다는 의도였다.[33]

평화통일 3대원칙의 특징은 한반도 평화정착 → 상호 문호개방과 신뢰회복 → 남북한 자유총선거 라는 3단계로 이루어졌으며 그 내용은 다음과 같다.

> ① 한반도에 평화를 정착한다. 이를 위해서 남북은 '상호불가침협정'을 체결한다.
> ② 남북 간에 상호문호를 개방하고 신뢰를 회복한다. 이를 위해서 남북대화를 성실히 진행하고 다각적인 교류 협력을 보장한다.
> ③ 이 바탕 위에서 공정한 선거관리와 감시하에 토착인구비례에 의한 남북한 자유총선거를 실시하여 통일을 이룩한다.

---

33) 김창진, 앞의 책(2019), pp.126~127

여기에서 박정희는 남북한 자유총선거를 다시 제시하였다. 그렇지만 이는 정부수립 직후부터 1960년 내내 접점을 찾지 못한 방안이었다. 그러므로 현실적으로 실현이 어려운 방안이다. 이를 보면 한편으로는 통일에 대한 의지보다는 적절한 대립 구도를 유지하면서 힘의 균형을 유지하고자 한 것으로 볼 수 있다.

그동안 박정희는 '선경제건설 후통일'의 기조를 유지하였는데 1970년대에 들어서면서 점차 정책의 변화 조짐이 나타났다. 이러한 그의 기조는 집권기를 전・후반기로 구분하여 보면 쉽게 나타난다. 전반기에 해당하는 1960년대에는 경제개발에 매진하였으며, 북한 주민에 대한 식량 원조 제의 등의 적극적인 행보는 집권 후반기에 나왔다. 특히 후반기에 들어서면서 연두기자회견에서는 공식적으로 '선평화 후통일'의 정책기조를 밝히기도 하였다. 남북대화는 남과 북의 극단적으로 이질적인 체제간의 대화였다. 남북대화의 궁극적인 목표는 물론 남북의 통일이었다. 그러나 남북의 대화는 남북이 지닌 극단적으로 이질적인 체제의 차이 때문에 크게 이견을 보였다. 이러한 상이한 체제간의 통일은 필연적으로 양자택일을 의미하는 것이기도 하였다. 때문에 그동안 남북이 제시한 방안은 서로의 체제로 통일시키기 위한 것이었다. 즉, 흡수통일을 추구한 것이다. 서로가 실체는 인정하였지만 체제까지는 인정하려 하지 않았다. 또한 서로 간에는 불신의 골이 너무 깊었다. 심화된 불신관계는 상호사상과 이념의 대립, 6・25전쟁이라는 엄청난 시련, 정전 후 계속된 북한의 대남 도발행위, 남한의 개방체제와 북한의 폐쇄체제의 차이, 그리고 극단적인 상호 부정 및 적대관계 등은 넘기 힘든 벽이었다. 그러므로 남북한 간의 화해를 위한 어떠한 움직임도 1차적으로는 이러한 불신관계의 해소와 신뢰 관계의 회복에 이바지하는 것이어야 한다.

북한의 김일성은 1970년 11월 2일 북한노동당 제5차 전당대회에서 그가 행한 사업총화보고 가운데서 조국통일의 전제는 '남조선혁명'의 수행이라고 단정하고, '남조선혁명의 목적은 남한의 현정권을 뒤엎고 인민민주주의정권을 세우는 것'이라고 단언했다. 이것이 북한의 기본통일노선이자 정책이었으며 본심이었다. 상대방 최고권력자의 이러한 생각 앞에 신뢰회복은 요원한 것이었다. 또한 집권 후반기에 해당하는 1970년대 들어서자 정권유지에 긴장할 수 밖에 없는 상황에 이르렀다. 1971년의 대통령 선거에서 김대중 후보의 득표는 다음 선거를 불안하게 만들었다. 따라서 박정희는 정권을 지속적으로 유지하기 위한 방안으로 유신을 단행하기에 이르렀다. 체제의 안정을 위해서 '반공과 안보'보다 더 없이 적절한 것은 없었다. 여기에 조국의 평화통일을 위하여 특단의 조치가 필요하다는 구실로 장기집권 체제를 정당화하였다.

1970년대가 시작되면서 세계는 데탕트의 분위기가 지배하고 있었으며, 마냥 북한을 적대시하는 정책으로 일관할 수는 없었다. 실제로 집권 전반기로 볼 수 있는 1960년대에는 통일과 남북문제에 대한 적극적인 제스처가 없었다. 그러나 1970년대 들어서는 이를 방치할 수 없는 상황이 도래하였다. 북한과의 적절한 긴장국면을 조성하면서도, 세계적인 추세에 부합하기 위해서는 대화를 제의하는 것이 필요한 시점이었다. 북한의 경우에도 이와 비슷한 상황이었다. 남북대화를 통한 남북공동성명을 선언하기에 이르렀으나 곧바로 파기하는 행태를 보면 이를 알 수 있을 것이다.

남북관계에서 빼놓을 수 없는 것은 이른바 1972년에 헌법을 개정하면서 외친 10월 유신이다. 박정희는 1960년대 후반에 집중된 북한의 도발과 1970년대에 접어들면서 시작된 평화공세를 6・25전쟁 이전의 상황과 유사하게 받아들였다. 이시기를 그는 시련과 도전으로 여기고 있었다.[34] 박정희는 1972년 10월 31일 울산석유화학 공장 준공식에서, '국제정세의 변화로 시련과 도전이 예상되고, 평화통일을 위한 국력배양이 필요하다'며 10월 유신의 의미를 밝혔다. 12월 27일 제8대 대통령으로 취임하면서도 유신헌법의 이념을 총화단결을 통하여 이루어야 하며, 통일과 번영의 길은 아직도 시련과 도전의 연속이라는 점을 강조하였다. 이와 같이 박정희는 유신헌법으로의 개정을 정당한 시대적 소명이라는 논리로 일관하면서, 대통령을 중심으로 한 국민총

平和統一위해 國力培養

現體制론 危難극복 어려워

十月維新은 모든國民 참여

76년엔 10大造

➋ '현 체제론 위기 극복 어려워' 등의 문구에서 10월 유신의 당위성을 엿보게 한다.

**그림 3-22. 평화통일 위해 국력배양**

출처 : 조선일보(1972.11.1.)

34) 조선일보, 「평화토일 위해 국력배양」, 1972.11.1.

화를 부르짖었다. 그러나 그의 이러한 외침은 오히려 장기집권에 반대하는 격렬한 반정부 세력의 저항을 불러왔으며 몰락으로 이어졌다.

이즈음 북한은 사회주의 헌법으로 개정하면서 독재체제 구축을 더욱 굳건히 다지고 있었다. 김일성은 1948년 제정한 '조선민주주의인민공화국 헌법'을 1972년 12월 최고인민회의 제5기 1차 회의에서 폐지하고 '사회주의헌법'을 채택하였다. 헌법의 개정을 통하여 김일성은 수상에서 그보다 격상된 주석으로 하면서 1인독재체제를 제도적으로 가능하게 만들었다. 또한 김일성의 주체사상을 통치 이념으로 명문화하였으며, 북한의 수도를 서울에서 평양으로 수정한다는 것도 포함하였다.

이처럼 남북한의 최고권력자는 국민의 여론을 충분히 반영한 통일문제를 논의하기보다는 정권유지에의 필요에 의하여 남북대화를 이용한 측면이 있다. 결론적으로 이러한 각자의 계산법에 따라 남북한 간에는 서로의 이견을 좁히는 통일방안의 도출은 고사하고 대화마저 중단되는 결과를 가져온 것이다.

## 5. 북한의 통일방안 연방제

### ❑ 북한의 딜레마

해방 직후부터 1970년대 초반까지의 북한의 경제력은 대한민국보다는 우위를 보이고 있었다. 그러나 현재의 수준은 남북한을 비교한다는 자체가 무의미해질 정도가 되었다.[35] 이러한 결과를 가져오게 된 원인은 다양하게 분석될 수 있을 것이다. 우선 남북한의 통일정책으로 분석해 볼 수도 있다. 1970년대 초반까지의 북한의 경제는 대한민국에 비하여 우위를 차지했으나, 남북의 경제력 수준은 1975년을 기점으로 하여 변화하기 시작하였다.

1960년대까지의 대한민국의 통일정책은 '선경제건설 후통일'의 기조를 유지하면서 경제개발에 주력하였다. 반면에 1960년대의 북한은 '국방・경제 병진노선'[36]을

그림 3-23. 김일성 동상 앞에서 머리를 조아리는 북한 주민들

출처 : 『2018북한이해』에서 캡처

35) 통계자료에 따르면, 2020년 북한의 명목 국내총생산(GDP)은 34.7조 원으로, 대한민국(1,933.2조 원)의 1/56(1.8%) 수준에 불과하였으며, 명목 국민총소득(GNI)은 35.0조 원으로 대한민국(1,948.0조 원)의 1/56(1.8%) 수준이었다. 출처: 통계청 보도자료, 「2021 북한의 주요통계지표」, 2021.12.23.

36) 국방・경제 병진노선은 1962년 12월 당 중앙위원회 전원회의를 통하여 최초로 제시되었다. 국방력 강화와 경제건설을 동시에 이루자는 것을 말한다.

추구하였다. 북한은 군사력건설과 경제력건설 모두에서 성과를 거두고자 하였다. 즉, 이를 바탕으로 대한민국을 적화통일하고자 하는 야욕을 버리지 않고 있었다. 1960년대 말에 집중된 대남도발을 보아도 이를 알 수 있다. 그 결과 남북의 경제 격차는 영원히 따라잡지 못할 정도가 되고 말았다. 물론 북한에서도 경제개발을 추진하였다. 하지만 1961년부터 시작한 제1차 경제개발 7개년 계획은 국제정세의 변화로 난관에 봉착하였다. 1950대 말부터 사회주의 국가들의 북한에 대한 원조가 감소하기 시작했으며, 설상가상으로 중국과 소련의 충돌로 인해 이들 국가로부터 받았던 원조마저 더욱 줄어들게 되었다. 그렇지만 북한은 여전히 과도한 군사비 지출을 줄이지 않았다. 주변 환경의 변화로 인한 원조 감소와 과도한 군사비 지출은 경제개발을 위한 재원조달을 어렵게 만들었다. 당연히 살림살이가 궁핍해지는 악순환으로 이어졌다.

북한은 경제개발 목표달성이 어렵게 되자, 3년을 추가로 연장하는 조치를 단행하였다. 그러나 목표달성에는 도달하지 못하고 마감해야 했다. 이쯤 되면 과감한 개방을 통한 활로를 찾아야 했으나, 북한의 정치체제는 이를 허용할 정도의 유연성을 갖추지 못하였다. 김일성은 권력의 세습을 위하여 개방정책을 고민하지 않은 채, 그의 아들 김정일을 1960년대 중반부터 권력의 중심부에서 활동하게 만들고 있었다. 북한은 현재까지도 개방과 세습의 딜레마에 빠져 있다. 잘 살기 위해서는 개방이 필요하다는 것을 알고는 있다. 그러나 이를 위해서는 김일성 - 김정일 - 김정은 그리고 그들의 자손들로 이어 가겠다는 세습의 기득권을 포기해야 한다. 너무나 당연하지만, 북한은 이를 포기하기 힘든 구조의 정치체제를 갖고 있다. 1당독재, 세습되는 1인독재라는 가장 폐쇄적이고도 특이한 구조를 갖고 있기 때문이다.

이로 인해 주민들이 접하는 정보는 아주 제한적이다. 주민이 접하는 정보의 제한은 자신들이 처한 현실의 참혹함을 자각하지 못하게 만든다. 대한민국의 탈북단체들이 북한과 대한민국의 현실을 적나라하게 비교하여 날려 보내는 전단 문제에 그토록 민감하게 반응하는 이유를 보면 알 수 있다. 외부의 정보가 제한되는 한 북한의 주민들은 그들이 겪고 있는 현실과 비교할 대상을 찾지 못할 것이다. 이러한 영향으로 인해 북한에서는 자생적인 혁명의 싹을 기대하기 어려운 환경이다.

북한이 경제를 발전시키기 위해서는 과감한 개방을 하여야 하며, 이를 위해서는 세습을 포기해야만 가능할 것이다. 세습에 집착하는 북한의 권력은 이미 부패한 권력이다. 절대 권력은 반드시 부패한다는 진리를 벗어날 수 없다. 여기에 군사비 지출에 우선하는 비효율적인 경제활동은 고질적인 부작용을 나타낼 수밖에 없는 구조를 안고 있었다. 반면에 대한민국에서는 강력한 대통령이 나타나 경제개발을 주도하면서 연일 경제가 발전하는 모습이 각종 매체를 통해 소개되고 있었다. 소득이 높아지면서 시민의 모습은 보다 의욕과 활기에 넘치고 있었다. 이를 바라보는 평양의 김일성은 주름과 함께 고심이 더욱 깊어갔다.

1960년대 북한은 경제와 군사력 모두에서 대한민국을 앞서고자 하였다. 그러나 의욕만으로는 성사될 수는 없었다. 무엇보다도 경제와 군사력 모두를 잡겠다는 욕심이 지나쳤다. 그 결과 제1차 경제개발에서부터 목표를 달성하지 못하였다. 심기일전한 끝에 제2차 경제개발계획 6개년계획(1971~1976)에서는 성과를 보였다. 그러나 이후의 제3차 경제개발 7개년 계획(1987~1993)은 실패로 귀결되었다. 북한의 경제는 날로 발전하는 우리나라의 경제와는 대조되는 그래프를 그려내고 있었다. 그들 특유의 세습을 위한 독재유지와 낙후된 경제 시스템은 주민의 의욕을 불러올 수 없는 한계를 보이고 있었다. 여기에 과도한 군사비 지출은 악순환을 거듭하게 만들었다.

그림 3-24. 100억 불 수출의 날 기념식에서의 박정희 대통령(1977년) 출처 : 국가기록원

고심끝에 인력에 의존하는 천리마운동을 부르짖었지만 이마저도 1970년대에 접어들어서는 예전처럼 활약이 도드라지지 않았다. 북한에서의 천리마운동은 1956년 12월 당중앙위원회 전원회의에서 처음으로 제기된 노동력을 기반으로 한 운동이다.[37] 북한은 전후복구사업 시기를 막 벗어나는 과정에 있었으나, 소련을 비롯한 사회주의 국가들로부터 받던 원조가 줄어들기 시작하면서 경제건설에 어려움이 뒤따랐다. 이를 극복하기 위한 방안으로, 천리마를 탄 기세로 건설 생산량을 늘리자는 것이었다. 천리마운동은 1950년대 후반부터 1960년대에 이르기까지 전국적인 모토로 자리 잡으며 주민들의 노력을 최대한 요구하였다. 그렇지만 인력에 의존하는 노력은 한계에 부딪힐 수밖에 없었다. 북한으로서는 무언가의 돌파구를 찾아야 했다. 노동당 규약에 명시한 '민족해방과 인민민주주의의 혁명과업을 완수'하기에는 내부적 문제는 물론이고 외부환경의 여건도 불리한 상황이었다. 정세를 분석하면서 잠시 휴식기가 필요한 시점이기도 하였다. 반면에 남녘의 하늘 아래에는 새마을기가 힘차게 나부끼며 잘 살 수 있다는 희망의 동력을 받고 있던 시기였다.

전쟁의 폐허를 딛고 도약해야 하는 상황은 남과 북 모두에게 중요하였다. 북한의 경우, 해방 후에는 일제 강점기에 구축된 산업시설이 대부분 북한에 있었던 관계로 남한에 비해 보다 나은 생활을 영위했으며, 전쟁 후에도 이러한 사정은 한동안 계속되었다. 그렇지만 대한민국은 경제성장을 주도하는 강력한 리더십의 소유자가 1960년대와 1970년대를 이끌었다. 비록 독재자라는 호칭에서 자유롭지는 못하지만 경제를 크게 일구어 냈다. 그 결과 1975년부터는 북한을 앞지르기 시작하였다. 북한은 세습독재체제 구축에서는 타의 추종을 불허하는 성과를 거두었다. 하지만 주민들은 배고픈 생활을 면하기 어려웠으며, 이러한 현상은 지금도 계속되고 있다.

김정은 역시 경제와 국방건설을 동시에 이루겠다는 병진노선에서 벗어나지 못하고 있다. 김정은은 2013년 3월 당 중앙위원회 전원회의를 개최하면서 경제건설 및 핵무력건설 병진노선을 채택하였다. 이를 철저하게 이행하려는 듯 김정은은 제3차 핵실험을 필두로 하여 미사일 발사 등을 지속적으로 실시하였다. 경제가 파탄 나도 군사력 지출을 계속하겠다는 의지를 보인 것이다. 즉, 그들이 말하는 인민이 굶어 죽어도 군사력은 포기하지 않겠다는 강력한 의지를 내보인 것이다.

37) 통일부 통일교육원(2016), 앞의 책 , p.642.

김정은은 그의 선대가 파탄 낸 경제를 자신도 파탄 내는 전철을 밟겠다고 밝힌 것이다. 그 결과 앞에서 언급했듯이 남북의 경제력 격차는 비교 자체를 할 수 없을 지경에 이르고 말았다. 비록 김정은이 2018년에 군사강국의 지위에 올라왔음을 선포하면서 경제건설 및 핵무력건설 병진노선에서 '경제건설 집중 노선'으로 변경하겠다고는 했지만, 여전히 미사일 발사에 집중하는 모습을 보면 이를 수정했다고 평가하기도 힘들어 보인다.

### ❑ 조국통일 5대 강령

조국통일 5대 강령은 1973년 6월 23일 체코공산당 제1서기 후시크를 환영하는 평양시민 군중대회에서 김일성이 연설을 통하여 발표한 강령이다. 이날은 박정희가 6·23평화통일 외교선언을 한 날이기도 하다. 1970년대의 세계는 이념에 의한 대립에서 벗어나고자 하는 움직임을 보이고 있었다. 세계적 데탕트를 알리는 소식은 강대국이 주도하면서 전세계로 퍼져 나갔다. 폐쇄적인 북한일지라도 이러한 변화의 흐름에 따라야 했다. 북한은 그동안 추구한 외교관계에서 변화를 보이고 있었다. 북유럽과의 수교는 물론이고 유엔 산하의 각종 기구 등에 가입하기 시작하였다.

그렇지만 북한은 최종목표로 삼고 있는 한반도 적화통일 야욕을 버리지 않고 있었다. 당연히 북한은 베트남전쟁의 결과를 예의 주시하고 있었다. 그러한 와중에 나온 닉슨의 독트린은 김일성의 적화통일 망상을 더욱 부추키고 있었다. 이 기회를 제대로 활용한다면 그동안의 숙원이었던 주한미군 철수를 성공시킬 수도 있을 것 같았다. 이를 위해서는 한반도의 문제를 민족 내부의 문제로 돌릴 필요가 있었다. 주한미군 철수를 얻어낸다면 남조선에서의 혁명역량은 크게 오를 것으로 판단하였다.

이러한 상황을 바라보는 김일성은 평화공세가 필요하였다. 김일성은 정세의 변화를 혁명역량 강화를 위한 기회로 여기고 있었다. 김일성은 주한미군 철수를 목표로 삼으면서 이에 대한 명분을 만들었다. 김일성이 조국통일 5대 강령에서 무력경쟁 중지와 군대 감축 등 평화공세를 내세운 것은 결국 주한미군 철수를 겨냥하고 있었다. 또한 김일성은 대한민국의 유엔 가입을 막고자 했다. 이를 위해서 그동안 통일방안으로 제시하였던 과도기적 개념의 연방제를 수정하였다. 즉, 남북의 국호를 고려연방공화국으로 단일화하여 유엔에 가입하자는 새로운 방안을 만들어 냈다. 조국통일 5대 강령의 주요내용은 다음과 같다.

① 군사적 대치상태 해소와 긴장상태 완화, 평화협정 체결
② 남북 간 다방면적인 합작과 교류의 실현
③ 남과 북의 각계각층 사람들과 정당 및 사회단체 대표들로 구성되는 대민족회의 소집
④ 고려연방공화국의 단일국호에 의한 남북연방제 실시
⑤ 단독유엔가입 반대, 고려연방공화국 단일국호로 유엔가입

주요 핵심은 '평화협정, 교류실현, 대민족회의, 연방제 실시, 단일국호로 유엔 가입' 등이다. 북한이 원하고 있었던 것은 주한미군 철수를 통한 군사력의 약화, 대한민국의 반정부 세력을 규합한 적화통일역량 구비였다. 특히 ①항과 관련하여 이를 실현시키기 위한 구체적 조치로 무력증강과 군비경쟁의 중지, 모든 외국군대의 철거, 군대와 군비의 축소, 외국으로부터의 무기 반입 중지, 서로 무력을 행사하지 않을 것을 보장하는 평화협정 체결을 제시하였다. 이 내용은 남북조절위원회에서 북한측이 주장하던 내용과 동일하다.

북한이 제안한 ①항과 관련한 5개 제안의 핵심은 주한미군의 철수였다. 그것은 북한이 '남조선혁명'을 추구하는데 있어서 미군을 주된 투쟁대상으로 여기고 있었기 때문이다. 여기에서 주목되는 점은 두 가지이다. 하나는, 이때까지도 북한은 평화협정을 남북 간에 체결하는 것을 염두에 두고 있었다는 점이다. 북한이 미국과의 평화협정 체결을 추구하면서 평화문제는 북미 간에, 통일문제는 남북간에 협의를 해야 한다는 입장으로 선회한 것은 1974년에 들어오면서부터였다.

북한의 노동신문에서는 1973년 7월 25일에 '조국통일민주주의전선 중앙위원회'명의의 호소문을 실었다. '남조선 각계각층 인민들과 각 정당, 사회단체들, 해외교포단체들과 해외교포들에게 보내는 호소문'이라는 제목이었다. 주된 내용은 대민족회의를 구성하자는 주장이다. '북한의 노동자, 근로농민, 청년학생, 병사들과 남조선의 노동자, 농민, 청년학생, 지식인, 군인, 민족자본가, 소자산계급과 같은 북과 남의 각계각층 인민들과 각 정당, 사회단체 대표들로 구성되는 대민족회의를 소집하여 여기에서 나라의 통일문제를 광범히하게 협의하여 해결할 것을 제의'한다는 것이다. 또한 대민족회의 구성을 시급히 구성하자는 말을 반복하여 싣고 있었다.

북한의 조선중앙통신은 1973년 8월 30일 보도에서, '위대한 수령 김일성동지께서 제시하신 조국통일 5대 강령을 전적으로 지지한다'의 제목을 통하여 각국의 친선단체들과 사회계 인사들로부터 편지와 전문들을 보내왔다는 기사를 내보냈다. 보내온 전문 등에는 고려연방공화국의 단일국호에 의한 유엔가입을 전적으로 지지한다는 내용의 기사이다. 또한 파키스탄과 수단의 신문 등에 이에 대한 내용이 게재되었다고 주장하기도 하였다. 이즈음에 북한은 조국통일 5대 강령을 대대적으로 내보내면 이에 대한 필요성을 역설하고 있었다.

북한은 1970년대 내내 대민족회의 개최 등 조국통일 5대 강령에 입각한 조치들을 남북대화를 재개시키는 조건으로 내걸거나 대남 제의를 해오는 것으로 일관하였다. 이와 함께 북한은 1970년대 중반 이후 8·15 경축식장 대통령 저격사건, 대남침투용 땅굴 사건, 판문점 도끼 만행사건 등 대남 도발을 지속함으로써 남북관계를 긴장 상태로 몰아넣고 있었다.

1970년대에 들어오면서 북한은 동서 긴장 완화 등 국제정세의 변화에 따라 남한의 남북대화 제의에 호응해 오는 한편, 남조선혁명 투쟁을 지속하는 양면전략을 추구하기 시작하였다. 조국통일 5대 강령은 7·4남북공동성명에서 밝힌 조국통일 3대 원칙을 근간으로 삼아 북한 통일정책의 기본적인 틀을 갖추었다고 할 수 있으나, 남북 간의 실질적인 화해와 협력을 실현하기 위한 제의로 보기는 어려웠다. 즉, 조국통일 5대 강령은 남한의 유엔 동시가입 주장을 비난하고, 연방제통일 등을 주장하면서, 북

그림 3-25. 북한의 농촌 풍경 출처: KBS '남북의 창' 화면에서 캡처

한이 통일지향적인 것처럼 대외적으로 선전하고자 하는 속셈이었다. 또한 주한미군 철수, 대민족회의 소집 등을 주장하면서 남한에서의 민족해방 인민민주주의혁명 전략을 구현하기 위한 수단으로 삼으려 한 의도를 갖고 있었다.

### ❑ 북한의 통일방안 고려민주연방제

북한의 통일정책을 말하기에 앞서, 북한의 정치체제를 이해할 필요가 있다. 북한은 세습독재체제라는 특이한 정치체제를 유지하고 있다. 독재체제를 넘어 대를 이어 권력을 세습하는 정치체제를 갖고 있으며, 이러한 정치체제가 주는 함의는 시사하는 바가 크다. 북한은 이미 주체사상을 통하여 김일성을 신의 반열에 올려놓았다. 그러므로 김일성이 제시한 그의 어록은 절대적으로 신봉해야 할 대상이다. 이는 통일정책에서도 마찬가지이다. 북한의 통일정책 중에서 자주 등장하는 것이 연방제이다. 북한의 통일정책 연방제를 처음으로 제시한 인물은 김일성이다. 그러므로 신격화된 김일성이 제안한 통일방안을 바꾼다는 것은 상상할 수 없을 것이다. 이것은 북한체제의 특성을 고려하면 쉽게 이해할 수 있을 것이다.

북한의 정치체제는 김일성으로부터 김정일, 김정은으로 세습되었으며, 특별한 이변이 발생하지 않는 한 앞으로도 그들의 대를 이을 것이다. 통일정책 역시 대를 이어 세습될 것이다. 용어는 다소 변경되더라도 김일성이 주장했던 본질은 변화를 보이지 않을 것이다. 즉, 추구하는 목표는 불변할 것이다. 이러한 관점에서 북한의 통일정책인 연방제를 바라보아야 하며, 특히 김일성이 완성판이라고 한 1980년의 고려민주연방공화국 창설방안을 주목하여 살펴보아야 한다. 북한에서는 연방제(federation)를 통일정책의 골격으로 삼고 있으며, 대한민국의 공식적인 통일정책은 국가연합제(confederation)를 근간으로 하고 있다. 여기에서는 이에 대한 차이점을 논하기보다는 북한에서 주장하는 연방제의 변천과 그 의미를 살펴보고자 한다.

**[ 북한의 연방제 발언 관련 발언 내용 ]**

1960.8.14. (김일성, 8 · 15광복절 15주년 연설)
북한과 한국정부의 독자적 활동을 보존하면서 동시에 두 정부대표로 구성되는 '최고민족위원회'를 조직하여 경제 문화발전을 통일적으로 조절하는 '남북연방제' 주장

## [ 북한의 연방제 발언 관련 발언 내용(계속) ]

1962.10.23. (최고인민회의 김일성 보고)

연방제하에서 상호 내정불간섭 및 타방에 대한 일방의 의사강요 금지 등을 언급.

1971.4.12. (최고인민회의 허담 보고)

'남북연방제' 협의를 위해 각 정당 사회단체들과 '인민적 성격'을 가진 사람들로 '남북조선정치협상회의' 개최 제의.

1972.4.27. (김일성, 일본 NHK, 조일신문 기자들과의 회견)

'연방제는 타국과의 평화공존과는 별개의 문제로서 한 나라 안에서 해결할 문제'라고 언급.

1972.9.17. (김일성, 일본 매일신문기자 회견)

'최고민족위원회' 대신 '최고민족회의'라는 표현을 사용, 종래의 '경제・문화 발전을 통일적으로 조정'하자는 데에 정치・군사적 차원을 추가.

1972.11.16. (평양방송 보도)

'남북연방제'가 '국가연합'과도 다르며 미국・카나다 등 서방의 '연방'과도 다르다고 지적.

1973.7.23. (김일성, 체코공산당 정부대표단 환영 연설)

'고려연방공화국'이란 국호를 일방적으로 부여하면서 단일국호하에 유엔가입 주장, '대민족회의'를 '연방제'의 선행조치로 주장.

1973.9.8. (김일성, '9・9절' 경축연에서의 연설)

'남조선사회의 민주화'를 실현하고 연방제를 실현하는 '고려연방공화국' 창설 주장.

1975.5.31. (김일성, 프랑스 AFP통신 회견)

대외적으로는 하나의 국호로 통일국가로 출현하며 국내적으로는 쌍방의 제도를 그대로 두고 남북이 '합작'하자는 것으로 설명함으로써 합작과 연방제를 연결.

1975.10.6. (김일성, 讀賣(요미우리)신문 회견)

유엔군사령부를 해체하고 남한내의 미군을 모두 철수시키면 '남북연방제'를 통해 완전한 통일을 실현시킬 수 있다고 주장.

### [ 북한의 연방제 발언 관련 발언 내용(계속) ]

1975.12.6. (평양방송 보도)

'최고민족회의'는 주권기구가 아니며 남북의 '합작과 교류'를 협조하고 보장하는 기능만을 수행한다고 부연 설명.

1977.6.20. (김일성, 르몽드지 주필 회견)

'남북연방제'는 독일에서 논의된 적이 있는 연방제와는 다르며 민족적 대단결의 원칙에서 평화적 자주독립을 보장하기 위한 것임.

1980.10.10. (김일성, 고려민주연방공화국 창설방안 제안)

6차 당대회에서 김일성은 보고를 통하여 연방국호를 '고려민주연방공화국'으로 개칭하여 민주주의적 색채를 가미함. '민주'라는 용어를 추가하여 사용하기 시작함.

1991.1.1. (김일성, 신년사 연설)

고려민주연방공화국창립 방안에 대한 민족적 합의를 보다 쉽게 이루기 위하여 잠정적으로는 연방공화국의 지역자치 정부에 더 많은 권한을 부여하며, 장차로는 중앙정부의 기능을 더욱더 높여 나가는 방향에서 연방제통일을 점차적으로 완성하는 문제도 협의할 용의가 있음을 언급.

2000.6.15. (6 · 15공동선언 )

6 · 15공동선언문의 2항에서, '남과 북은 나라의 통일을 위한 남측의 연합제안과 북측의 낮은 단계 연방제안이 서로 공통성이 있다고 인정하고, 앞으로 이 방향에서 통일을 지향해 나가기로 하였다'

2000.10,6. (고려민주연방공화국 창립방안 20돌 기념 보고회)

평양시 보고회에서 안경호 조국평화통일위원회 위원장은 고려민주연방공화국 창립방안을 '낮은 형태의 연방제'라고 연설.

1945년 해방을 맞이한 그해, 소련군을 배후에 둔 김일성은 대남전략으로 민주기지론을 들고 나왔다. 민주기지는 한반도 전체를 공산화하겠다는 공산주의 혁명기지를 말한다. 김일성은 이를 위하여 북한지역의 혁명역량을 강화하여 민주기지로 만들고, 그 다음 수순으로 남한지역을 해방시키겠다는 통일전략이었다. 이후 정권을 수립한 김일성은 국토완정론을 제시하면서 미군철수를 주장하였다. 이러한 적화통일전략에 따라 김일성은 북한지역에서의 민주기지화를 완성한 것으로 평가하고, 한반도 전체를 공산주의 통일로 만들기 위해 그들이 주장하는 '민족해방전쟁'으로 연결하였다. 그렇지만 전쟁은 김일성의 의도대로 진행되지 않았다. 전쟁에 실패하였으나, 북한의 1950년대 통일정책은 민주기지론에 뿌리를 둔 국토완정론에 의한 무력적화통일정책이었다.

김일성은 1960년대부터 연방제를 통일방안으로 제시하여 왔다. 1960년의 '남북연방제' 창설 제안을 시작으로 하여, 1970년대의 '고려연방공화국' 통일방안, 1980년대의 '고려민주연방공화국' 창설방안, 1990년대의 '낮은 단계의 연방제' 통일방안을 주장하여왔다. 북한은 시대 상황에 따라 명칭과 내용을 수정 또는 보완하면서 현재까지 연방제 주장을 되풀이하고 있다. 일면 일관성 있어 보이는 통일방안으로 볼 수도 있겠지만 실현 가능성을 높게 보기는 어렵다는 것이 대체적인 시각이다. 가장 큰 이유로 드는 것이 정치체제가 각기 다르다는 것이다.

북한이 연방제에 의한 통일방안을 들고 나왔을 때 처음에는 미군철수를 요구하였다. 김일성은 "조국의 평화적 통일은 반드시 자주적으로 어떠한 외국의 간섭도 없이 민주주의적 기초 우에서 자유로운 남북총선거를 실시하는 방법으로 해결되여야 합니다."라는 말에서 이를 확인할 수 있다. 이러한 주장은 1970년대에도 계속되었다. 전력의 약화를 노리고자 한 속셈이었다. 미군 철수는 전쟁 이후부터 지금까지 북한에서 줄기차게 주장하는 단골 메뉴 중의 하나로 자리 잡고 있다. 북한이 주장하는 연방제 통일방안의 역사를 살펴보면 다음과 같다.

북한은 1960년 8월 15일 8·15해방 15주년 경축대회에서 김일성의 연설을 통하여 최초로 '남북연방제'를 제의하였다. 당시 우리나라는 통일문제에 대한 국민적 합의를 이루지 못하고 혼란한 상황이었다. 김일성은 현행 체제를 유지하면서 최고민족위원회를 조직하여 경제·문화발전을 이루어 가자고 주장하였다. 통일을 위한 남북한 자유총선거의 실시에 따른 일종의 과도기적 국가 형태를 제시하였다. 특이한 것은 자유총선거를 주장했다는 것이다. 1960년 북한의 인구는 지금과 마찬가지로 대한민국보다 적었다. 그럼에도 불구하고 자유총선거를 주장한 것은, 북한이 대한민국에 비해 전반적으로 우월하였기 때문으로 짐작된다. 정치적인 면에서 북한은 안정을 보인 반면에 4·19 직후의 대한민국은 혼란한 상황이었다. 경제적인 수준도 북한이 앞선 상태였다. 정치와 경제가 앞서고 있는 이상 김일성의 자신감 역시 앞서 있었던 것으로 보인다. 그렇지만 현재는 북한에서 이와 같은 총선거를 더는 운운하지 않는다. 대한민국의 경제가 북한을 크게 압도하고 있는 현재 상황에서 이와 같은 주장은 흡수되기를 희망한다는 의미밖에 되지 않기 때문이다.

북한은 대한민국에서 1960년 4・19 직후 통일문제가 크게 대두되면서 정치적 혼란 시기가 되자 남북연방제를 더욱 내세웠다. 당시 이승만 하야 후 남한 사회가 극도의 정치적 사회적 혼란을 겪고 있었다. 때문에 이러한 혼란을 최대한 이용하여 우리의 반공역량을 약화시키고자 하는 것이 그 목적이었다고 평가된다. 그러나 이러한 북한의 주장은 당시의 장면 정부에서 받아들이지 않았다. 그렇지만 일부에서는 이에 대한 호응도 존재하였다. 1961년 5・16군사쿠데타 이후 정치적 사회적 안정이 이루어지는 시기를 보내게 되었다. 또한 쿠데타 당시에 군부에서는 반공을 제일의 국시로 삼는다는 일명 '혁명공약'을 발표하였다. 이러한 영향으로 북한은 남북연방제를 한동안 언급하지 않았다.

북한은 베트남전의 악화와 미・중 화해 등 주변 국제정세의 변화를 배경으로 남북대화가 시작된 1970년대 초부터 다시 연방제통일방안을 거론하기 시작했다. 이 시기는 남북공동성명이 발표되면서 통일에 대한 기대감을 한껏 불어넣어 주고 있었다. 그렇지만 남북공동성명은 두 최고권력자의 정권 유지를 위한 도구로 쓰여지면서 실망

그림 3-26. 북한의 식량증산 독려 선전화 출처 : 『2020북한이해』에서 캡처

을 주고 말았다. 1973년 6월 23일 오전 10시에 우리 정부는 7개 항목의 6・23평화통일 외교정책을 선언했다. 그러자 그로부터 10시간 뒤인 같은 날 오후 8시에 북한은 부랴부랴 '조국통일 5대 강령'이라는 것을 내놓았다. 3항에서는 '남과 북의 각계각층 사람들과 정당 및 사회단체 대표들로 구성되는 대민족회의 소집', 4항에서는 이른바 통일까지의 과도적 조치로 '고려연방공화국의 단일 국호에 의한 남북연방제 실시', 5항에서는 고려연방공화국이라는 단일 국호로 유엔 가입을 추진하자는 주장이었다. 1970년대는 '남북'이라는 말 대신에 '고려'라는 명칭을 사용하였다. 남북연방제에서 고려연방공화국(고려연방제)으로의 변천을 보인 시기이다.

1960년대에 제시한 최고민족회의를 대민족회의로 변경한 것은 최고의사결정기구를 보다 손쉽게 장악하겠다는 의도로 읽힌다. 각계각층의 인민들과 각 정당, 사회단체 대표들로 구성하자는 것은 반정부 세력을 적극적으로 포함하겠다는 의도로 보인다. 연방국가 또는 통일국가의 이름을 고려로 정하자는 것은, 고려는 오랫동안 존속되어온 우리나라의 통일국가라는 의미가 있으며, 여기에서 나왔다고 보는 '코리아'는 이미 전세계에서 공식적으로 사용하고 있다는 점을 들었다. 북한에서 밝히지는 않았지만, 고려의 수도 개성을 점유하고 있다는 것도 정통성 확보 차원에서 보다 유리하다고 판단했을 것이다. 또한 국호만 제시되어 있지 연방정부와 지역정부와의 관계에 대해서는 언급하지 않았는데, 단일국호로 대외활동을 하자는 것으로 비추어 볼 때 지역정부의 독자적 활동은 인정하지 않겠다는 방안으로 보인다.

1980년에는 '민주'를 추가하여 '고려민주연방공화국'으로 개칭하였다. 고려민주연방공화국 창설방안에서는 1960년대, 1970년대와는 다른 형태의 연방제를 주장하였다. 남북의 사상과 제도를 그대로 인정하며, 남과 북이 동등하게 참가하는 민족통일정부를 구성하자는 것이다. 김일성은 "우리 당은 북과 남이 서로 상대방에 존재하는 사상과 제도를 그대로 인정하고 용납하는 기초 우에서 북과 남이 동등하게 참가하는 민족통일정부를 내오고 그 밑에서 북과 남이 같은 권한과 의무를 지니고 각각 지역자치를 실시하는 련방공화국을 창립하여 조국을 통일할 것을 주장합니다. 련방 형식의 통일국가에서는 북과 남의 같은 수의 대표들과 적당한 수의 해외동포 대표들로 최고민족련방회의를 구성하고 거기에서 련방상설위원회를 조직하여 북과 남의 지역정부들을 지도하며 련방국가의 전반적인 사업을 관할하도록 하는 것이 합리적일 것입니다. (중략) 고려민주련방공화국은 어떠한 정치군사적 동맹이나 쁠럭에도 가담하지 않은 중립국가로 되여야 합니다."라고 주장하였다. 또한 고려민주연방공화국이야말로 조국을 자주적이고 평화적으로 통일하는 가장 현실적이며 합리적인 방도라고 하면서, 통일정책의 완성본으로 인정하였다. 김일성이 고려민주연방공화국 창립방안에서 주장하는 핵심은 다섯 가지로 정리해 볼 수 있다.

① 상대방의 사상과 제도를 인정하고 연방국가 창설
② 같은 권한과 의무를 지니고 지역자치제를 실시
③ 남북대표와 해외동포 대표들로 '최고민족연방회의' 구성
여기서 연방국가의 통일정부인 '연방상설위원회'를 구성하여 나라와 민족의 전반적인 사업을 관할
④ 통일국가의 국호는 '고려민주연방공화국'으로 정함
⑤ '고려민주련방공화국'은 대외적으로는 중립국으로 함

연방 형식의 통일국가에서는, 남과 북이 동수의 대표들과 적당한 수의 해외동포 대표들로 최고민족연방회의를 구성하고 거기에서 연방상설위원회를 조직하여 남과 북의 지역정부를 지도하며 연방국가의 전반적인 사업을 관할케 하자고 주장하였다.[38] 사실상의 최고의결기구를 두자는 것이다.

이전까지 주장했던 연방제와의 가장 큰 차이점은, 사실상의 최고의결기구를 두고 과도적 형태를 없애고, 최종적인 목표를 부각하였다는 것이다. 우선 남북한 정부대표로 구성되는 최고민족위원회와 각계각층의 인민들과 각 정당, 사회단체 대표들로 구성하는 대민족회의라는 기구가 없어지고, 그 대신 해외동포까지 포함하는 최고민족연방회의와 연방상설위원회를 전면에 내세우자는 것이다. 이것은 대한민국 정부의 정통성과 권위를 인정하지 않으려는 태도로 보인다. 일관된 공통점 중에는 용어만 변경한 최고의사결정기구를 포함하고 있다는 점을 주목해야 한다. 1960년대의 최고민족회의, 1970년대의 대민족회의, 1980년대의 최고민족연방회의와 연방상설위원회 등은 용어는 다르지만 동일한 의미의 맥락으로 이어지고 있다. 1970년대의 고려연방제는 단일국호를 사용하는 통일된 국가를 주장한 반면에 고려민주연방제는 과도기적 형태를 보이고 있다. 또한 이전부터 줄곧 상투적으로 주장해온 국가보안법 철폐와 미군철수를 전제조건으로 하였다. 이러한 주장은 대한민국이 받아들이기는 곤란한 것

38) 통일부 통일교육원(2016), 앞의 책, p.332.

임을 알고 있었을 것이다. 그럼에도 불구하고 이와 같은 전제조건을 제시한 것은 실현의지를 의심받게 하는 것이었다.

낮은 단계의 연방제 개념은 1991년 김일성의 신년사에서 처음으로 제시하였다. 이것은 국가연합의 성격을 갖고 있다. 1991년 김일성이 신년사에서 '느슨한 연방제'라는 표현을 처음으로 사용하였다. 이 시기는 소련의 몰락과 동구권의 해체과정, 중국의 시장경제체제 도입 등으로 이념을 기반으로 하던 체제 유지가 흔들리던 시기였다. 자본주의체제의 우월성이 입증되고 있었으며, 북한은 이러한 변화에 주목하고 있었을 것이다. 그러므로 북한은 체제를 유지하는 것이 무엇보다도 급한 당면과제였음을 짐작할 수 있다. 낮은 단계의 연방제는 우리나라의 공식적인 통일방안에 있는 국가연합 단계와 유사한 부분을 찾을 수 있다. 이에 대한 낮은 단계의 연방제안과의 비교는 김영삼 정부의 통일정책에서 별도로 다루고자 한다.

김일성은, "잠정적으로는 연방공화국의 지역자치정부에 더 많은 권한을 부여하며 장차로는 중앙정부의 기능을 더욱 더 높여 나가는 방향을 협의할 용의가 있다."고 하였다. 핵심은 '1민족, 1국가(느슨한 연방,) 2제도, 2정부'를 구성하여 현재의 권한을 남북이 가지는 것으로 하자는 것이다. 외교권과 군사권은 남북 각각의 정부에서 보유하며, 단계적으로 통일을 지향해 나가자는 것이다. 완성된 형태가 아닌 잠정적 통일 형태를 추구하는 형태이다. 즉, 남북 양측의 체제를 그대로 둔 채 고려민주연방공화국을 그대로 올려놓은 것이다. 김일성은 "누가 누구를 먹거나 누구에게 먹히우지 않는 원칙에서 '하나의 민족, 하나의 국가, 두 개 제도, 두 개 정부'에 기초한 연방제 방식으로 통일되어야 한다."고 하였다. 이러한 김일성의 발언은 북한의 현실을 실토하고 있는 것으로 이해해야 한다. 이 말은 낮은 단계의 연방제를 들고 나올 수밖에 없었던 배경을 보이는 대목이기도 하다.

이 시기의 김일성은 흡수통일에 대한 불안감을 떨칠 수 없었다. 올림픽을 개최하면서 세계적으로 위상을 높인 대한민국은 계속하여 경제력이 상승하고 있었다. 북한은 도저히 경제력의 격차를 좁힐 수 없는 상황을 인정하지 않을 수 없었다. 이러한 현실에서 김일성은 흡수통일에 대한 불안감을 갖게 되었으며, 이로 인해 체제 유지를 위한 통일정책을 모색하게 되었다. 남북한의 현행 체제를 유지하면서 통일의 과제는 후대에 맡기자고 할 수밖에 없는 상황이었다. 김일성은 그 당시의 남북관계 상황을 보았을 때 무력통일은 고사하고 흡수통일을 당하는 처참함은 피하고 싶었을 것이다. 그만큼 대한민국의 위상은 북한과는 비교할 수 없을 정도의 우위를 점하고 있었다. 이러한 현실을 직시한 김일성은 보다 현실적이고 유연해 보이는 통일방안을 제시하는 것이 필요했던 것이다. 이것은 남북의 현실을 인정하여 현존하는 2체제 2정부를 인정하고 연방을 구성하며 중앙에는 상징적인 연방정부를 두자는 방안이다.

2000년대에는 '낮은 단계의 연방제'를 내세우기 시작하였다. 최초의 남북정상회담에서 권력의 바통을 이어받은 김정일은 우리의 연합제안과 북한의 느슨한(낮은) 단계의 연방제안이 공통점이 있다고 인정하였다. 김정일은 6・15남북공동선언에서 '남측의 연합제 안과 북측의 낮은 단계의 연방제안이 서로 공통성이 있다고 인정되므로 이 방향에서 통일을 지향하는 노력을 한다'라는 문구를 포함하는 데 동의하였다. 즉, 김일성의 유훈을 위배하지 않는 범위에서 절충점과 합일점을 찾고자 한 것이며, '낮은 단계의 연방제'라는 용어를 공식화한 것이다.

북한은 최초의 남북정상회담이 끝난 후 2000년 10월 6일 그 개념을 명확히 밝혔다. 조평통 서기국장 안경호는 "남북한의 현 정부가 군사, 외교권을 비롯한 현재의 기능과 권한을 그대로 보유하는 2체제 2정부를 유지하면서 단계적으로 통일을 지향하자는 것"으로 규정한 바 있다. 북한의 주장은 남북한 두 체제하의 병존을 보장하면서 점진적으로의 통일을 하자는 것이다. 이에 대해서는 2002년 5월 30일 노동신문 논평에서도 그 개념을 규정한 바 있다. 노동신문에서는 '6・15공동선언이 연방제 방식의 통일을 지향하는 것으로서, 낮은 단계의 연방제는 북과 남이 통일방안에 대해 완전히 합의했다는 의미가 아니라 서로의 통일방안의 공통점을 인식한 데 기초해 그것을 적극 살려 통일을 지향해 나가기로 했다는 의미이다'고 하였다. 이것은 김일성이 완결판이라고 의미를 부여한 '고려민주연방공화국'을 달성하기 위한 과정에서의 통일방안으로 이해할 수 있다.

북한의 당면과제는 무엇보다도 체제를 유지하는 것이 최선의 목표가 되었으며, 이를 이용하여 시간을 벌면서 그들이 추구하는 통일을 이루고자 하는 것이다. 체제 유지는 평화를 유지할 때 가장 확실하게 보장받을 수 있다. 그러므로 북한은 현재의 체제를 보장하는 통일방안에 집착할 수밖에 없는 것이 현실이다. 북한의 노동당규약에서 말하는 통일을 이루는 것이 최종목표이다. 그럼에도 불구하고 체제를 유지하기 위한 방안으로 남북공존을 말하면서 통일을 후대의 과제로 돌려놓고 있다는 것은 그만큼 절박한 현실을 보여주고 있다.

북한은 최종목표를 실천하는 수단으로서 낮은 단계의 연방제를 주장하고 있다. 중요한 것은 북한의 최종목표를 인식해야 하며, 최종목표를 바꾸지 않을 가능성이 대단히 커 보인다는 점이다. 그러므로 1980년에 주장한 고려민주연방공화국은 그들이 추구하는 최종목표임은 자명하다. 북한은 2000년에 고려민주연방공화국 20돌 행사를 맞아 고려민주연방공화국을 낮은 형태의 연방제라고 분명히 한 바 있다. 낮은 수준의 연방제는 고려민주연방공화국과 거의 동일 용어로 보아도 무방한 것이며, 낮은 단계 등을 운운한 것은 시대의 상황 변화에 따른 생존 차원에서의 유연함을 보인 것에 불과하다는 평가를 내릴 수 있다.

김일성이 이미 통일정책의 완성본으로 규정한 고려민주연방공화국은 북한의 체제 특성상 이를 포기할 수 없을 것이다. 북한은 김일성이 못 박아 놓은 통일정책을 고수할 수밖에 없는 체제이다. 2015년 10월 민주조선에서는 '고려민주연방공화국창립방안은 가장 공명정대하고 현실적인 통일방안이다'는 총련중앙상임위원회 부의장 담화발표를 게재하였다. 2016년 10월에도 고려민주연방공화국 창립방안 제시 36주년을 기념한다고 하면서, '가장 공명정대한 통일방안'이라고 주장한 바 있다. 그러므로 이와 연계하여 간과할 수 없는 것은 연방정부에 구성하자고 하는 최고의사결정기구에

그림 3-25. 2021년 당대회 개최 장면　　출처 : 『2020북한이해』에서 캡처

관한 것이다. 결국 최고민족연방회의와 연방상설위원회는 가장 상위의 지위를 갖게 된다. 여기에 포함되는 단체는 시간이 흐를수록 막강한 권한을 행사하게 될 것이다.

분명한 것은 이들 단체를 구성하기 위한 목적의 순수성이다. 이에 대한 구성을 통일을 위한 순수한 의도만으로는 볼 수가 없다는 것이다. 그들의 지령을 충실히 이행하는 개인 및 단체의 활동보장과 이들을 최대한 포섭하겠다는 것을 에둘러 말하는 것에 불과하다. 이와 함께 북한의 통일정책이 또 다른 명칭으로 나온다 하여도 그 본질은 변하지 않을 것이며, 최고의사결정기구를 다른 용어로 사용하여 제시할 것이다. 악마는 디테일에 숨어있다는 말을 심각하게 되뇌어 보아야 할 것이다. 북한의 통일정책에서는 무엇보다도 용어가 갖고 있는 그들의 진의에 기반한 정의를 찾아야 한다. 그렇기 때문에 통일이 아무리 시급한 과제라 할지라도 충분히 따지고 돌아보아야 할 이유가 여기에 있다.

용어가 주는 의미는 변하지 않더라고, 이를 해석하는 것은 정치적 목적에 의해 달라질 수 있다. 통일이라는 용어도 마찬가지였다. 민중의 열망을 담아내지 못하는 통일이라는 단어는 시간이 흐르면서 변질되기 시작하였다. 일반 민중이 통일이라는 단어를 사용하면 사상을 의심받기도 하였다. 사전상에는 존재하지만, 금기어가 되다시피 하였다. 그렇지만 남북의 권력자들은 이를 잘 포장하여 독재 권력을 뒷받침하는 도구로 사용하기도 하였다. 결과적으로 남북한에서 이 단어만큼 그 본질이 의심되는 단어는 존재하지 않았던 것이 다. 오랜 세월 동안 통일이라는 단어는 저의를 의심받아야 했다. 또한 이를 자세히 해설하는 각주가 있어야만 상대방의 진의와 추구하고자 하는 실체를 어렴풋이 짐작할 수 있었다. 사전적인 의미는 변하지 않는 단어였지만, 남북관계를 논의하는 남북의 대표들은 며칠을 걸려서 서로의 진의와 노림수를 알아내야 했다. 동일한 언어를 쓰는 민족의 비극은 현재까지도 끝나지 않고 있다. 이제는 있는 그대로를 보아줄 수 있는 시간이 오기를 기다릴 뿐이다.

북한이 주장하는 통일 관련 용어 중의 하나는 '평화통일'이다. 1950년대를 중심으로 살펴보면, 1950년 6월에 평화통일 호소문, 1953년 8월에 김일성의 평화적 통일 강조, 1957년 9월에 김일성의 평화적 통일 실현을 위한 선차적 과제 역설, 1958년 2월에 조국의 평화적 통일을 위한 제안 발표 등이 있었다. 그렇지만 이를 진정한 평화에 의한 민족의 번영을 위한 것이었는지는 더욱 분석해 보아야 한다. 평화와 전쟁은 서로 상반되는 개념이다. 평화를 수단으로 하는 통일이라면, 전쟁은 절대적으로 금지하여야 할 것이다. 그렇지만 북한은 이미 전쟁을 도모했으며, 전쟁 이전에도 평화통일이라는 용어를 집중적으로 사용하고 있었음에 주목해야 한다. 특히 전쟁을 발발시킨 1950년대를 보면 더욱 그렇다. 그러므로 북한의 평화통일 제의를 진정성을 갖고 있는 것으로 평가하기에는 무리가 있다고 볼 수 있다.

1949년 6월 28일에 북한 조국통일민주주의전선(조국전선) 결성대회 선언문에서 평화통일방안을 제시하였다. 이중에서 제의한 내용 중에는 현재까지 단골메뉴로 등장하는 미군철수를 요구하는 것과 조국의 평화적 통일을 원하는 민주주의 제정당, 사회단체 대표들로 구성된 위원회를 구성하여 선거를 위한 위원회를 구성하여야 한다는 내용 등이 포함되어 있었다.

조국전선에서는 1949년 7월 5일에 남한의 제정당, 사회단체 대표들의 주관 아래 남북총선거를 실시하자는 내용을 반복하여 제안하였다. 이러한 평화통일 공세는 전쟁을 일으키기로 작정한 날로부터 불과 20여 일도 남지 않은 6월 18일에도 계속되었다. 북한은 평화통일 호소문을 통해 남북한 총선거를 제안하였는데, 이는 전쟁을 앞두고 펼친 위장술에 불과하였다. 정전협정이 체결되자마자 북한의 평화통일 공세는 또 다시 등장하였다. 1953년 8월 5일 김일성은 노동당 중앙위원회 제6차 전원회의에서 평화적 통일을 강조하였다. 북한의 평화통일 주장은 전쟁기간을 제외하고 계속되었다고 보아야 할 것이다. 이를 보면 북한은 평화라는 용어를 즐겨 사용하여 왔음을 알 수 있다. 이러한 과정을 살펴보게 되면 북한에서 말하는 평화와 통일의 진의는 그리 순수하지 못하였다는 것을 남북관계의 역사를 통하여 알 수 있다.

제 4 장

# 민주화 투쟁과 군부정권 시대

1. 신군부의 등장과 그들이 세운 정권
2. 전두환 정부의 통일정책
3. 노태우 정부의 통일정책

## 1. 신군부의 등장과 그들이 세운 군부정권

### ❑ 유신의 몰락과 전두환의 등장

철권통치를 이어가던 박정희 대통령이 시해 당하자, 유신은 종말을 맞게 되었다. 시해사건을 다룬 다음날 신문 기사에는 1979년 10월 26일 저녁에 궁정동에서의 만찬 석상에서 경호실장과 중정부장의 말다툼에서 비롯되었다고 하였는데, 말다툼의 소재는 부마항쟁이었다. 부마항쟁을 진압하지 못한 책임의 소재를 둘러싸고 둘 간의 언쟁이 만찬장에서 벌어졌다. 그렇지만 실질적인 종말의 출발은 유신헌법이었으며, 종말을 촉발시킨 사건은 부산과 마산을 중심으로 일어났던 부마항쟁에서 찾을 수 있다. 유신헌법을 등에 업은 장기독재자의 일방적인 행보는 민주주의 가치를 크게 위협하는 광기에 가까웠다.

박정희는 삼권분립의 훼손과 정적(政敵)의 탄압을 넘어 일반국민의 자유마저 심대하게 억압하였다. 국회의원의 1/3을 '유신정우회(유정회)'라는 이름으로 대통령이 추천을 하게 하였다. 이렇게 되면 대통령이 입법부를 장악하는 것이 되므로 독재를 선포한 것이나 다름없었다. 또한 대통령 직선제를 폐지하고 통일주체국민회의에서 간선제로 선거하며, 국회의원은 1지역구에서 2명을 뽑는 것으로 만들었다. 이를 뜯어보면, 집권세력은 유정회 국회의원을 포함하여 과반수 의석을 넘어 2/3까지도 별 어려움 없이 차지할 수 있는 제도였다. 반면에 야당의 입장에서는 모든 지역구에서 1위로 득표하여도 국회의원 수는 전체의 1/3 내에 머무를 수밖에 없었다. 야당인 신민당의 입장에서는 질주하는 독재를 막을 수단이 사라진 것이다.

시간이 흐르면서 정치에 큰 관심이 없었던 평범한 시민들조차도 문제점을 충분히 알게 되었다. 이로 인해 대다수 국민들도 정상적인 국정 운영이 아니라는 것을 인식하면서 분노는 쌓여 가고 있었다. 여기에 석유파동에 따른 경제위기까지 겹치면서 일상은 더욱 지쳐가고 있었다. 정적 탄압의 대표적인 사례에는 정치인 김영삼을 국회에서 제명한 사건이 있었다. 그 당시 김영삼은 김대중과 더불어 재야 정치인을 대표하는 핵심적인 위상을 갖고 있었다. 김영삼은 1954년 제3대 총선에서 최연소 국회의원으로 정계에 입문한 인물이었다. 이후 이승만 정부의 사사오입 개헌에 반대하면서 야당의 길을 걸었다. 1969년에는 40대기수론을 제창하면서 한국 정당사상 최초로 대통령후보

경선을 선도하는 등의 정치적 명성을 쌓았다. 1974년에는 신민당 총재로 선출되어 최연소 야당총재라는 또 하나의 타이틀을 차지하기도 하였다. 그렇지만 유신헌법을 등에 업은 긴급조치 제9호 위반으로 당권을 박탈당하는 수난을 겪기도 하였다. 이에 굴하지 않은 김영삼은 1979년 5월 30일에는 신민당 전당대회를 통하여 총재로 복귀하면서, "새벽을 알리는 닭의 목을 비틀어도 민주주의의 새벽은 오고 있습니다."라는 비장한 총재 수락연설을 통하여 박정희 정권에 맞서겠다는 결의를 보였다.

이와 같이 이미 정치권에서는 박정희의 독재권력에 굴해서는 안 된다는 분위기가 형성되고 있었다. 미국과의 관계에서도 불리한 환경이었다. 당시 미국 대통령 카터는 인권을 중요시하던 인물이었다.

이러한 미국의 분위기는 유신헌법을 이용한 인권 탄압에 부정적인 기류가 작용한 결과였다. 정치적인 문제와 함께 경제적인 상황도 어려운 시기를 맞고 있었다. 경제성장을 최고의 가치로 내걸었던 박정희의 경제우선 정책은 경제성장률을 향상시켰다. 그러나 노동자들에게는 그에 걸맞지 않는 저임금과 비인간적인 대우로 인해 생활고와 인권무시에 허덕이고 있었다. 빈부의 격차는 개선되지 않고 있었으며, 하층민의 상대적 박탈감은 높아져 가고 있었다.

석유파동을 겪은 1980년의 경제 상황은 큰 충격으로 다가왔다. 1차 석유파동이 있었던 1975년은 7.1%의 경제성장률을 기록했다. 그러나, 1980년에 맞은 2차 석유파동에서는 5.7%라는 마이너스 성장을 기록했으며, 물가는 44.2%의 상승률을 기록하였다.[1]

그림 4-1. 석유를 구입하기 위해 긴 줄을 선 시민들

1) 매일경제신문, 「올 국민총생산 5.7% 감소」, 1980.12.30.

설상가상으로 1979년에 발생한 '제2차 석유파동'은 그 어느 때 보다 경제가 침체되면서 인플레가 만연해졌다. 이로 인해 다수의 노동자들의 삶은 어느 때보다도 어려운 시기를 걷고 있었다. 석유를 외국에 의존할 수밖에 없는 환경에서의 원유 가격 인상은 넘기 어려운 큰 파고였다. 더군다나 우리나라의 산업구조는 경공업에서 중화학공업으로 전환을 하던 시기였다. 조선과 제철 등의 중공업에 대한 집중 투자를 하던 도중에 닥쳐온 원유 가격 인상은 직격탄이었다. 우리나라의 경제는 오일쇼크에 의해 크게 타격을 받기 시작하였다. 경제가 추락하기 시작하자 경제성장은 힘을 잃으면서 대통령의 지지율에도 영향을 미쳤다.

박정희의 유신시대는 대내외적으로 위기에 봉착한 형국으로 전개되고 있었다. 경기는 급격하게 침체되었으며, 이에 따른 영향으로 물가는 상승하였다. 계속되는 불황으로 인해 서민들의 생활은 더욱 피폐해 졌다. 무엇보다도 수출에 의존하는 우리나라의 경제는 경제적 모순을 드러내기 시작하였다. 우리나라의 수출 주도형 경제를 떠받치는 것은 저임금 노동자들이었다. 가발 등을 제조하는 노동집약형 경공업 분야에는 여성노동자들이 다수를 점유하고 있었다. 어린 여공들은 당시의 보편적 정서였던 '남아선호' 또는 가정의 생계에 도움을 주기 위하여 오빠 또는 동생들을 대신하여 기꺼이 산업현장에서 힘든 노동에 종사하고 있었다. 이러한 여공들로 공장을 운영하던 가발제조 회사였던 YH무역에서 문제가 발생하였다. 공장에서 일하던 여성 노동자들이 신민당사에 들어가 부당폐업을 반대하며 농성을 벌이는 사건이 발생한 것이다.

배경은 YH무역이 1979년 3월에 폐업을 결정한 것이 계기가 되었다. 1979년 3월 회사는 경영난을 이유로 들면서 일방적으로 폐업을 공고하였다. YH무역은 1966년 10여 명의 사원으로 시작한 가발회사였다. 소규모의 회사였지만 정부의 수출주도 정책으로 급격히 성장하여 불과 4년만인 1970년에는 대기업의 반열에 올랐다. 그렇지만 노동자들은 저임금으로 허덕여야 하는 것은 물론이고 불법해고 등으로 시달려야 했다. 급기야 노동자들은 노동권을 보장해 달라고 하면서 단체행동을 시작하였다. 회사는 부채와 적자 등을 이유로 문을 닫겠다고 발표하였고, 하루아침에 노동자들은 거리로 내쫓겨야 할 처지가 되었다. 노동자들은 회사를 정상화시키자고 건의하였으나 회사측은 폐업을 철회하지 않았다. 상황이 이렇게 흐르자, YH 여성 노동자들은 부당폐업을 호소하기 위하여 농성 장소로 야당인 신민당사를 택하였다.

그림 4-2. 1979년 신민당사에서 농성하는 여성노동자들

당시의 신민당 총재 김영삼은 이들의 호소를 받아들이면서 당사를 농성 장소로 제공하였다. 여성노동자 187명은 8월 9일 마포구 신민당사에서 농성을 시작하였다. 신민당원들은 당사에서 농성중인 노동자들을 보호하기 위하여 경찰의 접근을 통제하였다. 종업원들은 '회사 정상화, 노동자의 생존권 보장' 등을 요구하였다. 그렇지만 이들의 농성은 오래가지 못하였다. 8월 11일 새벽 2시를 기하여 경찰의 진압이 시작되었다. 진압과정은 폭력이 난무한 가운데 진행되었다. 22세 여성 노동자가 사망하고 수많은 부상자가 발생하였다. 또한 수많은 종업원이 연행되었으며 당사에 있었던 의원들까지도 폭행을 당하였다. 이러한 사건이 발생하자 폭력진압과 강제연행에 대한 반대시위가 일어나기 시작하였다. 이 사건으로 경제성장의 이면에 있었던 무리한 노동착취와 인권무시의 현장이 드러났으며, 박정희정권의 몰락을 재촉하는 일련의 사태를 발생시키는 도화선으로 작용하였다.

박정희는 YH사건의 배후에 신민당사를 내어 준 김영삼 총재가 있다고 여겼다. 설상가상으로 1979년 10월에 김영삼은「뉴욕타임스」와 인터뷰를 가졌다. 여기에서 박정희의 유신독재를 강력히 비판하면서, 미국은 박정희 정권에 대한 지지를 철회해야 한다고 주장하였다. 이를 여당이 묵과하지 않았다. 10월 4일에 공화당과 유신정우회 의원들이 주동이 되어 김영삼의 의원직 제명을 요구하였다. 여당은 단독으로 신민당 김영삼 총재의 의원직 박탈을 의결하기에 이르렀다. 제명의 중심에는 박정희와 유신헌법을 통해 의회를 장악한 여당 세력이 있었음은 자명한 사실이다. 각계의 반대를 무시하고 야당의 정치 지도자 김영삼을 제명하자, 수많은 시민들은 유신독재에 대하여 반감을 나타내기 시작하였다. 김영삼을 따르던 신민당 의원 66명과 민주통일당 소속 의원들이 의원직을 사퇴하는 것으로 박정희에 대한 불신을 나타냈다. 박정희의 강력한 조치로 야당은 수세에 몰리는 듯했으나, 지속적으로 노동문제를 집중제기하면서 유신체제의 문제점을 부각시키는 계기로 삼았다. 반면에 박정희는 정치적으로 큰 부담감을 안게 되었다.

유신체제에 대한 분노의 불꽃은 부산과 마산에서 시민들에 의해 점화되었다. 이곳은 김영삼의 정치적 기반이기도 한 지역이었다. 또한 부산과 마산에는 많은 공업시설이 입주해 있는 지역 특성으로 인해 어느 지역보다도 경제침체의 영향이 컸던 지역이었다. 따라서 이곳은 당시의 정치적, 경제적 상황으로 보면 상대적으로 예민한 지역적 특성을 갖고 있었다. 10월 16일 부산대학교 도서관 앞에서 학생들에 의해 민주선언문이 배포되었다. 다음 날인 10월 17일에는 학생들은 물론이고 시민들까지 가담하면서 독재타도를 주장하는 반정부시위가 시작되었다. 이른바 부마민주화항쟁이 시작된 것이다. 사태가 심상치 않게 전개되자 정부는 18일 새벽 0시를 기하여 부산일대에 비상계엄을 선포하였다.

그렇지만 시민의 항쟁의식은 부산에서 그치지 않았다. 10월 18일에는 마산으로 확산되었다. 경남대학교 학생들을 중심으로 시작된 시위는 시민들이 참여하면서 격화되었다. 파출소와 여당의 당사 등이 파괴되기도 하였다. 10월 19일에는 고교생까지 합세하면서 마산 시내는 무정부 상태를 방불케 하였다. 이에 정부는 10월 20일 정오를 기하여 위수령[2)]을 경남 마산과 창원 일원에 선포하였다. 부산에는 계엄령을, 경남 일대에는 위수령을 선포한 것이다. 계엄령이 선포되자 공수부대와 해병대는 진압부

---

2) 위수령은 대통령령으로 발령하는 조치로써 치안 유지에 육군 병력을 동원하는 것을 말한다. 위수령에 따라 위수사령부는 육군이 맡게 돼 있다. 주둔하고 있는 지역의 경비와 군대의 질서 및 군기 감시 등 치안과 공공질서 등을 위해 육군병력을 동원하는 것이다. 해군(해병대 포함)과 공군 부대는 포함되지 않는다.
위수령은 계엄령과 유사한 성격을 갖고는 있지만, 국회의 동의 없이 발령될 수 있으므로 위헌이라는 지적이 있다. 위수령은 1950년 3월 이승만 정권 시절 처음 공포되었다. 위수령이 발령된 사례를 살펴보면, 박정희 정권 시절에 주로 이루어졌다. 1965년 한일협정 체결 반대 시위와 1971년 제7대 대통령 부정선거 규탄 시위, 1979년 부마항쟁을 진압하기 위해 발령되었다.
계엄령은 전시, 사변 등 국가위험사태가 발생할 경우 대통령긴급명령으로 이루어진다. 계엄령이 발령되면, 모든 권한은 군부대로 이관된다. 이에 반하여 위수령은, 행정권한은 시군자치단체장에게 부여되며, 경찰서장은 경찰사법권을 행사한다. 군부대는 이들에 대한 보조역할을 수행한다.

1979년 10월 18일 0시를 기하여 부산 일원에 비상계엄을 선포하였다는 내용을 담고 있다. 부산에서 학생소요 사태와 관련하여 파출소 등 21개 시설이 파손 및 방화되었다는 내용 등을 보도하였다.

**그림 4-3. 부산에 비상계엄 선포** 출처 : 조선일보(1979.10.18.)

대로 부산에 들어왔다. 이때 투입된 공수부대는 후에 광주에서도 그 악명을 이어갔다. 부산과 마산에서의 시위에 따라 계엄령과 위수령을 발령한 일주일이 지난 후에 박정희는 충남 당진의 삽교천 방조제 준공식과 당진 KBS송신소 준공식 행사를 주관하였다. 마지막 공식행사에 참여한 것이다.

행사를 마친 그날 저녁에 궁정동에 위치한 중앙정보부 안가에서는 만찬이 열렸다. 이 자리에서 부마사태 등 시국에 대한 대화가 오고 갔으며, 중앙정보부장 김재규와 경호실장 차지철은 의견의 대립을 보였다. 결국 중앙정보부장 김재규는 미리 준비한 권총의 방아쇠를 당기면서 10·26사태가 발생하였다. 박정희에게는 '최후의 만찬'이 되고 말았다. 유신체제는 이렇게 막을 내리고 있었다. 이를 보면 부마사태는 권력의 종말을 앞당긴 직접적인 기폭제였다. 순식간에 권력의 공백이 생긴 상황이 발생하였다. 최고권력자의 공백이 발생하자 계엄령이 선포되었다. 계엄령이 선포되자 모든 정보는 군조직인 보안사령부에서 관할하게 되었다. 이것은 보안사령관 전두환이 실질적인 권력자로 자리를 굳히는 유리한 위치를 확보했음을 의미하고 있었다.

대통령이 저격당한 초유의 사건은 정국을 소용돌이로 몰아넣었다. 한편에서는 민주화를 기대하는 분위기가 나타나기도 하였다. 헌법에 따라 최규하 국무총리는 대통령 권한대행에 임명되었다. 그는 개헌 추진을 선언하고 유신헌법에 근거하여 발령되었던 긴급조치를 해제하는 등의 조치를 취하였다. 이에 따라 재야인사들이 복권되는 등 민주화에 대한 기대감을 높였다. 이른바 '서울의 봄'이 오고 있음을 알리고 있었다. 그렇지만 이것은 어디까지나 군이 정치적 중립을 지키면서 본분에 충실할 때 가능한 것이었다. 무력을 앞세운 군이 다른 마음을 먹는다면 모든 것은 물거품이 되고 말 운명이었다. 아쉽게도 군은 일단의 정치군인들에 의해 국민의 열망과는 다른 방향으로 향하고 있었다.

대통령 권한대행 최규하는 대통령 시해라는 엄청난 국가적인 사건을 처리하기 위하여 10월 27일에 합동수사본부를 설치하였다. 계엄령에 따라 군은 국가의 모든 행정기관뿐 아니라 권력기관을 장악하는 합법적인 위치를 차지할 수 있었다. 대통령 권한대행 최규하는 전두환을 합동수사본부장에 임명하였다. 계엄령에 따라 정보와 수사 권한을 움켜쥐게 된 보안사는 권력의 핵심기관으로 부상하였으며, 중심인물 사령관은 전두환이었다. 그는 직책이 보장하는 실권을 갖게 되었으며 실세중의 실세로 위치를 굳히고 있었다.

보안사는 시해사건과 관련된 수사뿐만 아니라 국가의 모든 권력을 독점하는 지위를 합법적으로 부여받았으며, 사령관의 위세는 그 누구보다도 높았다. 그가 장악하지 못한 것은 계엄사령관이 행사하는 군권만이 남아 있었다. 군권마저도 장악한다면 그의 뜻대로 국가의 모든 질서를 움직이게 되는 위치를 얻게 되는 것이었다. 전두환 역시 이를 모를 리 없었다. 급기야는 시해사건에 계엄사령관이 연루되었다는 명분을 들어 1979년 12월 12일에 연행하기에 이르렀다. 군내 사조직을 이용하여 반란을 도모한 것이다. 군권장악을 위한 포석이었으며 정권장악을 위하여 반드시 넘어야 할 산을 군대내의 사조직을 동원하여 넘은 것이다.

人間 全斗煥

私에 앞서 公, 나보다 國家 앞세워

自身에게 엄격하고 責任 회피 안해

利害 관계 얽매이지 않고 남에게 주기좋아하는성격

운동이면 못하는것 없고 生徒시절엔 축구부 주장

그림 4-4. 전두환 찬양 기사

전두환의 찬양 기사는 차고 넘쳐났다. 그렇지만 영원할 것 같았던 그의 위세가 저물어져 가자 더 이상의 찬양 기사는 찾아보기 어려워졌다.

출처 : 조선일보(1980.8.23.)

군내에는 전두환을 중심으로 하는 '하나회'라는 사조직이 일찍부터 존재하고 있었으며, 그들은 주요 핵심지위를 이미 확보하고 있었다. 이들은 전두환의 의도에 따라 일사불란하게 움직였다. 계엄사령관을 무력화시키는 것이 전두환의 의도였으며, 이들은 전두환을 중심으로 모든 절차를 순조롭게 이어갔다. 1979년이 저물어갈 무렵에 발생한 이른바 12 · 12군사반란[3]은 이러한 배경에서 이루어졌다. 전두환을 중심으로 한 정치군인들은 군부뿐 아니라 국가의 모든 권력까지 신속하게 장악하여 나갔다. 후에 이들을 신군부라 부르게 되었다. 신군부의 등장은 암울한 군사독재의 연장을 의미하고 있었다. 이러한 상황을 보면서 재야인사 등을 주축으로 한 세력들은 '계엄령 해제와 민주화 이행'을 촉구하기에 이르렀다. 대학가의 시각도 이들과 다르지 않았다. 해가 바뀌어 새 학기가 시작되었지만 캠퍼스의 낭만은 찾을 수 없었고, 대신 매캐한 최루탄 냄새가 캠퍼스를 뒤덮기 시작하였다.

그렇지만 정의롭지 못한 권력과 맞서야 할 언론마저도 전두환에 대한 찬양기사를 쏟아내고 있었다. 비단 언론만이 아니라 종교계에서도 마찬가지였다. 총칼이 두려워서였는지, 부와 출세를 위해서 그랬는지는 당사자만이 알 뿐이었지만 매일 매일 전파를 통해 울려 나오는 찬양가를 들어야 하는 것도, 신문을 펼쳐야 하는 것도 평범한 시민들에게는 말 못할 곤혹이었다. 1980년대는 이렇게 열리고 있었다.

1970년대 후반의 혼란했던 시기를 넘어, 전두환이 정권을 잡게 되자 뜻밖의 호재가 찾아왔다. 1975년과 1980년에 찾아왔던 석유파동은 우리나라의 경제성장에 악재로 작용하였다. 특히 중화학공업은 경제발전의 주역이었으나 원유가격 상승으로 직격탄을 맞으면서 1980년에는 최초로 마이너스 성장을 기록하기도 하였다. 그러나 전두환 정권 시절은 3저 현상으로 경제는 호황을 구가하였다. 국제금리가 내려가면서 외환 문제는 자연스럽게 해결되었으며, 그동안의 유가 상승은 하락으로 전환하였다. 또한 달러화 가치 하락은 국내의 물가 안정과 수출에 크게 유리한 이점이 되었다.

이러한 호재 속에서 1980년대 중반에 접어들자 경제성장률은 다시 회복되었다. 경제성장은 소비자의 소비시장에도 많은 영향을 미치고 있었다. 마이카 구입은 1985년에 비해 평균 20% 이상의 증가 추세를 보이고 있었다. 일류호텔의 수영장, 골프장,

3) 1979년 12월 12일 군부의 실세였던 전두환 · 노태우 등이 중심이 되어 일으킨 군사반란 사건을 말한다. 이들이 이끌던 군부 내 사조직인 '하나회' 중심의 신군부세력이 당시 최규하 대통령의 재가도 없이 휘하 부대 병력을 동원하여 계엄사령관이었던 정승화 육군참모총장을 강제로 연행하는 과정에서 일어난 군사반란 사건이다.

3低好況工團 푸짐한 年末
보너스 작년보다 200%까지 올려
곳곳서 社員위안잔치 마련
근로자福祉도 많이 좋아져

3저 호황의 영향으로 기업체는 연말 보너스를 전년 대비 200%까지 올렸다는 기사내용이다. 3저 호황으로 경제발전이 이어지자 전두환은 정국에서 자신감을 찾게 되었다.

그림 4-5. 3저 호황 공단 푸짐한 연말

출처 : 경향신문(1986.12.9.)

사우나, 헬스클럽 등의 가입이 증가하는 추세를 보이는 등 넉넉해진 살림살이를 실감하는 시기였다.[4] 여기에 더해 1986년 아시아경기대회와 88서울올림픽 개최 성공은 전국에 활기를 불어넣었다. 안정적인 분위기에 더해 가시적으로 다가오는 국운의 도약을 바라보는 전두환은 모든 일에 자신감이 넘쳐흐르고 있었다.

### ❑ 빼앗긴 서울의 봄

유신이 종말을 고하자 그동안 정치 활동이 금지되었던, 수많은 재야인사와 정치인들이 사면복권 되면서 정치계는 활기를 띠기 시작했다. 대통령 최규하[5]는 1979년 12월 8일 긴급조치를 해제하고 구속자 68명을 석방하는 등의 조치를 단행하였다.[6] 긴급조치는 국가존립을 위태롭게 하는 비정상적인 사태에 직면하거나 그러한 사태발생이 예상되는 경우에 정상적인 법절차와 행정력으로는 이를 극복할 수 없어서 입헌체제의 부분적・일시적 정지를 취하는 국가긴급권을 의미한다.[7] 그렇지만 유신독재를 유지하기 위한 과도한 조치였다는 평가를 받고 있다.

---

4) 경향신문, 「분수 모르는 소비자 너무 많다」, 1986.12.29.
5) 대통령 사망 후 권한대행을 거쳐 1979년 12월 6일 치러진 선거에서 제10대 대통령으로 취임하였다.
6) 경향신문, 「긴급조치 9호 해제, 구속자 68명 석방」, 1979.12.8.
7) 제4공화국 기간 중 박정희 대통령에 의해 총 9차례 발령되었다. 제1호는 1974년 1월 8일에 발동되었으며, 제9호는 1975년 5월 13일에 발령되었다. 출처: 대통령기록관

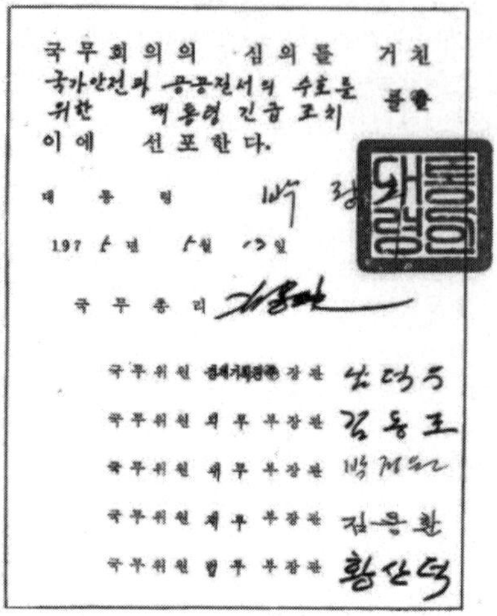

국무회의의 심의를 거친
국가안전과 공공질서의 수호를
위한 대통령 긴급조치 를
이에 선포한다.

대통령

197 5 년 5 월 13 일

국무총리

국무위원 [illegible] 장관
국무위원 외무부장관
국무위원 내무부장관
국무위원 재무부장관
국무위원 법무부장관

유신헌법 53조에는 '대통령이 국가위기 상황이라고 판단될 때 헌법에 규정된 국민의 자유와 권리를 잠정적으로 정지할 수 있다'고 규정하였다. 박정희는 이를 근거로 영장없이 인신 구속할 수 있다는 긴급조치 제1호를 발령하기도 하였다.

그림 4-6. 긴급조치 9호 선포 문서

출처 : 대통령기록관

유신의 주인공이 사라지자 서슬 퍼렇던 긴급조치는 해제되었으며, 정치활동이 금지되었던 정치인들은 복권되었다. 이러한 조치로 인해 정치권은 활기를 되찾기 시작하였다. 그동안 정치활동을 하지 못하고 있던 재야정치인사들의 복권과 긴급조치 해제는, 정치인뿐만 아니라 모든 국민들로 하여금 민주화에 대한 기대를 갖게 만들었다. 그동안 유신이라는 허울을 쓴 독재체제 아래에서 민주화를 향한 시민들의 열망은 숨을 죽일 수밖에 없었다. 그렇지만 이제부터는 새로운 세상이 도래할 것이라는 기대에 부풀어 있었다.

이른바 '서울의 봄'을 기대하고 있었다. 그렇지만 이미 일단의 군부세력은 자신들의 성채를 구축하고자 하는 움직임을 보이고 있었다. 정보는 평시에도 중요하지만, 혼란한 시기의 결정적인 국면에서는 더욱 진가를 발휘한다. 이러한 측면에서 볼 때, 대통령 시해사건이라는 혼란한 국면에서는 정보를 종합적으로 관리하는 세력이 우위를 점할 수 있는 이점을 갖는다. 우리나라의 민주화 발전과정의 비극은, 검증되지 않은 군대의 정보수장이 비상계엄이라는 특수한 상황에서 국가의 모든 정보를 관리하는 합동수사본부장을 맡게 되었다는 것에서 출발하였다. 그 당시 군의 보안사령관은 계엄령에 따라 국가의 모든 정보를 관리하는 합동수사본부장을 맡게 되어 있었다. 중앙정보부와 경찰 등의 모든 정보 조직은 법에 따라 합동수사본부장의 지휘를 받게 되었다. 보안사령관 전두환은 국가의 모든 정보를 독점하면서 사태를 주도하기 시작하였다. 급기야 계엄사령관마저 체포하면서 군부세력을 장악하기에 이르렀다. 전두환을 중심으로 한 군부세력은 이미 그들에 의한 정권을 세우고자 하고 있었던 것이다. 이들을 이른바 신군부라고 호칭한다. 신군부는 애초부터 정치적 중립은 안중에도 없었으며 이미 전두환 정권을 태동시킬 준비를 모두 마친 상태였다.

그렇지만 이러한 음모를 아는지 모르는지, 1980년 2월 29일에 재야정치인・학생・종교・교직자 등 687명에 대한 복권조치를 단행하자 민주화에 대한 열망과 서울의 봄에 대한 열망은 더하여 갔다. 국민들은 유신체제가 끝났으므로 참다운 민주주의 시대가 도래할 것으로 믿었다. 서울의 봄은 계절의 봄보다 앞서 찾아올 것임을 의심하지 않았다. 그러나 이러한 기대가 꺾이는 시간은 그리 길지 않다는 것을 실감해야 했다. 민주주의라는 꽃은 그렇게 쉽게 만개하지 않았다. 민주화에 대한 열망은 순수한 마음에 지나지 않았다. 순수한 마음이 권력욕에 찌든 총을 든 무력을 이길 수는 없었다.

신군부를 중심으로 한 일단의 군부세력이 정권을 장악하기 위한 야욕을 계속하여 보이자, 국민들은 이를 용납하지 않았다. 1980년의 상황은 이를 규탄하는 시위의 연속이었다. 대학이 개강을 맞이하자 불길은 더욱 타올랐다. 국민들은 또 다시 동토의 계절로 회귀하는 것을 원하지 않았다. 1980년 5월 18일 전국으로의 계엄확대에 따라 일체의 정치활동을 금지한다고 발표하였다. 이때를 맞추어 재야인사들과 정치인을 중심으로 체포와 구금이 이루어졌다. 이렇게 서울의 봄은 너무나 짧게 스치듯 지나쳐갔다. 그렇지만 민주화에 대한 열망은 오히려 고조되고 있었다.

政治發展엔 變化없다
金鍾泌·金大中씨등 26명連行
不正蓄財·不安조성 혐의
政治活動중지·大學에 休校令
非常戒嚴지역 全國확대

김대중 등 정치인 26명의 연행 사실과 정치활동을 중지하고 대학에는 휴교령을 발령했다는 기사내용이다.

그림 4-7. 정치활동 중지 대학에 휴교령

출처 : 매일경제(1980.5.19.)

## 2. 전두환 정부의 통일정책

### ❑ 정상회담 제의와 대화를 위한 노력

1980년 8월 16일 최규하 대통령은 하야를 발표하였으며, 9월 1일에 전두환은 대통령에 취임하였다. 전두환의 대통령 취임에 대하여, 북한의 김일성은 9월 28일 아사히신문 대표단과의 대담에서 전두환 정권과는 회담할 용의가 없다고 단언하면서, 민주화 정권이 들어서면 회담할 용의가 있다는 단서를 달았다. 북한은 전두환 정부의 출범을 부정적으로 보고 있었다. 그러나 전두환 정부는 해가 바뀌자 김일성에게 서울 방문과 회담을 제의하면서 적극적인 행보를 이어갔다.

전두환 정부는 이전의 정부에 비하여 보다 전향적인 통일・대북정책을 추진하였다는 평가를 받는다. 전두환 정부는 군사반란과 민주화항쟁 학살이라는 취약점을 안고 출발한 정통성에서 자유롭지 못한 정부였다. 그러므로 이러한 취약점을 남북관계 개선을 통하여 이미지를 쇄신할 필요성이 있었다. 전두환 정부는 1981년에 1988년 서울올림픽을 유치하였고, 그해 11월에는 1986년 아시아경기대회를 유치하면서 사회 다방면으로 활력을 불어넣고 있었다. 이러한 분위기를 살리기 위해서는 북한과의 관계 개선을 통하여 1986년 아시안게임과 1988년 서울올림픽의 성공적인 개최를 보장할 필요성이 대두되었다. 북한과의 관계를 개선시키게 된다면, 이를 바탕으로 사회주의 국가들과의 우호적인 분위기를 확장시킬 수도 있었다. 그러므로 대외적으로 세력의 확장을 위해서는 자유진영과 중립의 위치에 있는 국가들로부터 전쟁의 위험이 내재된 위험한 국가라는 인식을 완화시킬 필요성이 있었다. 또한 이미지 쇄신으로 국민적 신망을 끌어올릴 수도 있었다.

분단된 한반도는 전쟁의 위험이 상존하고 있다는 인식은 지금도 잔존하지만 당시에는 더욱 심하였다. 분단의 현실은 이처럼 부정적인 인식을 갖게 하기에 충분하였으며, 근본적인 해결책은 통일이라는 것은 의심의 여지가 없다. 전두환 정부시절에 남북이 제의한 통일 관련 주요 내용을 살펴보면 다음과 같다.

[ 대통령 및 당국의 통일 관련 제의 주요내용 ]

| 일자 | 제의 내용 |
|---|---|
| 1981.1.12 | 대통령, 남북 최고책임자 상호방문 제의 및 김일성 주석 서울 초청 |
| 1981.6.5 | 대통령, 남북한 당국 최고책임자회담 제의 |
| 1981.6.19 | 올림픽 등 국제경기대회의 단일팀 구성 및 남북한 체육인회담 제의 |
| 1982.1.22 | 대통령, 민족화합 민족통일방안 발표 |
| 1982.2.1 | 국토통일원장관, 20개 시범사업 제의 |
| 1984.8.20 | 대통령, 남북 교역·경제협력 실시 제의 |

김일성 역시 방문과 회담제의는 거부하면서도 고려민주연방공화국 창설방안을 제시하면서 이에 대한 예비회담 추진을 제의하고 있었다. 김일성은 1980년 10월 10일에 '북과 남이 서로 상대방에 존재하는 사상과 제도를 그대로 인정하고 용납하는 기초 위에서 북과 남이 동등하게 참가하는 민족통일정부를 내오고 그 밑에서 북과 남이 같은 권한과 의무를 지니고 각각 지역자치를 실시하는 연방공화국을 창립하여 조국을 통일할 것'을 주장하였다. 고려민주연방공화국에 대해서는 앞장에서 기술하였으므로 생략하기로 하겠다. 이어서 11월 11일에는 고려민주연방공화국 창립 실현을 위한 예비회담 소집을 제의하면서 통일문제에 대한 주도권을 갖고자 하는 발걸음을 이어가고 있었다.

정부에서도 남북대화의 필요성을 인식하고, 1981년 1월 12일 전두환은 연두기자회견에서 남북최고책임자의 상호방문 제의 및 김일성 주석을 서울로 초청하겠다고 발표하였다. 최초로 북한에 정상회담을 제의한 것이다. 그렇지만 북한은 1월 19일에 부주석 김일 명의 성명에서 이를 거부한다고 하였다. 또한 김일성은 3월 14일 일본사회당 대표와의 대담에서 최고책임자 상호방문 제의를 거부한다고 밝혔다. 그렇지만 전두환은 6월 5일에 평화통일정책 자문회의에서 남북한 당국 최고책임자회담을 제의하였다. 여기에서 전두환은 방문이 제한된다면 본인을 초청해 달라고 하면서, 장소는 제3국을 포함하여 북한 당국이 선택하는 곳에서 하겠다는 제의를 하였다. 그렇지만 남북 모두 상대방의 제의에 응하지는 않았다. 서로를 향하여 일방적인 제의만 하고 있었다. 정상의 방문과 회담에 대한 가능성은 가야 할 길이 아직 먼 장래의 일로 보였다.

1981년 6월 19일에는 대한체육회장 겸 대한올림픽위원장이 올림픽을 비롯한 국제경기대회 단일팀을 구성하자는 제의를 하였다. 1984년에 개최되는 제23회 올림픽대회와 1982년 제9회 아시아 경기대회를 위한 단일팀 출전을 북한 올림픽위원회에 제의하였다. 이를 북한에서 받아들인다면 남북관계의 첫발을 순조롭게 되는 계기로 작용할 수 있었다.

이러한 상황에서 악재가 발생하였다. 1983년 10월 9일 미얀마(당시의 국가명은 버마) 아웅산 묘소에서 북한은 폭발테러사건을 일으켰다.[8] 대통령 암살을 목적으로 한 테러로 수행원 17명이 사망하고 14명이 부상을 당했다. 정부는 북한과의 모든 대화를 단절하면서 남북관계는 최악으로 치달았다. 미얀마에서도 북한과의 단교 조치를 취하는 등 대북압박이 이어졌다. 그해 12월에는 부산 다대포 앞바다로 무장간첩이 침투하는 사건도 발생하였다.

이런 악재 속에서 우리나라에 1984년 9월 대홍수가 발생하였다. 북한은 대남 인도적 지원을 제의하였다. 북한의 적십자사에서는 9월 8일 통지문을 보내 쌀 5만석(7천 200t), 천 50만m, 시멘트 10만t, 의약품을 구호물자로 보내겠다고 제안했다. 정부는 테러사건 등이 발생한 지 얼마 되지 않았지만 전격적으로 이를 수용하였다. 뒤를 이어 수해 피해 지원을 위한 남북적십자회담을 시작으로 수재물자 인도・인수가 이루어졌다. 1985년 5월에 적십자 본회담을 개최하면서 그해 9월에 이산가족 상봉행사를 하자는 데에도 합의하였다. 또한 이를 계기로 남북경제회담과 체육회담이 개최되기도 하였다. 1984년의 LA올림픽 단일출전을 위한 체육회담 추진과 남북한 물자교역 및 경제협력을 제의하는 등의 노력을 이어갔다.

1985년 2월 1일에는 국제올림픽위원회(IOC)의 주재 하에 남북 올림픽위원회 회담 개최를 제의하였다. 남과 북은 이를 수락함으로써 1988년 서울올림픽 관련 로잔느 남북체육회담이 1985년 10월 9일 ~ 10일에 이루어졌으며, 2차 회담 개최에 합의하였다. 북한의 김일성은 12월 27일에 올림픽 공동개최를 언급하였다. 또한 북한은 1985년 4월 19일에 남북국회회담의 개최를 제안하였으며, 우리 국회에서는 이를 수락하면서 1985년 7월 23일에 남북국회회담 1차 예비 접촉이 성사되었다. 여기에서 합의된 내용으로는 대표단 규모와 장소 등에 대한 것이었다.

---

8) 폭발참사는 1983년 10월 9일 오전 10시 23분에 발생하였다. 당시 전두환 대통령은 서남아시아와 오세아니아 6개국 순방에 나선 길이었으며, 미얀마는 그 첫 순방국이었다. 미얀마는 당시에 우리와는 교류가 거의 없는 나라였다. 표면상 중립을 표방하고 있었지만 북한과의 우호가 더 깊은 나라였다. 이 사건으로 11월 6일 북한과 국교를 단절하고 북한 외교관을 추방하기도 하였다.

그림 4-8. 분단 후 최초로 상봉한 남북이산가족 출처 : 국가기록원

1985년 9월 20일 ~ 23일에는 남북이산가족 고향방문 및 예술공연단이 서울과 평양을 상호방문 하였다. 9월 20일 오전 9시 30분은 남북관계에서 큰 전환점을 마련하는 날이 되었다. 남과 북이 합의한 규모의 고향방문단은 판문점을 동시에 통과해 3박 4일간의 일정으로 서울과 평양을 방문하는 역사적인 만남을 하게 되었다. 상봉은 비록 서울과 평양에서만 이루어졌지만 그 의미는 매우 컸다. 비록 제한된 인원과 지역에 국한되기는 하였으나 역사에 길이 남을 이산가족상봉 행사였다. 남북 각각 151명(고향방문단 50명, 예술공연단 50명, 수행기자 및 기타 51명)의 '남북이산가족 고향방문 및 예술공연단'이 분단 이후 40년 만에 처음으로 서울과 평양을 직접 방문하였다. 세계의 이목을 집중시킨 혈육 상봉의 행사였다. 이것은 남북적십자회담이 시작된 이래 최초로 이룩한 성과였다. 최초의 이산가족 상봉은 차후에도 계속 진행될 수 있다는 의미였으므로 중요한 이정표의 역할을 하기에 충분하였다.

또한 1985년에는 북측의 허담 특사와 남측의 장세동 특사의 비밀 교환방문을 통해 남북정상회담 개최에 대한 원칙적인 합의가 이루어지기도 하였다. 그러나 1986년 1월 20일에 북측이 팀스피리트 훈련을 이유로 모든 남북회담을 연기한다고 발표하였다. 회담을 연기한다고 하였지만 북한은 3월 2일에 올림픽 남북 공동개최를 촉구하는 등의 주장을 이어갔다. 1987년 11월 29일에 대형 악재가 터졌다. 북한 공작원 김현희 등에 의한 대한항공(KAL)기 폭파사건이 발생하였다. 이날 오후 2시경 미얀마의 벵골만 상공을 지나던 여객기는 폭발음과 함께 사라졌다. 항공기에는 중동에서 귀국하던 한국인 근로자와 승무원 등이 탑승해 있었다. 탑승객 총 115명이 전원 사망하면서 남북은 대치국면으로 들어갔다. 당시 우리나라는 제13대 대통령선거를 불과 열흘 남짓 앞두고 있었다. 또한 올림픽을 앞두고 있는 시점이기도 하였다.

폭파범 김현희는 1988년 1월 기자회견을 통하여 범행 이유를 밝혔다. 서울올림픽 개최를 방해하고 대선 정국의 혼란을 야기하는 등의 목적을 위한 범행이었다고 밝혔다. 테러의 결과로 북한의 입지는 더욱 곤란해 졌다. 국제사회는 북한을 테러국으로 간주하게 되었으며 고립을 자초하는 결과로 이어졌다.

### ❑ 민족화합 민주통일방안

1982년 1월 22일 전두환은 제109회 국회 본회의에서 행한 국정연설에서 통일방안을 발표하였다. 조국통일에 대한 원칙과 그 실현방법, 통일까지의 과정 및 통일조국의 미래상을 구체적으로 밝힌 민족화합 민주통일방안을 내놓게 되었다. 1970년대의 혼란을 뒤로 하고 1982년에 들어서자 석유파동의 영향에서도 점차 벗어나면서 경제상황도 안정된 분위기를 맞게 되었다. 이에 정부에서는 더욱 굳건해 지고 있는 체제 우위를 바탕으로 더욱 체계화된 통일정책을 추진하고자 하였다.

민족화합 민주통일방안은 역대 정부의 통일정책을 체계화하였으며 이에 대한 실행을 단계적으로 밝힌 통일정책이다. 통일원칙으로 '민족자결, 민주적 절차, 평화적 방법'을 제시하였다. 이는 7・4남북공동성명에서 빠졌다고 지적되어 온 '민주'를 포함한 민주적 절차를 명시하고 있다. 민주적 절차의 함의의 핵심은 국민적 공감대를 도모하겠다는 의지로 해석할 수 있다.

> "평화통일을 성취하는 가장 합리적인 길은 남북 간에 민족적 화합을 이룩하여 민족전체의 통일의지를 한데 모아 '통일헌법'을 채택하는 것입니다. 통일헌법을 마련함에 있어서는 쌍방 주민의 뜻을 대변하는 남북대표로 가칭 '민족통일협의회의'를 구성하고 그 기구에서 민족・민주・자유・복지의 이상을 추구하는 통일민주공화국을 실현하기 위한 통일헌법을 기초하도록 하는 것이 좋을 것이

며, 통일헌법의 초안이 마련되면 쌍방은 남북한 전역에 걸쳐 민주방식에 의한 자유로운 국민투표를 실시하여 통일헌법을 확정, 공포하고 그 헌법이 정하는 바에 따라 총선거를 실시, 통일국회와 통일정부를 구성함으로써 대망의 통일국가를 완성할 수 있을 것입니다."

구체적이고 단계적 방법론을 제시한 것이다. 이를 위하여 쌍방 주민대표로 '민족통일협의회의'를 구성하여 통일헌법을 기초하고 국민투표로 확정하면, 이에 따라 남북한 전역에서 총선거를 실시하여 통일국가를 완성한다는 것이다. 과거의 정부에서 일관되게 추진하여 온 긴장완화와 신뢰회복을 통한 통일완성이라는 점진적 접근법을 견지하면서 보다 단계적이고 구체화된 측면을 갖고 있다.

[ 민족화합 민주통일방안 ]

| 구분 | 주요내용 |
|---|---|
| 원칙 | 민족자결, 민주적 절차, 평화적 방법 |
| 방법 | 민족전체의 통일의지 결집 → 통일헌법 제정 |
| 통일헌법<br>채택방법 | ① 남북대표로 '민족통일협의회의' 구성<br>② 민족통일협의회의를 통한 헌법초안 마련<br>③ 남북한 국민투표로 통일헌법 확정 및 공포 |
| 최종상태 | ① 통일헌법이 정하는 바에 따라 총선거 실시<br>② 통일국회와 통일정부를 구성<br>③ 대망의 통일국가 완성 |

민족화합 민주통일방안은 통일까지 이르는 로드맵을 명시하여 통일의 이정표를 제시하고 있다. '민족통일협의회' → '통일헌법'초안 마련 → 남북한 주민 전체가 참여하는 국민투표 실시 → '통일헌법'초안 확정 → 확정된 통일헌법에 따라 남북한 전역에서 총선거를 실시 → 통일국회와 통일정부 수립 → 통일민주공화국으로 통일국가를 완성에 이르는 과정을 말한다.

이를 이행하는 3대 원칙에 따라 민족통일협의회를 구성하여 국호, 정치이념, 정부형태 및 총선 방법 등을 합의하자는 것이며, 이를 바탕으로 통일헌법에 기초한 남북한의 토착인구 비례에 의한 남북자유총선거를 실시하여 단일 정부를 구성한다는 것이다. 또한 이를 추진하는 과정에서 신뢰를 회복하여 민족의 화합을 도모하기 위한 관계개선에 대하여 다음과 같은 실천방안 7개 항을 제의하였다.[9]

**[관계개선 실천방안 7개항]**

① 통일까지 호혜평등 원칙에 입각한 상호관계 유지
② 무력과 폭력을 지양하고 대화를 통한 분쟁 문제 해결
③ 상대방의 정치질서와 사회제도를 인정하고 내정문제 불간섭
④ 정전체제 유지, 군비경쟁과 군사적 대치상태 해소 등 협의
⑤ 다각적인 교류, 협력을 통해 상호 사회개방 추진
  * 이산가족 재회, 교역, 교통, 우편, 통신, 체육, 학술, 교육, 문화, 보도, 보건, 기술, 환경보존 등
⑥ 통일까지 전세계 모든 나라들과 각기 체결한 쌍무적 다자간 국제조약과 협정을 존중하고 민족이익에 관한 문제 협의
⑦ 서울과 평양에 각기 상주 연락대표부 설치

관계개선 실천방안은 통일 과정이 완성되기 전까지 분단 상태를 관리하고 남북관계를 정상화하기 위해 남북이 준수할 내용을 말한 것이다. 이에 대한 후속조치의 일환으로 손재식 국토통일원장관은 2월 1일 특별기자회견을 갖고 북측에 민족화합 민주통일방안을 실현하기 위해 20개 항에 걸친 구체적인 시범사업을 함께 추진해 갈 것을 제의하였다. 주요내용은 경제적인 분야, 상호이해의 폭 확대, 군사적 긴장 완화, 군사적 대결상태의 긴장 완화, 신뢰 구축을 위한 다양한 분야에서의 협조 등이다.

남북 모두의 경제적인 내용과 관련된 내용으로는, 남북의 자유로운 통행을 보장하는 서울~평양에 이르는 도로의 연결과 개통, 이산가족들의 우편 교류와 상봉, 자유로운 관광 공동지역의 개방, 모국방문사업의 공동주관과 쌍방지역의 자유방문, 인천항과 전남포항의 개방, 공동어로구역의 설정, 일용생산품의 교역 등이다. 이러한 시범사업이 실천된다면 남북 모두에게 경제적인 이익과 민족적인 유대감이 증대되는 것들이었다.

상호이해의 폭을 확장시키기 위해서는, 자연의 보고라 일컬어지는 비무장지대 등에서의 공동학술조사와 자연자원의 공동개발 및 공동이용, 이를 위한 다양한 분야의 교류 및 생산품 전시회, 쌍방 정규방송의 자유 청취 등이다.

---

9) 대통령기록관, '전두환 대통령 국정연설'에서 발췌.

군사적 대결상태의 긴장 완화는, 비무장지대내의 군사시설을 완전히 철거하고 쌍방군사책임자간의 직통전화를 설치하여 운용하여 무력 충돌을 사전에 방지하는 것 등이다. 특히 정치인, 경제인, 근로자, 문예인, 체육인 등 각계인사가 남북을 상호 방문할 수 있고 쌍방 기자들의 자유로운 취재활동 보장 등이다. 이를 통하여 남북 간의 관계 개선과 신뢰 증진은 크게 향상될 것이다. 각종 국제 경기대회에의 단일팀 참가는 스포츠정신에 부합되며 이를 계기로 세계의 이목을 집중시키는 효과도 충분할 것이다. 이때 밝힌 관계개선 실천방안과 시범사업들의 상당수는 남북이 우호적인 관계를 복원할 때마다 신뢰회복 과제 등으로 자주 등장하는 내용들이다. 즉, 지극히 기본적인 문제들이므로 전향적으로 합의를 보게 되면 쉽게 해결될 수 있었다. 그렇지만 관계가 악화되면 항상 원점으로 돌아가는 내용이기도 하였다.

북한은, 전두환이 제시한 통일방안에 대하여 1982년 1월 28일 노동신문을 통하여 즉각 비판하였다. 신문에서는 '통일의 너울을 쓰고 두 개 조선을 초작하기 위한 정치적계략이다'라는 제목으로 일고의 가치가 없다며 평가절하하였다. 특히 미군을 그대로 두고 총선거를 실시한다는 것은 언어도단이라고 하였다. 그러면서 외국군대의 철수와 남한의 민주주의가 완성되어야 총선거를 치룰 수 있다고 주장하였다. 북한은 두

그림 4-9. 국토통일원 장관 '20개 시범실천사업' 제시

개의 조선정책 포기, 미군철수, 민주주의 실시, 반공대결정책 포기, 광주학살에 대한 사과를 민족 앞에 하여야 한다고 주장하였다. 전두환 정부의 통일정책을 인정하지 않겠다는 의사였다. 1월 24일에는 노동신문을 통하여 '고려민주연방공화국창립방안에 의한 자주적 평화통일을 전적으로 지지한다'라는 제목으로 이것이야말로 조선반도에 평화애호적인 통일국가를 세우기 위한 가장 정당한 길을 김일성 수령이 천명한 것이라고 하였다. 북한은 체제의 특성상 김일성이 제시한 통일방안만이 정당하다는 인식에서 벗어날 수 없다는 한계를 보여주고 있다.

북한은 20개 시범실천사업 제의를 받게 되자, 2월 10일 조평통 명의로 남북한・해외 100인 정치인 연합회의 소집을 제의하였다. 그런데 여기에서는 남한당국의 참석에 대해서는 언급 없이 '민족적 양심을 지닌 북과 남・해외의 이름 있는 정치인들을 망라하는 연합회의를 마련하는 데 있다'고 하였다. 즉, 북한당국은 포함하지만 남한당국은 포함하지 않겠다는 제의였으니 애초부터 대화를 이어나갈 의사는 없었다고 볼 수 있다.

민족화합 민주통일방안이 발표된 시기에 즈음하여 북한은 조선노동당 제6차 당 대회를 열고 고려민주연방공화국 창립방안을 내놓은 상태였다. 북한은 민족화합 민주통일방안이 발표되자, 1월 26일 조평통위원장 김일 명의로 민족화합 민주통일방안을 '두 개 국가 두 개 민족으로 갈라져 살자는 것'이라며 거부 의사를 보였다. 그러면서 통일의 장애가 되는 미군 철수와 민주화를 실현시켜 반동대결정책에 종지부를 찍어야 한다고 하였다.

또한 김일은 동담화에서 "우리는 남조선 집권자들이 이 같은 통일의 장애물을 제거함으로써 자기의 새 출발을 행동으로 표시한다면 그들과 내일이라도 만날 용의가 있다"고 하면서, "문제는 통일의 장애요인을 안고 있는 남조선 집권자들이 어떻게 하는가에 전적으로 달려있다."는 상투적인 주장을 하였다. 이처럼 북한이 이를 거부한 이유는 남북대화의 단절과 통일문제 미해결의 책임을 우리에게 전가시키려 하는 것과, 고려연방안이 유일하게 정당하고 현실적인 통일방안이라는 점을 강조하고자 한 것으로 풀이된다.

전두환은 정상회담을 최초로 제안하였다. 이것은 남북한 모두 최고권력자에게 권력이 집중된 정치체제를 고려해 보았을 때 가장 효과적이고 효율적인 접근방식이라고 판단한 것으로 보인다. 또한 관계개선과 20개 시범사업의 제시는 실무적인 내용으로써 남북관계의 개선과 이를 통한 통일을 이루는 과정에서의 역할을 나눈 것으로 평가할 수 있다. 즉, 통일에 대한 방향은 최고권력자에 의해 주도하며, 이를 위한 세부적인 실무 협의와 절차를 구분하여 효율성을 높이겠다는 의도였다. 그렇지만 북한은 이러한 제의를 거절하는 것으로 답변을 대신하였다.

이후 1983년 1월 18일에 전두환은 시정연설을 통해 남북한 당국 최고책임자회담으로 당면문제를 해결하자는 제의를 하였으나 대화로 연결되지는 못하였다. 아쉽게도 이러한 실천사업 등에 대한 제대로 된 협의도 하기 전에 남북관계는 급속하게 얼어붙는 사건이 발생하였다. 앞에서 언급한 1983년에 버마를 방문 중인 대통령을 암살하기 위한 테러사건의 발생이었다. 이로 인해 한반도는 미국에서도 우려할 정도의 심각한 전쟁 직전의 분위기로 접어들었다.

## 3. 노태우 정부의 통일정책

### ❑ 7 · 7특별선언

노태우 역시 전두환과 마찬가지로 군사반란의 주역이었다. 이러한 점은 전두환과 마찬가지로 정통성 면에서 자유롭지 못하였다. 하지만 민주화항쟁의 결과로 직선제를 도입하면서 당선된 대통령이라는 점에서는 전두환과의 차이점을 갖고 있었다. 어찌 되었든 국민이 직접 선출한 대통령이었다는데 의미를 갖고 있었다. 노태우는 1988년 2월 '보통사람들의 위대한 시대'를 열겠다며 취임사를 낭독하였다. 그해는 88서울올림픽이 개최되는 역사적인 날이기도 하였다. 최초의 올림픽 유치는 국민을 열정적으로 만들기에 충분한 모티브를 제공하고 있었다. 거리는 열기로 넘쳐났으며 우리도 곧 선진국으로 진입할 수 있다는 자긍심이 흐르고 있었다.

그렇지만 북한은 올림픽 개최라는 세계인의 축제를 대한민국에서 개최한다는 사실에 당혹해 하면서도 어떠한 조치도 하기 곤란한 상황이었다. 이러한 시대적 분위기를 노태우 정부는 제대로 읽고 있었으며, 이를 남북관계뿐 아니라 세계로 도약할 수 있는 동력으로 삼고자 하였다. 그만큼 올림픽 개최는 외교안보 및 대북정책에 전환점을 제공하기에 충분하였다. 노태우 정부의 큰 업적이라고 하면, 북한과 관련된 각종 제도를 획기적이고 전향적으로 조치한 것과 북방정책을 손꼽을 수 있다.

북방정책은 외교적으로 한국의 위상을 크게 도약할 수 있게 만들기도 하면서, 당시의 당면 과제였던 올림픽의 평화적 개최에 큰 몫을 다했다고 평가받고 있다. 취임 일성으로 그는 북방정책을 거론하였다. 이러한 점은 시대적 분위기를 제대로 읽었기 때문에 가능했던 것이다. 88서울올림픽과 북방외교는 새로운 화두로 떠오르면서 대전환의 시대가 도래하고 있다는 사실을 알리고 있었으며, 북한은 상대적으로 더욱 위축감을 느끼면서 당혹해 하였다. 노태우는 취임 첫해인 1988년 7월 7일에 제6공화국 통일정책의 기본방향으로 평가받는 '7 · 7특별선언'을 발표하였는데, 정식명칭은 '민족자존과 통일번영을 위한 특별선언'이다. 이것은 남북관계와 북방정책에 획기적인 전환점을 이룩해야겠다는 의지와 비전을 바탕으로 한 선언이었다. 이 선언이 나오기 이전의 통일에 관한 노태우의 주요발언을 보면 다음과 같다.

1988년 2월 25일 취임사

“서울올림픽은 민족사적 의미에서, 이를 계기로 우리가 민족통일의 항로로 진입한다는데 더 큰 뜻이 있다는 것을 우리 모두 직시할 필요가 있습니다. (중략) 미국과 일본을 비롯한 서방과의 유대를 더 한층 강화하는 한편 제3세계와의 우의를 더욱 굳게 하겠습니다. 우리와 교류가 없던 저 대륙국가에도 국제협력의 통로를 넓게 하여 북방외교를 활발히 전개할 것입니다.”

1988년 3월 1일 삼일절 경축사

“조국통일의 길을 열기 위해 저는 언제 어디서나 누구와도 만날 것이며 그것이 아무리 험난하다 해도 그 길을 터나갈 것입니다.”

1988년 4월 21일에는 기자회견

“지금까지 통일이라고 하면 거의 많은 사람들이 부정적으로 생각했습니다. 이것도 이제는 긍정적인 사고로 바꾸어야 합니다. 이렇게 해서 통일을 위한 본격적인 준비 시기가 다가오게 될 것입니다. 여러 가지 방법이 있겠지만, 가장 효과적인 방법은 남북책임자 정상회담을 통해서 해결해 나가는 것이 아니냐고 생각합니다.

1988년 5월 28일 청와대에서 야당총재들과의 회담

“민족이 함께 잘 사는 공동체를 이룩한다는 입장에서 통일정책을 추구할 것입니다.”[10)]

취임사에서의 북방외교 언급과 기자회견에서 남북 간의 화해와 협력을 통해 평화통일의 길을 열어나가는 시대로 삼겠다는 의지, 통일논의 활성화와 최고책임자와의 회담을 밝힌 것은 대전환을 의미하고 있었다. 김일성 주석과의 회담을 공개적으로 희망한다고 밝힌 것은 통일정책에 대한 강한 의지와 자신감을 바탕에 두고 있었기 때문에 가능했을 것이다. 또한 노태우는 통일논의에 대한 인식의 변화에 대해서도 언급하였다. 통일에 대한 논의를 보다 공개적으로 하고자 하는 뜻을 밝힌 것이다.

서울올림픽을 계기로 국제 냉전질서가 해소되는 역사적 전환기를 맞을 것이며, 동서진영의 대결을 탈피하고 화해를 추구하는 시대가 올 것임을 직시하고 있었던 것으로 보인다. 이것은 후에 한・중, 한・소 수교 등 그동안 외교 관계를 맺지 않고 적대

---

10) 대통령기록관, ‘노태우 대통령 연설기록’에서 발췌.

그림 4-10. 모스크바 선언에 서명하는 한국과 소련의 정상

시하던 공산국가와도 관계개선을 하는 계기가 되었다. 북방외교는 중국, 소련, 동유럽국가, 기타 사회주의국가는 물론이고 북한을 대상으로 하는 대(對)공산권 외교정책을 통칭하는 것이었다. 노태우는 모스크바를 1990년 12월 13일부터 15일까지 방문하였으며, 소련의 고르바초프 대통령과 크렘린궁에서 한반도의 냉전종식과 평화정착을 협력을 강화하기로 하면서 모스크바 선언에 서명하였다. 이것은 북방외교의 절정을 이루는 순간이기도 하였다.

1988년 7월 7일에 이와 같은 통일정책에 대한 인식을 바탕으로 '민족자존과 통일번영을 위한 내용'을 주요 골자로 하는 '7.7특별선언'을 발표하였다. 이러한 선언이 가능했던 것은 민주화의 진전, 경제의 지속적 성장, 주변 환경의 변화, 서울올림픽 개최와 함께 남북한의 새로운 관계 발전을 국민적 기대감 등이 배경이 되었기 때문이다.[11] 즉, 탈냉전 등의 국제정세의 변화와 올림픽 유치로 증명된 우리나라의 국력신장 등은 남북관계의 재정립이 필요하였다. 따라서 정부의 대북정책 기조는 그동안의 대결 구도에서 벗어나 북한을 개방시키겠다는 새로운 남북관계를 선제적으로 모색하고자 했던 것이다.

11) 통일부 통일교육원(2015), 앞의 책, p.793.

세계적인 화해 분위기 속에서 우리 민족사상 최초이며 인류 최대의 대제전인 88서울올림픽 개최를 앞둔 시점에서 우리와 교류가 없었던 나라들과 국제협력의 통로를 넓히고자 한 것은 의미하는 바가 컸다. 아시아・태평양의 주역국가로서의 국제적 신뢰와 지위 향상에 따라 민족적 자긍심이 고조되고 있었으며, 이와 같은 국민적 자신감과 자긍심은 조국통일에 대한 국민의 기대와 열망으로 확산되고 있었다. 당연히 통일정책 추진에 있어서도 새로운 인식과 발상의 전환을 요구하고 있었다. 제6공화국의 문을 연 노태우는 취임 첫해이면서 올림픽이 개최되는 1988년을 남북관계를 재정립해야 할 시기라고 판단하였다. 분단 40여 년간 대결과 경쟁으로 이어져 온 남북관계를 과감히 청산할 적절한 시점으로 보았다. 무엇보다 그동안 일궈온 경제력은 북한에 비해 현저한 우위를 점하고 있었으며, 이에 대한 자신감은 국민 모두가 갖고 있던 시기였다.

**[ 7・7특별선언 주요내용 ]**

① 남북 동포의 상호교류를 적극 추진, 해외동포들이 자유로이 남북을 왕래하도록 문호를 개방
② 이산가족의 생사 및 주소 확인, 서신왕래, 상호방문을 적극 주선하고 지원
③ 남북교역의 문호를 개방하고 남북 간 교역을 민족 내부의 교역으로 간주
④ 민족경제의 균형적 발전 도모로 남북 동포 모두의 삶의 질 향상, 비군사적 물자에 대해 우리 우방들이 북한과 교역을 하는데 반대하지 않음
⑤ 소모적인 경쟁 및 대결 외교 지양, 남북대표가 국제무대에서 자유롭게 만나 민족 공동이익을 위해 협력
⑥ 한반도 평화정착을 위해 북한의 대미・대일 관계개선에 협조, 또한 남한의 중・소 등의 사회주의 국가와 관계개선 추구

7・7특별선언의 주요 핵심내용은 인도주의 차원의 문호개방과 이산가족에 대한 조치, 경제교류와 협력, 국제무대에서의 민족 공동이익 추구, 주변국과의 교류협력에 대한 협조 등과 관련한 내용이다. 6개 항에 이르는 선언의 핵심내용에 따르는 원칙은 '자주・평화・민주・복지'에 입각하여 민족자존과 통일번영의 새 시대를 열어나가야 한다는 기본정신을 밝혔다. 특별선언을 분석해 보면 자주・평화・민주・복지의 원칙을 견지하고 있음을 알 수 있다.[12] 각각의 내용을 요약하여 정리하면 다음과 같다.

KAL기 폭파에 대해 사과도 하지 않는 소련과의 수교를 반대한다는 규탄이 전국적으로 이어지기도 하였다.

**그림 4-11. KAL기 폭파 규탄대회**

출처 : 국가기록원관

외세의존이 아닌 남북한 당사자에 의해 이산가족문제 해결, 자유왕래 등을 제안한 것은 대표적인 자주원칙에 해당한다. 또한 국제사회의 일원으로서 개방과 협력에 동참하고 남북한이 상호협력하여 민족적 권익을 추구하고자 하는 점이다.

남북한 간의 평화유지는 물론이고 그동안 적대시한 국가들과의 관계개선을 통하여 지역 및 세계평화를 동시에 추구한다는 점이다. 전쟁을 겪으면서 적대시해온 정책을 과감히 탈피하여 긴장완화와 평화정착을 바탕으로 한 통일 지향적인 남북관계를 수립하는 적극적이고 능동적인 평화개념으로의 전환을 강조하였다.

문호개방의 대상을 특정인이 아닌 광범위한 대상으로 제시한 점은 민족성원 모두의 자유의사에 따른 참여를 말하는 것이다. 즉, 국민의 자유의사에 의한 공동체를 실현하겠다는 것이며, 이는 특정계급이나 소수계층의 독점적 이익추구를 배제한다는 것을 밝히고 있다. 민족공동체의 구성원인 남북의 주민은 물론 재외 동포까지를 포함하고 있다. 이는 민족복지의 향상을 추구하는 것이다. 특히 북한 동포의 삶의 질을 향상시킴으로써 민족경제의 균형적 발전을 도모하고자 하였다.

당시의 북한에 대한 일반적인 시각은 오늘과는 너무나 판이했다. 북한은 타도의 대상일 뿐이었다. 그렇지만 선언에서는 북한을 타도의 대상이 아닌 함께 가야 할, 함께 번영해야 할 동반자로 규정하였다. 이로 인한 반발도 대단하였지만 선언의 결과는 파격적으로 나타났다. 월북작가의 문학작품 해금과 노동신문 열람을 가능하게 하는 조치가 연이어 발표되었다. 1988년 7월 19일 문화공보부는 문단 및 학계의 월북문인

---

12) 통일부, 『남북대화 제45호』, p48에서 요약 정리

해방전 작품의 전면 해금 건의에 따라 해방이전의 순수문학 작품을 해금한다는 기본 방침을 세워 추진하였다. 이것은 10여 년 전인 1977년 통일원고문회의에서 처음 거론되었던 내용이었다. 6・29선언 후에 문화계에 거세게 밀려왔던 민주화와 자율화의 영향이 컸던 것도 함께 영향을 미쳤다. 40여 년간 거대한 벽으로 존재했던 사상의 벽이 무너진 것이다.

6・25전쟁이 끝난 직후 남북은 철천지 원수가 되었으며 적대감이 팽배하였다. 이러한 분위기로 인해 문학과 예술작품의 금지조치는 1954년에 본격적으로 이루어졌었다. 당시의 금지조치는 작품의 내용이 아닌 작가의 소재에 있었다. 즉, 북한에 거주한다는 자체가 금지의 대상이었다. 북한에 거주한다는 것은 월북 또는 납북을 의미하였다. 그러나 이제는 많은 세월이 지났으며 우리국민의 사상적 수준 또한 이를 충분히 판단하고 수용할 수 있을 정도로 향상되었다. 더욱이 해금조치는 해방 이전의 작품으로 한정하였기 때문에 사상적 혼란은 최소화될 것으로 판단한 결과였다.

이러한 해금 조치로 그들이 써 내려간 식민지 시절의 아픔을 간직한 작품들은 빛을 보게 되었다. 문학사적인 의미에서는 우리의 신문학이 전성기를 이루었던 1920년대 이후부터 해방까지의 문학사적 공백을 메울 수 있게 되었다. 7・7특별선언에서 밝힌 '문화교류개방원칙'의 기본정신을 문화적 차원에서 구현해 나간다는 취지였다. 정부의 전향적인 조치로 상호간 문화교류를 통한 공동체 의식의 발전에 크게 기여할 수 있는 여건을 마련한 것이다. 최초의 월북작가 작품전시회는 1989년 7월 26일부터 8월 6일까지 신세계 미술관에서 열린 청계 정종녀[13]전이었으며, 1991년에는 이쾌대[14] 화가의 작품전이 열리기도 하였다.

또한 그동안 금기시되고 있었던 통일논의를 개방하고 공산권 및 북한 관련 자료를 개방하는 것을 허용하였다. 당시로서는 과감한 조치로 평가할 수 있다. 이에 따라 정부는 1988년 9월 3일에 공산권 자료의 공개방침을 발표하여 그동안 불온간행물로 취급되던 북한의 로동신문 등을 전면개방하기로 하였다.[15]

13) 1950년 전쟁 당시 서울 함락 후 공산치하에서 '조선미술동맹' 회원으로 활동하다가 월북하였다. 그는 당시에 월북 당시에 남쪽에 부인과 1남 3녀가 있었다. 남겨진 가족들은 남한에서 생활하였으며 전시회 작품은 가족들이 소장하고 있었던 것과 수장가들이 보관하고 있던 한국화, 병풍 등 40여점이었다.

14) 이쾌대 화백은 낙동강 전선에서 종군화가로 북한군을 따라 다니다 체포돼 거제도 포로수용소에 수감됐다. 1953년 6월 포로교환협정이 체결된 뒤 반공포로로 남기를 거부하고 자진해서 북한행을 선택한 것으로 알려져 있다.

15) 이와 같은 조치는 국가보안법 폐지와는 관계가 없다. 정부는 '반국가단체를 찬양・고무할 목적'의 열람은 금하며, 이를 위반시는 국가보안법 제7조에 따라 법적조치를 취해 나갈 것이라고 밝힌 바 있었다.

이에 따라 일반인도 열람의 목적이 타당하고 주민등록증을 소지하여 신분확인이 명확하면 개방한다는 것이었다. 또한 북한을 찬양·고무할 목적이 아니면 인용하여 잡지 등에 게재가 허용된다고 밝혔다. 이러한 조치는 북한의 실상을 폭넓게 이해하고 건전한 통일논의의 필요성을 대폭 수용한 것으로 풀이할 수 있다. 당시로서는 과감한 조치라는 평가를 받는 일이었다. 그해 우리나라는 88서울올림픽 개최 등으로 경제력 향상 등 국력 신장에 대한 자신감이 충만한 시절이기도 하였으므로 가능한 조치이기도 하였다.

7·7특별선언의 발표는 본격적인 남북교류의 물꼬를 트게 하였다. 그간의 남북관계는 협력보다는 통제 위주로 이루어지고 있었으며, 이에 대한 근거를 제공하는 법률이 '국가보안법'이었다. 그렇지만 7·7특별선언이 발표된 후 시간이 흐르면서 남북의 협력을 보장할 수 있는 법령의 필요성이 제기되었다. 앞으로의 남북관계를 원활히 하기 위해서는 통제가 아닌 협력을 보장하는 법률 제정이 필요조건으로 대두되었다.

이러한 시대적 요구는 남북교류협력을 법령으로 보장하는 '남북교류협력법'을 1990년 8월에 제정될 수 있게 하였다. 법의 제1조는 "이 법은 군사분계선 이남지역(이하 '남한'이라 한다)과 그 이북지역(이하 '북한'이라 한다) 간의 상호교류와 협력을 촉진하기 위하여 필요한 사항을 규정함을 목적으로 한다."고 명시하고 있다. 이전까지의 남북관계를 통제하는 국가보안법 하에서의 남북교류는 감히 엄두를 낼 수 없는 일이었다. 그렇지만 남북교류협력법의 시행은 교류협력에 대한 합법성을 보장해 주었다.

「로동신문」등 北韓자료 전면開放
映像物도 일반인에 公開

문화공보부에서는 북한의 '로동신문'등 공산권 자료를 일반이 열람할 수 있게 공개한다는 기사이다. 이러한 조치는 대통령의 '7·7특별선언'에 따라 대북문호개방정책을 실천하고 공산권 국가와의 상호주의에 입각한 국제협력을 증진하기 위한 것이라고 배경을 설명하고 있다.

**그림 4-12. 로동신문 등 북한자료 전면개방** 출처 : 경향신문(1988.9.3.)

법이 나오기 이전까지는, 남북의 교류에 대한 언급은 통일정책을 언급하는 절대권력자만이 할 수 있는 말이었다. 평범한 민간인이 남북교류를 운운하는 것은 자칫하다가는 국가보안법에 저촉되어 처벌을 감수해야 했다. 남북간의 교류를 사실상 인정하지 않고 있었던 것이다. 이에 따라 남북교류와 협력을 지원하기 위한 '남북협력기금법'이 제정되어 남북협력기금의 설치, 재원, 운용 및 고용과 관리, 보고, 환수 등에 관한 규정을 다룰 수 있게 하였다. 법률의 제정은 남북관계 활성화를 위한 각종 활동의 보장과 지원을 제도적으로 완성시켰다는 평가를 받고 있다.

### ❑ 한민족공동체 통일방안

한민족공동체 통일방안은 이전까지의 통일방안과는 다른 개념으로 통일문제에 접근한 방안으로 평가할 수 있다. 따라서 그때까지의 통일방안으로는 가장 현실적이고 적절한 방안으로 평가받는다. 최초로 제시된 개념은 '남북연합'이다. 이러한 개념이 나오게 된 것은, 통일은 단기간내에 달성할 수 없다는 현실에 대한 인정이기도 하였다. 남과 북은 이미 이질적인 체제를 유지한 기간이 어느덧 40여 년이 흐른 상태였다. 이러한 상태에서 설령 어느 날 갑자기 통일을 맞기도 어려운 것이지만, 맞았다 하더라도 상당한 혼란은 불가피할 것이다. 그러므로 서로가 서로를 인정하고 존중하는 기간을 거치면서 동질성을 회복하는 과정이 필요한 것이며, 그 과정을 거치는 것이 남북연합 형태라는 것이다. 국가연합과 연방에 대해서는 김영삼 정부 편에서 언급하기로 하겠다.

노태우는 '7・7특별선언'과 1988년 10월 18일 유엔총회 연설에서 북한에 대한 인식을 통일로 향한 민족공동체의 일원이라고 밝힌 바 있었다. 이와 같이 북한을 대립과 대결의 대상이 아닌 동일민족으로서 포용해 나가려는 차원에서 통일정책을 전개하고자 하였다. 이러한 통일정책의 전환은 전반적인 주변의 환경 변화에서도 영향을 받고 있었다. 6월의 민주화 항쟁을 거치면서 노태우는 6・29민주화선언을 직접 선언하기도 하였다. 이러한 급변한 국내상황은 특히 통일문제에 대한 논의가 어느 때보다도 활발하였다. 따라서 대내적으로는 사회각계의 통일논의가 활성화되고 통일에 대한 관심과 열망이 분출되고 있었다. 또한 88서울올림픽의 성공적 개최와 북방정책의 성과 등으로 국민 스스로가 통일추진역량에 대한 자신감을 갖고 있었다. 대외적으로는 동서화해와 공산권 국가들의 개혁과 개방화 추세 등으로 세계질서 자체가 근본적인 변화를 보이고 있었다.

그림 4-13. 노태우 대통령 한민족공동체 통일방안 발표　　출처 : 국가기록원

미국과 소련이 이끄는 이념의 대결에서 한반도는 싫든 좋든 냉전의 최전선으로 작용하였다. 고조되던 두 진영의 긴장은 1950년 한반도에서 전쟁을 불러오고 말았다. 그런데 그로부터, 38년의 세월이 흐르자 올림픽이 열렸다. 공교롭게도 88서울올림픽은 동서화합의 상징으로 자리매김하였다. 그 이전에 치른 두 번의 올림픽은 동서의 양대진영이 번갈아 가면서 교대로 불참하였으니 당연히 평화와 화합과는 거리가 먼 올림픽이었다. 그렇지만 1988년의 서울에서 치른 올림픽은 두 양대진영이 모두 참가하면서 올림픽 정신을 충실히 따랐다. 그만큼 세상은 변하고 있었던 것이다. 급변하는 국제정세는 노태우가 외친 북방외교와 맞물려 한반도에 거대한 변화의 바람을 일으켰다.

무엇보다도 서울올림픽은 한국을 세계에 알리는 계기가 됐으며, 선진국 대열에 진입할 수 있다는 자신감과 자긍심을 갖게 만들었다. 정치적으로 불안정한 상태, 북한의 테러 위협 상존, 소련과 중국은 물론 동구권 국가와의 수교가 없는 국가에서 올림픽을 유치했다는 것은 국민 모두를 들뜨게 만들기에 충분하였다. 특히 일본의 나고야을 제쳤다는 것은 민족적 자긍심을 더욱 고취시켰다. 한국은 한순간에 세계인의 조명을 받게 되었으며, 관심의 대상이 되었다. 전쟁의 폐허를 딛고 경제적으로 부쩍 성장한 한국의 발전상은 각국에서 경제협력을 제의하고 싶을 정도로 매력적이었다.

이처럼 급변하는 국내와 국제정세는 한반도의 긴장 완화와 이를 위한 남북한의 화해와 협력을 요구하는 분위기가 지배적이었다. 그렇지만 북한은 대남적화전략을 유지하고 있었다. 북한의 대남정책이 불변하고 있는 상황에서 남북관계를 크게 변화시키겠다는 구상은 어려운 문제였다. 그러나 국제정세와 국내환경의 변화는 이미 돌이킬 수 없는 물줄기로 변해가고 있었다. 이러한 변화는 종전과는 다른 획기적이고 전향적인 통일정책 수립이 필요하였다. 국민의 눈높이는 물론이고 세계인의 한국을 바라보는 눈은 높아져 있었다. 노태우 정부를 대표할 통일방안은 1988년 10월 4일에 국회에서 행한 '1989년도 예산안 제출에 즈음한 국정연설'에서 의지를 보이고 있었다.

"우리의 목표는 우리민족 모두가 자유와, 인간으로서의 기본권을 누리며 행복한 삶을 영위할 수 있는 동시에 민족공동체가 영원히 번영, 발전할 통일국가를 이룩하는 데 있습니다. 민족통일의 방안은 편협한 냉전논리나 어느 일방에 선 주장에서 벗어나 그것을 남북 양측이 받아들여 실현해 나갈 수 있는 것이 되어야 할 것입니다. 이러한 면에서 우리 내부의 다양한 통일논의는 물론 북한측에서 제시해 온 방안 중에서도 통일에 도움이 된다고 생각되는 부분은 긍정적으로 수용할 수 있다고 생각합니다. 전진적이며 실현 가능한 통일방안을 수립함에 있어 국민을 대표하는 국회와 의원 여러분들의 적극적인 협조를 기대합니다."[16)]

그림 4-14. 1988년 서울올림픽 출처 : 국가기록원

16) 대통령기록관, '노태우 대통령 연설기록' 중에서 발췌.

노태우는 연설 서두에서 통일방안 수립에 대한 의원들의 협조를 당부하였다. 이것은 대단히 큰 의미를 지니고 있었다. 당시 정국은 여소야대였다. 여당인 민정당은 125석으로 과반인 150석에 한참 부족한 의석수였다. 야당이 반대한다면 곤란한 상황에 직면할 수도 있었다. 그렇지만 정부와 여당은 야당과의 적극적인 소통을 통해 협조를 이끌어 냈다. 한민족공동체 통일방안은 이와 같이 민주적 절차와 협치를 바탕으로 만들어졌다. 이 때문에 민주적 절차를 거친 통일방안으로서의 의미가 크다. 이러한 영향으로 정권을 이어받은 김영삼 정부에서도 이후의 통일정책 수립에 이를 계승 발전시킬 수 있는 가치와 근거가 되었다.

한민족공동체 통일방안은 제44주년 광복절 경축사에서 그 윤곽을 밝혔다. 그간의 과정을 정리해 보면, 1988년의 국정연설에서 통일방안 수립을, 1989년 광복절 경축사에서 통일방안의 윤곽을 그렸으며, 1989년 9월 11일 정기국회 개회식 특별연설을 통하여 구체화 된 한민족공동체 통일방안을 천명하는 단계였다. 한민족공동체 통일방안은 통일의 원칙과 과정, 과도기적 통일체제, 통일국가 수립절차, 통일국가의 미래상, 민족공동체의 완전한 회복 등이 핵심을 이루고 있다.

[ 한민족공동체 통일방안 ]

| 구분 | 주요내용 |
|---|---|
| 원칙 | 자주, 평화, 민주 |
| 방법 | 과도기적 접근법 제시<br>① 공존공영의 토대구축(화해와 협력) →<br>② 단일민족사회(남북연합) →<br>③ 단일민족국가(통일민주공화국) |
| 과도기적 중간단계 | 남북연합(The Korean Commonwealth)<br>① 남북정상회의: 최고결정기구 구성<br>② 남북각료회의<br>③ 남북평의회<br>④ 공동사무처<br>⑤ 상주연락대표 |
| 최종상태 | ① 통일헌법안 제정<br>② 통일헌법에 따른 총선거 실시<br>③ 통일국회와 통일정부 구성으로 민족공동체 완전 회복<br>→ 단일민족국가 구성 |

위에서 정리한 개념과 절차에 따라 통일국가의 과도기적 과정을 거쳐 통일국가를 이룩했을 때의 미래상은, 단일국가의 체제를 유지하며 민족성원 모두가 주인이 되는 하나의 민족공동체로서 각자의 자유·인권·행복이 보장되는 민주국가로 발전을 이루는 것을 목표로 하고 있다. 통일국가의 미래상에 대해서는 '6천만 민족성원 모두가 주인이 되며 각자의 자유와 인권과 행복이 보장되는 민주국가'라고 밝히고 있다. 이것은 통일을 명분으로 민주주의를 버릴 수 없다는 의미였다. 한민족공동체 통일방안에서 밝힌 노태우의 통일구상은 앞선 정부에서 선언한 통일방안과 정책을 계승하면서 보다 구체적인 통일방안을 제시한 것으로 볼 수 있다.

한민족공동체 통일방안에서는 통일실현에 대한 원칙과 중간단계의 필요성을 밝히고 있는데, 이는 통일방안의 윤곽을 밝힌 것으로 볼 수 있다. 원칙으로는 자주·평화·민주의 3원칙을 제시하였다. 이것은 1972년 7월 4일에 발표된 남북공동성명의 자주, 평화라는 원칙을 그대로 수용한 것이다. 여기에서 민족대단결은 민주의 원칙에 포함되어 있다. 한민족공동체 통일방안에서 민주의 원칙은 민족대단결을 도모한다는 전제를 두고 있다는 것이다. 이것은 민족대단결이라는 명분으로 어떠한 이념과 체제라도 통일만 이룩되면 좋다는 식의 해석을 우려한 것이라 할 수 있다. 따라서 통일은 무분별한 진행이 아니라 반드시 민주적 절차와 과정에 따라 이루어져야 한다고 말한 것이다.

남북연합은 남북의 현실을 고려한 남북통일의 중간단계의 필요성을 제기한 것으로 과도기에 반드시 거쳐야 할 완충적 역할로 보았다. 분단 40여 년간 이어져 온 남북 간의 대결국면을 해소하기 위해서는 남과 북이 각기 상대방의 체제와 제도를 인정하고

그림 4-15. 정전협정과 분단을 규정짓는 군사분계선 팻말

존중하는 것이 필요하다. 이러한 분위기를 구축하면서 상호 공존적이며 협력적인 관계로 전환시켜 나가야 한다. 따라서 이 같은 민족공동체를 회복하고 발전시키기 위한 중간과정은 당연히 필요할 것이다. 이와 같은 과정이 있어야만 이념과 체제가 서로 다른 남북한을 평화적으로 통일시킬 수 있는 길로 보았다.

남북연합은 최고의사결정기구로 '남북정상회담'를 두고, 쌍방정부 대표로 구성되는 '남북각료회의'와 남북국회의원으로 구성되는 '남북평의회'를 설치하자는 것을 말하고 있다. 남북은 각료회의와 평의회의 업무를 지원하고 합의사항 이행 등 실무를 위해 공동사무처를 두고 서울과 평양에 상주연락대표를 파견하는 내용을 말한다. 또한 공동사무처를 비롯한 남북연합의 기구와 시설을 비무장지대안에 평화구역을 만들어 설치하자는 제안을 하고 있는데, 평화구역은 점차 '통일평화시'로 발전시켜 나가는 것을 말한다. '남북각료회의'는 남북의 총리를 공동의장으로 하여 각각 10명 내외의 각료급 위원으로 구성하고, 그 안에 인도, 정치・외교, 경제, 군사, 사회・문화분야 등의 상임위원회를 둘 것을 제안하고 있다. 남북각료회의는 남북간의 모든 현안과 민족문제를 협의 조정하고 그 실행을 보장하되,구체적으로는 각 상임위원회의 업무를 담당하는 실무적 책임분야를 다음과 같이 분장할 것을 제안하고 있다.

[ 상임위 업무내용 ]

| 구분 | 주요내용 |
|---|---|
| 인도 | 1천만 이산가족의 재결합문제를 해결 |
| 정치・외교 | 정치적 대결상황을 완화<br>국제사회에서 민족역량의 소모 방지<br>해외동포의 권익 보장 |
| 군사 | 군비경쟁을 지양하고 무력대치 상태를 해소 |
| 경제・사회・문화 | 남북의 교류・교역・협력을 추진<br>민족문화를 창달 |

'남북평의회'는 100명 내외로 쌍방을 대표하는 동수의 남북국회의원으로 구성하되, 통일헌법의 기초와 통일을 실현할 방법과 그 구체적 절차를 마련하고, 남북각료회의의 자문에 응할 수 있는 기구로서의 역할을 제안하였다. '남북평의회'는 통일헌법의 기초과정에서 통일국가의 정치이념・국호・국가형태 등을 논의하고, 대내외정책의 기본방향이나 정부형태는 물론 국회구성을 위한 총선거의 방법・시기・절차 등을 토

의하여 합의하는 업무로 할 것을 말하였다. 여기에서 통일헌법안이 마련되면 민주적 방법과 절차를 거쳐 확정·공포하고, 이 헌법이 정하는 바에 따라 총선거를 실시하여 통일국회와 통일정부를 구성한다고 하였다. 또한 통일조국의 국회는 지역 대표성에 입각한 상원과 국민 대표성에 입각한 하원으로 구성되는 양원제로 구성할 것을 제안하였다. 양원제는 중간과정을 원활히 하기 위하여 통일국가의 국회를 지역 대표성과 국민 대표성에 입각하여 구성하자고 한 것이다. 이것은 지역 간의 균형과 모든 민족구성원의 참여를 함께 고려한 것이다. 최종적으로 수립되는 통일국가는 민주적이고 단일민족국가여야 하며, 이것이 민족공동체의 완전한 회복을 이루는 것이다.

지금까지는 한민족공동체 통일방안에 대한 내용 및 긍정적으로 평가할 부분을 말하였다. 그렇다면 비판적인 시각으로 바라보는 것도 필요해 보인다. 첫째는, 보다 다양한 각계각층의 다양한 의견을 수렴했는가의 문제이다, 국회에서 이를 다루기는 하였으나 결국은 정부와 관련된 소수의 의견으로 방안을 구상하고 제안했다는 점이다. 당시의 일간 신문 등을 살펴보면 이러한 통일정책에 대한 의견수렴 등에 관한 내용을 좀처럼 찾아 볼 수 없다. 이것은 공개적으로 다루지 않았음을 입증하는 것으로 볼 수 있다.[17] 아무리 국민의 대표자들이 모인 국회에서 이를 다루었다고 하더라도 좀 더 폭넓은 다양한 의견수렴이 부족했음은 부인하기 어려운 사실이다. 이러한 점은 민주화항쟁을 거친 그 시절에도 여전히 통일문제는 종전처럼 정부만의 독점물로 생각하고 있었음을 반증하는 것이기도 하다. 재야세력은 물론이고 일반국민의 다양한 생각을 집대성하는 절차를 생략했다는 점은 아쉬운 부분으로 남는다.

둘째는, 7·4남북공동성명은 남북이 합의를 거친 3원칙이 있었다. 그런데 여기에서는 민족대단결이 빠졌다. 이에 대한 내용은 이미 앞에서 언급한 것이지만, 이러한 합의 내용을 변경하기 위해서는 좀 더 논리정연한 설명이 필요하다. 한 마디로 '민족대단결이라는 명분으로 어떠한 이념과 체제라도 통일만 이룩되면 좋다는 식의 해석을 우려한 것'이라 한 것은 설득력이 부족한 것으로 볼 수 있다. 이러한 점은 북한에서 거절할 명분을 가져올 수 있는 충분한 근거로 작용할 수 있었다. 즉, 진정한 통일을 위한 노력과 대화를 위한 노력을 하였는가를 되새겨 보아야 할 것이다. 이것은 달리 말하면 원점에서 통일문제를 다시 추진해야 하는 상황으로 회귀할 수도 있는 문제이

---

17) 1989년 5월 29일자 경향신문의 사설에서는 「다시 열리는 통일논의」에서 이를 비판하고 있다. 정부와 여당에서 합의한 통일방안을 조속히 공개하고, 국민적 합의를 통해 마땅한 방안을 도출해야 함을 지적하고 있다.

기도 하였다. 이 시기에 정치면에서의 국민적 관심은 5공 청산에 대한 여론이었다. 국민의 대다수는 5공의 잘못된 역사를 단죄해야 한다는 여론이 들끓고 있던 시기였다. 그렇지만 이러한 시기였을 지라도 통일정책에 대한 논의는 충분한 시간과 절차를 두고 추진했어야 마땅했다.

이 시기의 북한은 우리나라와 비교해 볼 때 경제성장에서 턱없이 부족하였다. 북한은 서서히 흡수통일에 대한 불안감을 느낄 수 있는 충분한 상황이 발생하고 있었다. 북한의 경제성장은 이미 남한에 크게 미치지 못함은 물론이고 장기적인 침체의 늪에 빠져 있었다. 1956년~1989년의 북한의 경제성장률은 연간 4.7%로 추정되었고, 시기별로 보면 1950년대 중후반 고성장 이후 성장이 크게 둔화되거나 부진한 일회성 고성장(one big jump)의 패턴을 보인 것으로 해석되고 있다.[18] 1950년대 중후반 연간 13.7%의 고성장을 달성하였으나 1960년대 들어 4%대로 낮아진 데 이어 1970~1980년대에는 2%대의 저성장이 지속되고 있었다는 것이다. 이러한 경제력의 차이를 의식한 북한은 흡수통일을 염려해야 했다. 그러므로 그들은 대한민국과의 대화를 그리 반길 수 있는 처지가 아니었다. 대화의 반복은 대한민국의 실상을 고스란히 공개시킬 가능성이 컸기 때문이며, 이를 우려해야 했다.

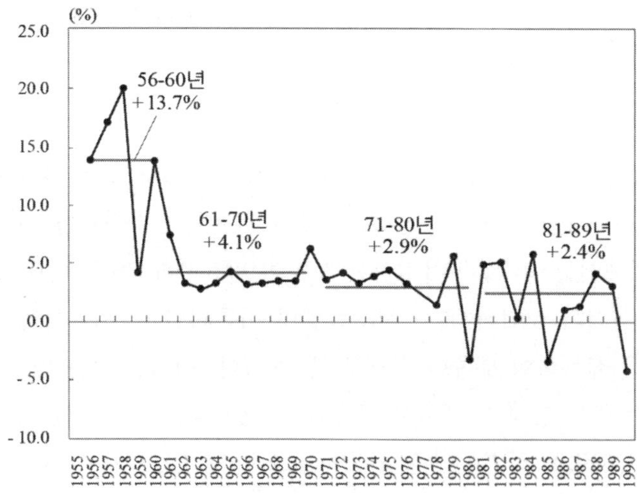


그림 4-16. 북한의 장기 경제성장률 추정치(1956년~1989년)[19]

18) 한국은행경제연구원, 『BOK경제연구』 '2020-17호 요약본', 2020), pp.2~3.

한민족공동체 통일방안이 발표되자 북한은 이에 대한 대답을 해야 했다. 이에 대한 북한의 반응은 의외로 빠르게 나왔다. 9월 11일 노동신문에 '가장 합리적이고 확신성 있는 통일방안'이라는 제하의 장문의 논설을 게재하였다. 여기에서 기존에 주장하던 고려연방제 통일방안의 타당성을 주장하였다. 이어서 9월 12일 '민민전 방송'[20]을 통해 "분열주의적 정체를 가리기 위한 권모술수에 지나지 않으며, 중간단계론은 현 분단상태를 고착시켜 두 개의 한국을 조작하려는 수작"이라는 첫 반응을 보였다.

또한 9월 14일에는 노동신문을 통해 "두 개 조선에로의 분열을 고착시키고 나라의 통일을 한정 없이 끌려는 제2의 분열방안이며, 정치 현실을 외면한 이상주의자의 공론"이라고 하면서 공식적으로 거부 입장을 명백하게 하였다. 이후 북한은 방송과 신문 논평 등을 통해 연일 유사한 논조를 전개하면서 한민족공동체 통일방안을 매도하고 대내외의 지지 확산을 견제하고자 하였다. 북한은 이와 관련하여 고려연방제 통일방안이야말로 최선의 방도가 된다면서, 한민족공동체 통일방안에 대해 "중간단계로서의 남북연합은 두 개 국가를 합법화하는 동서독 방식을 모방한 것이며, 단일제도에 기초한 통일은 어느 일방이 타방을 먹지 않는 한 실현 불가능"하다고 강변하였다. 즉, 흡수통일을 심각하게 걱정하고 있었다. 한편 북한은 9월 28일 이른바 '민족통일협상회의'를 제의하면서 동회의가 소집되면 한국내 여러 통일방안 중의 하나로서 한민족공동체 통일방안도 토의대상으로 삼을 수 있다는 식의 외견상 태도 변화의 입장을 보이는 듯했다. 그러나 이는 한민족공동체 통일방안을 격하시키려는 의도로 읽혀지는 대목이다.

1988년 11월 8일 노동신문에서는 '남조선괴뢰들의 이른바 민족공동체론의 본질과 기만성'이라는 제목으로 통일방안을 비판하면서 특히 '민족공동체론'에 대해 기만성이라고 하였다. '민족공동체로서의 번영에 대해 떠들면서도 남조선을 가로 타고 앉아 우리민족의 자주성을 유린하는 미제침략군을 철거시키는 것에 대해서는 말하지 않고 있다' 등을 언급하면서 미군철수를 주장하였다.

북한의 이와 같은 태도는 이미 예견되어 있었다. 북한의 현실은 앞에서 열거한 대로 남북대화에 응할 처지가 아니었다. 그러므로 북한의 남북관계에 대한 대응은 대화 자체에 소극적이거나, 처음에는 응한다고 하더라도 문제를 지속적으로 제기하여 이를 파기할 수 있으리라는 것은 충분히 예상할 수 있는 시나리오였다. 남과 북은 완전

---

19) 한국은행경제연구원(2020), 앞의 요약본, p.3.

20) 북한의 지하 흑색선전매체이다. 북한은 민민전(한국민족민주전선) 방송을 남한 내에서 자생적으로 형성된 공산주의 단체라고 주장하고 있다.

히 이질적인 정치체제를 갖고 있다. 이것이야말로 통일정책을 수립하는 과정에서 가장 큰 난제이다. 남북의 정치체제가 갖고 있는 이질성은 두 체제의 융화를 대단히 어렵게 만드는 요인이다. 이러한 점은 시간을 더욱 필요하게 만들며, 시간의 흐름은 민족의 이질성을 더욱 깊어지게 만드는 요인이 되고 있다.

### ❑ 남북고위급회담과 남북기본합의서

노태우 정부의 과감한 대북정책에 따라 북한은 대화의 장으로 나와야 했다. 7・7특별선언과 그해 광복절 경축사에서의 남북정상회담 제의 등은 북한으로서는 어떤 형태로든 답변을 하여야 했다. 세계적으로 변화가 밀려오는 시대에 구태의연한 태도로 일관할 수는 없었다. 세계적으로 이미 진행중인 변화의 조짐을 아무리 폐쇄적인 북한이라고 해도 이를 모를리는 없었다. 중국의 천안문 사태(1989년), 베를린 장벽 붕괴(1989년), 우리나라와 소련의 수교(1990년), 중국과의 수교(1992년) 등은, 세계는 이미 탈이념의 시대를 맞고 있다는 것을 상징적으로 보여주는 사건들이었다. 1990년 6월에 소련의 미하일 고르바초프 서기장과 노태우 대통령은 한・소 정상회담으로 동서 냉전의 종식을 보여주는 장면을 보여주기도 하였다. 냉전의 시기에 적대적 관계였던 한국과 소련, 중국은 수교를 통하여 이념보다는 실용적 협력으로 변화하고 있음을 보여준 것이다.

그렇지만 이러한 사건들은 어느 날 갑자기 이루어진 것은 아니었다. 그 이전부터 이미 세계는 이념에 대한 집착에서 서서히 벗어나고 있었다. 노태우의 큰 업적 중의 하나는 이러한 세계사의 흐름을 간파하고 과감한 북방외교를 추진했다는 것이다. 북방외교에 강력한 드라이브를 걸게 해준 동력은 88서울올림픽의 성공적 개최였으며, 북방외교의 결실은 북한과의 팽팽한 외교전에서 결정적으로 우위를 점하게 되는 분기점이 되었다. 북방외교로 인해 제3세계와 동구권 국가들은 우리나라에 대하여 점차적으로 우호적인 관계로 돌아서고 있었다. 그 결과 1991년에 남북한은 유엔 가입을 동시에 하게 되었다. 또한 북한을 대화의 장으로 끌어내오는 역할을 하였다. 아무리 둔감한 북한이라고 하여도 세계사의 변화 조짐을 감각적으로 느끼고 있었을 것이며, 북방외교는 강한 흡입력으로 작용하기에 충분하였다. 탈냉전이라는 변화의 조짐은 88올림픽의 개최국 숫자에서도 이미 암시하고 있었다. 1980년 모스크바 올림픽과 1984년 LA 올림픽은 반쪽짜리 올림픽이었다. 공교롭게도 양대진영을 대표하는 두 국가에서 연이어 치러지게 되면서 각각의 진영은 교대하듯이 불참을 선언하였으나, 88서울올림픽은 무려 160개국이 참가하면서 냉전의 시대가 저물고 있음을 알리고 있었다.

**그림 4-17. 남북한 유엔 동시 가입 승인 장면** 출처 : 국가기록원

이러한 시기에 북한은 마침내 남북고위급회담을 제의해 왔다. 우리측에서는 이러한 변화를 기대하고 있었으므로 이를 적극 수용하면서, 남북은 고위급회담을 위하여 대표단이 접촉하였다. 남북고위급회담 예비회담 남측대표단과 북측대표단은 1989년 2월 8일부터 1990년 7월 26일에 이르기까지 판문점에서 8차례의 예비회담과 2차례의 실무대표 접촉을 통하여 회담을 위한 노력을 경주하였다. 그리고 남북한의 총리는 1991년 12월 13일 마침내 제5차 남북고위급회담에서 결실을 가져왔다. 남북관계에서 역사적인 문건으로 평가받는 남북기본합의서(정식명칭은 '남북 사이의 화해와 불가침 및 교류협력에 관한 합의서')를 탄생시키는 데 합의하였으며, 남북의 총리는 이에 서명하였다. 그리고 1992년 2월 19일 제6차 회담에서 남북기본합의서와 비핵화 공동선언을 발효시킬 수 있었다.

남북기본합의서에서는 남북의 관계를 명확히 정의하였다. 남북은 나라와 나라 사이의 관계가 아닌, 통일을 지향하는 과정에서 잠정적으로 형성되는 특수관계라고 규정하였다. 남북의 관계정립 개념은 다음 정부인 김영삼 정부에서 발표한 민족공동체 통일방안의 남북연합이라는 과도기적 단계에서도 계승되고 있다. 보다 현실에 맞는 통일방안을 강구하기 위한 고뇌에서 비롯되었다고 보아야 할 것이다. 통일을 위해서는 남북이 각각의 체제를 인정하여야 하는 것은 당연한 수순이 되었다. 또한 상대방

그림 4-18. 남북기본합의서 체결 장면 출처 : 국가기록원

을 대결의 대상이 아닌 화해와 협력의 대상으로 인식해야 함도 평화통일을 위한 당연한 논리이다.

[ 남북기본합의서 주요내용 ]

| 구분 | 주요내용 |
|---|---|
| 제1장 남북화해 | 상호 체제 인정, 상호 내정 불간섭<br>비방과 중상의 중지, 파괴전복 금지<br>군사정전협정 준수 등 |
| 제2장 남북불가침 | 무력에 의한 침략 금지<br>군사분계선과 쌍방의 관할 구역 인정<br>비무장지대의 평화적 이용<br>군사적 신뢰 조성과 군축의 협의·추진<br>직통전화를 설치·운영 등 |
| 제3장 남북교류협력 | 자원공동 개발·물자교류·투자 등 경제교류<br>과학·기술·문화 등 교류협력 추진<br>이산가족의 상봉 및 방문<br>철도·도로 연결, 해로·항로의 개설<br>우편·전기통신 및 교류의 비밀 보장 등 |
| 부속합의서[21) | ① 남북화해의 이행과 준수를 위한 부속합의서 ② 남북불가침 관련 부속합의서 ③ 남북교류협력 관련 부속합의서 |

21) 남북기본합의서는 1992년 2월 19일에 양측의 최고지도자가 인준한 문본을 교환함으로써 발효되었으며 부속합의서 들은 이후 분과위원회에서 추가적인 논의를 통해 1992년 9월 17일 채택되었다.

그렇지만 이 역시 또한 오래가지는 못하였다. 제8차 회담에서 분야별 부속합의서에 대하여 의견 일치를 보면서 기대를 모았으나, 1993년 1월 29일 북한은 대화중단을 선언하였다. 북한이 문제 삼은 것은 미군과의 팀스피리트연합훈련에 대한 것이었다.

이 시기에 또 하나의 역사적인 사건은 앞에서 언급한 북방외교의 성과로 일구어낸 남북한의 동시 유엔 가입이었다. 1991년 9월 17일에 남북은 유엔 가입을 놓고 팽팽한 긴장감을 벌였으나, 북방외교의 성공으로 북한을 누를 수 있었다. 과거에는 북한이 비동맹 국가와의 관계에서 우리나라에 비해 우위를 보였지만, 북방외교를 기점으로 북한이 오히려 열세에 놓이게 되면서 국면의 전환을 맞고 있었다.[22]

남북기본합의서는 남북관계의 발전 방향을 제시하였다는 평가를 받고 있으며, 함께 합의한 한반도 비핵화공동선언은 오랜 숙원에 대한 합의였다. 그러나 이러한 합의를 하고도 한반도의 평화는 이루어지지 않고 있으며, 북핵위기가 오히려 악화 일로를 걷고 있다. 북한의 핵문제를 둘러싸고 북한과 우리나라, 미국 등은 1991년부터 지금까지 첨예하게 대립하고 있는 실정이다. 한반도의 평화시계는 가다 서다를 반복하는 것을 넘어서 과거로의 회귀를 반복하고 있다는 것이 현실이기도 하다.

22) 북방외교의 성과는 1989년 2월 헝가리를 시작으로 폴란드, 유고슬라비아, 체코슬로바키아, 불가리아, 루마니아 등과 외교 관계를 수립하였다. 1991년 8월에는 알바니아까지 이르는 동유럽 7개국과 관계를 정상화하였다. 1990년에는 소련과의 국교를 수립하면서 냉전의 시대를 종식시켰다.

## 제 5 장

# 문민으로의 정권교체 시대

1. 민주화의 열망과 문민정부의 탄생
2. 주변정세와 북한의 핵문제
3. 김영삼 정부의 통일정책
4. 남북한의 통일방안

## 1. 민주화의 열망과 문민정부의 탄생

### ❑ 분열된 민주화의 두 거두

철권통치를 이어가던 박정희는 10·26사태로 막을 내렸다. 국민들의 시선은 당시 민주화의 두 거두였던 김대중과 김영삼에게 모아졌다. 그렇지만 12·12군사반란은 신군부의 등장을 가져오면서, 전두환과 그의 영원한 2인자로 꼽혔던 노태우가 차례로 정권을 장악하였다. 이후 김대중과 김영삼의 민주화 투쟁은 계속되면서 국민의 관심을 집중시켰다.

시민들의 민주화에 대한 함성이 끝없이 이어지자 군부독재는 더 이상 버티지 못하였다. 드디어 그해 6월 29일에 민정당 대통령 후보 노태우는 '6·29민주화선언'을 발표하기에 이르렀다. 이로써 5년 단임제의 대통령을 직선제로 한다는 내용을 골자로 한 헌법 개정을 이루게 되었다. 드디어 대통령 선거가 막을 올렸다. 대통령 선거에는 여당의 노태우, 야당의 김영삼과 김대중 등 총 8명이 출마하였다. 이중에서 민주화 세력을 대표하던 통일민주당 김영삼 총재와 민주화추진협의회 김대중 공동의장의 후보 단일화는 초미의 관심이었다. 1987년 10월 27일에 고려대 민주광장에서 시국토론회가 열렸다. 이날 야당의 두 거인이 참석한다고 하자, 시민들은 단일화 발표를 학수고대하였다. 그러나 둘은 서로 얼굴마저도 돌리고 있었다. 결국 합의를 이루어내지 못하면서 결과적으로 야당의 표심은 분산되는 효과를 가져 왔다. 단일화의 실패는 정권교체의 실패로 이어지면서 노태우의 제6공화국이 들어섰다.

1990년 김영삼은 승부수를 던졌다. 김영삼은 집권여당인 민정당과의 합당마저도 주저하지 않았다. 그 과정에서 김영삼은 "호랑이를 잡으려면 호랑이 굴에 들어가야 한다."는 유명한 말을 남기기도 하였다. 즉, 대통령이 되기 위해서는 합당이 필요하다는 것을 말한 것이다. 그의 포기하지 않는 도전정신을 상징적으로 보여주는 장면이기도 하였다. 그의 정치 이력을 보았을 때 어울리지 않는 합당이기도 하였지만, 그의 집착력은 집요하였다. 여기에서 김종필도 합당에 참여하면서, 여당은 민자당이라는 거대 정당으로 변모하였다. 1992년 대선에서 김영삼은 민자당의 대선 후보로 낙점되면서 대통령에 당선되었다. 그는 1954년 제3대 국회의원 선거에서 만 26세의 나이로 역대 최연소 국회의원에 당선되었다. 9선 의원을 지내면서 영원한 라이벌이자 동지

그림 5-1. 고려대에서 열린 시국토론회에서의 김대중과 김영삼

였던 김대중과 함께 민주화운동을 이끌면서 우리나라의 민주화에 큰 기여를 하였다. 민주화 투쟁이라는 정체성을 간직한 두 사람은 비록 한때는 동지였지만 대통령직을 양보할 수는 없었다. 당시 우리나라 야당의 역사는 김대중과 김영삼을 두 축으로 하는 세력으로 나뉘어 동지의 관계를 유지하기도, 때로는 경쟁의 관계를 형성하기도 하면서 민주화의 발전을 함께 지향하였다. 그렇지만 권력 앞에서는 한계를 보이며 국민의 실망을 자아내게 만들기도 하였다. 어쨌든 김영삼의 당선은 군부정권의 종지부를 찍게 만드는 계기가 되면서 새로운 정치사를 창출해 내었다.

### ❑ 군부세력의 청산과 개혁

1993년 2월 25일 취임한 김영삼은 신한국을 건설하자며 변화와 개혁만이 최선의 선택임을 힘주어 말하였다. 취임사에서 신한국 창조를 국정지표로 제시하고 이를 위한 당면과제로 부정부패의 척결, 경제회복, 국가기강 확립을 열거하였다. 이날 취임사에서는 김일성 주석에게 "세계는 대결이 아니라 평화와 협력의 시대로 나아가고 있으며, 진정한 화해와 통일을 원한다면, 이를 논의하기 위해 우리는 언제 어디서라도 만날 수 있다."며 남북정상회담을 제의하였다. 통일문제에 있어서도 자신에 찬 의지를 내비친 것이다. 이어서 역사 바로 세우기의 일환으로 조선총독부 건물을 철거하였으며, 군내 사조직이었던 하나회 척결, 금융실명제 등을 강력하게 추진하면서 개혁의 물꼬를 주도하였다. 국민들은 속이 시원해짐을 느꼈으며, 비로소 문민정부가 출범했다는 사실을 실감하였다.

1994년 5・18광주민주화행쟁 피해자 32명은 전두환과 노태우 등 학살 책임자 35명을 고소・고발하였다. 그러나 이들에 대해 검찰이 불기소 처분을 내리자, 시민사회가 강력히 항의하면서 책임자 처벌에 대한 사회 여론이 달아올랐다. 이들에 대한 비판 여론이 고조되는 가운데 1995년에 노태우 비자금 사건이 터졌다. 여론이 급격히 악화되자 김영삼은 5・18특별법 제정을 지시하는 결단을 내렸다. 그에 따라 1995년 12월 21일 국회에서는 「5・18민주화운동 등에 관한 특별법(약칭, 5・18특별법)」을 통과시킨면서 5・18관련자 처벌이 가능해졌다.

이에 따라 전두환과 노태우 등 핵심인물 16명을 12・12군사반란사건과 관련하여 군사반란 및 내란죄 등으로 기소하였다. 1996년 8월 1심 재판부는 전두환과 노태우에 대해 반란죄・내란수괴죄를 적용하여 사형과 무기를 선고하는 등 피고인들에게

그림 5-2. 구 조선총독부 건물 철거 선포식 출처 : KBS뉴스 화면에서 캡처

중형을 선고하기에 이르렀다. 1심에서 전두환에게는 사형, 노태우에게는 징역 22년 6월을 각각 선고하였다. 둘은 항소심에서 무기징역과 징역 17년으로 감형됐으며, 1997년 4월 대법원에서 항소심의 형량이 그대로 확정되었다. 그러나 1997년 12월 22일 15대 대선이 치러지고 국민대화합의 명분으로 특별사면 되었다. 국민의 요구에는 부족한 감도 있었지만, 이러한 일련의 조치는 문민정부라는 정통성을 갖고 있었기에 가능했던 부분으로 평가할 수 있다. 현대사의 왜곡을 모두가 인정은 했지만 이를 공식적으로 제기하는 것은 금기시되고 있던 것이 당시의 정서였다. 심지어는 성공한 쿠데타는 처벌할 수 없다는 해괴한 논리를 펴는 것이 당연시되던 시절이었다.

김영삼 정부의 최대 업적중의 하나는 군부세력의 청산과 금융실명제였다. 금융실명제는 1993년 8월 12일 오후 7시 45분 발표되면서 전격 시행되었다. 기존에는 금융거래를 차명으로 하는 것이 가능하였다. 이로 인해 검은 돈의 흐름을 파악하기에는 어려운 구조를 갖고 있었다. 그러나 이 법이 시행되면서 모든 돈의 거래는 거래하는 본인의 실명으로 해야 했다. 실명 확인 절차를 거치지 않거나 실명이 아닌 것으로 확인되면 돈을 인출 할 수 없었다. 금융실명제는 경제혁명으로 불릴 만한 파격적이었다.

민주화운동의 거두답게 김영삼은 이러한 잘못된 관행을 타파하고자 하였다. '역사 바로 세우기'를 국정과제의 핵심으로 삼은 김영삼의 결단은 매서웠다. 문민정부를 대표하는 키워드는 '신한국 건설, 세계화, 역사 바로 세우기, 지방자치제 확대'등이었으며, 이는 선진국으로 도약하겠다는 의지를 품고 있었다. 문민정부는 대한민국의 평범한 시민들에게 희망을 안겨 주겠다는 강한 의지를 갖고 출범한 정부였다.

## 2. 주변정세와 북한의 핵문제

### ❏ 국내・외 정세

김영삼 대통령의 집권기는 1993년 2월부터 1998년 2월까지에 해당된다. 이 시기는 국제적으로 이미 탈냉전이 한참 진행되어 이념보다는 자국의 실리를 우선시 하는 정세를 보이고 있었다. 소련이 붕괴되자 동구권의 공산정권도 도미노 현상처럼 연이어 붕괴하고 있었다. 또한 중국과 베트남은 폐쇄적인 정책에서 벗어나 과감한 개혁개방정책을 추구하고 있었다. 세계는 탈이념과 탈냉전을 실감하고 있었다. 냉전의 시대를 벗어난 세계는 새로운 질서를 추구하는 분위기였다. 이념의 대립이 크게 완화되었다는 것은, 이로 인한 분쟁에서 벗어나고 있었다는 것이며, 점차 국가의 실리를 추구하는 질서를 새로이 정립하기 시작했다는 의미이기도 하였다. 이러한 세계정세의 변화와 맞물려 우리의 국가 실리는 통일에 대한 논의가 단연 우세한 분위기였다. 그러므로 대통령이 내놓을 통일과 관련된 조치와 정책에 대한 기대는 당연히 높을 수밖에 없었다. 국내의 각계각층에서는 분단을 극복하고 통일을 이루자는 열망이 상대적으로 높아져 가고 있었다.

비록 방향의 위법성은 갖고 있었을지라도 통일의 열망을 담은 분위기는 1980년대 말부터 진행되고 있었다. 이 시기에는 정부의 허락 없이 밀입북하여 김일성과 면담하는 사례가 그 어느 때보다도 많이 나타나고 있었으며, 직업도 다양하였다. 국회의원, 소설가, 목사, 신부, 대학생 등이 정부의 허락 없이 방북하였다가, 국가보안법 위반으로 처벌받기도 하였다. 이러한 사례는 그만큼 통일에 대한 담론이 뜨겁게 분출되고 있었다는 반증이기도 하였다. 오히려 이러한 환경은 통일정책을 논의하고 이를 공개적으로 추진하기에는 유리한 환경으로 받아들일 수도 있었다. 또한 김영삼의 이력은 비록 보수정당에 몸담고 있었지만, 대부분의 국민들은 그를 진보성향으로 인식하고 있었다. 그렇지만 김영삼은 분출되는 통일의 열망을 기대만큼 충분히 담아내지는 못하였다.

노태우 정부 시절인 1991년 12월 13일 새로운 남북관계 발전 방향을 제시한 남북기본합의서가 체결됐으며, 12월 31일 남북은 판문점에서 한반도비핵화공동선언을 채택했다. 이것은 현재까지도 북한의 핵문제 해결을 위한 회담 등에서 이행과 준수를 요구할 수 있는 중요한 근거로 작용하고 있으니, 성과가 큰 것으로 평가할 수 있다. 국제사회는 특히 비핵화공동선언과 북한의 국제핵사찰 수용 약속을 환영하였다. 공교롭게도 이념의 상징으로 버티고 있던 소련이 그해 12월 25일 해체 되고 6일이 지난날이었다.

소련의 해체는 북한의 비핵화선언에 영향을 끼쳤을 것으로 평가되기도 한다. 그와 함께 다른 한 가지 요인은, 미국의 전술핵무기를 철수 및 폐기 처분한다는 발표였다.[1] 이것은 주한미군의 전술핵무기도 철수한다는 내용을 포함하는 것이었다. 북한은 비핵화의 압박을 받을 때마다 주한미군의 전술핵무기 철수를 주장하였는데, 이를 철수하기로 발표하자 명분을 잃게 되었다. 그렇지만 이후의 남북관계는 제자리걸음에 불과하였다. 비핵화에 합의하고도 한반도의 평화체제를 이루지 못하는 현실을 안타깝게 바라보아야 했다. 이러한 시기에 민주화운동의 대부격이며, 진보적인 성향의 소유자로 인식되는 김영삼의 문민정부 등장은 새로운 모티브를 제공할 것으로 믿고 있었다. 그렇지만 기대에는 미치지 못하는 결과로 이어지고 말았다.

김영삼 집권기에는 한반도를 둘러싸고 수많은 격랑을 만나야 했다. 그중에서도 북한의 핵문제는 국정의 발목을 붙잡는 요인으로 작용하였다. 1차 북핵위기를 넘어서면서 어렵게 성사된 정상회담은 김일성 사망으로 무산되었으며, 북한은 설상가상으로 잠수함을 이용한 침투사건을 일으키기도 하였다. 1993년 3월 11일에 정부는 통일관계장관 전략회의를 열고 비전향 장기수 이인모[2] 노인에 대하여 방북을 허용한다는 공식입장을 발표하기도 하였다. 결국 이인모는 3월 19일 판문점을 통하여 북송되었다. 이러한 조치는 북한에 대한 유화책이었으며, 그의 민족을 중시해야 한다는 취임사의 대목과 일치되어 있기도 하였다. 1993년 2월 25일 대통령 취임사에서는 “어느 동맹국도 민족보다 더 나을 수는 없다.”라는 의미심장한 발언을 하기도 하였다. 김영삼의 통일정책 방향을 짐작하게 해주는 대목이기도 하였다. 그 후 그는 민족공동체 회복에 역점을 둔 통일정책을 발표하였다. 이때 통일정책의 키워드를 이미 제시하고 있었던 셈이다. 그렇지만 북한은 이러한 호의를 무시라도 하는 듯 핵무기 비확산 조약(NPT)탈퇴를 공식 선언하면서 국제사회에 파장을 불러왔다.

---

1) 미국의 전술핵무기 철수와 폐기 발표는 소련의 해체와 연관이 깊다. 당시 소련은 1991년 8월에 보수파의 쿠데타가 발생하였다. 미국은, 만일 소련의 핵무기가 불량국가들에 의해 접수된다면 그 여파는 커질 것을 염려하였다. 미국의 발표는 소련의 고르바초프 대통령을 움직였으며 연방에 분산되어 있던 핵무기는 러시아공화국으로 집결시킬 수 있었다.

2) 6・25전쟁 당시 북한군의 종군기자였다. 지리산에서 붙잡혀 34년의 수감생활을 한 비전향 장기수였다. 김영삼 정부가 들어선 1993년 3월 19일 가족 방문 목적의 장기방북 형식으로 북쪽으로 돌아갔다. 그 후 그는 2007년 6월 16일 89살을 일기로 숨졌다.

자신감에 넘쳐 출범한 문민정부는 북핵위기를 거치면서 남북관계의 위기를 맞게 되었고 설상가상으로 국가부도라고 불리는 경제위기까지 맞아야 하는 순탄하지 못한 과정에서 막을 내리게 되었다. 특히 남북관계를 보다 발전적으로 추진하지 못했다는 것은, 그가 걸어온 과정을 고려해 볼 때 불행한 대목이기도 하다. 출발 당시의 환경은 안정적인 편이었으며, 남북관계에서는 주도권을 행사할 수 있는 처지였다. 먼저 우리의 경제력은 북한에게 제시할 효과적인 협상수단이었다. 또한 이전 정부에서 추진한 북방외교의 성과는 이들 국가들로 하여금 북한에게 영향력을 행사할 수도 있는 환경이었다. 중국, 소련과의 수교는 외교적 지평을 충분히 확장한 상태였다. 무엇보다도 1991년에 남북이 서명한 남북기본합의서와 비핵화 선언 등은 남북관계를 진전시킬 촉매제가 될 수 있었다.

그러나 김영삼 정부의 남북관계는 긴장의 순간이 더 많았다. 1994년 6월에는 한반도에서 전쟁이 발생할 것이라는 소문이 꼬리를 물 지경이었다. 그렇지만 남북관계의 운이 따르지 못했다고 볼 수도 있었다. 북한은 이미 김영삼 정부 시절에 죽기 살기로 핵을 보유하고자 노력하고 있었다. 북한은 이를 위하여 국제사회로부터 제재를 받으면서도 결코 핵을 포기하지 않았다. 이를 보면 남북관계가 정상적으로 작동되기는 어려운 현실적인 문제가 숨어 있었으며, 이를 파탄 내고자 하는 북한은 당연한 수순을 밟고 있었던 것이다. 그럼에도 한 가지 아쉬운 대목은 정치와 경제를 분리시키지 못했다는 것이다. 북핵 문제가 진전을 보이지 않자 민간기업의 대북 사업을 제한시켰다. 결과적으로 북한과는 핵문제를 해결하지도 못하였으며, 그렇다고 민간 부문에서의 교류를 유지한 것도 아닌 양쪽 모두가 경색되고 있었다. 결국은 남북관계에서조차도 이전의 군부정권에서 이룬 성과마저도 유지하지 못했다는 박한 평가를 감수해야 했다.

### ❑ 북한의 핵문제

북한은 김영삼 정부가 들어선 이듬해인 1993년에 제1차 북핵위기를 촉발시켰으며, 이에 대한 국제사회와 대한민국의 노력에도 불구하고 쉽게 해결되지 않고 있는 진행형의 문제가 되어 버렸다. 김영삼 정부 시절에 들어서면서 북한의 핵개발 문제는 본격적으로 대두되기 시작하였다.

북한은 1960년대에 영변에 핵시설을 건설했으며, 1970년대에는 핵연료기술을 연구하기 시작하였다.[3] 북한의 핵개발 동기에 대해서는 많은 논쟁이 있었으며, 현재도 마찬

**그림 5-3. 열병식에서 핵배낭을 휴대한 북한군** 출처: KBS뉴스 화면에서 캡처

가지이다. 북한은 핵개발 추진 이유를 미국의 대북적대정책이라고 주장하여 오고 있다. 그렇지만 일각에서는 북한의 이러한 주장을 단지 협상용이라고 평가하기도 한다. 북한 당국의 주장과는 달리, 북한은 핵무기를 생산하여 보유하고자 하는 것이 목적이며, 이것이 북한의 진의라는 것이다. 이는 핵무기를 생산하여 핵보유국이 되겠다는 야심을 갖고 있다는 것을 말한다. 북한은 세계의 비핵화가 이루어지기 전까지는 핵개발을 계속하여 추진할 것을 천명하고 있다. 이러한 북한의 행태를 보면, 핵보유를 목적으로 하고 있다는 것이 보다 설득력을 얻는다. 북한이 추구하는 노선을 살펴보면 더욱 그렇다.

그렇다면 북한이 집요하게 핵을 보유하고자 하는 이유를 살펴보아야 할 것이다. 북한에서 주장하는 연방제의 변천을 찾아보면 이에 대한 실마리를 찾아볼 수 있다. 김일성이 1991년에 말한 일명 낮은 단계의 연방제 개념을 보면, 남북의 두 체제를 당분간 유지하자는 주장이 나온다. 김일성은 '누가 누구를 먹거나 누구에게 먹히우지 않는 원칙'이라면서 남북의 체제를 유지하면서 통일을 추구하자고 하였다. 이것은 북한의 통일정책 변화이기도 하지만, 내심은 체제유지에 있었다. 이미 북한은 대한민국의 발전을 따라잡지 못할 정도로 격차가 벌어져 있었다. 김일성은 현실을 인정하지 않을

---

3) 통일부 통일교육원(2016), 앞의 책, p.704.

수 없는 처지가 되었으며, 체제유지만이라도 해야 한다는 절박함을 실감해야 했다. 이러한 현실에 직면한 북한이 핵무기를 체제유지의 수단으로 고려했을 개연성은 충분히 있었을 것이다.

북한이 체제유지의 수단으로 핵을 보유하고자 한다는 것은 1994년에 귀순한 엘리트 출신의 진술에서도 나왔다.[4] 귀순자들의 진술은, 김정일은 핵탄두 10개만 보유하고 있으면 미국과 당당하게 협상할 수 있다는 생각을 갖고 있다고 하였다. 이렇게 되면 군수산업에 매달리지 않고  민수산업에 집중할 수 있다는 것이며, 이에 대한 전략을 세워놓고 있다고 하였다. 이러한 내용을 살펴보면 북한이 핵무기를 보유하고자 하는 것은 체제유지의 목적이 큰 것으로 볼 수 있을 것이다. 또한 만성적인 식량부족 문제조차도 해결하지 못하고 있는 북한이 여전히 경제건설 및 핵무력건설 병진노선을 추구하고 있다는 것도 이를 뒷받침하고 있다.

북한은 현재까지도 경제건설 및 핵무력건설 병진노선을 버리지 않고 있다. 이러한 노선은 2013년 3월 31일 노동당 중앙위원회 전원회의에서 처음으로 발표되었다. 경제건설 및 국방건설의 병진노선은 경제발전과 군사력 강화를 동시에 추진하겠다는 구상이다. 그러나 이것이 현실성이 있었다면 북한 주민들의 삶은 지금보다 나아져야 했다. 그렇지만 아직도 북한은 먹고 살 식량부족에 허덕이고 있다. 반면 핵무기 실험으로 인한 핵능력은 고도로 발전되고 있는 추세이다. 이러한 병진정책은 박정희의 선경제건설 후통일의 정책과 대비되기도 한다. 북한의 핵실험과 이에 관련하여 유엔 등 국제사회의 주요 조치를 요약해 보면 다음과 같다.

[ 북핵 관련 주요내용 ]

| 연도 | 주요내용 |
|---|---|
| 1980년 | 원자력발전소 건설계획 수립 |
| 1985년 | 소련, 경수로 4기 공급(북한의 핵무기비확산조약(NPT)가입 조건)<br>북한, NPT 가입(12.12) |
| 1992년 | 북한, 국제원자력기구(IAEA) 안전조치협정 체결, 핵사찰 수용<br>(사찰결과: 신고내용과 불일치 내용 발견) |

4) 1994년 7월 28일 귀순한 북한 정무원 총리 강성산의 사위 강명도와 前 건설부 부장의 아들 조명철이 밝힌 내용이다. 강명도는 인민무력부 보위대학 보위전문연구실장으로 근무했으며, 조명철은 김일성종합대학을 졸업하고 김일성종합대학의 교원으로 근무하였다고 진술하였다.
출처: 「'북핵 협상용 아닌 체제유지용' 귀순자 일문일답」, 경향신문(1994.7.28.)

[ 북핵 관련 주요내용(계속) ]

| 연도 | 주요내용 |
|---|---|
| 1993년 | IAEA, 북한에 대한 특별 사찰 요구(2.9)<br>북한, NPT 탈퇴 선언(3.12)<br>유엔 안보리 등, 북한의 탈퇴 철회 촉구<br>북한, NPT 복귀 발표(6.10) |
| 1994년 | 미국과 북한 고위급 회담과 제네바 기본합의<br>– 한반도 비핵화의 재확인<br>– 북한의 핵활동 동결과 이에 대한 보상<br>– 미국의 대북 경수로제공의 지원<br>– 에너지 손실분에 대한 중유지원<br>– 정치경제 관계의 완전 정상화<br>**※ 제1차 북핵위기** |
| 1995년 | 한・미・일 3국 중심의 한반도 에너지 개발기구(KEDO)5) 설립<br>– 한국표준형 경수로 지원 및 자금 조달 추진 목적 |
| 2002년 | 미국, 북한의 고농축 우라늄 개발 의혹 제기<br>미국, 대북 중유공급 중단과 핵선제타격 대상 규정<br>북한, 핵동결 해제, 핵시설 재가동 선언<br>**※ 제2차 북핵위기** |
| 2003년 | 북한, NPT 탈퇴 선언<br>6자회담 개최(남북한, 미국, 일본, 중국, 러시아) |
| 2005년 | 북한, 6자회담 무기한 중단 선언, 핵무기 보유 선언<br>6자회담 참가국, 9・19공동성명6) 채택(북핵문제 해결의 로드맵)<br>미국, 방코델타아시아(BDA) 은행 제재<br>6자회담 참가국, 9・19후속조치 논의 난관 봉착 |
| 2006년 | 북한, 1차 핵실험 단행(10.9) |
| 2007년 | 6자회담 개최국, 9・19공동성명 이행 위한 합의(2・13합의, 10・3합의 채택)<br>북한, 핵활동 동결 및 일부시설 불능화 조치 |
| 2009년 | 북한, 2차 핵실험 단행(5.25) |
| 2013년 | 북한, 3차 핵실험 단행(2.12), 다종화, 소형화, 경량화 했음을 발표<br>경제건설 및 핵무력 병진노선 채택 주장 |

5) The Korean Peninsula Energy Development Organization(KEDO)는 1995년 3월 9일 설립하였다. KEDO는 미국이 북한에 제공하기로 한 경수로를 건설하기 위한 국제 컨소시엄을 말한다.

6) 2005년 북핵 관련 6자회담에서 북한은 핵무기와 핵계획을 포기하기로 하였다. 이에 관련국들은 북한과의 관계정상화와 에너지 지원에 합의함으로써 공동성명을 내게 된 것을 말한다.

[ 북핵 관련 주요내용(계속) ]

| 연도 | 주요내용 |
|---|---|
| 2016년 | 북한, 4차 핵실험 단행(1.16), 수소탄 시험 주장<br>북한, 5차 핵실험 단행(9.9), 핵탄두 위력 판정 주장 |
| 2017년 | 북한, 6차 핵실험 단행(9.3), 핵무력 완성 선언<br>**※ 제3차 북핵위기** |
| 2018년 | 북한, 핵실험과 대륙간탄도로켓 시험발사 중지 선언(4.21) |
| 2022년 | 북한, 핵실험과 대륙간탄도로켓 시험 재개 시사(1.20) |

북한은 6・25전쟁을 통하여 미국에 대한 두려움을 가지고 있었다. 그것은 미국의 엄청난 폭격능력이었다. 또한 제2차 세계대전 당시 항복을 거부하는 일본을 향하여 지금껏 경험하지 못한 위력의 무기를 투하하여 거대한 두 개의 도시를 잿더미로 만든 미국의 위력을 알고 있었으므로 폭격에 대한 공포는 더욱 컸을 것이다. 현재의 북한은 비록 스스로 한 선언이었지만 핵능력 보유를 선포하였다. 결과적으로 보면 김일성의 폭격에 대한 공포는 핵개발로 이어졌다고 볼 수 있다.

북한은 1974년에 국제원자력기구(IAEA)에 가입하면서부터 이미 군사용 핵무기 개발 야욕을 갖고 있었다고 보아도 무방할 것이다. 북한은 핵개발을 위장하기 위하여 반핵을 주장하면서 1985년에는 핵무기 비확산 조약(NPT)에 가입하기도 하였다. 이 기구에 가입한 국가는 국제원자력기구와 핵안전협정을 체결하고 핵사찰을 받아야 할 의무를 지게 된다. 그러나 북한은 이러한 준수사항을 무시하고 이를 체결하지 않고 있었다. 이렇게 되자 미국을 비롯한 국제사회는 북한의 저의를 의심하기 시작하였다. 미국은 정찰위성을 통하여 북한의 영변에서 핵무기의 원료가 되는 플로토늄을 생산 가능한 재처리시설이 있는 것으로 보인다고 발표하면서, 북한의 핵문제는 국제사회에 떠오르게 되었다. 급기야 1993년 3월 12일 북한은 NPT 탈퇴를 선언하였으며, 이로부터 제1차 북핵위기는 사실상 시작되고 있었다.

이때부터 북한과 미국은 1994년 제네바 기본합의를 이룰 때까지 밀고 당기는 협상을 이어 가야 했다. 미국은 북한과 협상을 진행했으나 결론을 쉽게 도출할 수 없었다. 가장 첨예하게 대립하던 1994년에는 북한 영변에 대한 폭격까지도 거론되면서, 한반도에서 곧 전쟁이 발발한다는 무성한 소문까지 만들어 냈다. 그러나 1994년 6월의 북한 핵 위기는 미국의 전 대통령 카터의 평양방문으로 봉합의 실마리를 찾았다. 북한은 카터를 초청하였으며, 그는 김일성과의 회담에서, 북한이 핵 프로그램을 동결시키는 것과 NPT에 복귀하여, IAEA가 북한의 핵동결을 감시하는 것에 동의할 것을 제의하였다. 카터의 제의를 김일성은 받아들였으며, 이를 계기로 북미대화가 이루어지기 시작하였다.

제1차 북핵위기가 봉합되어 가던 중 김일성 사망이라는 변수가 등장하였다. 아버지로부터 권력을 물려받은 김정일은 정권의 안착을 위해서라도 미국과의 유화책이 필요한 상황이 되었다. 마침내 1994년 10월 21일 제네바에서 북미 간에 기본합의서(Agreed Framework)가 채택되면서 북핵위기를 넘어서고 있었다. 미국은 북한이 핵무기 개발에 사용한 것으로 추정되는 흑연감속형 원자로 2기를 동결하는 대가로 1,000MWe급 경수로 2기를 건설을 지원하겠다는 합의를 하기에 이르렀다. 그렇지만 이것은 오래가지 못하고 제2차 북핵위기를 맞으면서 활동을 종료하게 되였다. 미국은 제네바 기본합의에 따라, 북한에 대하여 1995년에 한・미・일 3국 중심의 한반도 에너지 개발기구(KEDO) 설립 등을 1995년에 체결하면서 잠시 안정적인 분위기를 이어갈 수 있었다. 하지만 이러한 조치는, 북한이 핵개발에 필요한 시간을 벌게 해주었다는 비판을 받아야 했다.

그림 5-4. 2016년 북한의 장거리 미사일 발사 모습 출처 : KBS뉴스 화면에서 캡처

이러는 사이에 미국은 대통령 선거가 있었으며, 2001년에 정권을 이어받은 부시 대통령은 대형 사건을 맞이했다. 2001년에 발생한 9・11테러였으며, 이를 계기로 미국은 북한의 핵문제를 과거와는 다른 시각으로 바라보게 되었다. 미국은 북한이라는 비정상적인 국가의 핵이 테러분자들의 손에 넘어가게 되는 상황에 대하여 심각한 우려를 하기 시작하였다. 이때부터 북한의 핵문제는 세계적으로 핵을 확산시킬 수 있다는 차원에서 조명되면서, 미국과 심각한 갈등을 겪기 시작하였다.

설상가상으로 미국은 북한의 고농축우라늄 개발 계획에 대하여 문제를 제기하였다. 북한은 이에 반발하면서 제2차 북핵위기를 몰고 왔다. 이후 북핵문제를 해결하기 위한 남북한, 미국, 일본, 중국, 러시아 등이 참여하는 6자 회담이 시작되었다. 회담에서 2005년에 '9・19공동성명', 2007년에 '2・13합의'와 '10・3합의'를 이끌어 내면서 제2차 북핵위기를 넘길 수 있었다. 이러한 과정에서 북한은 미국을 향하여 대북적대시정책이라고 비난하면서, 장거리 미사일 개발은 물론이고 지속적인 핵능력 향상을 위해 집요하게 매달리게 되었다.

북한은 노무현 정부 시절인 2006년 10월 9일에 제1차 핵실험을 하였다. 이에 그치지 않고 2009년 5월에 제2차, 2013년 2월에 제3차, 2016년 1월에 제4차, 2016년 9월에 제5차의 핵실험을 강행하였다, 박근혜 정부 시절에는 무려 3차례에 걸친 핵실험을 진행하면서 남북관계가 악화일로의 길로 가고 있음을 보여 주기도 하였다. 문재인 정부 시절인 2017년 9월 3일에 북한은 제6차 핵실험을 실시하여 핵무기 개발을 포기하지 않고 있음을 보였다. 이때를 제3차 북핵위기라 하며, 진행중에 있는 위기라고 보아야 할 것이다. 특히 제6차 핵실험에서 보여준 핵폭발 위력은 약 50kt으로 이는 과거의 핵실험에 비해 현저히 증대된 능력을 시험한 것으로 평가되기도 하였다. 북한은 수차례의 핵실험으로 핵탄두의 표준화, 규격화, 경량화를 달성하였다고 하면서 핵보유국임을 주장하였다.

문민정부가 들어서자 국민들은 남북관계에 대한 기대감을 갖고 지켜보았다. 군부정권으로 불리던 권위주의 정부에서보다는 전향적인 통일정책 내놓을 것이라 기대하였다. 그의 정치 이력을 보더라도 북한과의 대화에 인색하지 않을 것으로 평가하고 있었다. '통일을 위해서라면 언제 어디서라도 만날 용의가 있다'는 그의 취임사는 통일정책의 일대 전환을 예고한다고 믿고 있었다. 그렇지만 김영삼 정부의 민족공동체

통일방안은 비록 우리나라의 통일정책으로 공식 채택되었지만, 김영삼의 통일정책 자체는 크게 호평을 받지 못했으며 오히려 기대가 컸던 만큼 실망도 컸다.

또한 1992년에 대두된 북한의 핵문제는 결정적으로 통일정책이 강경노선으로 자리잡는 계기가 되었으며, 이러한 분위기를 안고 김영삼 정부가 닻을 올린 것이다. 상대적으로 양호한 환경이었으나 북핵문제는 강경노선을 추구하게 만든 변수로 크게 작용하였다. 이로 인해 대북제재라는 용어가 심심치 않게 등장하기 시작하였다. 북한은 문민정부가 들어서면서부터 핵개발과 이에 대한 운반수단인 미사일 개발과 시험에도 집중하기 시작했다. 대북제재는 북한의 핵 및 탄도미사일 등의 대량살상무기(Weapons of Mass Destruction,,WMD)의 개발 중지 등을 목적으로 하여 북한에 가하는 정치・경제・외교적 불이익을 말한다. 대북제재는 유엔과 유럽연합 등에서 가하는 다자제재와 미국 등에서 가하는 독자제재가 함께 이루어지고 있다.

제1차 북핵위기를 봉합한 카터는 판문점을 통하여 서울에 들러 김영삼 대통령을 만났다. 그는 1994년 6월 18일에 김영삼에게 김일성의 남북정상회담 의사를 전달하였다. 최초의 남북정상회담 실현을 앞두고 남북은 6월 28일 예비접촉을 하였다. 7월 2일에는 7월 25일 ~ 27일간 평양에서 정상회담을 하는 것에 합의하였다. 정상회담을 위해 분주하게 움직이던 어느 날, 김일성은 갑작스럽게 사망하였다. 김일성의 죽음으로 남북정상회담은 실현되지 못하고 말았다. 그 이전에 김영삼은 1994년 2월 25일 취임 1주년 기자회견에서 김일성과의 정상회담 용의를 표명한 바 있었다.[7]

김영삼 정부 시절의 통일정책은 군부정권 시절과 비교하여 보아도 기본적인 신뢰구축 마저 후퇴한 경향을 보였다. 이러한 원인은 다양하게 분석되겠지만, 여기에서는 국・내외의 환경과 북핵문제 등을 중점적으로 기술하는 것으로 한정하였다.

북한이 탄도미사일 기술을 개발하기 위한 위성발사와 핵보유를 합리화하는 것은 미국의 대북적대전략에서 생존하기 위한 것이라고 강변하고 있다. 2013년 1월 31일 노동신문에서는 '핵위협의 근원제거는 조선반도평화와 안전보장의 근본담보'라는 제목으로 이에 대해 많은 지면을 할애하여 이를 주장하였다. '우리의 평화적인 위성발사를 걸고 들어 제제결의를 조작하였다'는 내용과 '자기를 지킬 힘이 없으면 굴종과 예

---

7) 김영삼은 북한의 핵문제를 해결하기 전까지는 정상회담을 고려하지 않는다는 입장을 견지하고 있었다. 1993년 9월 13일 민주평통 해외자문위원 초청행사, 1994년 1월 6일 연두기자회견에서 선핵문제 해결 후정상회담 개최를 희망하고 있었다.

**그림 5-5. 북한의 농민들** 출처: KBS '남북의 창' 화면에서 캡처

속을 강요당하게 된다', '국제문제 전문가는 미국의 핵공격 선택이 북에 핵무기 개발, 획득, 보유의 이유를 주는 것이 사실', '조선반도의 평화와 안전을 위협하는 적대세력들의 비핵화가 선행되지 않는 한 조선반도의 비핵과도 있을 수 없다' 등의 주장을 이어갔다. 기사에서 보듯이 자위를 위한 핵보유라는 것과 북한의 비핵화가 아닌 조선반도의 비핵화를 주장하고 있다. 북한이 핵을 개발하는 것은 미국의 핵이 북한을 겨냥하고 있다는 것에 대한 자위권 차원임을 주장하고 있는 것이다.

## 3. 김영삼 정부의 통일정책

### ❑ 3단계 통일방안

김영삼은 1993년 7월 6일 제6기 민주평화통일자문회의 개회사를 통해 새 정부의 통일방안과 정책을 내외에 천명하였다. 김영삼 대통령은 제6공화국의 '한민족공동체 통일방안'을 기본으로 하며, '남북 사이의 화해와 불가침 및 교류 · 협력에 관한 합의서'의 기조를 이루는 화해와 협력을 내용으로 하는 통일정책을 천명하였다. 여기에서는 통일과정을 '화해와 협력' → '남북연합' → '통일국가'의 3단계로 구분하였다. 그리고 이를 추진하는 통일정책의 기조로 '민주적 국민합의, 공존공영, 민족복리'의 3가지를 천명하였다.

이처럼 통일방안 3단계를 설정한 것은 분단의 세월이 깊어짐에 따라 민족의 동질성은 희박해졌으며, 반면에 이질성은 심화되었다는 현실을 고려한 것이다. 남북의 체제는 물론이고 정서까지도 일치되는 것보다는 이질화되었거나 이질화되고 있는 경향을 보이고 있었다. 동족상잔의 전쟁으로 대화와 협력의 대상이라는 인식은 점차 멀어지고 있었다. 장기간의 분단이 지속되어온 남북의 현실은 그동안 한반도를 토대로 함께 향유한 고유의 문화를 기반으로 한 동질성마저도 무너뜨리고 있는 것이 현실임을 인정하여야 했다. 이러한 사실적 상황을 고려한 바탕 위에서 통일의 접근방법을 제시한 것이다. 우선적으로 남북 간 화해협력을 통해 상호 신뢰를 쌓고 평화를 정착시킨 후 통일을 추구하는 점진적이고 단계적인 통일방안이다. 따라서 통일은 점진적이고 단계적인 접근으로 나아가야 한다는 기존의 방침을 존중하였다. 즉, 남북간의 민족공동체를 회복시키며 이를 발전시켜 궁극적으로 하나의 체제, 하나의 정부를 구성하여 하나의 국가를 이루자는 것이다. 이것은 다음 해의 광복절 경축사에서 발표한 민족공동체통일방안의 주요골격을 이루게 되었다.

김영삼은 통일방안 3단계를 추진하기 위한 통일정책의 3대 기조를 정신이라고 하였다. 민주적 국민합의는 국민들의 자발적인 지지를 받아 통일문제를 민주적으로 풀어가는 것을 말한다. 김영삼은 자신의 대통령 당선이야말로 정통성을 기반으로 이루어졌다는 자부심으로 가득 차 있었다. 30여 년이 넘는 세월을 군부에서 정권을 장악하였으나, 김영삼이 대통령으로 선출됨으로써 비로소 정통성에 기반한 정부로 정권이 이양되었다는 것에 대한 자부심을 갖고 있었으며, 이는 대통령직을 수행할 근거로 작용하였다. 그에 따라 정부의 명칭도 문민정부로 칭한 것이다. 정통성 있는 문민정부는 통일정책을 수립함에 있어서도 국민의 참여를 최대한 보장하여 보다 폭넓은 민의를 반영하겠다는 의미였다.

공존공영이란 남과 북이 함께 잘살자는 것이다. 공존은 서로가 상대방의 실체를 인정하고 대화와 협력의 대상으로 여기는 조건이 선행되어야 한다. 구체적으로는 남북한이 보다 활발한 교류와 협력의 증진을 도모하여야 공영으로 이어질 수 있다. 그러므로 문민정부는 북한을 고립시키기 보다는 함께 국제사회의 일원으로 참여하도록 격려하고 협조하는 관계를 유지하여야 한다는 것을 말한다.

민족복리는 민족의 평화적 통합을 완성시키는 정신을 말하는 것이다. 민족복리는 남과 북의 민족구성원 모두에게 자유와 복지와 인간존엄성을 모두 보장되게 만드는 민주국가의 가치를 말하는 것이다.

### ❑ 민족공동체통일방안

김영삼은 1994년 8・15 경축사에서 민족공동체통일방안을 발표하였다. 이전 정부의 한민족공동체 통일방안의 기조와 골격을 이어받은 통일방안이다. 이것은 우리나라의 공식적인 통일방안의 지위를 유지하고 있다. 핵심적인 내용은 분단의 공백을 메워 줄 과정이 필요함을 제시한 것이며, 화해・협력 → 남북연합 → 통일국가에 이르는 3단계의 통일방안을 말한다.

[ 민족공동체통일방안 3단계 ]

| | |
|---|---|
| 화해・협력 | 적대와 대립의 관계 해소<br>화해와 상호 협력으로 신뢰 구축 |
| 남북연합 | 경제, 사회・문화공동체를 복원<br>민족 공동생활권 구축<br>2체제, 2정부 (현재의 남북체제 인정) |
| 통일국가 | 남북대표 구성하여 통일헌법을 제정<br>민주적 절차로 통일국회와 통일정부를 구성<br>1민족, 1국가, 1체제, 1정부 완성 |

그림 5-6. 민족공동체통일방안을 발표하는 김영삼 대통령 출처 : 대통령기록관

화해협력 단계는 대립과 대결의 국면을 공존과 공영의 관계로 전환하는 단계이다. 이를 위하여 다양한 분야에서의 교류와 협력을 추진하면서 평화의 상태를 유지하는 것이다. 이러한 조치는 이미 남북한의 합의에서 마련해 두었다. 이전 정부에서 체결한 남북기본합의서에서 상대방의 체제를 인정하고, 다각적인 교류와 협력을 활성화해 나감으로써 상호신뢰를 쌓아갈 것을 천명하였다. 기본합의서뿐 아니라 적십자회담에서도 인도적인 문제의 해결은 이미 합의된 사항이었다. 이러한 기존의 합의 내용을 충실히 지키면, 신뢰 구축은 당연히 이루어지게 된다. 특히 이산가족을 서로 만나게 하는 것은 인도적인 문제이면서 신뢰를 구축하는 시범적인 내용이 될 것이다.

남북연합 단계에서는 화해협력단계에서 구축된 신뢰를 바탕으로 교류와 협력을 활성화하기 위한 제도적 장치를 하자는 것이다. 이 단계에서의 남북연합은 2체제 2정부를 유지하는 것이며, 과도기적 통일체제이다. 핵심과제는 평화정착을 더욱 공고히 하고 민족의 공동체 의식을 함양한다. 이러한 상태가 지속되면 남북은 모두 통일을 지향하게 하는 협력적인 관계로 변모하게 될 것이다. 여기에서의 남북은 국가와 국가의 관계가 아닌 민족 내부의 특수관계로서 서로를 인정하는 단계이다. 이는 이미 이전부터 남북관계를 민족 내부의 특수관계로 규정한 바를 준수하는 것이다. 이러한 관계에서 사회・문화공동체를 복원하고 더욱 발전시켜 나가는 것이다. 여기에서 더욱 발전적으로 나아가 남북이 공동으로 협의하여 구성한 기구에서 정치통합을 위한 여러 방법을 논의하며, 남북의 대표들이 의회를 구성하여 통일을 위한 통일헌법을 제정하게 하는 단계이다.

통일국가 단계는 남북연합단계에서 민주적 절차에 따라 제정한 통일헌법을 준수하고 이를 근거로 총선거를 실시하여, 통일국회와 통일정부를 구성하자는 것이다. 결과적으로 완전한 통일한국이라는 최종상태를 이루는 단계이다. 이렇게 함으로써 1민족 1국가 1체제 1정부의 통일을 이룩하는 것이다. 즉, 1민족 1국가의 완전한 통일을 완성하는 단계이다. 통일한국은 민족구성원 모두에게 정치적, 경제적 자유가 보장되고 복지와 인간의 존엄성이 존중받는 민주공화국으로 수립되어야 한다. 경축사에서 언급한 최종적인 통일국가의 상태는, "통일된 조국은 7천만 민족구성원 모두가 주인이 되며, 개개인의 자유와 복지와 인간 존엄성이 보장되는 민족공동체를 토대로 건설되어야 합니다."라는 구절에 모두 함축되어 있다.

통일은 민족 최대의 숙원이지만 서두르는 것은 바람직하지 않다는 철학을 갖고 발표한 것으로 볼 수 있다. 충분한 기간을 갖고 올바른 방향으로의 통일이 되어야 함을 말하고 있다. 특히 민주적 절차를 강조하면서 특정 집단에 의해 주도하는 통일이 아닌 모든 민족구성원의 참여와 여기에서 모은 의견을 가지고 추진해야 함을 말하고 있다. 그것이 곧 남북 모든 구성원의 행복임을 확신할 수 있다는 것이다. 준비 없는 통일은 오히려 더 큰 혼란은 물론 결과적으로는 불행을 잉태하게 되는 것임을 경계하면서 과도기적 시간을 충분하게 확보하는 것이 필요하다는 것을 말하였다.

## 4. 남북한의 통일방안

우리나라의 공식적인 통일방안은 민족공동체통일방안이다. 북한의 통일방안은 고려연방제, 고려민주연방제 등을 통일방안으로 제시해 왔으며, 현재는 낮은 단계의 연방제를 통일방안으로 삼고 있다. 연합과 연방이라는 용어는 남북한에서 각각 사용하는 통일정책에 나오는 용어이다. 그러므로 여기에서는 먼저 연합과 연방의 개념부터 언급하는 것이 필요하리라 본다. 연방의 사전적인 의미를 살펴보면, 연방이란 자치권을 가진 다수의 나라가 공통된 정치 이념하에서 연합하여 하나의 국가를 구성하는 것을 말한다. 여기에는 미국, 독일, 스위스 등이 이에 해당한다. 이와 유사해 보이는 연합이란 둘 이상의 사람이나 집단이 합하여 하나의 조직체를 만든 것을 말하며, 유럽연합이 이에 해당된다.

우리나라의 통일정책에서 남북연합이라는 개념은 노태우 정부 시절에 처음 등장하였으며 당시에는 새로운 것이었다. 처음으로 쓰이다 보니, 이에 대한 개념 정립은 다소 모호하다는 주장도 존재하였다. 이와 같이 남북에서는 연합과 연방이라는 용어를 통일정책에서 사용하고 있다. 이와 유사한 용어의 개념을 살펴보면, 유럽연합과 미국의 연방제가 있다. 국가연합(confederation)은 유럽연합에서 보듯이 국제법상 독립국가들끼리 대등한 국제법적의 지위를 보유하는 것을 전제로 한다. 그러면서 공동이익을 위하여 조약을 맺어 일정한 범위내에서 서로 협력을 도모하는 국가간의 결합 형태를 말한다. 그러므로 국가연합을 구성하는 각국은 그들의 주권을 보유하면서 서로간의 이익을 위해 연합한 형태이다. 이를 구성하는 각각의 국가는 완전한 주권 국가이므로 국가연합에서 자유로운 탈퇴를 할 수도 있다. 가입과 탈퇴는 구성 국가의 주권에 해당하며, 국민은 구성국가의 국적을 가진다.

그렇지만 연방제를 채택하는 미국의 경우는 이와 다르다. 연방을 구성하는 개별국에 해당하는 주(州)는 국가로 존재하는 것이 아니다. 중앙의 연방국가만을 국가로 인정하고 있다. 연방과 연합은 서로의 정치체제가 동일한 경우에 흔히 적용되고 있는 국가형태이다. 미국의 경우 연방제를 채택할 수 있는 것은 정치체제가 동일하다는 것이 전제되고 있기 때문이다. 구소련의 경우도 동일한 경우로 이해하면 될 것이다. 유럽연합도 동일한 정치체제를 갖고 있다. 국가연합이나 연방제는 위와 같은 실례에서 찾아볼 수 있다.

그러나 우리나라와 북한에서 말하는 남북연합과 연방제라는 형태는 실제로 적용하는 경우를 찾을 수 없다. 북한에서 주장하는 연방제는 위에서 말하는 미국 등의 사례와는 동일하지 않으며, 국가연합과도 유사한 개념이 아니다. 이에 대해서는 북한도 명확히 하였다. 1972년 11월 16일 평양방송 보도를 통하여 '남북연방제가 국가연합과도 다르며, 미국과 캐나다 등 서방의 연방과도 다르다'고 밝힌바 있었다. 서로 이질적인 정치체제를 유지하는 우리나라와 북한의 경우, 이를 적용하기는 어려울 것이라는 주장이 나오는 이유가 여기에 있다. 그러므로 연방제 또는 국가연합을 실시하기 위해서는 많은 연구가 있어야 할 것이다. 무엇보다도 남북에서 말하는 연방과 연합에 대한 용어의 정의는 다른 국가의 사례 또는 일반적인 용어가 주는 정의 등에 따라 쉽게 정리될 수 있는 개념은 아닌 것으로 보인다. 이에 대한 개념의 정립은 정치적인 차원에서의 명확한 정의가 뒤따라야 혼란이 없을 것이다.

남북연합에서는 남북연합이라는 중간단계를 거쳐 통일을 실현하는 것으로 말하고 있다. 다시 말해 남북연합은 신뢰를 회복하고 민족 내부의 공동체를 회복하는 단계라는 의미이다. 그러므로 유럽에서 구성하고 있는 유럽연합과는 비교가 곤란하다. 또한 상징적으로 남북을 대표할 연합정부 또는 연방정부의 필요성을 말하지 않았다. 그렇

그림 5-7. 핵무력과 경제건설 포스터

출처 : 『2021북한이해』에서 캡처

다면 대외적인 차원의 외교관계 등은 현재와 같이 각각의 위치에서 하는 것인지, 또는 현재와는 다른 대표체제를 구성하여 하게 될 것인지를 명백히 구분하여야 할 것이다.

그동안 남북관계는 남북정상회담 등을 하면서 우호적 관계로 잠깐 유지될 때만 단골 메뉴로 사용해 온 것이 신뢰회복이었다. 여기에서 말하는 신뢰회복 단계와의 차이점이 무엇인지에 대해서도 명확하게 말할 필요가 있다. 남북연합은 처음 제시되었을 때에도 우리나라와 북한에만 적용되는 개념이기에 다소 모호하다는 평가를 받기도 하였지만, 시간이 흘렀다고 하여 이에 대한 논의가 종결된 것은 아니다. 그러므로 우리나라의 통일방안으로 민족공동체통일방안을 계속 유지하고자 한다면, 이러한 용어에 대한 의문을 먼저 해소하는 것이 필요하다고 보여진다. 또한 북한의 김일성이 1991년에 연방제를 수정하여 제시한 '낮은 단계의 연방제'와도 비교해 보는 것이 필요할 것이다.

[ 남북한의 통일방안 개념 비교 ]

| 구분 | 내용 |
|---|---|
| 남북연합<br>(대한민국) | 화해・협력 → 남북연합 → 통일국가<br>화해 협력을 바탕으로 평화공존을 제도화<br>남북한 협의체 구성으로 통일 과정 관리<br>남북지역 정부가 각각 내정, 외교, 군사권 행사<br>현재의 2체제, 2정부를 그대로 유지 |
| 낮은 단계의 연방제<br>(북한) | 민족통일기구 협의체 구성 통일 과정 관리<br>남북지역 정부가 각각 내정, 외교, 군사권 행사<br>남북의 현정부 위에 민족통일기구 구성<br>1민족, 1국가(느슨한 연방), 2제도, 2정부 |
| 공통점 | 점진적이고 단계적 접근으로 통일 완성<br>남북의 현체제 인정(내정, 외교, 군사 등)<br>전제조건 없음(국보법 폐지, 미군 철수 등) |

표에서 정리한 바와 같이 공통점을 찾아보면, 통일에 필요한 기간이 필요함을 남북한은 충분히 인식하고 있다는 점이다. 이를 고려하여 통일의 중간단계 설정이 필요함을 보고 있으며, 남북은 이를 인정하고 있다. 교류를 통하여 신뢰와 공동체 의식을 공고히 하면서 제도의 통일을 도모하자는 것은, 우리가 주장한 남북연합기구와 북한에서 주장한 민족통일기구에서 찾아볼 수 있다.

그동안 북한은 연방제를 주장하면서 우리의 남북연합과 같은 중간단계의 개념을 적용하지 않았다. 그런데 낮은 단계의 연방제안에서는 우리나라의 남북연합과 같은 중간단계를 인정하고 있다는 것은 주목할 내용으로 볼 수 있다.

남북한이 현재의 체제를 서로 인정하며 충분한 기간을 거쳐 통일로 향하자고 하는 남북연합과 낮은 단계의 연방제는 각각의 체제를 부정하지 않겠다는 공통점을 갖고 있다. 실체와 체제 모두를 인정하겠다는 현실 인식에 남북 모두가 공감하고 있다는 것이다. 각각의 정부가 군사, 외교권 등의 기능을 유지하고자 한 것은 2체제 2정부를 유지할 필요성을 서로 인정한 것이다. 서로의 체제를 존중하자는 것이다. 또한 그동안 자주 거론되면서 대화의 틀을 깬 주요 주장 중에는 국가보안법 폐지와 주한미군 철수였다. 그런데 북한의 낮은 단계의 연방제안에서는 이에 대해 특별한 언급을 하지 않고 있다. 이것은 대화를 계속 유지할 의지가 있는 것으로 해석될 수도 있다. 그렇지만 이를 앞으로도 주장하지 않겠다는 내용을 포함하고 있지는 않다. 이것은 언제라도 다시 제기할 소지를 갖고 있다고 보여지는 부분이다.

김일성은 1991년 신년사에서 '느슨한 형태의 연방제'라는 용어를 사용하였다. 그는 신년사에서 "잠정적으로는 연방공화국의 지역자치정부에 더 많은 권한을 부여하며, 장차로는 중앙정부의 기능을 더욱더 높여 나가는 방향을 협의할 용의가 있다."고 하였다. 우리의 주장과 다른 점은, 북한은 현정부를 지도하는 상위 기구로 민족통일기구를 구성하자고 하였다. 이것은 그들의 통일전선전술과 함께 살펴보아야 한다. 비록 민족통일기구의 시작은 미약할 지라고 남북 정부의 상위 기구의 위상을 갖는다는 것은 점차 권한이 강화되었을 때는 절대적인 의사결정 기구가 될 수 있다. 통제 불능의 괴물로 전락할 문제를 안고 있다는 것이다. 특히 여기에 민족대단결을 외치면서 정체가 명확하지 않은 각종 단체 등이 개입된다면 대단히 심각한 문제를 몰고 올 것이다.

## 제 6 장

# 새천년의 시작과 진보의 시대

1. 진보정권의 등장과 새로운 기대
2. 김대중 정부의 통일정책
3. 노무현 정부의 통일정책
4. 대북포용정책과 평화번영정책에 대한 성과
5. 문재인 정부의 통일정책

## 1. 진보정권의 등장과 새로운 기대

### ❑ 5・18광주민주화항쟁과 김대중

한국적 민주주의 토착화를 앞세운 유신 선포는 결국 이를 선포한 박정희마저 쓰러지게 만들고 말았다. 경제개발을 주도하면서 부국의 길로 접어들게 만들었다는 긍정적인 평가와 민주주의를 억압하며 철권통치로 일관해 왔다는 부정적인 평가를 함께 받고 있는 그의 삶은, 우리나라의 근대화에 끼친 명암이 너무나 뚜렷하게 남아 있다. 유신이 종말을 고하자 그동안 활동이 제한되었던 재야인사와 정치인들이 복권되면서 정치계는 활기를 띠기 시작했다. 반면에 어수선한 분위기도 함께 존재하고 있었다. 정계는 새로운 분위기를 느끼며 정권교체에 대한 희망에 들떠 있었다.

김대중도 1980년 3월 1일 복권 된 상태였다. 그렇지만 이러한 어수선한 상황에서 기회를 엿보는 세력 또한 존재하고 있었다. 이러한 조짐은 이미 12・12군사반란에서 나타나고 있었다. 혼란한 정국을 기회로 부상한 신군부는 새로운 정치세력으로 떠오르고 있었다. 그러자 민주 인사들과 학생들을 중심으로 한 '신군부 퇴진, 계엄 철폐, 유신헌법 폐지'를 외치는 함성은 오히려 고조되고 있다. 이들을 중심으로 한 민주화 투쟁은 1980년 5월까지 이어졌다. 그러나 신군부는 이에 응하지 않고 모든 정치활동을 금지시키면 계엄을 전국으로 확대하기에 이르렀다.

이러한 현상은 광주에서도 마찬가지였다. 5월 18일에 계엄확대와 휴교령에 반대하는 전남대 학생들을 계엄군은 무자비하게 진압하였다. 이를 바라보던 분노한 광주시민들이 시위대에 합류하면서 규모는 확산되었다. 시위는 더욱 격렬해졌으며 계엄군은 시민을 향하여 5월 21일에 사격을 가하기 시작하였다. 피를 흘리며 쓰러지는 시위대를 본 시민들은 이에 맞서 무장을 갖추어 대항하기 시작하였다. 5월 27일 계엄군은 탱크 등을 동원하여 시민군이 장악한 전남도청을 향하여 진입을 시도하여 시민군을 진압하기에 이르렀다. 5・18광주민주화항쟁은 이렇게 막을 내렸다. 광주를 피로 진압한 전두환 등 신군부 세력은 국가보위비상대책위원회를 설치하여 국정을 장악하는 수순을 밟아 나갔다.

실권이 없던 최규하 대통령은 하야를 발표하였고, 1980년에 전두환은 대통령으로 선출되었으며, 헌법을 개정하여 1981년에 7년 단임제의 대통령에 취임하였다. 광주

그림 6-1. 광주민주화항쟁의 모습

에서의 무자비함을 알고 있던 전두환은 이를 만회하고자 각종 유화정책을 제시하면서 지지를 얻고자 하였다. 그렇지만 이후에도 학생과 시민들을 중심으로 한 민주화 투쟁은 계속되면서 6월민주항쟁으로까지 이어졌다. 이에 굴복한 정권은 당시 여당의 대통령 후보인 노태우에 의해 대통령 직선제 등을 골자로 하는 6・29선언을 하게 되었다.

한편 신군부는 광주에서의 민주화항쟁 진압을 앞두고 이에 대한 정당성을 찾고자 하면서, 이를 김대중과 연관시켰다. 그러므로 광주에서의 민주화항쟁과 김대중은 밀접한 관련을 갖고 있을 수밖에 없다. 1980년 5월 18일 전국으로의 계엄확대에 따라 일체의 정치활동을 금지한다고 발표하였다. 이때를 맞추어 재야인사들과 정치인을 중심으로 체포와 구금이 이루어졌다. 김대중은 이때 신군부에 연행되어 조사를 받기 시작하였다. 그리고 구속되었으며 5월 22일에 김대중 구속과 관련한 중간수사결과를 발표하였다.

계엄사령부는 '사회불안과 학생소요의 배후조종' 혐의를 발견하여 구속이 불가피하다고 발표하였다. 그들이 말하고자 하는 요지는 '민중봉기를 통하여 국가전복을 기도했다'는 것이었다. 대부분의 언론은 이를 일제히 보도하였다. 계엄사는, 김대중은 '민주화추진 전국민운동'이라는 사조직을 구성하여 학원사태를 배후조종하였다고 몰아

갔다. 이를 위하여 복직교수와 복학생들을 사조직에 끌어들였다는 내용이었다. 또한 민주헌정동지회, 한국정치문화연구소 및 기타 사조직의 배후조종을 통해 조직들을 동원하였다고 하였다. 이는 김대중 본인의 집권을 위한 계획이었다고 발표하면서 사회불안과 학생소요의 배후조종 혐의가 드러났다고 주장하였다. 계엄사는 광주를 피로써 진압 후 이를 정당화시킬 명분이 필요하였다. 이에 따라 김대중을 광주항쟁의 배후로 옭아맬 논리가 필요하였다.

계엄사는 7월 4일 수사결과를 발표하였다. 주요요지는, '북괴노선에 동조하는 반국가단체로 일본에 본부를 두고 있는 한민통(한국민주회복통일촉진국민회의)의 정체와 김대중과 한민통의 관계 그리고 김대중의 좌익 활동상황이 상세히 밝혀졌다'는 내용이었다. 한민통은 1978년 6월 31일 이미 우리나라 대법원의 판결에 따라 반공법상의 반국가단체로 판시된 상태였다. 이에 따라 김대중은 1980년 7월 31일에 '국가보안법 위반, 내란예비음모, 외국환관리법 위반, 계엄법 위반' 혐의로 관련자들과 함께 군법회의에 기소되었다. 1980년 9월 11일 내란음모 사건 결심 공판이 있었다. 여기에서 용공분자와 제휴하여 정권탈취를 기도한 내란음모 혐의로, 국가보안법, 계엄법, 반공법, 외국환관리법 위반에 따라 군 검찰로부터 사형을 구형받았다. 9월 13일 최후진술에서 김대중은 "내란을 음모하거나 반국가단체를 만든 일이 없다."는 주장을 펼쳤다. 그러나 9월 17일 김대중은 선고공판에서 국가보안법, 반공법, 계엄법, 외환관리법 위반죄가 적용되어 군 검찰의 구형대로 사형을 선고받았다. 다음날인 9월 18일에 계엄사령관은 1심에서 선고된 사형을 확인하였다. 1심에 불복하여 항소하였으나 10월 29

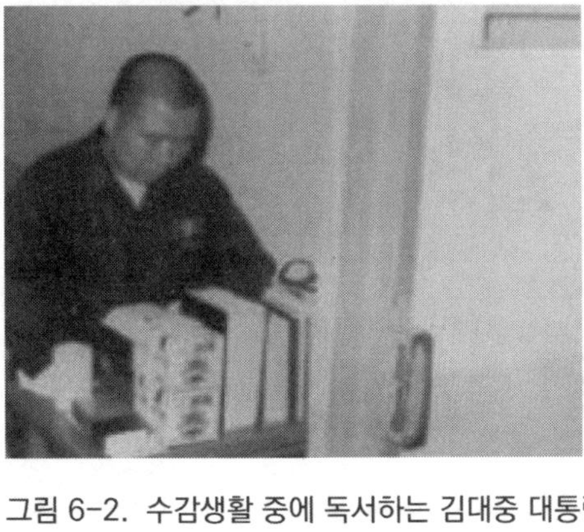

1980년 5월 17일 김대중은 날조된 내란음모 혐의로 체포되어 그 후 사형을 선고받기에 이르렀다.

**그림 6-2. 수감생활 중에 독서하는 김대중 대통령** 출처 : 김대중 평화센터 홈페이지에서 캡처

일 항소심 결심공판에서 항소가 기각되어 원심대로 사형을 구형받았으며, 11월 3일 원심대로 사형을 선고받았다. 계엄사령관은 11월 4일 항소심 판결 형량을 확인하였으며, 11월 10일 대법원에 상고하였다.

11월 12일 정치쇄신위원회가 발표한 '정치활동 규제 대상자' 811명의 명단을 발표하였다. 여기에는 김대중, 김영삼, 김종필 등을 비롯한 제10대 국회의원 전원과 각 정당의 중견간부들 중에서 공직에 있는 인사들을 제외한 전원이 대상자로 발표되었다. 김대중은 사형을 선고받고 수감되어 있으면서 옥중서신을 쓰기 시작하였다. 교도소에서의 서신발송은 일주일에 한 번, 한 통만을 허용하였다. 봉함엽서에 기록하여 보내는 옥중서신을 쓰고 있던 시절은 앞날을 기약하기 어려운 암흑기였다.

1981년 1월 23일 대법원 전원합의체는 내란음모사건 상고심에서 상고를 기각하고 사형을 확정하였다. 무력을 앞세운 군부권력 앞에서는 사법부마저도 한계를 보여주고 있었다. 그러나 그날 열린 국무회의에서 '특별감형에 관한 건'이 의결되어 대법원에서 사형이 확정된 김대중에게 감형조치를 결정하여 무기형으로 결정되었다고 발표하였다. 명분은 '우방국가들과 본인의 탄원 및 국민화합을 위한다'는 것이었다. 그러면서도 정부는 1심, 2심, 3심을 통하여 충분한 심리와 재판을 통하여 국가안보에 위해를 끼친 사실은 명백히 밝혀졌다고 덧붙였다. 김대중은 1월 31일 청주교도소로 이

그림 6-3. 내란음모사건으로 군사재판 받는 김대중과 관련 인사들　　출처 : 국가기록원

金大中 無期로減刑 閣議의결

全大統領의 刑輕減검토 지시받고

새時代開幕·國內外관용輿論·本人들 歎願따라

李文永등 관련被告11명도 3~5年씩 減刑키로

▶ 김대중은 사형에서 무기로 감형되었다. 그 후 내란음모사건에 대한 재심 청구를 대통령 임기가 만료된 후 2003년에 하였다. 해가 바뀐 2004년에 재판부는 무죄를 선고하였다. 무죄를 선고받기까지는 무려 20년 이상이 소요된 셈이었다.

**그림 6-4. 김대중 무기로 감형** 출처 : 동아일보(1981.1.23.)

감되었으며, 1982년 3월 3일에 징역 20년으로 감형되었다. 이 시기에 정당하게 출범하지 못한 전두환 정권은 국내는 물론이고 국외로부터도 압박을 받고 있었다. 1982년 12월 16일 청주교도소에서 서울대병원으로 이감되었다. 12월 23일 김대중은 형집행정지로 가족과 함께 미국으로 떠나게 되었다. 그 후 김대중은 1985년에 조국의 암울한 현실을 외면할 수 없다며 귀국을 강행하였다.

그러나 김대중은 혹독한 시련을 견디어 내고 결국에는 대통령에 당선되면서 최초의 남북정상회담을 하는 등 남북관계 개선에 많은 기여를 한 측면을 인정받고 있다. 반면에 전두환은 12·12군사반란과 광주민주화항쟁 재판에서 무고한 시민을 학살했다는 혐의로 내란목적살인죄가 확정되기도 하였다.

1997년 4월 17일 대법원에서 반란수괴, 내란, 내란목적살인 등이 유죄로 인정되어 무기징역을 선고받았다. 그 후 사면되어 복권되었으나, 2017년 4월 펴낸 회고록으로 인해 국민들로부터 비난을 받아야 했다. 회고록에서 5·18민주화항쟁에 대한 자신의 책임을 전면 부인하고 시민을 향한 발포 명령을 정당화하면서 반성과는 거리가 먼 행보를 보였다. 또한 회고록에서 5·18민주화항쟁 당시 헬기 사격을 목격했다고 증언한 고(故) 조비오 신부에 대해 '성직자라는 말이 무색한 파렴치한 거짓말쟁이'라고 비난하였다. 이로 인해 사자(死者) 명예훼손 혐의로 재판에 넘겨지기도 하였다.

전두환과 함께한 신군부의 인물로 제6공화국을 출범시킨 노태우를 빼놓을 수 없다. 그는 전두환과는 육사 동기생이면서 신군부의 2인자 자리를 지켜왔다. 그 역시 전두환과 함께 동일한 혐의로 기소되어 법정에 서야 했다. 이들 둘은 1980년대의 한국사를 주도하였지만 민주화를 탄압한 군부독재라는 비난을 벗어날 수는 없었다.

시간을 돌려 전국으로 계엄령이 확대된 1980년의 5월로 되돌아 가보겠다. 계엄령의 전국 확대와 함께 김대중은 연행되었다. 재야의 지도자 김대중의 이력은 일찍부터 독재에 맞서온 대표적 인물이었음을 입증하고 있었다. 이러한 김대중이 전두환의 군부정권 창출에 맞설 것이라는 것은 어렵지 않은 예측이었다. 전두환이 그의 의도대로 정국을 주도하기 위해서는 제거해야 할 대상이 있었다. 그중에서도 박정희에 맞서 온 김대중은 핵심중의 핵심이었다. 김대중은 박정희의 영구집권 음모에 맞서고자 한 대표적 인물이었다. 1971년 제7대 대선에서 박정희는 김대중에 비해 불과 94만여 표차이로 겨우 당선되었다. 이것은 김대중의 저력을 보여준 것이기도 하였으나 시련을 예고해 주고 있었다. 김대중은 1972년 유신체제가 등장하면서부터 1987년의 6월민주화항쟁까지 약 6년간의 투옥 생활은 물론이고 죽을 고비를 수없이 넘겨야 했다. 박정희에게 김대중은 싹을 도려내야 할 대상이었으며, 그 바통을 이어받은 전두환에게도 동일한 대상에 불과하였다. 신군부가 계엄을 확대하여 공포분위기를 조장한 것은 이러한 맥락에서 이해해야 할 것이다. 그렇지만 계엄확대에도 불구하고 전국적으로 터져 나오는 민주화투쟁의 구호는 멈추지 않았다. 공교롭게도 광주에서는 민주화 요구와 함께 '김대중 석방' 구호가 함께 터져 나왔다. 신군부는 김대중을 '광주사태'의 배후로 지목하기에 너무나도 적절한 빌미로 생각했을 것이다. 그러나 그 후유증은 깊고도 깊었다.

내란음모라는 올가미는 독재자들이 즐겨 사용해온 고전적인 방법이다. 이승만은 조봉암을 국가보안법에 엮어 사형시켰다. 이승만의 최대 정적으로 부상한 진보당 당수 조봉암은 괴뢰간첩과 접촉이 있었다며 국가보안법 위반으로 사형을 집행하였다. 조봉암은 1952년 제2대 대통령후보로 출마해 차점으로 낙선했지만 높은 득표로 인해 이승만의 장기집권에 위협이 되는 인물로 부상하였다. 1956년 제3대 대통령후보로 또 다시 출마했으나 낙선했다.[1] 그해 11월 진보당을 창당하여 민주적 평화통일의

1) 조봉암은 제2대 선거에서는 11.4%(이승만은 76.4%), 제3대 선거에서는 30%(이승만은 70%)의 득표율을 기록하였다. 출처: 중앙선거관리 위원회.

정강에 따라 위원장으로 활동하다가 1958년 1월에 이른바 진보당사건으로 체포되어 1959년 사형을 당하였다.

이 중 하나의 혐의로 들고 나온 것이 '평화통일론'이었다. 당시에 북한은 평화통일론을 주장하고 있었다. 북한은 1956년 4월 23일부터 28일까지 열린 조선노동당 제3차 대회에서 '조국의 평화적 통일을 위하여'라는 제목의 선언문을 채택하였다. 이를 기초로 한 것이 진보당의 '평화통일론'이라는 억지 주장을 하면서 용공분자로 옭아 맨 것이다. 이 사건을 계기로 평화통일 등의 일체의 통일논의는 크게 위축되었다. 이처럼 이승만은 다양한 통일에 대한 논의마저도 정적을 제거하기 위해 활용한 흔적이 역력하였다. 이후 2007년 9월에 '진실화해를 위한 과거사 정리위원회'에서는 이 사건이 조작되었음을 인정하고 국가의 유가족에 대한 사과와 독립유공자 인정, 판결에 대한 재심을 권고하기도 하였다. 그 후 2011년 조봉암은 무죄판결로 복권되었다.

박정희 역시 그의 정치적 위기가 닥치면 북한을 이용하였다. 그 역시 통일논의도 장기집권에 이용하였다. 박정희의 집권 후반기로 볼 수 있는 1970년대에 들어서자 계속적인 정권유지를 낙관할 수 없는 상황에 이르렀다. 특히 1971년의 대통령 선거에서 김대중 후보의 득표는 다음 선거를 불안하게 만들었다. 따라서 박정희는 정권을 지속적으로 유지하기 위한 방안으로 유신을 단행하기에 이르게 되었다. 체제의 안정을 위해서 '반공과 안보'보다 더없이 적절한 것은 없었다. 여기에 조국의 평화통일을 위하여 특단의 조치가 필요하다고 하면서 장기집권 체제를 정당화하였다.

헌법마저 독재권력 행사를 가능하게 바꾼 후 국가안보를 위한다는 명분으로 정적을 감시하고 탄압하였다. 이처럼 독재권력을 창출하고 이를 유지하기 위한 오래된 대표적 방법은 국가안보를 위한다는 명분이었다. 전두환 역시 동일한 시각과 동일한 방법으로 군사독재 권력을 또 다시 창출하여 유지하고자 하였다. 그의 야욕 앞에 수많은 민중은 피를 흘렸으며, 그의 정적으로 구분된 이들은 탄압을 피할 수 없었다.

김대중은 5·18광주민주화항쟁에 직접 참여하지는 않았다. 그러나 그는 광주에서의 항쟁을 배후에서 조종했다는 혐의를 받아 사형을 선고받았다. 5·18광주민주화항쟁은 그를 죽음으로까지 몰고 갔지만 시간이 지나면서 그의 정치적 자산으로 자리 잡았다. 민주화 투쟁으로 한 평생을 살아온 김대중은 5·18광주민주화항쟁을 높게 평가하였으며 애정을 표시했다. 2000년에는 대통령 신분으로 5·18기념식에 참석하고 5·18묘지에 참배하기도 하였다. 2006년 6월 14일 광주광역시 월드컵경기장에서 열린 '6·15공동선언 발표 6돌 기념 민족통일대축전' 개막식에서도 5·18광주민주화항쟁에 대하여 언급하였다. 그는 남북한과 해외 대표단, 시민, 학생 등 2만여 명이 참석한 축전 개막식 특별연설에서 "5·18광주정신은 민주·평화·통일의 정신이다. 광주의 영령들도 오늘의 모임을 축하하고 기뻐하실 것이다."라는 내용의 연설을 하기도 하였다.

### ❑ 5공 청산과 노무현의 등장

1987년은 국민 모두가 하나가 되어 민주화투쟁을 벌인 치열한 한 해였다. 결국 직선제를 관철시키면서 대통령 선거를 치를 수 있었지만 결과는 전두환의 뒤를 이은 노태우가 대통령에 당선되는 허탈함을 맛보아야 했다. 하지만 다음 해에 치러진 13대 총선에서는 여소야대의 국회를 개원하게 되었다. 여당은 당장 눈앞에 닥친 88서울올림픽의 성공적 개최를 위하여 거대 야당과의 협조를 구해야 하는 형편이 되었으며, 야당은 5공 비리 청문회 개최문제를 거론하기 시작하였다. 여야의 합의에 따라 결국 1988년 11월 2일에 우리나라의 헌정사에 길이 회자 될 최초의 5공 비리 청문회가 시작되었다. 청문회의 핵심은 일해재단 비리와 언론 통폐합, 광주민주화항쟁 진상조사였다, 청문회는 생중계되었으며 수많은 국민들은 이를 지켜볼 수 있었다. KBS와 MBC의 생중계를 보는 국민들의 열기는 대단히 높았다.

전두환의 아호를 딴 일해재단은, 전두환이 대통령 퇴임 후의 활동을 위해 설립한 것이었으며, 이를 위해 기업인 등을 상대로 강압에 가까운 방법으로 기금을 출연하게 한 것임이 드러나기도 하였다. 그러한 과정에서 출연한 기업인과 기업에 대해서는 특혜성 대가를 준 것으로 나타났다. 이후 수차례 청문회가 진행됐으나 여야의 이해득실과 증인들의 증언 회피 및 거부로 인해 진척을 나타내지 못하다가 청문회가 무기한 연기되기도 하였다. 그렇지만 전두환은 청문회로 인해 크게 타격을 받았다. 각종 비리가 폭로되자 이에 당황한 전두환은 11월 23일 대국민 사과문을 발표하면서, 정치자금 139억 원과 연희동 사저 등을 국가에 헌납하겠다고 하면서, 강원도 인제의 백담사로 쫓겨가듯이 떠나야 했다. 전두환의 친형 전기환, 처남 이창석 등 친인척이 잇따라 구속되면서 여론은 극도로 악화되고 있었다. 1989년 여야 합의에 따라 활동을 재개한 5공비리특위는 그해가 저물어 가는 마지막 날인 12월 31일에 이르러서야 전두환을 증인으로 채택하여 청문회를 열수 있었다.

그림 6-5. 5공 비리 청문회장에서의 노무현 의원

TV를 지켜보는 국민의 관심은 군부정권 5공화국을 탄생시킨 핵심 중의 핵심 전두환의 증인 출석 여부였다. 백담사에서 은둔 생활을 하다가 증인으로 출석한 전두환은 증언이라고 볼 수 없는 행태를 보였다. 그는 일방적인 연설을 하듯이 준비해온 유인물을 읽고 있었다. 내용마저도 변명으로 일관하고 있었다. 더욱 분노하게 만든 것은 5・18광주민주화항쟁에서의 발포 문제였다. 그는 군의 발포는 '현지 지휘관의 사태판단에 따른 자위권 발동'이었다는 요지로 말하고 있었다. 이에 분개하여 전두환에게 "살인마"라고 외치는 등 청문회장은 소란스러워졌다. 노무현은 이러한 상황을 참을 수 없어 연단을 향하여 명패를 집어 던지며 항의하였다. 그렇지만 거친 그의 행동을 바라보는 국민의 마음은 오히려 그에게 환호를 보내고 있었다. 이는 노무현 의원이 국민의 분노를 대변하는 행동을 보이고 있었기 때문이다.

노무현은 청문회장에서 단연 두각을 나타내었다. 증인으로 출석한 유명 정치인과 기업가들을 향한 날카롭고 거침없는 질문은 증인을 궁지로 몰아넣으면서 마음속에 비밀로 간직한 사실을 털어놓을 수밖에 없게 만들었다. 그가 쏟아내는 질의는 국민이 원하는 것이었으며, 증인이 토해내는 답변은 국민이 듣고자 하는 답변이었다. 그동안 쌓인 억울함과 분노를 시원하게 뚫어주면서 노무현의 이름은 모두가 기억하게 되었다. 통일민주당 소속의 초선의원 노무현은 일약 5공 청문회의 스타로 떠올랐다. 그는 국민을 대변하는 국민이 원하는 의원이 되어 있었다.

### ❑ 김대중의 대통령 당선이 주는 의미

화려한 민주화 투쟁의 정치 이력과 국민의 절대적인 지지를 받으면서 야심차게 닻을 올렸던 김영삼 정부는 경제 문제는 물론이고 북한 문제에서도 별다른 성과를 내지 못하였다. 무엇보다도 경제의 실패는 온 국민에게 고통으로 다가왔다. 김대중에게 안겨진 과제는 경제를 살리는 일이었다. 국제통화기금(IMF) 합의사항을 이행해야 하는 절박함을 이어받았다. 외환위기의 충격은 사회 전반으로 밀려왔다. 국가 경제는 악화일로를 향하여 질주하고 있었으며, 부도를 맞는 기업의 수는 부지기수였다. 이로 인한 영향으로 가정이 해체되고 있다는 뉴스가 끊이질 않았다. 어느 조건으로 보나 역대 어느 정권보다도 어려운 시기에 출발하였다.

김대중의 대통령 당선은 의미하는 바가 컸다. 가장 큰 의미는 우리나라 정치 역사상 처음으로 여당에서 야당으로 대통령이 교체되었다는 것이다. 그동안의 대통령 선거는 비록 당명의 변경은 있었지만 특정세력을 이어받은 보수정당이었으며, 여기에서 계속하여 대통령을 배출했다고 보는 것이 타당하다. 중간에 이승만 정권에서 장면 내각으로의 전환이 있었지만, 채 1년도 넘기지 못하고 박정희의 군사쿠데타에 의해 전복되고 말았으니 온전한 정권교체라고 보기는 어려웠다. 그로부터 40여 년의 세월은 특정 정당이 독주하던 시대였다. 일당이 대통령직을 독점하다시피 하면서 지역감

그림 6-6. 제15대 김대중 대통령 취임식 출처 : 대통령기록관

정이 나타나기 시작했다. 지역감정과 함께 나타난 것은 사상문제였다. 그중에서도 줄곧 야당의 길을 걷고 있었던 김대중은 사상을 의심받아 왔다. 사상의 문제가 있어서가 아니라, 불온한 사상으로 몰아갔다고 보아야 할 것이다.그로 인해 김대중의 당선을 바라보는 일각의 시각은 우려가 섞여 있기도 하였다.

그렇지만 김대중으로의 교체는 보수에서 진보로의 정권교체이며 비로소 양당정치가 이루어졌음을 실감나게 해 주었다. 이와 함께 보다 큰 틀에서의 정치 발전이 이루어질 수 될 수 있다는 긍정적인 시각도 함께 보이고 있었다. 그동안의 정치 주류는 영남을 중심으로 한 세력이었다. 박정희로부터 김영삼에 이르기까지 영남은 정치사의 주류 위치를 점하고 있었다. 김대중으로의 정권교체는 이러한 분위기를 전환시키는 계기가 되기도 하였다. 하지만 김대중 정부는 보수세력으로 분류되던 자유민주연합과의 대통령 후보 단일화를 통하여 이루어진 정부였다. 이른바 김대중 후보와 김종필 후보의 이른바 DJP연합이 이룬 결과였다. 특히 김종필은 박정희를 도와 군사쿠테타를 성공시키는데 주역을 담당했음은 물론 향후에도 2인자의 지위를 오랫동안 누린 보수 성향의 주류 정치인이었다. 이러한 점은 주류 정치세력을 완벽히 교체시킨 정권이라는 평가를 받기에는 부족한 감이 있었다. 그러나 비록 이러한 한계를 갖고는 있었지만 민주화와 인권, 평화통일의 길을 고수해 온 김대중의 대통령 당선은 보다 적극적으로 북한과의 관계개선을 도모할 것이라는 희망의 전망을 내놓게 하였다.

당시에는 무엇보다도 경제위기를 극복하는 것이 급선무였다. 이러한 분위기로 인해 색깔론은 그 어느 대선 때보다도 크게 퇴색되었다. 우선 먹고 사는 것이 급선무가 되었으니 당연한 현상이었다. 국가 부도라고 할 만한 경제 상황은 모든 이슈를 집어삼키고도 남았다. 금융위기는 공포로 다가왔으며 선망의 대상으로 각인된 멀쩡하던 대기업마저 도산되었다는 소식이 어느 날 저녁 메인뉴스로 등장하였다. 이런 마당이었으니 중소기업의 줄도산은 뉴스의 축에도 끼지 못할 지경이었다. 이런 현상이 개인에게 가져오는 영향은 대량 실직으로 이어졌다. 한 집안의 생계를 책임진 가장의 실직은 한 가정의 해체로 이어지기도 하였다. 실직 사실을 숨기고 하루하루를 버티다 생명을 던지는 일까지 비일비재하게 발생하였다.

금융위기는 내일을 기약할 수 없는 암울한 시간이 다가옴을 체감하게 만들었다. 그동안 성장제일주의를 기치로 내건 경제는 처참한 몰골로 변해 버렸다. 이런 마당에 좌파 우파 정권, 보수 진보 정권을 따지는 것 자체가 한심스럽게 다가왔다. 먹고 사는 문제를 해결해 주고, 깨진 가정을 이어 붙여줄 정권을 필요로 하는 시기에 김대중이 당선되었다는 것은 또 다른 의미를 부여하고 있었다. 그 당시의 시대가 요구하는 대통령상은 강인한 생명력을 가진 사람을 원하고 있었던 것이다. 김대중의 인생은 어떠한 핍박에도 굴하지 않았던 강인함을 보여주고 있었으며, 암울한 시절을 당한 국민의 마음은 그를 향하게 만들었다.

### ❑ 노무현의 대통령 당선이 주는 의미

노무현 대통령이 지향한 가치는 '사람 사는 세상'이었다. 이를 흔히 노무현 정신이라고 표현하기도 한다. 노무현은 정의롭지 못한 현실에 굴복하기 보다는 이에 맞서 당당하게 싸운 인물이었다. 그는 사법시험에 합격하고 판사로 재직하던 중에 '부림사건' 변론을 계기로 인권변호사의 길을 걸으면서 민주화운동에 참여했으며, 소탈한 서민적 이미지는 이웃집 아저씨 같은 친근함마저 느껴지게 하였다. 보통사람이 접근하기를 거부하는 듯했던 기성 정치인과는 크게 대비되는 이미지였다.

1988년 13대 국회의원에 당선되어 5공비리 청문회에서는 일명 '청문회 스타'로 국민들의 뇌리에 깊게 각인된 인물이었다. 특유의 거침없이 쏟아내는 달변은 속을 시원하게 만들었으며 열정으로 똘똘 뭉친듯한 결연해 보이는 그의 표정은 믿음을 주기에 충분하였다.

그림 6-7. 제16대 노무현 대통령 취임식 출처 : 대통령기록관

또한 지역주의를 타파하기 위해서 그동안 다져놓은 지역구를 버리고 험지를 선택하는 결단을 보이기도 하였다. 결과는 낙선으로 이어졌으나, 이를 보는 사람들은 안타까움을 담아 '바보 노무현'이라는 별명을 지어주기도 하였다.[2] 이러한 그의 정치 행보는 일찍이 이제껏 볼 수 없었던 신선함과 함께 경이로움마저 들게 하기에 충분하였다.

어느새 그의 곁에는 하나 둘씩 국민들이 자발적으로 모여들기 시작하면서 정치인 최초의 팬클럽인 '노사모(노무현을 사랑하는 사람들의 모임)'를 만들어 지게 하였다. 이러한 그의 원칙적이고 대의적인 정치 행보는 2002년 새천년민주당 대선후보 경선에서 '노풍'을 일으키는 원동력이 되었다. 마침내 그는 대통령 후보가 되었으며 제16대 대통령에 당선되었다. 이웃집의 소탈한 아저씨처럼 느껴지는 노무현은 개혁을 원하는 젊은 세대의 절대적인 지지를 받으면서 보수적인 이미지의 한나라당 이회창 후보를 누르고 승리하였다. 따라서 노무현의 대통령 당선은 전통적인 가치에서 보다 진보적인 가치를 추구함을 원하는 현상의 발로이기도 하였다. 그동안 한국 정치가 가져왔던 보수적인 정치문화를 진보 개혁의 문화로 바꾸는 계기가 되었다. 군부정권을 지나서 재야의 민주화운동 거두였던 김영삼, 김대중으로 정권은 교체 되었지만 여전히 정치문화는 보수성을 탈피하지 못했다는 것이 대체적인 평가였다.

김영삼은 군부정권과의 연대를 통하여 정권을 교체하였으며, 김대중 역시 김종필이 이끄는 보수 성향의 자유민주연합과의 연대에서 승리하였다. 이러한 점을 보면 우리나라의 정치문화는 노무현이 집권하기 이전까지는 보수적이고 권위주의적인 정치문화에서 탈피하지 못하고 있었다는 것이 타당한 평가일 것이다. 노무현은 역대 어느 대통령보다도 개혁적인 이미지가 강한 대통령이었다. 노무현은 권위주의를 앞세운 '제왕적 대통령'을 거부하였다. 이러한 그의 행보는 그의 정치 성향을 살펴보면 곧바로 이해가 된다.

**1988년 국회 본회의 대정부질문**

**"제가 생각하는 이상적인 사회는 더불어 사는 사람 모두가 먹는 것 입는 것 이런 걱정 좀 안하고 더럽고 아니꼬운 꼴 좀 안보고 그래서 하루하루가 좀 신명 나게 이어지는 그런 세상이라고 생각을 합니다. 만일 이런 세상이 좀 지나친 욕심이라면 적어도 살기가 힘이 들어서, 아니면 분하고 서러워서 스스로 목숨을 끊는 그런 일은 좀 없는 세상 이런 것이라고 생각합니다."**

---

2) 노무현은 1998년 서울 종로구 국회의원 보궐선거에 당선되었다. 그러나 2000년 16대 총선에서는 재선의 가능성이 큰 지역구를 스스로 버리고 부산에서 출마하였다. 망국적인 지역주의를 극복해야 한다는 소신에 의한 결단이었다.

**2002년 대선 출마 선언 연설**

"80년대 시위하다가 감옥 간 우리의 정의롭고 혈기 넘치는 우리 젊은 아이들에게 그 어머니들이 간곡히, 간곡히 타일렀던 그들의 가훈 역시 '야 이놈아, 계란으로 바위치기다' '그만둬라' '너는 뒤로 빠져라'. 이 비겁한 교훈을 가르쳐야 했던 우리의 600년 역사, 이 역사를 청산해야 합니다. 권력에 맞서서 당당하게 권력을 한 번 쟁취하는 우리 역사가 이루어져야만 이제 비로소 우리의 젊은이들이 떳떳하게 정의를 이야기할 수 있고, 떳떳하게 불의에 맞설 수 있는 새로운 역사를 만들어 낼 수 있다는 것입니다."

노무현이 생각하는 가장 이상적인 사회는 '사람이 사람답게 사는 세상'이었다. 그가 국회 대정부 질문에서 이와 같이 말한 시기는 암울했던 1988년의 군부독재 시절이었다. 견고한 기득권 세력이 군림하던 시절에 맞서 누구나 동등하게 대우받는 정의로운 사회를 구현하고자 했다. 이러한 가치를 지닌 노무현의 당선은 국민 위에 군림하지 않는 탈권위주의 시대가 시작했음을 알리고 있었다.

2002년의 대선 출마 선언 연설에서는 정의가 실종된 아픔을 말하고 있다. 역시 사람답게 사는 사회를 만들고자 하는 열망이었다. 그로부터 많은 시간이 흘렀지만 진영의 논리를 떠나 한 번쯤 되새겨 볼 가치를 갖고 있다.

그림 6-8. 정치인 최초의 펜클럽 '노사모'와 함께한 노무현 대통령 후보

출처 : 노무현재단 홈페이지에서 캡처

## 2. 김대중 정부의 통일정책

### ❏ 대북포용정책

대북포용정책은 김대중 정부가 추진한 대북 유화정책을 말한다. 이것은 화해와 포용을 바탕에 두면서 남북한의 교류와 협력을 증대시켜나가겠다는 것이다. 이를 통하여 궁극적으로는 북한의 개혁과 개방을 이끌어 내겠다는 것을 핵심으로 하는 통일정책을 말한다. 이를 '햇볕정책'이라는 말로 표현하기도 한다. 이 말은 김대중이 1998년 4월 3일 영국 런던 대학교에서 있었던 연설에서 처음 언급하였다. "나는 남북간의 화해와 교류협력의 확대를 통해 북한을 평화와 개혁과 개방의 길로 이끄는 '햇볕정책'을 줄곧 주창해 왔습니다." 햇볕정책을 관통하는 키워드는 교류와 협력에 방점을 두고 있으며, 이를 통하여 북한의 개혁과 개방을 이끈다는 구상을 말하고 있다. 추운 겨울날 나그네의 외투를 벗게 만드는 것은 따뜻한 햇볕이 있을 때 가능하다는 이솝우화를 인용하였다. 즉, 강경책이 아닌 유화책의 필요성을 이솝우화를 예로 들어 추구하고자 하는 통일정책을 표현한 것이다.

대북포용정책 또는 햇볕정책의 공식적인 명칭은 대북화해협력정책(Engagement Policy)이다. 용어가 나타내는 의미에서 보듯이 대북정책의 기조를 북한과의 적대적 대결상태에서 벗어나 남북한이 공동이익을 추구하는 평화공존을 모색하는 데 중점을 두겠다는 것이다. 궁극적으로는 북한의 붕괴를 목적으로 하지 않고 화해와 협력을 통하여 개혁과 개방을 유도하여 점진적인 평화통일을 모색하겠다는 것을 말한다. 1998년 2월 25일 김대중은 취임사를 통하여 통일정책의 방향을 이미 언급하였다. 그는 취임사에서 "남북관계는 화해와 협력 그리고 평화정착에 토대를 두고 발전시켜 나가야 할 것"임을 밝혔다. 이를 추진하기 위하여 김대중 정부에서는 정부 차원만이 아닌 민간차원으로까지 확대하여 인도적 대북지원, 농업분야에서의 협력 등을 과감하게 처리하여 많은 성과를 보였다. 특히 경제 및 인도적 문제와 정치문제를 분리하여 대북경협 절차 간소화, 이산가족 상봉 등을 적극적으로 추진하였다. 경제협력과 인도적 문제를 해결하면서 화해와 협력을 이루고자 한 것이다. 특히 경제와 정치의 분리는 대단히 중요한 의미를 지닌다. 남북의 정치적 대립은 대단히 극복하기 어려운 과제이다. 정치적인 유불리의 문제가 발생했을 때 그동안 쌓아 온 경제적 성과가 파탄을 맞게 되는 것을 방지하고자 한 것이다. 물론 남북이 대립하는 정치문제가 발생하게 되었을 때 여기에서 온전하게 자유롭지는 못하겠지만, 남북의 경제적 신뢰는 계속하여 이어져 나가야 한다는 의지이다.

그러면서도 북한의 무력도발을 불허한다는 것과 흡수통일을 배제한다는 원칙을 내세웠다. 대북포용정책의 3대 원칙을 마련한 것이다. 이는 출범하는 '국민의 정부'의 대북정책 목표이자 방향이었다. 즉, 평화·화해·협력으로 남북관계를 개선시킨다는 목표를 수립하고 무력불용, 흡수통일 배제, 화해·협력의 실현을 내세웠다. 이는 당장의 통일을 실현하는데 주력하기 보다는 우선 한반도의 냉전적 대결구조의 해체를 통해 평화공존과 화해·협력의 남북관계를 실현하는 것이 시급하다는 인식에 바탕을 두고 있다. 특히 남북화해와 협력은 가능한 분야부터 추진하겠다고 밝혔다. 남북의 교류와 협력이 이루어질 경우, 북한이 미국, 일본 등 우리의 우방국가나 국제기구와의 교류협력을 추진해도 이를 지원할 의사가 있음을 밝혔다. 또한 식량 등을 정부와 민간이 합리적인 방법을 통하여 북한에 지원할 것임과 이산가족의 만남과 소식을 전할 수 있도록 협조를 바란다고 하였다. 북한은 이 시기에 식량이 대단히 부족한 실정이었다. 1998년 3월 2일에 북한은 국제사회에 식량 지원을 호소하기도 하였다.

김대중 정부에서는 통일원칙을 제시하면서 흡수통일 배제를 원칙에 포함하였다. 이는 그동안의 정부와 차별되는 것 중의 하나로 볼 수 있다. 그동안의 통일방안이 성과로 이어지지 못한 현실적인 원인을 찾아 통일원칙으로 제시하고자 한 것이다. 그동안 북한은 우리의 통일방안에 대하여 경계하여 왔다. 처음에는 대화에 응하지만 결국에는 거부하는 수순으로 일관하여 왔다. 북한의 이러한 태도는 우리의 통일정책이 경제력을 앞세운 사실상의 흡수통일을 내포하고 있다고 보았으며, 이를 우려하였기 때문이다. 따라서 이를 불식시키기 위한 원칙제시가 무엇보다 필요하였다. 이러한 목표를 달성하기 위한 3원칙으로 무력불용, 흡수통일 배제, 화해·협력을 제시하였다.

**[ 대북포용정책 목표 및 3원칙 ]**

<table>
<tr><th colspan="2">구분</th><th>주요내용</th></tr>
<tr><td colspan="2">목표</td><td>평화·화해·협력으로 남북관계 개선</td></tr>
<tr><td rowspan="3">3<br>원<br>칙</td><td>무력불용</td><td>평화를 만드는 안보정책</td></tr>
<tr><td>흡수통일 배제</td><td>단계적·점진적 통일 추구 / 남북간 평화공존의 관계 정착<br>교류와 협력을 통한 민족동질성 회복</td></tr>
<tr><td>화해·협력</td><td>다양한 분야의 교류협력 활성화 / 상호이익과 민족의 복리 도모</td></tr>
</table>

한반도의 평화를 파괴하는 일체의 무력도발 불용은 포용정책의 토대가 되는 첫 번째 원칙이다. 평화를 정착시키는 것은 남북관계를 개선하고 통일을 실현하는 전제조건이다. 그러나 북한의 대남적화통일노선은 아직도 변화가 없었다. 이러한 상태에서 가장 필요한 것은 우리의 확고한 안보태세를 구축하는 것이다. 강한 안보력을 유지할 때, 북한은 스스로 무력에 의한 적화통일이 불가능하다는 것을 인식하고 노선의 변화를 이끌 수 있다. 대북포용정책을 추진하는 과정에서도 북한의 군사위협은 계속되고 있었다. 따라서 이러한 도발에 의한 통일 망상을 불식시키고 노선의 자진 변경을 유도하기 위해서는 강한 안보력을 갖추어야 한다는 것에서 제시된 원칙이다.

일방적인 흡수통일의 배제는 통일을 단계적이고 점진적으로 이루어 나가자는 것이다. 남북의 분단 상황은 오랜 세월을 거치면서 이질화가 심화되었다. 이러한 상태에서의 급작스러운 통일이나 어느 일방에 의한 흡수통일은 그 후유증이 심화될 것이다. 따라서 충분한 시간을 갖고 교류와 협력으로 민족의 동질성 회복에 중점을 두고 통일을 지향해야 한다. 통일은 긴 시간을 두고 민족공동체를 이루어 나가는 과정에서 이루어져야 한다는 것이며, 이를 통하여 흡수통일에 대한 불신을 해소시킬 수 있을 것이다.

화해와 협력의 적극적인 추진은 민족동질성을 회복하기 위한 과정에서 이루어져야 하는 과정이다. 그동안의 남북관계는 전쟁까지 겪었다. 따라서 반목과 질시는 물론 동족이라는 의식마저 희미해져 가게 만들었다. 이를 극복하기 위해서는 보다 많은 대화와 접촉이 필요하며 많은 협력이 이루어져야 한다. 가능한 분야의 교류를 시작으로 하여 신뢰가 쌓여 나가는 과정을 겪으면서 보다 다양한 분야까지 협력과 교류가 이루어져야 한다는 원칙이다.

2000년 3월 9일 베를린자유대학에서도 동일한 요지의 연설을 하면서, 한반도의 항구적 평화와 남북 화해협력을 위한 원칙을 제시하였다. 김대중의 이러한 대북포용정책은 그가 제시한 3단계 통일방안에 기초하고 있다. 김대중은 1971년 대선에서 3단계 통일론을 처음으로 제시하였다. 1단계는 북한을 평화공존의 대상으로 인정하고, 2단계는 남북의 교류를 확대하고, 3단계는 평화통일을 이룩하자는 것을 말한다. 이후에 이를 남북연합단계, 연방단계, 완전통일단계로 발전시켰다. 1단계의 남북연합은 현재의 독립적인 남북한 체제를 유지되면서 평화공존을 위한 노력을 해나가는 단계이다. 통일의 역량을 비축하는 단계를 말한다. 2단계인 연방단계는 남북한이 대외적으로 하나의 국가로 통일되는 단계를 말한다. 1민족 1국가 1체제 2자치(남북)정

그림 6-9. 김대중 대통령 베를린대학 연설 출처 : 대통령기록관

부의 개념이다. 3단계는 통일을 완전하게 이루는 단계이다. 1민족 1국가 1체제 1중앙정부를 구성하는 것을 의미한다. 이처럼 단계화한 것은 즉각적인 통일은 흡수통일을 의미하는 것이며, 이것은 부작용이 상당할 것이라는 판단을 하고 있었기 때문이다. 그러므로 경제·사회·문화 등의 분야에서 기능적 연계를 증진하는 과정을 충분히 가짐으로써 군사·정치적 통합으로 연계하여 완전한 통일을 이룬다는 것이다.

김영삼 정부의 통일방안에서는 연방정부를 구성하지 않고 있으며, 화해협력단계를 별도로 구분하면서 2단계로 남북연합을 말하고 있다. 하지만 김대중의 3단계 통일론에서는 남북연합을 1단계로 구분하고 있다. 남북은 이미 그동안의 관계에서 쌍방이 관계개선을 위한 각종 화해와 협력에 관한 합의를 이룬 상태였다. 단지 이를 지속적으로 지키지 못하고 있는 것이 문제였다. 이러한 점을 고려한다면 굳이 별도의 화해협력단계를 포함하지 않는 것이 타당하다는 판단을 하였을 것으로 보여진다. 이미 합의한 내용이 지켜지지 않는다고 하여 이를 단계에 포함한다는 것은 끝없는 트랙 돌기만을 반복하는 것으로 보여질 수 있는 것이다.

이 시기의 북한은 여전히 체제 유지를 위하여 세상과는 단절된 별개의 성채를 구축하고 있었다. 세계의 정세는, 1989년 11월 베를린장벽 해체에 이어 12월 미국과 소련은 몰타선언으로 냉전의 종식을 선언하였다. 1991년 12월에는 소련연방이 해체되었으며, 이어서 1992년 중국이 사회주의 시장경제체제를 도입하겠다며 개방과 개혁정책을 표방하였다. 공산주의 종주국 소련의 해체와 중국의 시장경제 도입은 강력한 변화의 바람이었다. 그러나 북한은 이러한 세계정세의 변화와는 무관한 행보를 계속하고 있었다. 김일성의 뒤를 이어 그의 아들 김정일이 권력을 세습하였으며, 아버지의 뒤를 이어 핵개발과 탄도미사일 개발 등에 더욱 매진하고 있었다. 이러한 북한의 행보는 세계의 감시를 받기에 충분하였다. 또한 주민들에게는 모든 정보를 차단하고 오로지 대를 이은 충성을 외칠 뿐이었다. 주민들에게는 어떠한 외부정보도 제공되지 않는 체제를 유지하다 보니, 북한 주민들에 의한 밑으로부터의 변화는 기대하기가 어려운 체제의 특성을 갖고 있다. 변화의 요인이 유입되어야 변화할 수 있다. 그렇지만 북한은 이를 철저하게 봉쇄하고 있으며, 이로 인해 점차 고립감이 심화되고 있다.

김대중은 북한의 이러한 태도에도 불구하고 유화정책을 표방하면서 북한의 변화를 도모하고자 하였다. 그렇지만 북한은 변화하지 않았다. 북한은 과거나 지금이나 체제의 한계를 가지고 있다. 가장 큰 한계는 독재를 세습하고 있다는 것이다. 북한도 경제를 활성화시키기 위해서는 개방이 필요하다는 것을 인식하고 있다. 이웃의 중국을 보면서 충분히 알고 있을 것이다. 그렇지만 개방은 양날의 칼날이다. 경제는 살아나겠지만 체제는 크게 위협받을 가능성이 높아질 수 있다. 그뿐 아니라 북한주민이 외부 세계의 소식을 자주 접하게 되면 변화의 요구가 빈번해질 것이다. 북한의 경직된 세습 체제가 갖고 있는 한계를 해소하지 않고는 변화를 바라기 어렵다, 대북포용정책을 펼친다고 하더라도 북한의 체제가 근본적으로 변화하지 않을 정책을 유지한다면 한계에 직면할 수밖에 없다.

대북포용정책을 꺼내 든 김대중은 2000년 6월 최초의 남북정상회담과 6・15공동선언을 이끌었다. 이어서 10월에는 북한의 조명록 국방위원회 제1부위원장이 미국을 방문하였으며, 미국의 올브라이트 국무장관도 북한을 방문하였다. 올브라이트는 미국과의 관계개선을 희망하는 김정일 위원장의 의사를 재확인하였으며, 김정일 위원장과의 2차례 회담을 통하여 북한의 테러지원국 해제, 미사일 개발문제, 외교대표부 개설, 한반도 긴장완화 등 양국간 현안문제들에 대하여 논의하였다. 이러한 노력으로 북한과 미국의 관계는 크게 개선되는 듯 보였다. 이를 보면서 대북포용정책이 효과를 내고 있다는 평가를 받기도 하였다.

그러나 2001년 출범한 미국의 부시 정부는 대북관계에서 강경한 입장을 보였다. 이전의 클린턴 정부의 대북정책에서 탈피하고 새로운 대북정책을 추구하고자 하였다. 이전 정부의 클린턴 대통령은 김대중 대통령의 대북정책에 대해 공감대를 함께 형성했던 반면, 부시 대통령은 이에 대해 대대적인 수정이 필요하다는 인식이었다.

9 · 11테러 이후 미국은 핵무기와 대량살상무기의 운반수단에 대하여 심각한 우려를 하고 있었다. 당연히 핵무기를 포기하지 않고 있는 북한은 주시의 대상이 되기에 충분하였다. 대북 인식이 부정적으로 흐를 기류가 충분한 조건이었다. 마침내 부시는 2002년 1월 국정연설에서 북한과 이란, 이라크에 대하여 '악의 축(Axis of Evil)'이라고 표현하였다. 이후 미국은 대량살상무기 제거를 명분으로 이라크전쟁을 일으켰다. 그렇지만 북한은 이에 아랑곳하지 않는다는 듯이 2002년에 핵동결 해제, 핵시설 재가동을 선언하면서 제2차 핵위기를 불러왔다.

### ❑ 최초의 남북정상회담

세계가 보는 김대중의 대북포용정책은 앞에서 본 바와 같이 대체로 우호적이었다. 이러한 분위기에 힘입어 남북관계의 주도권을 쥔 김대중은 남북정상회담 문제에도 적극적으로 임하는 추진력을 보였다. 김대중의 남북관계 개선을 위한 가시적인 성과를 보인 것은 현대그룹 정주영 회장에 의해서였다. 특히 1998년 6월에 고령의 정주영 회장은 500마리의 소 떼를 앞세우고 판문점을 넘어 그의 고향 강원도 통천으로 향하면서 환호성을 울리게 하였다. 이어서 그해 11월 18일부터는 금강산 관광이 시작되었다. 사업가 정주영을 앞세운 남북관계는 확실하게 물꼬를 트면서 남북관계는 속도를 내기 시작하였다.

김대중은 대북포용정책이 가시적인 성과를 내자 그 여세를 몰아 남북정상회담을 추진하였다. 김대중은 이미 취임사에서 북한이 원한다면 정상회담을 개최할 용의가 있다고 천명한 바 있었다. 그 후에도 김대중은 남북정상회담을 촉구하는 발언을 지속적으로 하여 왔다. 2000년 3월 베를린에서도 남북관계의 개선을 촉구하는 '베를린선언'을 하였으며, 이후에 북한은 비공개적으로 다양한 경로를 통해 특사접촉을 제의하여 왔다. 특사접촉에서는 '남북정상회담'의 개최문제를 논의할 수 있다는 입장을 서로 주고 받았다.

정상회담을 위한 접촉은 2000년 3월 9일 싱가포르에서 박지원 문화관광부장관과 북한의 송호경 조선아시아태평양평화위원회 부위원장의 만남으로 시작되었다. 3월 17일과 22일 두 차례에 걸쳐 중국 베이징에서 특사 접촉이 있었다. 이윽고 4월 8일에 남북정상회담 개최에 합의하는 '남북합의서' 서명함으로써 4월 10일에 정상회담을 개최한다는 발표를 할 수 있었다. 그로부터 5차례에 걸쳐 절차문제를 협의하기 위해 2000년 4월 22일부터 5월 18일까지 남북한의 준비접촉을 판문점에서 하였다. 5월 18일의 5차 준비접촉에서 4월 8일에 체결하였던 남북합의서 이행을 위한 합의서를 채택하여 교환하는 것으로 준비접촉을 마쳤다.

그림 6-10. 최초로 개최된 남북정상회담 출처 : 대통령기록관

이러한 과정을 거쳐 2000년 6월 13일에 김대중은 방북하였다. 6월 14일에 최초의 남북정상회담을 하였으며, 6월 15일에는 6·15남북공동성명을 발표하기에 이르렀다. 정상회담을 위해 방북한 인원은 대통령 내외를 비롯한 수행원 130명이었으며, 기자단 50명이 동행하였다. 1948년 한반도의 남북에 각각의 정부가 수립된 이후 두 체제의 대표가 처음으로 만나는 역사적인 남북정상회담 개최였다. 남북의 두 정상은 6월 13일 11시 45분부터 12시 12분까지 평양의 백화원 영빈관에서 상견례를 겸한 1차 정상회의를 개최하였는데, 주된 내용은 민족의 화해와 협력을 도모해 나가기로 한 것이다. 다음날인 6월 14일 오후 3시부터 5시 20분까지 2차 정상회담을 열었다. 여기에서는 남북의 화해와 통일문제, 이산가족문제, 경제·사회·문화 등에서의 교류와 협력문제, 합의사항 이행을 위한 후속조치 등 남북관계를 발전적으로 이끌어 나갈 것에 대한 의제에 대하여 논의하였다. 3차 정상회담은 오후 6시 5분부터 6시 50분까지 열었으며 '6·15남북공동선언문'의 구성을 위한 문안에 대하여 합의하였다. 이후 양측에서 문안을 다듬고 정리하는 과정을 거쳐 11시 20분에 '6·15남북공동선언'에 최종적으로 합의하기에 이르렀다. 그 주요내용을 정리해 보면 다음과 같다.

[ 6 · 15남북공동선언 주요내용 ]

1. 통일문제를 그 주인인 우리 민족끼리 서로 힘을 합쳐 자주적으로 해결
2. 남측의 연합제 안과 북측의 낮은 단계의 연방제안이 서로 공통성이 있다고 인정되므로 이 방향에서 통일을 지향
3. 올해 8 · 15에 즈음하여 이산가족방문단 교환과 비전향장기수 문제 등 인도적 문제를 조속히 해결
4. 경제협력을 통하여 민족경제를 균형적으로 발전시키고 사회, 문화, 체육, 보건, 환경 등 제반 분야의 협력과 교류 활성화로 서로의 신뢰를 구축
5. 이상의 합의사항을 조속히 실천에 옮기기 위한 빠른 시일 안에 당국 사이의 대화를 개최. 김정일 국방위원장은 적절한 시기에 서울을 방문하도록 함

선언문의 내용은 크게 통일문제와 통일방안, 인도적 문제, 신뢰구축 문제 등으로 구분할 수 있다. 무엇보다도 선언문의 의미는 분단 55년 만에 처음으로 나온 남북정상간의 합의를 통하여 평화와 화해 · 협력에 대한 의지를 확인하였다는 점이다. 또한, 구체적 실천사항에 해당하는 경제협력을 합의하여 남북관계의 전환점을 마련하였으며 남북관계의 규범력을 갖게 하였다는 점이다. 국제사회를 배척한 상태의 남북문제 해결이 아닌 지지와 협력을 필요로 한다는 점을 나타냈으며, 통일문제의 주체는 남북이 유지하면서 국제사회와의 교류를 통하여 그 효과를 더욱 높이겠다는 것이다. 과거보다는 미래를 지향하는 민족 간의 평화와 화해 · 협력이 공동의 이익에 부합된다는 것과 통일방안의 공통점을 찾은 점은 의미가 큰 성과였다.

| 구분 | 내용 |
|---|---|
| 통일문제 | 민족끼리 서로 힘을 합쳐 자주적으로 해결 |
| 통일방안 | 대한민국의 연합제안과 북한의 낮은 단계의 연방제안의 공통점 인정 |
| 인도적 문제 | 흩어진 가족 상봉과 친척 방문단 교환<br>비전향 장기수 문제 해결 등 합의 |
| 교류와 협력 | 경제협력으로 민족경제의 균형 발전<br>다양한 분야에서의 협력과 교류로 신뢰 구축 |

남북공동선언문 중에서 두 번째 항은 통일문제를 논의하는 매우 큰 성과로 평가할 수 있다. 그동안 남과 북은 통일방안에 있어서 서로에게서 접점을 찾지 못하고 있었다. 찾지 못했다고 보기보다는 각자의 통일방안을 인정하지 않으려 하였다. 그렇지만 이번의 정상회담에서는 그에 대한 공통점을 찾아내면서 양측의 노력을 지향하고자

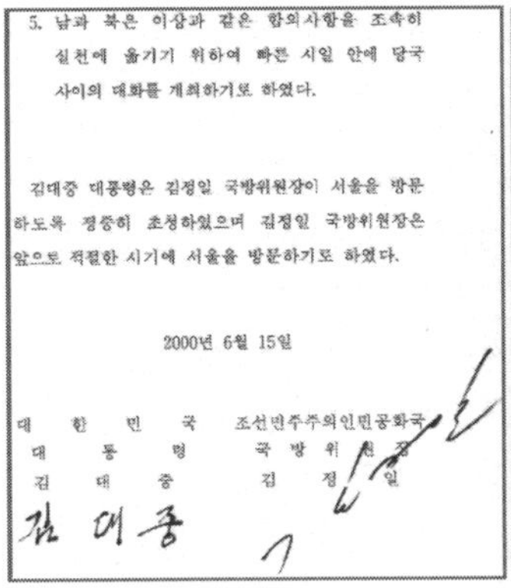

5. 남과 북은 이상과 같은 합의사항을 조속히 실천에 옮기기 위하여 빠른 시일 안에 당국 사이의 대화를 개최하기로 하였다.

김대중 대통령은 김정일 국방위원장이 서울을 방문하도록 정중히 초청하였으며 김정일 국방위원장은 앞으로 적절한 시기에 서울을 방문하기로 하였다.

2000년 6월 15일

| 대한민국 | 조선민주주의인민공화국 |
| --- | --- |
| 대통령 | 국방위원장 |
| 김대중 | 김정일 |

그림 6-11. 6·15공동선언

출처 : 김대중 평화센터

하였다. 이것에 대한 의미는 남북한이 당장에 제도적·법적 조치를 통하여 통일을 이루자는 것이 아니라, 서로가 유지하고 있는 현체제를 인정하고 이를 바탕으로 평화공존하면서 교류와 협력을 통해 통일을 실현하자는 것이다. 즉, 통일을 점진적이고 단계적으로 이루자는 것에 의견의 일치를 본 것이다. 완전한 통일은 후대의 과제로 넘기면서 그 과도기에 해당하는 현재의 사실을 인정하고 교류와 협력으로 평화공존의 토대를 마련하자는 의미이다.

그렇지만 2항의 남과 북의 통일방안에서 형식적인 공통점이 있다고 한 것은 의미는 분명히 있겠지만, 의미하는 바는 크게 다를 수도 있다. 그러므로 추진과정에서 실질적인 합일점을 찾기란 매우 어려울 것이다. 따라서 남북의 관계 진전에 따라 2항은 지속적으로 논의되어야 할 것이다. 김대중 대통령이 말하고 있는 3단계 통일론에서의 1단계에 해당하는 남북연합과 김정일이 말하고 있는 낮은 단계의 연방제안을 비교해 보면 다음과 같다.

**[ 김대중의 3단계 통일론의 남북연합 단계[3]와 낮은 단계의 연방제 비교 ]**

| | |
| --- | --- |
| 남북연합 | 3단계 통일방안 중 1단계에 해당, 평화공존을 위한 단계<br>남과 북이 독립적인 현재의 체제를 유지<br>1연합, 1민족, 2체제, 2정부 |

3) 김대중 대통령의 3단계 통일론의 남북연합과 우리나라 통일정책으로 삼고 민족공동체통일방안에서의 남북연합은 서로 차이점이 있는 통일방안이다.

[ 3단계 통일론의 남북연합 단계와 낮은 단계의 연방제 비교(계속) ]

| | |
|---|---|
| 낮은 단계의 연방제 | 민족통일기구 협의체 구성 통일 과정 관리<br>완전한 고려연방제 달성 이전의 잠정적 형태<br>지역정부에 내정, 국방과 외교권 등 부여<br>1민족, 1국가(느슨한 연방), 2체제, 2정부 |
| 공통점 | 각자의 체제 인정과 공존의 과도적 기간 필요<br>두 개의 독립된 체제를 두고 교류협력 증대<br>남북한의 상설 협의체 구성으로 현안문제 협의<br>최종목표는 완전한 통일국가 완성 |
| 차이점 | 북한은 1국가 표방을 주장<br>중앙정부에 해당하는 최고민족회의 등 구성 |

북한은 낮은 단계의 연방제에 대하여 그 내용이 무엇인지를 구체적으로 제시하지는 않았다. 그러므로 이에 대한 진의는 보다 더 면밀한 연구가 뒤따라야 할 것이다. 위의 표에서는 지극히 피상적인 부분만을 비교했을 뿐이다. 앞에서 고려민주연방제와 낮은 단계의 연방제를 언급하면서 일부 언급된 내용이기에 중복되는 설명은 생략하기도 하겠다.

남북한의 통일문제는 외견상 일치하는 부분과 타당성으로 인해 쉽게 합일점에 도달할 것으로 생각하기도 한다. 그렇지만 이를 합의해 나가는 과정에서 그 본질로 들어서면 제한되는 요소가 다양하게 나온다. 특히 동일한 용어에 대한 해석의 차이가 남북한의 협상 테이블에는 수도 없이 존재할 것이다. 남과 북은 최초의 정상회담에서 무엇보다도 중요한 통일방안에서의 공통점을 서로 인정하였다. 이것은 양측이 공동으로 함께 인정한 처음의 경우이다. 북한이 이와 같이 유연한 자세로 공통점을 인정한 것은 이번이 처음은 아니었다. 김일성은 낮은 단계의 연방제를 언급하며, 이에 대해 협의할 용의가 있음을 말한 바 있었다. 이것은 공통점이 있거나 합일점을 찾을 수 있음을 의미하고 있는 말이었다. 1991년 김일성은 신년사를 통하여 "민족적 합의를 보다 쉽게 이루기 위하여 잠정적으로 연방공화국의 지역자치 정부에 더 많은 권한을 부여하며, 장차로는 중앙정부의 기능을 더욱더 높여 나가는 방향에서 연방제통일을 점차적으로 완성하는 문제도 협의할 용의가 있다."고 하였다. 이는 낮은 단계의 연방제를 의미하고 있었다.

어쨌든 양측의 관계자들이 지속적으로 대화를 통한 노력으로 통일방안의 접점을 만들겠다고 선언한 것은 통일문제를 긍정적으로 해결하기 위해 진일보했음을 보여주는 일이었다. 이를 위해서는 교류협력이 무엇보다 중요하며, 그 목적이 신뢰회복에 있음을 선언하였다. 특히 경제협력은 민족복리의 차원에서 이루어져야 한다고 한 것은 포용의 의미로 평가할 수 있다.

남북정상회담의 구체적인 성과로는 개성공단의 조성을 들 수 있다. 남북정상회담은 남북간의 대결국면을 화해와 협력 국면으로 전환시키는 계기가 되었다. 이러한 화해의 국면을 타고 2000년 8월에 현대아산과 북한 간에는 '공업지구개발에 관한 합의서'가 채결되었다. 2002년 4월 대통령 특사 방북시에도 개성공단 건설에 대한 협의가 있었다. 2003년 6월에 착공식을 시작한 개성공단은 2005년에는 개성공단 내에 '남북경제협력협의사무소' 설치 및 개소식을 진행하면서 업체들의 입주가 시작됐다.[4] 또한 금강산 관광의 활성화, 경제협력 등은 모두 2000년 6월 15일부터 시작된 변화였다. 2002년 12월에 금강산 육로관광이 가능하게 합의를 이끌어내면서, 2003년 9월 1일부터는 육로를 이용한 금강산관광을 시작할 수 있었다. 2007년에는 내금강까지 관광지역이 확대되었다. 남북정상회담은 남북관계와 한반도 평화의 새로운 패러다임을 만들었다. 이러한 변화는 6·15공동선언 이후 남북의 경제협력이 급물살을 타게 만들면서, 예전에는 상상할 수 없을 정도의 민간교류로 발전하고 있었다는 것을 의미한다.

2003년 출범한 참여정부는 개성공단을 남북 상생의 경협 모델로 만들기 위해 각종 지원을 아끼지 않았다. 개성공단은 이러한 남북관계의 발전과 정부의 적극적인 지원을 배경으로 태동하게 되었다. 개성공단은 남측 개발업자가 공단 개발에 필요한 부지 조성, 전력, 통신, 용수 등의 기반시설을 조성·분양하고, 남측이 임명한 이사장이 공단을 실질적으로 관리·운영하도록 했다. 대북포용정책과 함께 지속적인 대화와 협상은 개성공단 결과로 이어졌다. 이에 대해 퍼주기 식의 대북정책이었다는 비판도 존재하고 있다. 김대중 정부는 북한에 대하여 포용정책을 추구하였으나, 잠수정 침투, 서해상에서 북한의 도발이 발생하기도 하면서 빛이 바래는 순간을 맞기도 하였다.

---

4) 개성공단은 정치적 상황의 변화에 따라 가동이 중단되기도 하였다. 2013년에는 북한의 일방적 조치로 중단되었다가 9월에 재가동되었다. 2016년에 들어서는 북한의 핵실험과 미사일 발사 조치에 대한 제제로 우리 정부에 의해 전면 가동중단의 상황을 맞았다.
남북경제협력협의사무소는 남북 사이의 경제교류협력사업을 추진하기 위한 쌍방 당국의 연락, 지원 및 협의 보장기관으로 2005년에 개설되었다.

그림 6-11. 육로 이용이 가능해진 금강산관광

그렇지만 어느 때보다도 한반도의 분위기는 활기를 띠고 있었다. 개성공단 추진, 금강산 육로관광, 이산가족 상봉 등의 인적교류와 물적교류가 활발하게 이루어져 가고 있었다. 하지만 이러한 노력에 찬물을 끼얹은 사건이 발생하였다. 2002년에 미국은 북한의 고농축 우라늄 개발 의혹을 제기하면서 대북 중유공급 중단과 핵선제타격 대상으로 북한을 규정한다고 발표하였다. 이에 반발한 북한은 핵동결 해제와 핵시설 재가동을 선언하면서 제2차 북핵위기가 발생하였다. 남북한의 평화 분위기는 얼마 가지 못하고 심각한 상황으로 빠져들었다.

개성공단이 태어난 또 하나의 배경에는 북한의 내부적 요인도 있었다. 북한은 1980년대부터 경제발전을 위한 여러 가지 조치를 시행해 왔다. 1984년의 합영법[5]과 1991년 시작된 나진・선봉 자유경제무역지대 개발이 대표적 조치이다. 그러나 이러

---

5) 북한의 합영법은 1984년 9월에 채택된 외자도입 방식을 말한다. 북한은 중국이나 소련으로부터의 경제지원이 줄어들고 있었으며, 서방국가들은 투자수익성 보장의 불확실성, 투자여건 미비와 대내시장의 협소성, 외채상환지연 문제 등으로 투자를 꺼리고 있었다. 이렇게 되자 북한은 직접투자를 유도하기 위한 대책이 필요하였으며, 이에 대한 대책으로 합영법을 제정하기에 이르렀다.

합영법은 제1조에 '북한과 세계 여러 나라들 사이의 경제기술협력과 교류를 확대 발전시키는 데 이바지한다'라는 조항이 있다. 이것은 외국의 기술과 자본 도입에 나서겠다는 의지이기도 하였다. 이후에 북한은 '조선외국인투자법'과 그 후속조치로서 '합작법', '외국인기업법' 등을 1992년에 제정하기도 하였다. 이는 북한이 제한된 경제개방정책을 통해 경제에 활력을 제공하겠다는 의도이기도 하였다.

한 외자유치 활동에도 불구하고 경제체제의 경직성, 인프라 부족 등으로 인한 투자자의 외면으로 실제 성과는 미미했다. 합영법 시행 등이 있었지만 큰 효과는 보지 못한 것으로 알려지고 있다.

여기에서 북한 주민에게 직접적으로 와 닿는 유통체계도 함께 살펴볼 필요가 있다. 북한에서의 유통은 중앙집권적으로 관리되고 있다. 즉, 국가의 계획과 통제로 이루어진다는 의미이며, 국영상점 위주의 시장을 유지하고자 하였다. 그렇지만 아무리 사회주의 경제체제를 유지하고 있다고 하더라도, 현실 사회에서는 이를 완벽하게 이행할 수는 없다. 북한의 주민들 역시 사적으로 필요한 거래를 하는 장을 자연스럽게 형성시켜 왔다. 이러한 현상에 따라 북한은 1958년부터 주민들이 부업으로 생산한 농산물 등을 합법적으로 거래할 수 있게 하였다. 즉, 일종의 농민시장을 통해 계획체계 밖의 상품에 대한 교환과 판매 행위를 허용한 것이다. 이러한 시장은 1970년대까지는 대체로 합법적인 테두리 안에서 경제활동 공간으로 역할을 하였다.[6)]

그렇지만 1990년대에 들어서면서 대기근이 계속되자 주민들은 생존문제를 국가에 의지할 수 없는 상황이 되었다. 북한의 농민시장은 급속히 확대되는 현상을 보이면서 장마당으로 변해 가고 있었다. 즉, 농산품 위주에서 공산품 거래까지 이루어지고 있었다. 장마당은 유통의 주요 공급처로 변하였다. 북한은 2002년에 경제관리개선 조치를 취하면서 장마당을 통제하고자 하였으나, 정부 차원의 물자 공급이 어려워지자 공산품 거래까지 허용하였다. 북한은 2003년 3월 처음으로 평양에 종합시장 개설을 추진하였다. 이러한 점은 북한의 변화로 읽힐 수 있는 하나의 사례이기도 하다.

북한은 중국의 경제특구 제도를 모방하여 2002년 9월에 신의주특별행정구역과 2002년 10월에 금강산관광지구를 지정하였다. 이어서 북한은 2002년 11월 13일 최고인민회의 상임위원회 정령에 의하여 개성공업지구를 지정하고, 11월 20일에는 '개성공업지구법'을 제정하였다. 개성공업지구법은 북한이 제정・공포한 북한법이지만 남한과 해외 기업들이 경제특구에서 자유로이 경제활동을 할 수 있도록 시장경제에 기초한 법 체제를 최대한 수용한 점이 특징이다. 개성공단 건설은 북한 군부의 입장에서는 그리 환영할 만한 것이 되지는 못하였다. 개성은 전쟁이 발생할 것을 가정할 때 중요한 축선에 해당한다. 그러므로 북한군은 개성 일대에 밀도 높게 병력을 배치하고 있었다. 6・25전쟁 당시 주력부대였던 북한군 제6사단을 비롯하여 포병과 전차부대들

6) 통일부 통일교육원(2016), 앞의 책, p.537.

이 밀집되어 있었다. 개성공단이 건설되면서 북한군은 이들 부대를 후방으로 이전시켜야 하는 상황을 맞게 되었다. 북한 군부로서는 이를 반길수만은 없는 입장이었다.

### ❑ 대북포용정책에 대한 북한의 반응

대북포용정책을 발표할 당시의 국민들의 의견은 대체로 긍정적이었다, 1998년 8월의 조사에서는 긍정적으로 답변한 비율이 72%, 12월에는 56.3%였다.[7] 비록 비율이 떨어지기는 했어도 절반 이상의 국민은 이를 긍정적으로 보고 있었다. 대북포용정책 중에서 금강산 관광사업이 40.7%로 가장 높게 나타났다. 미국의 클린턴 대통령도 1998년 11월 21일 한미정상회담에서 이를 일관성 있게 추진하는데 의견 일치를 보이기도 하였다.[8] 중국에서도 대북포용정책을 지지하고 있었다. 1998년 11월 13일 한중정상회담을 열었으며, 김대중은 이날 내외신 기자회견장에서 '중국의 장쩌민 주석도 대북포용정책을 지지한다'는 발언을 하였다. 1999년 5월 28일 러시아를 방문한 김대중은 옐친 러시아 대동령과의 정상회담을 개최했다. 여기에서 옐친은, "서울의 대북정책이 더 합리적이고 합당하다는 것을 알고 있으며 앞으로 더욱 한국의 노력을 지지하겠다."고 말하였다.[9] 이를 보면 국내외적으로 대북포용정책은 상당한 지지를 얻고 있었음을 알 수 있다.

대북포용정책이 발표된 초기의 북한은 대체로 관망하는 자세를 취하면서 새로 들어선 정부에 대하여 대북정책의 전환을 촉구하기도 하였다. 1998년 4월 2일 북한은 평양방송을 통하여 '과거 정권의 무분별한 전쟁책동은 남북대화를 파탄시키고 남북합의서까지 휴지장으로 만들었다'고 하면서, '남조선 정권은 바뀌었어도 달라진 것은 아무것도 없으며, 연이은 군사연습으로 총포성이 그칠 날이 없으니 남조선 당국자들의 통일 의지를 의심하지 않을 수 없다'는 요지의 방송을 내보냈다. 4월 29일에는 자주적 평화통일을 위한 민족대단결 5대 원칙을 공개하였다. 이는 민족자주, 애국애족 단결, 남북관계 개선, 외세지배 및 반통일세력 반대, 민족간 접촉・대화・연대 연합을 강화해야 한다고 함을 말한다. 이것은 북한의 통일전선전술과 연계되어 있다. 통일전선이란 힘이 미약할 때 상대방을 무너뜨리기 위해 쓰는 전형적인 방법이다. 공산혁명을 달성하고자 할 때 자체 힘만으로는 부족한 경우에 주변의 세력을 규합하여 목적 달

7) 경향신문, 「대북포용정책 긍정 56%」, 1998.12.22.
8) 경향신문, 「대북포용정책 공조 합의」, 1998.11.21.
9) 경향신문, 「김대통령-옐친 정상회담, 러"포용정책 지지」, 1998.11.21.

성에 필요한 역량을 만드는 것을 말한다. 용어상으로는 전술이지만 전략적인 개념으로 사용하고 있는 것이 통일전선전술이다. 그러므로 북한에서 말하는 민족대단결이라는 말은, 대한민국의 반정부 세력과 연대하여 동조세력을 획득하여 힘을 불린 후 남한을 무력화시키겠다는 의도를 갖고 있는 것이다. 이를 위하여 통일문제에 있어서는 항상 민족대단결이라는 명분을 내세워 왔다. 김대중 정부가 들어선 시기는, 김정일이 김일성의 유훈통치를 벗어나 본격적인 김정일 시대를 개막하는 준비과정과 맞물려 있었으며, 초기의 이러한 발언 등을 보면 김정일의 목표는 대남적화통일이었다.[10] 김정일 역시 김일성의 대남적화통일을 포기하지 않고 있었음을 알 수 있으며, 평화적이고 민주적인 방법의 통일은 아직도 갈 길이 멀어 보였다.

이를 입증하는 구체적인 도발 사례는 지속적으로 발생하였다. 1998년 11월 20일 강화도 근해에서 간첩선으로 침투를 시도하다 북으로 도주한 바 있었다. 1998년 12월 17일에는 반잠수정 한 척이 여수 해안으로 침투 중에 해군에 의해 격침되기도 하였다. 1999년에는 연평해전이 발생하기도 하였다. 북한은 우리 정부에서 추진하는 대북포용정책을 대북적대정책으로 비난하면서 의도적인 긴장조성을 하고 있었다. 긴장조성과 함께 북한은 경제난을 타개하기 위하여 김정일의 60회 생일이 되는 2002년을 '경제정상화의 해'로 정하고 '제2의 천리마운동'을 통하여 경제를 살리려 전력하고 있었다.

10) 통일부 통일교육원(2016), 앞의 책, p.278.

## 3. 노무현 정부의 통일정책

### ❑ 평화번영정책

노무현 대통령은 2003년 취임하면서 "진정한 동북아시대를 열자면 먼저 한반도에 평화가 제도적으로 정착되어야 한다"고 강조하면서, 통일정책에 대한 견해를 피력하였다. 그는 그동안의 성과를 계승 발전시키면서 정책의 추진방식은 개선하겠다고 하였다. 그러면서 국민과 함께 하는 평화번영정책을 펼치겠다는 의지를 밝혔다. 이는 김대중 정부의 대북포용정책을 계승하겠다는 의미였다.

평화번영정책은 대북포용정책과 명칭은 달라도 기본적으로 달성하고자 하는 목표와 방향은 동일한 맥락에서 일관성을 갖고 추진할 것임을 말한 것이다. 다만 추진하는 방식에서는 변화가 있을것임을 말하였다. 노무현이 계승하고자 발전시키고자 한 것은 남북관계의 원칙으로 삼아 온 화해협력을 말하고 있다. 이를 평화번영의 단계로 승화시키고자 했으며, 여기에 동북아시대라는 새로운 활동 무대라는 비전을 부여하였다. 이에 대하여 노무현은 2003년 3월 24일 통일부 업무보고에서 '번영'과 '동북아시아'라는 비전을 포함한 이유를 설명한 바 있다.11)

> "그냥 평화정책이면 되는데, 굳이 번영까지 꼭 집어넣고 동북아시아라는 비전을 내건 것은 남북대화에 대해 긍정적인 사고를 할 수 있도록 하기 위한 전략적 비전입니다. 동북아 번영에 대한 우리의 비전이 있을 때 남북대화에 대해서 호의적으로 생각할 가능성이 높다는 판단을 고려한 것입니다."

우호적인 남북관계를 유지하는 것에 대하여 대다수의 국민들은 긍정적으로 보고는 있지만, 남북관계 발전의 필요성은 곧 번영이라는 등식을 제시함으로써 보다 긍정적인 사고로 이끌겠다는 의도였다. 남북이 모두 번영을 누리기 위해서는 남북간의 교류협력이 더욱 확대되어야 한다. 그러므로 경제협력과 평화정착은 함께 이루어져야 한다. 그렇게 될 때 평화공존과 남북의 경제협력은 선순환의 구조를 정착하게 된다는 것이며, 통일이 뒤따라 오게 된다는 것이다. 평화번영정책은 용어에서 나타났듯이 평

11) 국정홍보처, 『참여정부 국정운영백서 5』 (2008), p.23.

화와 번영을 함께 이루어 나가자는 정책이다. 또한 한반도에 국한하지 않고 동북아로 활동 무대를 넓혔다는 점에서 특징이 있다. 동북아의 발전을 한반도에서 견인하겠다는 의지를 표현한 것으로 볼 수 있다.

이 시기에 보이는 국민들의 북한에 대한 인식과 김대중 정부의 대북포용정책에 관한 의식을 보면 대체로 우호적이었다. 이와 같은 분위기는 당시의 여론조사에서도 나타나고 있다.

[ 2003년 여론조사 결과 ]

| 구분 | 주요내용 |
|---|---|
| 북한에 대한 인식 | 지원대상(15.60%), 협력대상(36.90%), 경쟁대상(4.30%),<br>경계대상(27.70%), 적대대상(12.00%), 모르겠다(3.50%) |
| 대북포용정책 | 적극찬성(13.00%), 대체로 찬성(55.40%), 대체로 반대(24.4%),<br>적극반대(6.1%) |

출처 : 통일연구원, '국민통일여론'

북한에 대한 인식은 지원 또는 협력대상으로 본다는 응답이 절반을 넘었으며, 이전 정부의 대북포용정책에 대해서도 약 70%는 찬성하고 있었다. 이러한 현상은 남북정상회담 등을 보면서 남북이 함께 통일을 만들어 가야 하는 동반자라는 인식이 향상되고 있었음을 의미한다. 그렇지만 남북은 정상회담까지 개최하였지만 여전히 긴장의 관계를 유지하고 있었다. 노무현 정부가 들어서기 전 2002년 가을에는 서해에서 남북의 해군 함정 사이에 교전이 발생하였다. 해군 장병 6명이 전사하고 19명이 부상하였다. 북한 해군에서도 50여 명 이상의 사망자가 나온 것으로 추정된다는 보도가 있었다. 또한 2002년에 터진 제2차 북핵위기는 남북관계가 다시 원점으로 회귀할 수도 있다는 불안을 가져왔다. 이러한 소식을 접하는 국민들은 김대중 정부의 대북포용정책을 지지하면서도 북한에 대한 진정성을 의심하기도 하였다. 그렇지만 노무현은 이러한 난제에도 불구하고 김대중의 대북포용정책을 계승하겠다고 밝혔다. 노무현 정부는 김대중 정부로부터 최초의 남북정상회담에서 나온 6・15공동선언의 성과와 함께 제2차 북핵 문제라는 위기관리의 과제를 받아야 했다.

그중에서도 북핵 관리는 모든 남북관계의 이슈를 선점하고 있었다. 이 문제가 해결되지 않는 한 어떠한 남북관계도 성과를 낼 수 없는 중대한 문제였다. 2007년 남북정상회담이 임기 마지막 해에 열렸다는 것은 그동안 남북문제가 상당히 어려웠음을 나타내주고 있다. 김대중 정부의 대북포용정책과 노무현 정부의 평화번영정책의 용어에서는 한 가지 공통점이 발견된다. 그것은 통일을 위해 내놓은 정책이었지만 정작 통일이라는 용어는 없다는 것이다. 평화의 수레바퀴가 회전하면 자연스럽게 통일은 끌려 온다는 논리로 볼 수도 있을 것이다. 통일이라는 용어를 내세우지 않으면서도 통일을 이룰수 있는 방법을 포용과 평화에서 찾고자 하였다. 평화번영정책의 목표와 추진원칙을 살펴보기로 하겠다.

[ 평화번영정책 목표 및 추진원칙 ]

| 구분 | 주요내용 |
|---|---|
| 목표 | 한반도 평화증진과 남북한 공동번영 실현<br>동북아 공동번영 추구 |
| 추진원칙 | 대화를 통한 해결, 상호신뢰 호혜주의<br>남북당사자원칙과 국제협력, 국민적 합의로 정책목표 달성 |

평화통일정책의 목표는 두 가지를 지향하고 있다. 그것은 한반도 에서의 평화증진과 남북한 공동번영 실현 및 동북아의 공동번영을 추구한다는 두 가지를 말한다.

한반도 평화증진은 북핵 문제를 비롯한 안보현안을 해결하는 토대 위에서, 남북 간의 실질적인 협력을 증진시키면서 군사적 신뢰구축을 통해 불안정한 정전체제를 항구적인 평화체제로 전환한다는 것이다. 분단 반세기 동안 남북은 소모적인 갈등과 대립 속에서 불안정한 평화를 유지해 왔으나, 탈냉전의 세계사적 흐름과 남북정상회담에 따른 6·15남북공동선언 등으로 한반도에서도 평화를 정착시킬수 있는 새로운 기회가 찾아왔다. 한반도에서 확고한 평화가 정착되면 한반도가 지니고 있는 무한한 성장 잠재력을 구현할 수 있는 기틀을 다짐으로써, 동북아 경제의 중심으로 나아가는 토대가 마련될 수 있다. 이에 대한 결실로 2005년 9·19공동성명에 포함되어 있는 동북아 평화 및 한반도 평화체제 관련 조항을 들 수 있다.

2007년 남북정상선언에서는 군사적 신뢰구축과 평화체제·비핵화 등 한반도 평화정착과 관련된 사안을 비중 있고 실질적으로 다루었다. 이것은 한반도 평화정착에 정책의 최우선순위를 두었던 노무현 정부의 의지로 볼 수 있다.

남북 공동번영 실현 및 동북아 공동번영 추구는 남북 모두의 이익을 창출하고 확대할 수 있도록 경제협력을 활성화시켜 나감으로써 중장기적으로 남북경제공동체를 건설하고, 이를 통해 동북아 이웃 국가들의 번영에도 기여하고자 하는 것이다. 한반도가 지니는 지정학적 특성을 고려할 때 남북경제공동체가 건설되면 한반도가 대륙경제와 해양경제를 연결하고 결속시켜 나갈 수 있는 교량 역할을 수행하게 될 것이다.

평화번영정책은 이러한 목표를 달성하기 위하여 '대화를 통한 문제 해결, 상호신뢰 우선과 호혜주의, 남북 당사자 원칙에 기초한 국제협력, 국민과 함께 하는 정책 등 4가지를 추진원칙으로 삼았다. 대화를 통한 문제 해결은, 국지적인 충돌이 발생할 경우에는 이를 대화를 통하여 문제를 해결하는 것이다. 상호신뢰 우선과 호혜주의 원칙으로 화해와 협력이 이루어져야 하며, 한반도 문제는 남북한의 문제이므로 남북 당사자 원칙으로 하되 국제협력을 통하여 문제를 해결한다는 것이다. 국제협력은 한반도를 중심으로 한 강대국의 첨예한 이익을 적절히 활용한 국제협력을 도모하게 되면 보다 쉽게 문제를 해결할 수 있는 동력을 얻을수 있다는 것이다.

우리나라의 민주화는 이제 세계적인 수준에 이르렀다. 아무리 좋은 정책이라 하더라도 국민적 합의가 결여되면 정책목표를 달성할 수 없다. 과거의 정부에서 일부 정책결정권자에 의한 통일정책이 추진력을 발휘하지 못한 것을 보면 알 수 있다. 물론 당시에는 그 자체를 정권유지에 이용하려고 한 측면도 있었다. 국민의 적극적인 참여와 협력은 정책의 추진동력에 필수적이다. 또한 이를 투명하게 추진한다면 민주주의

**그림 6-12. 퇴임 후 봉하마을 가을 들녘에서의 대통령** 출처 : 노무현재단 홈페이지에서 캡처

를 더욱 성숙시키는 과정이 되기도 하는 것이다. 그러므로 국민적 합의에 따른 정책 결정이 이루어져야 한다는 원칙이다.

평화번영정책의 추진전략은 평화와 경제의 선순환을 이루는 것과 북핵 문제 해결 및 남북관계의 발전을 병행한다는 것이다. 남북관계를 지속적으로 발전시키기 위해서는 평화와 경제의 선순환이 이루어져야 한다는 논리이다. 경제협력이 평화를 구축하고 평화가 경제협력을 보장하는 선순환을 이룬다는 것이다. 남북관계의 가장 큰 고질적인 문제는 정치・군사문제에서 접촉점을 찾고 있지 못한 것이 가장 큰 원인이었다. 즉, 경제・사회・문화 측면에서 신뢰구축을 위한 조치가 발전적으로 진행되어도 어느 순간에는 군사적인 문제와 정치적인 견해 차이로 인하여 확장 동력을 상실하고 있었다.

노무현은 이러한 점을 명확하게 짚고 평화정착과 경제협력을 연계하고자 하였다. 경제적 실리를 보여줌으로써 군사적 긴장완화를 유도하고자 한 것이 평화와 경제협력의 선순환이다. 대표적인 예가 개성공단 사업이다. 개성은 서울과의 거리가 매우 가까운 관계로 북한군의 주력부대가 밀집되어 있었다. 북한군의 밀집도가 높은 지역이었으며, 이로 인해 긴장감 역시 높았다. 그렇지만 개성공단의 추진으로 인해 북한군의 부대들은 송악선 너머로 이전해야 했으며 금단의 분단선을 넘어 개성공단으로 남북의 사람들이 모이기 시작하였다. 그동안 무장군인의 모습만 보이던 지역에 공장이 들어섰으며, 남북의 사람들에 의해 생산품이 만들어지면서 평화로운 분위기를 찾게 되었다. 이로 인해 남북의 긴장도가 많은 부분 해소될 수 있음을 보여주었다. 2003년 한국과 영국의 정상회담에서 이러한 북한의 변화에 대해 언급한 바 있다. “개성공단 건설을 위해 휴전선에서 불과 24km 떨어지고 북한의 주공격로이자 군사집결지인 개성의 군사시설을 자진 철폐한 것은 북한이 변하고 있는 증거입니다.” 이러한 사례는 금강산관광 사업에서도 마찬가지로 적용되었다.

### ❑ 남북정상회담

2000년 6월 남북정상회담 이후 정부는 남북정상회담이 한반도 평화와 남북관계 발전을 위해 유용하다는 인식하에 남북장관급회담 등 남북접촉 계기를 통해 남북정상회담 개최를 위한 북한의 의사를 지속 타진해 왔다.[12] 이러던 중 2007년 7월 초 우리측은 남북관계 진전 및 현안사항 협의를 위해 고위급 접촉을 제안하였고, 북한측은

12) 통일부, 『남북대화 73호』, p.6.

7월 29일 김양건 통일전선부장 명의로 국정원장의 방북을 요청해 왔다. 이에 따라 김만복 국정원장이 대통령 특사자격으로 8월 2일 방북하여 김양건 통일전선부장과의 협의를 통해 2007년 남북정상회담 개최를 합의하기에 이르렀다.

2007년 남북정상회담은 2차 북핵위기가 어렵게 봉합되기 시작한 시기에 이루어졌다. 6자회담 합의가 원만하게 이행되고 북핵폐기 과정이 가시화되는 국제정세를 적극활용하고, 남북관계의 진전과 한반도 평화를 더욱 공고히 하고자 이루어졌다. 이는 국제정세의 빠른 변화에서 시기를 놓치지 않고 남북관계를 한 단계 더 진전시켜야 평화와 통일을 준비할 수 있다는 판단을 하였기 때문이다. 비록 임기 마지막 해이기는 했지만 시기를 놓칠 수는 없었다. 김대중 대통령의 정상회담은 이미 7년 전의 일이었다. 마침내 노무현은 2007년 10월 2일 출발에 앞서 다음과 같은 인사말을 하면서, 대화 시기의 적절성을 언급하였다.

> "시기를 놓치지 않고 한 걸음 한 걸음 착실히 나아가는 것이 중요합니다. 저는 욕심을 부리지 않을 것입니다. 그렇다고 몸을 사리거나 금기를 두지도 않을 것입니다. 역사가 저의 책임으로 맡긴 몫이 있을 것입니다. 이 시기 우리를 둘러싼 상황에 대한 냉정한 판단을 토대로 제게 맡겨진 책임만큼 최선을 다할 것입니다."

노무현 대통령의 남북정상회담은 제1차 남북정상회담 이후 7년이 흐른 대통령의 임기 만료 약 5개월을 앞두고 이루어졌다. 38도선을 표시한 노란색 선을 넘고 있는 장면은 분단의 현실을 보여주고 있다.

그림 6-13. 분단선을 넘어 방북하는 대통령

출처 : 대통령기록관

노무현의 남북정상회담 성사는 비록 늦은 감은 있었지만 모두가 예상하고 있던 일이었다. 그의 정치 스타일을 고려해 보았을 때, 그는 독특하게 정면돌파를 구사하면서 난관을 극복해 왔던 이력 때문에 더욱 그러하였다. 지역감정을 없애겠다는 의기 하나로 당선 가능성이 높은 지역구를 버린 일과 주류 정치인이 아닌 정치권의 이단아 취급을 받으면서도 결국 대통령 후보로 선출되면서 당선의 영광을 거머쥐었다. 이처럼 어떻게 해서든 해내고 마는 스타일을 갖고 있는 그에 대한 당연한 생각이었다. 그렇기에 비록 임기가 저물어 가는 마지막 해의 끝자락에 해당하는 10월에 평양을 방문한다고 했을 때 의아하게 여기는 국민보다는 당연한 추진이라고 여기는 국민들이 많았다.

노무현 정부 임기말에 이루어진 남북정상회담은 역설적으로는 남북관계가 그다지 좋지 않았음을 말하고 있기도 하다. 노무현 정부 초기에 터진 대북송금 특검의 수용은 대북포용정책에 대한 지지층을 분열시킨 결과를 가져오기도 했으며, 남북관계를 악화시킨 배경으로 작용하기도 했다는 것이 일반적인 평가이다. 또한 특검 수사 결과 대북송금이 사실로 밝혀지면서 김대중이 주도한 대북포용정책도 치명상을 입게 되었다.[13] 특검 수용은 김대중 지지세력의 반발을 부르면서 노무현 정부는 곤란한 상황에 처하기도 하였다. 이러한 점은 남북관계의 동력을 떨어뜨리는 결과로 작용하기도 하였다.

그렇다면 노무현의 대북인식과 이 시기에 국민들이 체감하는 평화번영정책과 북한에 대한 인식을 살펴보기로 하자. 먼저 노무현의 대북인식은, 북한은 붕괴되지 않을 것이지만, 변화와 핵포기가 불가피하다는 입장을 견지하고 있었다. 이것은 2003년 한국과 영국의 정상회담에서 언급된 내용이기도 하다.[14] 북한은 일반적으로 생각하는 국가와 달리 경제적 어려움을 극복하는 인내와 위기관리에 익숙한 체제이며 이를 극복하는 경험을 축척한 바 있다.

북한은 김일성 사후에 경제가 어려워지자 이를 극복하기 위하여 주민들의 희생을 강요하는 방식을 선택하였다. 일명 고난의 행군이었다.[15] 김정일은 1996년 신년공

---

13) 조선일보, 「북 송금 수사발표」, 2003.6.26.
2002년 국정감사에서 4억 달러 대북지원 의혹이 처음으로 불거졌다. 이에 대해 김대중 전 대통령은 대국민 담화를 내기도 했으나, 핵심 관계자들은 특검 수사결과에 따라 사법처리를 받기에 이르렀다. 특검의 수사결과는, 2000년 4월 8일 대통령 특사였던 박지원 당시 문화관광부 장관은 송호경 북한 아・태평화위 부위원장과 정상회담 개최 합의서를 교환하면서 정부 차원의 1억 달러 지급을 약속했다는 것이었다. 그동안 박지원은 국회 답변에서 '단돈 1원도 북한사람에게 준 적이 없다'고 한 것은 거짓으로 밝혀졌다.

14) 국정홍보처(2008), 앞의 책, p.49.

15) 고난의 행군이라는 용어는 1938년 말~1939년 초, 김일성이 이끄는 항일빨치산이 만주에서 혹한과 굶주림을 겪으며 일본군의 토벌작전을 피해 100여 일간 행군한 데서 유래했다. 출처: 『북한지식사전』(2016), p.45.

그림 6-14. 2007년 남북정상회담 기념석 출처 : 노무현재단 홈페이지에서 캡처

동사설에서 이를 발표하면서, 먹고 사는 문제를 자력으로 해결해야 한다고 하였다. 배급이 중단되면서 무엇이든 먹고 살 만한 일은 해야만 했던 시기였다. 일반적인 국가였다면 내부의 분열로 극도로 혼란한 상황에 이어 붕괴로 이어지는 것이 수순이었을 것이다. 그렇지만 북한은 이를 극복하고 체제를 유지하여 왔다. 북한의 체제는 이처럼 특이한 체질을 갖고 있다. 이후부터 고난의 행군이라는 말은 어려운 상황을 극복하기 위해 분투하는 상징어로 자리 잡았다.

북한에 대해 직접적인 영향을 가장 크게 미치는 인접국 중국은 전통적인 순망치한(脣亡齒寒) 관념에 따라 북한의 붕괴를 절대적으로 원하지 않고 있었다. 또한 북한 내부의 체제 순응에 신념화된 세력의 존재도 무시할 수 없는 고려 요인이며, 저항세력이 조직화 되어있다는 조짐도 보이지 않고 있다. 이러한 점 등을 고려하여, 북한의 붕괴는 오지 않을 것이라는 대북인식을 노무현은 견지하고 있었던 것으로 보인다. 이러한 인식과 평화번영정책에 대해 국민들이 보내는 우호적인 여론은 결국 남북정상회담을 성사시키는 동력으로 작용하였다. 이 시기의 평화번영정책에 대한 국민여론은 다음과 같았다.

**[ 2005년 여론조사 결과 ]**

| | | |
|---|---|---|
| 평화번영정책에 대한 인식 | 매우 찬성(17.40%)<br>대체로 반대(18.80%) | 대체로 찬성(55.60%)<br>매우 반대(8.20%) |
| 대북지원 인식 | 매우 찬성(22.20%)<br>대체로 반대(19.30%) | 대체로 찬성(50.30%)<br>매우 반대(8.40%) |

출처 : 통일연구원, '국민통일여론'

국민들의 70% 이상은 평화번영정책을 긍정적으로 바라보고 있었으며, 대북지원에 대한 인식에서도 70% 이상이 타당하다는 의견을 갖고 있었다. 이러한 국민들의 인식은 정책 추진의 동력을 얻기에 충분하였으며, 그 마지막 화룡점정(畵龍點睛)은 남북정상회담으로 모아졌다. 2007년 남북정상회담이 이루어지게 된 것은 이러한 국민적 성원과 신뢰와 포용을 바탕에 두고 일관성 있게 화해・협력을 추진하여 온 대북정책을 들 수 있다. 또한 대통령은 정상회담에 대한 희망을 누차 밝혀오기도 하였다.

2005년 1월 신년 기자회견

"상대가 응한다면 언제 어디서나 때와 장소를 가지지 않고, 주제와 관계없이 정상회담에 응할 의향이 있다"

2005년 7월 13일 국내 언론 보도・편집국장 간담회

"남북정상회담 자체가 목적이 아닙니다. 북핵 문제를 풀고 남북관계를 진전시키는 데 전략적으로 유효하면 정상회담은 좋은 것이고 유효하지 않으면 정상회담 자체가 좋은 것만은 아니라고 생각한다"

대통령의 의중은 남북관계의 개선과 북핵문제 해결을 위해서라면 적극적으로 정상회담을 추진하고자 한 것으로 볼 수 있다. 통일정책의 원칙 중에서 노무현 정부는 '국민과 함께 하는 정책'을 강조한 바 있다. 따라서 남북정상회담의 모든 진행은 「남북관계 발전에 관한 법률」[16] 등의 법적 근거에 따라 적법하고 공개적인 절차에 따라 추진하였다. 이에 정부는 법령 제2조에 따라 정상회담을 추진하였다. 제2조의 기본원칙에 의하면, ① 남북관계의 발전은 자주・평화・민주의 원칙에 입각하여 남북공동번

16) 「남북관계 발전에 관한 법률」은 2000년 남북정상회담 이후 진전된 남북관계 현실을 법적으로 반영한 남북 평화공존을 상징하는 법률이다.

영과 한반도의 평화통일을 추구하는 방향으로 추진 ② 남북관계의 발전은 국민적 합의를 바탕으로 투명과 신뢰의 원칙에 따라 추진한다는 법 조항에 충실하게 따랐다.

2007년 10월 2일부터 4일까지 이어진 정상회담에서는 최종적으로 '남북관계 발전과 평화번영을 위한 선언'에 합의하였으며, 이를 10·4선언이라고 한다. 10·4선언은 전문과 8개 항으로 구성되어 있다. 6·15공동선언 적극 구현, 남북관계에 상호 존중과 신뢰 구축, 군사적 적대관계 종식, 한반도 핵문제 해결과 종전선언 추진을 위한 3자 또는 4자 정상회담 추진, 남북 경제협력 사업의 적극 추진으로 민족경제의 균형적 발전과 공동의 번영 도모, 이산가족 상봉 확대 등 인도주의 협력사업 적극추진, 국제무대에서 민족의 이익과 해외 동포들의 권리와 이익을 위한 협력을 내용으로 하고 있다.

두 정상이 선언을 통해 명문화한 군사적 적대관계 종식과 한반도 평화보장을 위한 협력은 의미가 컸다. 남북은 그동안 군사문제, 평화체제 문제를 전면적으로 다루지 못했으나 정상회담을 통하여 이를 논의하는 계기가 됐다. 서해평화협력지대 설치 등은 그동안 쉽게 합의하지 못했던 내용들이다. 10·4선언은 6·15공동선언 이후 발전된 남북관계를 바탕으로 교류협력을 확대하고 평화를 정착시켜 나가는데 필요한

그림 6-15. 두 번째의 남북정상회담 출처 : 대통령기록관

40여 개의 분야별 합의사항은 담고 있다. 여기에서 한반도 종전선언 문제를 추진키로 합의한 점이 주목되는 대목이다. '현 정전체제를 종식하고 항구적인 평화체제를 구축해 나가야 한다'는 인식을 공감하면서, 직접 관련된 3자 또는 4자 정상들이 한반도지역에서 만나 종전을 선언하는 문제를 추진하기 위해 협력해 나가기로 했다고 밝혔다. 내심 남북이 모두 갖고는 있었으나 그동안 표현하기에 머뭇거렸던 종전선언과 항구적 평화체제에 대한 남북의 열망을 처음으로 천명한 선언이었다.

종전선언에 관련한 문제는 이미 미국의 조지 부시 대통령이 제안하였다. 2006년 11월 18일, 2007년 9월 7일 열린 한미정상회담에서 조지 부시 대통령은 종전선언 문제를 제안했으며 이를 김정일 위원장에게 설명하여 함께 동의한 내용이었다. 한반도의 평화협정이 체결되기 위해서는 먼저 종전협정이 선행되어야 하는 논리적 구조를 갖고 있으므로, 종전협정에 남북의 정상이 합의했다는 것은 평화협정을 염두에 두고 있다는 의미이기도 했다.

그러나 임기 종료를 불과 4개월 가량 앞두고 진행된 남북정상회담은 열매를 맺기에는 너무나 촉박한 시간이었다. 2박 3일간의 정상회담 일정은 그동안 밀린 숙제를 한 느낌이었을 것이다. 그렇지만 무언가 채 논의하지 못한 아쉬움을 갖고 있기도 하였을 것이다. 2007년 10월 4일에 노무현 대통령과 김정일 위원장은 회담을 마치며 악수를 나누었다. 그러면서 자주 만나자고 하였다. 그러나 그 약속이 지켜지는 데에는 10여 년의 세월이 지나야 했다.

진보정권에서는 남북관계를 고착화 시키며 분쟁을 촉발시키는 현재의 분단 상태를 포용을 모토로 관리하면서 평화를 정착시키고 점진적으로 통일을 이룩하겠다는 명확한 목표를 가지고 있었다. 그렇지만 세월의 무게 때문이었는지 휴전선을 사이에 둔 분쟁과 대결은 남북 모두에게 익숙해져 있었다. 이러한 분위기는 '북한에 굴종하는 정부, 퍼주기 대북정책, 주적을 분간 못하는 정부' 등으로 표현되기도 하였다.

노무현 정부의 뒤를 이어 보수를 표방하는 이명박 정부가 들어섰다. 이로써 일명 진보정권의 시대가 마감하면서 보수정권이 들어서고 있었다. 이명박 정부는 실용주의를 내세웠으며, 통일정책에서도 실용주의를 기저에 둔 정책을 수립하였다. 이러한 구상과 철학을 담은 이명박 정부는 철저하게 주고 받는 식의 정책을 추구하고자 하였다. 즉, 북한이 핵을 포기하고 개방할 경우 경제협력과 각종 지원을 하겠다는 조건부

지원과 협력이 그것이다. 그러나 북한의 특징 중의 하나는 아무리 굶주려도 살아남는 내성을 이미 간직하고 있다는 것이다. 그렇다면 지난 10년간 남북관계를 주도해 온 진보정권의 통일정책과 차기 정부에 바라는 내용과 관련된 여론조사를 참고해 보고자 한다.

[ 2008년 여론조사 결과 ]

| 구분 | 응답 | |
|---|---|---|
| 최근 3년간 북한의 개혁/개방 관련 변화 | 매우 변화가 크다(7.74%)<br>별로 변화가 없다(36.11%)<br>모름/무응답(0.00%) | 어느 정도 변화가 있다(46.33%)<br>전혀 변화가 없다(5.56%) |
| 지난 10년간 가장 잘못된 대북정책 | 과도한 대북지원(3.97%)<br>정책의 투명성 부족(13.00%)<br>안보문제 소홀(6.94%)<br>없다/모름/무응답(0.00%) | 국민적 합의 부족(52.38%)<br>한미 공조 부족(16.57%)<br>기타(0.20%) |
| 차기 정부의 대북 정책 방향 | 매우 달라져야 한다(28.77%)<br>별로 달라질 필요 없다(13.19%)<br>모름/무응답(0.00%) | 어느 정도 달라져야 한다(54.17%)<br>전혀 달라질 필요 없다(2.08%) |

출처 : 통일연구원, '국민통일여론'

2008년의 여론조사는 진보정권의 통일정책에 대한 인식이었다. 북한의 변화에 대한 응답에서는 는 인식이 절반 정도를 차지하였다. 대북정책을 추진하는 방법에서는 국민적 합의에 만족하지 못했다는 응답이 절반이상을 차지했다. 이를 보면 대국민 홍보에서 보다 적극적이지 못했다는 인식이었다. 차기 정부에 기대하는 대북정책은 80% 이상의 국민들이 변화를 주문하였다. 북한에 대한 퍼주기 논란 등의 영향으로 보이는 대목이다.

### ❑ 평화번영정책에 대한 북한의 반응

북한은 최초의 남북정상회담 이후 경제분야부터 변화를 시작한 이래 노무현 정부의 지속적이고 일관된 대북정책을 통해 정치·사회분야 등으로 점차 변화의 범위와 깊이를 더해 가고 있었다. 특히  경제부문의 변화와 함께 주민들의 의식변화도 빠르게 진행되고 있었다. 평화번영정책은 경제협력을 통하여 평화를 만든다는 것을 핵심으로 삼고 있다. 그러므로 개성공단의 성과는 북한 주민의 생활과 연관성을 갖게 되며, 이것은 대남인식과도 연계된다.

개성공단은 초기의 경직된 태도에서 벗어나 공단 개발 및 운영에 대해 협조적 태도로 점차 전환되었다는 것이 입주기업인들의 일반적인 평가였다. 여기에서 근무하는 근로자들은 해마다 증가하면서 자연스럽게 시장경제의 학습효과를 전파하는 현장이 되었다.

**[ 연도별 개성공단 근로자 현황[17] ]**

| 연도 | 2005년 | 2006년 | 2007년 | 2008년 |
|---|---|---|---|---|
| 북측인원(명) | 6,013 | 11,160 | 22,538 | 38,931 |
| 남측인원(명) | 507 | 791 | 785 | 1,055 |

출처 : 개성공업지구지원재단 홈페이지

근로자 인원은 지속적으로 증가하였으며, 2015년 북측의 근로자 인원은 54,988명이었다. 입주기업들의 북측 근로자에 대해서는 대체적으로 만족하고 있었다. 북한 특유의 집단주의 문화와 근무태도에 문제가 다소 있었으나 점차 적응하면서 개선되고 있었으며, 손재주 등 자질과 잠재력이 뛰어나다는 평가가 대체적인 평가였다.[18] 호기심과

그림 6-16. 개성공단의 북한 근로자들 출처 : KBS '남북의 창' 화면에서 캡처

17) 통일부 통일교육원, 「통일교육위원 특별연찬 참고자료」 (2006), p.15.
18) 국회예산정책서, 『개성사업평가』 (2006), p.169.

열의도 있으며, 빠른 속도로 기술을 습득하며 남측의 민간기업 체제에 적응해가고 있는 것으로 판단된다는 것은 북한 근로자들이 시장경제체제에서 만족도가 높다는 반증이기도 하다. 또한 북한 관리들은 그동안 "경제보다 정치가 우선이라고 했으나, 지금은 기업의 이윤의 중요성을 이해한다."[19]고 언급하기도 하였다. 이와 같은 현상은 개성공단에 대한 만족도가 높으며, 시장경제의 마인드가 스며들고 있다는 것을 나타내는 것이다. 1989년 남북간 물자교역이 시작된 이래 교역 규모도 꾸준히 증가하였다. 이러한 증가는 남북정상회담 후 더욱 증가하였는데 그 현황은 다음과 같다.

**[ 연도별 남북한 교역총액 현황[20] ]**

| 연도 | 1989년 | 1991년 | 1993년 | 1995년 |
|---|---|---|---|---|
| 교역총액(백만 달러) | 19 | 111 | 187 | 287 |
| 연도 | 1997년 | 1999년 | 2000년 | 2001년 |
| 교역총액(백만 달러) | 308 | 333 | 425 | 403 |
| 연도 | 2002년 | 2003년 | 2004년 | 2005년 |
| 교역총액(백만 달러) | 641 | 724 | 697 | 1,055 |

2005년에는 마침내 10억 불을 넘어서면서 17억 불을 기록한 중국 다음으로 많은 액수를 교역한 주요 교역대상이 되었다. 이러한 사실은 남북이 서로 돕고 도움을 주는 관계로 되어 간다는 것을 말해 주고 있다. 이에 따라 남북한 주민의 상대방에 대한 인식도 상당히 긍정적으로 변하고 있었다. 북한에서 2004년 3월 ~ 2005년 1월 사이에 입국한 새터민 1,374명에 대한 면접조사 결과이며, 1999년과 2005년을 비교한 자료를 보면 다음과 같다.[21] 북한 주민이 남한을 적으로 생각하는 비율이 감소(49.2% → 32.8%)하는 반면, 친구로 생각하는 비율이 증가(50.8% → 67.2%)하고 있다. 또한 남한이 북한을 지원하고 있다는 사실을 전혀 알지 못한다는 비율이 대폭적으로 감소(33.3% → 3.1%)하고, 지원물자를 직접 받은 경험이 있다는 비율도 증가(11.7% → 29.2%)하였다. 특이한 것은 지원을 받은 주민일수록 대남 적대감이 완화된 것으로 나타나, 우리의 대북지원이 상당한 기여를 하고 있는 것으로 나타났다. 우리나라 국민의 북한에 대한 인식도 긍정적으로 변하고 있었다. 한국사회여론연구소

19) 통일부 통일교육원 (2006), 앞의 자료, p.16.
20) 국회예산정책서 (2006), 앞의 책, p.64.
21) 통일부 통일교육원 (2006), 앞의 자료, p.32.

에서 2005년 12월 23일에 전국의 만 20세 이상의 성인 남녀 1,500명을 대상으로 실시한 전화 여론조사이며, 2004년 7월과 비교한 내용이다.

[북한에 대한 인식 변화]

| | |
|---|---|
| 북한을 안보를 위협하는 주적으로 보는 비율 | 2004년(39%) → 2005년(33%) |
| 평화통일의 동반자로 보는 비율 | 2005년(57%) → 2005년(63%) |

북한의 대남인식이 긍정적으로 변화하고 있듯이 우리나라 국민들의 대북인식도 긍정적으로 변화하고 있음을 알 수 있다. 평화번영정책에서 말한 선순환의 최종점을 향하여 남북한 모두가 가고 있음을 알 수 있게 해주는 통계자료이다. 그렇지만 2006년의 북한 핵실험은 또 다시 냉각기를 형성하고 말았다. 그러나 노무현은 이러한 악조건을 극복하면서 정상회담을 성사시키며 남북관계의 복원을 도모하였다. 경제협력과 평화가 선순환의 구조를 갖기 위해서는 정경분리가 선행되어야 할 것이다. 정치 논리에 따라 가다 서다를 반복하는 경제협력은 구조적으로 취약점을 갖는 것이며, 입주기업에게는 상당한 리스크로 작용하게 되어 장기적인 투자를 회피하게 만들 것이다.

## 4. 대북포용정책과 평화번영정책의 성과

연이은 진보성향의 정권이 들어서면서 정책은 연계성을 갖고 추진되었다. 최소한 10년간은 정책의 일관성이 보장받던 시절이었다. 신뢰가 근간을 이루었으므로 가능했던 것으로 볼 수 있다. 물론 국민들의 정치 성향에 따라 피로감을 느낄 수도 있었을 것이나 정책의 일관성과 지속성은 분명한 성과를 나타냈다고 평가할 수 있다. 따라서 여기에서는 노무현 정부 시절의 데이터와 기록을 기반으로 열거하였으나, 김대중 정부 시절의 노력도 함께 포함되어 있다고 보아야 할 것이다.

노무현 정부 출범 직전의 북한은 2002년 핵 동결 해제 발표와 2003년 핵 확산금지조약(NPT) 탈퇴를 선언한 상태였다. 북핵문제가 다시 불거지면서 남북관계의 전망이 그리 밝지 않은 상황에서 출범하였다. 제2차 북핵위기와 함께 출범했다고 보면 된다. 출범 당시의 남북관계는 악화일로를 걷고 있었다. 미국의 부시 행정부는 북한과의 대립관계를 유지하고 있었다. 설상가상으로 집권 초기에 탄핵을 당하는 상황까지 맞았다. 국내문제는 물론이고 남북관계에 집중하기 어려운 상황에 처해 있었다. 따라서 국내의 상황과 국제환경은 출발부터 남북관계에 불리한 환경을 제공하고 있었다.

북핵문제의 중요성은 한반도에 국한된 문제만이 아닌 세계적인 문제이다. 이런 이유로 북핵 문제는 주로 북한과 미국에 의해 주도 되어 왔다고 해도 과언은 아니다. 그 중요성은 한반도 주변국에도 마찬가지로 적용되고 있다. 그런 관계로 중국, 일본, 러시아까지 참여하는 6자회담의 구도 속에서 다루어지고 있다. 북핵 문제는 국제문제임을 반증하고 있는 대목이다. 여기에서 대한민국은 곧바로 영향을 받는 당사국이다.

노무현은 2003년 2월 25일 제16대 대통령 취임사에서 북핵문제와 관련해서는 다음과 같은 원칙을 고수하겠다고 말하였다. ① 북핵 불용 ② 대화를 통한 평화적 해결 ③ 우리의 적극적 역할이라는 북핵 해결 3원칙을 대내외에 천명하였다. 그렇지만 국내의 환경은 북핵문제 해결의 3원칙 고수에 있어서 항상 우호적이지는 않았다. 북한이 미사일 발사를 감행하면, 보수세력은 이에 대해 대북 강경책을 주장하면서 통일정책에 대하여 호된 비판을 하기도 하였다. 그러나 노무현은 북핵문제 해결에 있어 3원칙을 유지하였다. 이러한 원칙고수는 한반도에서의 긴장 고조가 북핵문제 해결에 도움이 되지 않는다는 판단에 따른 것이었다. 무엇보다도 평화적으로 핵문제가 해결되어야 한다는 원칙에는 변함이 없었다.

2003년에 북한은 NPT 탈퇴 선언, 2005년에는 느닷없는 6자회담 무기한 중단 선언과 핵무기 보유 선언을 하였다. 북한의 6자회담 불참으로 인해 북핵문제는 교착 상태에 빠져 들었다. 노무현 정부는 이러한 상황에서 국제사회의 협력을 이끌고 주도적으로 북핵문제를 해결하기 위하여 2005년 6월 워싱턴에서 조지 W 부시 미국 대통령과 정상회담을 열었다.[22] 이 자리에서 노무현은 6자회담 재개에 대한 적극적 의지를 표명해 9·19공동성명을 낳는 촉매제가 되게 만들었다. 이러한 노력의 결과 북한의 6자회담 복귀와 9·19공동성명을 채택하게 되었다. 9·19공동성명에서는 한반도 비핵화를 평화적 방법으로 달성한다는 목표를 명확히 제시하였다. 이에 따라 북한은 모든 핵무기와 현존하는 핵계획 포기와 조속한 시일 내 NPT와 IAEA 안전조치에 복귀할 것임을 공약하였다. 이에 미국은 대북공격 의사가 없음을 확인하면서 공동성명을 발표하였다.

또한 2007년의 2·13합의와 10·3합의를 도출하게 하는 성과를 만들어 냈다. 2·13합의에 따라, 북한은 영변 핵시설 폐쇄와 봉인, 불능화, IAEA 사찰관 복귀, 핵폐기 대상 모든 핵 프로그램의 신고 목록 협의에 동의하였다. 이에 대한 대가로 북·미, 북·일 관계 정상화를 위한 양자 대화를 개시하며, 중유 100만 톤 상당의 에너지를 지원하겠다는 합의였다. 10·3합의는, 북한은 모든 핵프로그램의 완전하고 정확한 신고를 위해 2007년 12월 31일까지 목록을 제공해야 하며, 핵물질·기술 또는 노하우를 이전하지 않는다는 공약을 재확인하였다. 미국은 북한을 테러지정국에서 해제한다는 합의를 하였다.

노무현 정부는 남북대화를 활성화하면서 보다 발전된 관계를 위하여 노력하였으며, 그동안 첨예한 문제로 취급되어 쉽게 접근하지 못했던 군사분야에서도 많은 협의를 이끌어 냈다. 남북장성급회담 등 남북군사당국자가 직접 만나 한반도의 군사적긴장완화조치를 협의하였으며, 서해상의 우발적 충돌방지 장치를 마련하고 군사분계선 지역에서의 선전활동 중지 및 선전수단을 제거하기로 2004년 6월에 합의하였다. 특히 2차례의 군사적 충돌이 일어났던 서해상에서 남북 함정간 공용통신망을 사용하기로 2004년 6월에 합의하였으며, 해군 당국간 긴급연락체계를 2005년 8월에 마련하

22) 노무현 대통령은 북핵문제 해결의 관건은 무엇보다도 국제사회와의 협조가 필요함을 직시하였다. 이러한 판단에 따라 조지 W 부시 미국 대통령과는 6차례의 정상회담을 가졌다. 한미 정상회담으로 무엇보다 북핵 문제의 평화적·외교적 해법에 대한 공감대를 넓히고 민감한 한미동맹 현안을 조정하는 실질적인 역할을 하게 만들었다는 평가를 받는다.

그림 6-17. 2007년 경의선 · 동해선 철도 시험 운행 모습

였다. 서해상 공동어로 수역 설치에 2005년 7월에 합의하면서 '분쟁의 바다에서 평화와 공존의 바다'로 전환시키고자 하였다.[23)]

북한에 대한 인식을 협력할 대상으로 규정하면서 남북왕래 인원은 대폭 증가하였다. 남북간에 왕래한 인원의 규모를 보면 보다 명확하게 알 수 있다.

[ 연도별 남북왕래 인원 현황[24)] ]

| 연도 | 1997년 | 2001년 | 2003년 | 2004년 | 2005년 |
|---|---|---|---|---|---|
| 인원(명) | 1,015 | 8,742 | 16,303 | 26,534 | 588,341 |

김영삼 정부 시절인 1997년에는 1,015명에 불과했으나, 최초의 남북정상회담이 실시된 후 2001년에는 8,742명으로 대폭 증가하였다. 노무현 정부 시절인 2005년에는 왕래 인원이 588,341명이었다. 이는 지난 60년간의 왕래 인원 85,400명을 상회하는 엄청난 인원의 증가였다.

23) 통일부 통일교육원(2006), 앞의 자료, p.6.
24) 통일부 통일교육원(2006), 앞의 자료, p.9.

북한의 군사요충지이었던 개성지역을 개방하고, 공단을 조성하여 적대와 대립의 공간에서 협력과 공존의 공간으로 탈바꿈시켰다. 6천여 명의 남북 근로자가 함께 근무하는 개성공단에는 남북경제협력협의사무소를 2005년 10월에 개설하였다. 이러한 조치에 따라 시범단지 입주기업들은 비교적 빠른 기간에 개성공단에 성공적으로 정착할 수 있었다. 신원(주)은 개성 공장운영 성과에 만족하여 2006년 2월에는 기존 공장의 2배에 해당하는 생산라인을 갖춘 제2공장을 증축했으며, 삼덕통상(주)은 시범단지 외에 1차 단지 5만 평에 추가로 공장용지를 분양받았다. 이처럼 개성에서는 총성 대신에 공장의 기계소리가 들리기 시작하였다. 개성공단은 분단의 현장을 넘어 평화의 현장을 만드는 장소로 변하고 있었다. 남과 북이 경제협력을 통하여 신뢰를 구축하며 민족의 복리를 도모하는 평화 산업단지의 모델로 태어나고 있었다.

비무장지대를 가로지르는 경의선 도로를 통해 매일 수백 명의 인원과 수백 대의 차량이 남한과 개성을 오가며 공단을 개발하였다. 개성공단 사업을 위해 남측에서 개성을 왕래한 우리측 인원의 현황은 다음과 같았다.

[ 연도별 개성공단 우리측 왕래 인원 현황[25] ]

| 연도 | 2003년 | 2004년 | 2005년 | 2006년 |
|---|---|---|---|---|
| 인원(명) | 841 | 11,806 | 52,849 | 60,999 |

남북경제협력협의사무소가 설치되면서 왕래한 인원은 5배 가량 증가 되고 있었다. 이 시기 차량의 통행은 20003년 104대. 2004년 4,663대. 2005년에는 20,588대, 2006년에는 29,807대가 남측과 개성공단을 오고 가며 생산활동에 여념이 없었다. 이에 따라 남북의 군사 당국간에도 직통전화를 개설하여 인원과 차량의 통행에 협조하는 시스템을 구축하였다. 그동안 두렵게 느껴졌던 비무장지대는 통행 과정에서 우리측 주민과 북한 군인들이 자연스럽게 접촉하면서 적대감을 해소하고 있었다.

이러한 성과의 여세를 몰아 2007년에는 남북정상회담을 성사시키면서 평화번영정책을 정착시키고자 하였으며, 대북포용정책과의 일관성을 유지하여 남북의 신뢰 증진에 크게 기여하게 되었다.

25) 통일부 통일교육원(2006), 앞의 자료, p.15.

## 5. 문재인 정부의 통일정책

### ❑ 돌아온 진보정권과 문재인 정부의 출범

보수정권이 10여 년간 지속되면서 남북관계는 회귀하는 현상을 보였다. 한반도 신뢰 프로세스는 남북경협의 상징 개성공단을 폐쇄시키면서 사실상의 마침표를 찍어야 했으며, 남북관계를 파행으로 몰아갔다는 비난을 받아야 했다. 2016년 후반기에 접어들면서 '비선실세의 국정농단과 박근혜 퇴진'을 외치는 촛불혁명이 전국의 밤을 밝히고 있었다. 2016년 11월 17일 국회에서는 '박근혜 정부의 최순실 등 민간인에 의한 국정농단 의혹 사건' 규명을 위한 특별검사의 임명 등에 관한 법률이 통과되었다. 아울러 '최순실 등 민간인의 국정농단 의혹 진상 규명을 위한 국정조사계획서'도 함께 처리되었다. 2016년 11월 30일에 이 사건을 규명할 특별검사가 임명되었고, 헌정사상 처음으로 현직 대통령을 수사하는 특검팀 출범이 눈앞에 다가왔다.[26] 특검은 이와 관련하여 90일간의 활동을 통하여 13명을 구속하고 30명을 재판에 넘겼다.

한편 여소야대의 정국에서 국회는 '최순실 국정농단 사건' 청문회를 개최하였다. 12월 9일에는 국회에서 탄핵소추안이 가결되어 대통령의 권한 행사가 중지되었으며, 헌법재판소에 소추의결서를 접수하였다.[27] 12월 11일에 탄핵심판 주심이 임명되었으며, 다음 해인 2017년 3월 10일에 탄핵심판 결과를 선고하기에 이르렀다. 이날 11시에 재판관의 탄핵 결정문 낭독이 시작되었다. 결과는 "주문, 피청구인 대통령 박근혜를 파면한다"였다. 재판관 전원일치로 박근혜는 대통령직에서 파면되었다. 세월호 사건 등에서 보았듯이 국정운영의 문제점뿐 아니라 비선실세에 의한 국가경영은 임기를 채우지도 못하는 결과로 이어졌다. 그리고 이를 규탄하는 '촛불혁명'으로 정권은 교체되었다. 촛불집회는 20여 차례 이어졌으며 누적인원은 1,600만을 넘어서는 대규모 집회였다.[28] 또한 기간도 2016년 10월부터 시작하여 이듬해 3월까지 계속되는 장기간이었다. 그렇지만 단 한 건의 폭력사태도 발생하지 않은 민주적 · 비폭력적 · 평화집회로 민주주의의를 다시 쓰는 사건이 되었다.

---

26) 특검보와 파견검사 임명 등이 확정되면서 12월 21일 공식 출범하였다.
27) 재적의원 300명 중 299명이 참가한 국회 표결에서 찬성 234표의 압도적 지지로 통과되었다.
28) 누적인원은 주최측이 발표한 인원이다.

그림 6-18. 전국에서 불을 밝힌 촛불집회 모습

촛불의 민심을 얻어 선출된 제19대 대통령은 인권변호사 출신으로 정계에 입문한 문재인이었다. 2019년 5월 10일 출범한 문재인 정부는 국민이 나라의 주인임을 확인했던 촛불정신을 구현하고, 특권과 반칙을 일소하며 원칙과 상식이 존중 받음으로써 누구에게나 공정한 기회가 보장되는 '국민의 나라 정의로운 대한민국'을 국가비전으로 삼겠다며 출발하였다. 취임식을 바라보는 국민들은 진보정권의 복귀에 따라 남북관계의 진전을 기대하기도 하였다.

### ❑ 주변정세와 한반도

문재인 정부가 출범한 2017년과 다음 해인 2018년의 주변국 정세는 자국의 이익을 관철시키기 위하여 한반도를 중심으로 긴박하게 움직이고 있었다. 따라서 한반도 문제가 세계문제로 주목받는 시기였다고 해도 과언이 아니었다. '미국을 다시 위대하게(Make America Great Again)'라는 기치를 내걸고 2017년 임기를 시작한 트럼프 대통령은 미국우선주의 정책을 표방하였다. 미국의 이익을 우선적으로 고려하겠다는 정책이었다. 따라서 당시에 트럼프 대통령은 우리나라에 우호적이지만은 않을

그림 6-19. 2017년 9월 유엔총회에서의 각국 정상들

것이라는 예상이 지배적이었다. 동맹국 상호주의를 내세워 주한미군 철수와 방위비 인상을 요구할 것을 예상하게 해주고 있었다. 그는 한국을 비롯한 동맹국들이 미국의 군사력에 무임승차하고 있다는 인식을 갖고 있었다. 그로 인해 미국의 이익과 관련된 한반도 문제는 철저히 미국 위주로 끌고 갈 경향이 매우 클 것으로 보고 있었다. 예측대로 미국은 철저히 자국의 실리 위주로 정책을 추진하여 동맹국들과도 소원한 관계를 초래하기도 하였다.

미국과 확고한 동맹을 유지하고 있는 이웃의 일본 아베 신조 총리는 2018년 9월 치러진 자민당의 총재선거에서 승리하였다. 이로써 아베는 2021년까지는 일본을 이끌 것으로 보였지만 도중에 하차였다.[29] 그렇지만 자민당이 계속하여 집권하는 상황은 당분간 계속될 것으로 보이며, 정책의 일관성도 유지될 것이다.

옛 소련의 영화를 꿈꾸는 블라디미르 푸틴 러시아 대통령도 2018년 3월에 재선에 성공하면서 러시아의 영향력을 발휘하려고 하고 있었다. 이들 국가는 모두 대륙과 해양으로 진출하기 위해서는 한반도를 통과하는 것이 유리하다는 공통점이 있으며, 각국의 지도자가 모두 강력한 리더십을 소유하고 있다는 특징을 갖고 있었다.

---

29) 내각제의 일본은 여당의 총재가 총리를 맡게 되어 있는 정치체제이다.

중국은 G2국가로 부상하면서 군사력뿐 아니라 경제력의 증강을 줄기차게 성장시키고자 2013년부터 '일대일로(一帶一路, One belt, One road)'정책을 추구하고 있었다. 이 정책이 성공하게 되면 중국 주도의 거대한 시장이 생겨나게 되는 상황을 맞게 될 것이다. 여기에는 단순한 시장개척의 의미뿐 아니라 문화・학술・과학교류가 전개되면서 다양한 인적교류까지 동반할 것이다. 그렇게 된다면 중국의 위상은 경제력은 물론이고 다양한 영역에서 강국의 지위를 확보하게 되는 것은 물론이며 정치적 영향력도 강화될 것임은 쉽게 예측해 볼 수 있는 대목이다.

이 프로젝트를 북한과 연계시킨다면 북한은 중국의 경제권에 흡수될 가능성이 농후해질 것이다. 그렇게 되면 우리나라가 통일을 염두에 두면서 북한과 추진하고자 하는 '한반도 신경제공동체' 구현에 미치는 영향이 발생할 것이다. 이러한 중국의 정교한 움직임에 대하여, 미국은 이를 견제하고 아시아・태평양지역의 우위를 계속적으로 유지하기 위하여 우리나라와 일본과의 동맹관계를 강화하는 한편 필리핀・인도・싱가포르・베트남 등과의 군사협력을 강화하고 있었다.

미국은 이미 2014년에 필리핀과 '방위협력확대협정'을 체결하여 현지 군사기지와 시설에 대한 사용권을 확보하였다. 인도와는 2015년에 정상회담을 통하여 군수지원 협정을 체결하였다. 싱가포르와는 2015년에 '방위협력합의서'를 개정하여 군사분야의 협력 등을 강화하였다. 베트남과는 2016년에 오바마 대통령의 방문을 통하여 베트남의 무기수출 금지조치를 완전히 해제하기도 하였다.

공교롭게도 2017년 출범한 문재인 대통령과 이들 각국의 지도자들은 임기가 중복되어 있었다. 문재인은 이들을 상대로 외교력을 발휘해야 하는 상황이었다. 북한은 2017년 신년사를 통하여 남북관계의 개선 필요성을 언급하기도 했으나, 2017년을 '싸움준비 완성의 해'로 정하고 핵 개발과 투발수단의 전력화를 예고하였다.

북한은 2017년 9월 3일 제6차 핵실험은 단행하여 한반도뿐 아니라 세계의 우려를 다시 한번 자아내게 하였다. 그러나 2018년 신년사에서는 우리나라의 평창동계올림픽을 계기로 관계개선의 의지를 보이면서 남북관계의 개선을 도모할 수 있는 여지를 남겼다. 그 후 동계올림픽에 특사단과 대표단을 보내면서 남북관계의 전환이 이루어지는 계기를 만들어 냈다.

그림 6-20. 2018년 평창동계올림픽 개막식 장면

문재인 정부는 북한과의 우호적인 관계를 유지하기 위한 노력으로 북한과의 관계설정을 함께 가야 할 동반자로 규정짓고자 하였다. 그에 대한 구체적인 예는『2018 국방백서』를 보면 찾을 수 있다. 백서에 따르면 '북한군은 적'이라는 표현은 없다. 단지 '우리 군은 대한민국의 주권, 국민, 재산을 위협하고 침해하는 세력을 우리의 적으로 간주한다'[30]로 명시했을 뿐이다. 보수정권 시절에 발간된『2016 국방백서』와는 비교되는 표현이다. 따라서 일각에서는 군의 주적관을 명확하게 명시하지 못했다는 비판이 일기도 하였다. 이에 대해서는 북한의 노동신문에서도 반응하였다. 노동신문은 2018년 9월 7일 지면을 통하여 '시대흐름에 역행하는 대결전쟁세력'이라는 제목으로 국방백서를 비판하는 일각의 주장에 대하여 '시대에 역행하는 북주적론'이라고 비판하며, '시대의 오물들은 력사의 기슭으로 밀려나기 마련이다'라며 국방백서를 비판하는 세력을 구시대로 몰아 넣는 주장을 하기도 하였다. 문재인 정부의 주적에 관한 표현의 변경은 보수정권과는 차별화되는 정책을 추구하고자 한 행보로 볼 수 있는 대목이다.

30) 국방부,『2018 국방백서』(2018), p.33.

역대 정권을 되돌아보았을 때 남북경협의 역사는 노태우 정부의 7·7특별선언 발표에서 비롯되었다. 그후 남북경협의 상징인 개성공단이 설립되기도 하면서 남북의 교역을 주도하기도 하였다. 입주기업과 근로자들은 경협으로 통일을 열겠다는 자부심도 갖고 있었다. 그러나 공단의 가동이 정치적 필요에 의해 멈추기를 반복하다가 기어이 폐쇄의 수순에 들어서고 말았다. 이뿐 아니라 자가용을 타고 육로를 이용하여 금강산으로 향하던 도로도 폐쇄되었다. 결과적으로, 문재인 정부는 그동안의 남북관계 노력이 완전히 소멸되고 만 시점에서 남북관계를 다시 세워야 했다.

### ❑ 문재인의 한반도정책

문재인은 2017년 7월 6일 독일에서 한반도 평화에 관한 5대 원칙을 밝혔다. 남북한의 대화 재개의 필요와 한반도의 항구적 평화정착을 위한 제안을 하였는데, 이것이 이른바 '베를린 구상'이다. 2017년 11월 1일에는 국회시정연설에서는 한반도 문제 해결과 남북관계에 원칙으로 ① 한반도 평화정착 ② 한반도 비핵화 ③ 남북문제의 주도적 해결 ④ 북핵문제의 평화적 해결 ⑤ 북한의 도발에 대해서는 단호히 대응 등을 밝혔다.

이러한 과정을 통하여 2017년 11월 21일 정부는, 남북관계는 물론 평화와 통일정책, 신경제지도 등 한반도의 미래를 이끌어 갈 비전과 방향 등을 정리한 '문재인의 한반도 정책'을 발표하게 되었다. 원칙에서 밝힌 한반도 평화정착을 위해서는 정책의 일관성과 지속성을 추구해야 함을 강조하였다. 이러한 의식은 그의 연설문에서도 나타나 있다. 2017년 6월 15일에 있었던 '6·15남북공동선언' 17주년 기념식에서 정책 지속성의 중요함을 다음과 같이 지적하였다.

> "1972년 7·4남북공동성명부터 1991년 남북기본합의서를 지나 2000년 6·15남북공동선언까지, 그리고 그 토대 위에서 2007년 남북관계 발전과 평화번영을 위한 10·4남북정상선언으로 발전시켜 왔습니다. 남북 당국 간의 이러한 합의가 지켜졌다면, 또 국회에서 비준되었더라면 정권의 부침에 따라 대북정책이 오락가락하는 일은 없었을 것입니다.
> 그래서 남북합의를 준수하고 법제화하는 일은 무엇보다 중요합니다. 역대 정권에서 추진한 남북합의는 정권이 바뀌어도 반드시 존중되어야 하는 중요한 자산입니다. 정부는 역대 정권의 남북합의를 남북이 함께 되돌아가야 할 원칙으로 대할 것입니다."

김대중 대통령의 얼굴 모습에 문재인 대통령의 연설 모습이 클로즈업 되었다. 문재인은 진보정권이 이룩한 남북관계의 발전적 성과를 계승하고자 하였다.

그림 6-21. 6 · 15공동선언 제17주년 기념식

이것은 역대 정부의 대북정책을 존중하겠다는 것이며, 법제화하는 과정도 필요하다는 입장을 보인 것이다. 문재인 정부의 '문재인의 한반도정책'이라는 의미를 살펴보면 이를 쉽게 이해할 수 있을 것이다. '문재인의 한반도정책'은 중립적인 명칭이다. 제목의 3인칭이 의미하듯이 국민과의 쌍방향 소통을 통한 '열린정책'으로 국민과 함께 정책을 완성시킨다는 의미를 담고 있다. 국민 모두를 주인공으로 보겠다는 것이다. 그러므로 국민과의 소통을 통하여 통일정책을 지속적으로 보완 발전시켜 나간다는 의미를 담고 있는 중립적인 명칭으로 보면 될 것이다.

문재인 정부의 임기가 종료되고 다음 정부가 들어선다고 하여도 한반도 정책의 영속성 유지는 통일정책의 일관성 유지 차원에서 반드시 필요하다. 이러한 모든 점을 고려하여 '문재인의 한반도정책'이라는 명칭이 나오게 되었다. '한반도정책'은 명칭이 의미하듯이 단순한 통일정책이 아닌 한반도의 미래에 대한 포괄적 구상이다. 그러므로 북한뿐 아니라 동북아와 세계를 모두 고려하고 있다. 국제사회와 함께 한반도와 동북아를 아우르는 평화와 번영을 구현하고자 하는 우리 주도의 장기적이고 포괄적인 정책을 말한다. '평화를 최우선의 가치로 정하고, 북한과는 상호존중하고 협력하며, 국민과 함께 열린 정책'을 지향하겠다는 것이다. 정책의 비전과 목표는 다음과 같다.

[ 문재인의 한반도정책 ]

| 구분 | 주요내용 |
|---|---|
| 비전 | 평화공존, 공동번영 |
| 3대 목표 | ① 북핵문제 해결과 항구적 평화정착<br>② 지속 가능한 남북관계 발전<br>③ 한반도 신경제공동체 구현 |

비전으로 제시한 평화공존에서 '공존'이란 '서로 도와서 함께 존재한다'는 의미이다. 평화와 함께 공존하는 것은 전쟁이 없는 상황을 말한다. 즉, 남북한 모두의 안전이 보장되며 이를 기반으로 하여 공동으로 번영하는 길을 찾아야 한다는 것을 말한다. 전쟁위험이 상존하게 되면 각국은 우리나라에 대한 투자를 기피하게 되고, 이것은 경제의 위축으로 이어질 것이다. 그러므로 평화공존은 평화로부터 전쟁이 없는 안전한 생활과 번영경제까지도 보장하여야 한다. 또한 평화공존을 지속적으로 유지하는 그 자체가 평화적으로 통일을 이루어 가는 길이다.

공동번영이란 남과 북이 함께 협력하여 번영의 한반도를 이루자는 것이다. 남북의 협력은 미래의 성장동력을 이끌어낼 수 있다. 남한은 뛰어난 기술력이 있으며, 북한은 풍부한 자원과 인력이 있다. 이를 상호 보완시키면 경쟁력 있는 성장의 동력이 된다는 뜻이다. 또한 남북한의 이익을 넘어 주변국가와 국제사회의 번영까지도 도모하겠다는 것이다. 추진배경에서도 언급한 바 있는 한반도의 평화를 번영으로 확대시키면서, 한반도만의 번영이 아닌 주변국가와 세계의 공동번영에 기여하겠다는 원대한 개념을 포함하고 있다. 즉, 한반도의 지역적인 틀에서 벗어나 세계를 향해 인류번영에 기여하겠다는 것이다.

목표는 '북핵문제 해결과 항구적 평화정착, 지속 가능한 남북관계 발전, 한반도 신경제공동체 구현'으로 설정하였다. '평화공존 공동번영'은 평화와 경제의 관계가 선순환되어 공동의 번영으로 발전시키겠다는 비전을 제시한 것이다.

북핵문제의 해결은 방법의 문제도 중요하다. 문민정부 시절 제1차 북핵위기 당시 미국의 강경파들은 북한에 대한 선제공격으로 핵시설을 파괴해야 된다는 분위기를 만들기도 하였다. 또한 그 당시 우리나라의 국방부는 북한 핵문제를 다루기 위해 열린 국회국방위에서 북한이 전면 도발시에는 대규모 응징보복을 포함한 이른바 '신작계 5027'을 공개적으로 밝히기까지 했었다.[31] 즉, 북한이 핵사찰에 응하지 않고 계속하여 핵을 개발한다면 군사력으로 대응하겠다는 것이었다. 이것은 전쟁을 의미하는 것이다. 6·25전쟁을 생각해 보면 전쟁의 폐해가 얼마나 심각한지 모두가 알 것이다. 이를 해결하는 방안으로 전쟁을 고려했다는 것은, 그것이 해결의 방법으로 최선이 될 수 있는지 생각해 볼 문제이다.

항구적 평화정착은 현재의 정전체제를 평화체제로 전환하는 제도상의 전환을 포함한 실질적인 평화상태를 의미한다. 이러한 평화상태의 구축은 한반도의 평화는 물론이고 동북아의 평화와 번영에 절대적으로 필요하다. 북한의 김정은은 2019년 신년사를 통해 "현 정전체제를 평화체제로 전환하기 위한 다자협상을 적극추진해 항구적 평화보장 토대를 마련해야 한다."고 밝히면서 평화체제로의 적극적인 자세를 보인 바 있다. 김정은이 2018년 1월 미국과의 정상회담을 앞두고 중국을 방문하여 시진핑을 만났을 때도 평화체제 논의의 필요성과 중국의 역할에 대해 논의한 것으로 알려졌다. 이 문제는 비핵화와 함께 중요한 과제이다. 평화체제로 이행을 위해서는 6·25전쟁 당사국인 남북과 함께 정전협정에 서명한 미국과 중국 등으로 구성된 4개국에 의한 논의가 필요할 것이다.

지속 가능한 남북관계 발전은 비록 가다 서다를 반복했지만 그동안 역대 정부에서는 꾸준하게 노력하여 왔다. 우리민족끼리 힘을 합친 평화통일 지향, 민족동질성 회복, 긴장완화와 신뢰회복 등은 7·4남북공동성명, 남북기본합의서, 6·15공동선언, 10·4선언 등에서 누차 강조되었고 대외에 천명하였다. 이러한 남북간의 합의를 지속적으로 추진하기 위해서는 이를 법제화하여 제도적으로 보장하는 것이 필요하다. 이러한 조치 못지않게 평화와 통일문제를 논의하는 과정에서의 남남갈등을 최소화하기 위한 방안을 강구하여야 한다. 그 중의 가장 합당한 방법이 민주적인 절차를 통한 정책결정이다. 따라서 정부는 양방향 소통으로 국민의 의견을 최대한 수렴하는 절차가 필요하다.

한반도 신경제공동체 구현은 평화와 번영의 선순환 구조를 창출한다는 것이다. 우리나라는 분단으로 인하여 결집 된 국력 발휘가곤란하다. 분단의 영향은 정치·군사적인 분야만이 아니다. 경제적인 분야에서도 분단은 고착 되어 왔다. 대표적으로 이를 타개하기 시작한 것이 개성공단이었다. 분단으로 인해 남한은 경제면에서도 고립된 육지의 섬이었다. 직항로를 이용하지 못하고 먼길을 돌아야 했으며 지척의 풍부한

---

31) 경향신문, 「북 도발 땐 평양까지 점령」, 1994.3.25.

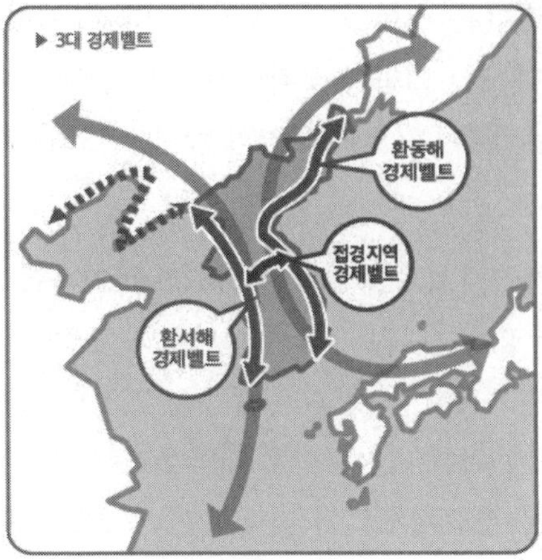


3개의 벨트를 따라 국제적인 경제협력을 구상한 것이 한반도 신경제 지도이다. '환동해권, 환서해권, 접경지역' 벨트를 따라 경제협력이 이루어진다면 세계적인 경제 발전의 모델이 될 것이다.

**그림 6-22. 한반도 신경제지도** 출처 : 『2021 통일백서』에서 캡처

자원을 활용하지 못하고 있다. 북한과의 교류와 협력이 원활히 된다면 북한을 경유하여 중국과 러시아, 유럽으로의 진출이 가능한 지리적인 유리점을 확보하게 된다. 물류의 길을 개척하는 것뿐 아니라 경제영역의 확대가 용이해 진다. 이러한 여건을 조성하여 남북 경제협력을 활성화한다면 우리 경제의 새로운 성장동력을 확보하고 북한의 변화를 유도하여 남북경제의 통일을 이룰 수 있다.

정부는 3대 경제벨트 구축을 통하여 우리의 경제영역을 대륙을 넘어 세계로, 미래로 도약하는 한반도 신경제지도를 완성하였다. 신경제지도는 3대 목표중의 하나인 '한반도 신경제공동체 구현'의 핵심으로 자리 잡고 있다. 이것은 한반도에서의 경제적 통합으로 동북아와 세계의 평화와 번영에 기여한다는 비전을 제시하고 있다.[32)]

3대 경제벨트는 환동해권, 환서해권, 접경지역으로 이루어진다. 환동해권은 원산·함흥, 단천, 나선, 러시아를 연결하는 에너지와 자원벨트이다. 러시아와 몽골 등에서 생산한 전력을 한반도와 일본까지 연계하는 사업, 러시아의 천연가스를 공급받는 한반도 가스관 연결사업, 북한의 광산 개발사업 등을 검토할 수 있다.

환서해권은 수도권, 개성·해주, 평양·남포, 신의주, 중국을 연결하는 교통·물류· 산업벨트이다. 이는 풍부한 인구와 산업 인프라, 활발한 교역 등을 통대로 물류와 산업으로 특화된 경제벨트를 구축하는 것이다. 우리의 수도권과 인접한 북한의 개

32) 통일부 통일교육원, 『2021 통일백서』 (2021), p.161.

성과 해주, 평양과 남포에서 협력을 이루어내면 신의주까지 이어지는 경의선을 이용한 국제적 산업협력의 성공모델을 구상할 수 있다. 접경지역은 DMZ 생태평화안보관광지구, 통일경제특구를 연결하는 환경・관광벨트이다. 수자원과 산림자원의 공동관리, 비무장지대 활용방안 등으로 이를 친환경적 생태관광지구로 개발할 수 있다.

### ❑ 남북정상회담

독일에서의 대통령 연설과 정상회담은 깊은 인연을 갖고 있다. 우연의 일치인지 연설 후에 정상회담을 개최하게 되었다는 인연이 있다. 베를린과 남북대화의 인연은 2000년으로 거슬러 올라간다. 2000년 3월 김대중 대통령은, 마지막으로 남아 있는 한반도 냉전구조를 해체하고 항구적인 평화와 남북간의 화해・협력을 이루자는 베를린 선언'을 발표하였다. 또한 그의 3단계 통일론과 햇볕정책에 대한 내용도 포함하여 연설하였다. 그로부터 3개월 후 남북정상회담은 성사되었으며 6・15공동선언을 하기에 이르렀다.

이처럼 우리와의 인연이 뜻깊은 베를린에서 문재인 대통령 역시 역사적인 선언을 하였다. 2017년 7월 6일 문재인 대통령이 독일 쾨르버 재단[33]의 초청을 받아 베를린의 옛 시청인 알테스 슈타트하우스(Altes Stadthaus)에서 연설을 하였다. 여기에서 문재인은 남북한의 대화 재개의 필요성과 한반도의 항구적 평화정착을 위한 제안, 6・15공동선언'과 '10・4선언을 이행해야 됨을 말하였는데, 이것이 이른바 '베를린 구상'이다.

> "우리가 추구하는 것은 오직 평화입니다. 평화로운 한반도는 핵과 전쟁의 위협이 없는 한반도입니다. 남과 북이 서로를 인정하고 존중하며, 함께 잘 사는 한반도입니다. 우리는 이미 평화로운 한반도로 가는 길을 알고 있습니다. '6・15공동선언'과 '10・4정상선언'으로 돌아가는 것입니다. "

또한 북한의 김정은 위원장과 만날 용의가 있다고 밝히면서 정상회담에 대한 의지를 나타냈다. 6・15공동선언과 10・4선언으로 돌아가자고 언급한 것은, 다시 한번 정상회담을 개최하여 앞에서 이룬 성과를 잇겠다는 의지이며 한반도 평화프로세스를

33) 쾨르버 재단은 독일 기업인 쿠르트 쾨르버가 독일의 미래사회 형성에 기여 한다는 목적으로 1959년 설립한 공익재단이다. 이곳은 '상호 대화 및 이해를 통한 공동체의 지속 발전'이라는 목적 아래 '국제포럼 개최, 전문가 강연, 특별상 수여' 등을 실시하고 있다. 독일 유력 싱크탱크 대부분이 정당 산하기관인데 반해 쾨르버 재단은 정치적 색채가 없다는 것이 특징이다. 출처: 뉴시스, 「문대통령 초청한 쾨르버 재단은 어떤 곳?」, 2017.7.7.

그림 6-23. 문재인 대통령 정상회담 개최 출처 : KBS뉴스 화면에서 캡처

천명한 것이다. 이에 대한 화답으로 2018년 1월 김정은 국무위원장은 신년사에서 평창동계올림픽에 참가하겠다는 의사를 밝히면서 남북관계는 급물살을 타게 되었다.

2018년 4월 27일 세계의 이목은 판문점으로 향했다. 냉전의 상징이자 지구상 유일하게 남아 있는 냉전지대 한반도에서 남북의 정상이 11년 만에 마주 앉는다는 소식 때문이었다. 이날 9시 30분 판문점 군사분계선에서 두 정상은 첫 대면을 하였다. 김대중, 노무현에 이은 역사적인 순간이었다.

군사분계선은 넘을 수 없는 선이 아님을 전세계에 보여주는 순간이었다. 남북정상은 남북문제에 대하여 대화를 나누며 한반도의 평화체제 구축을 위한 또 하나의 디딤돌을 놓았다. 문재인 대통령과 김정은 국무위원장은 27일 오후 5시 58분 남북정상회담을 통한 합의안을 마련하였다. '한반도의 평화와 번영, 통일을 위한 판문점 선언'에 서명하면서 다시는 역사적인 퇴행을 반복하지 않기로 약속하였다. 이어서 남북정상은 '판문점선언'발표 공동기자회견을 열었다. 주요내용은 '남북관계의 전면적・획기적 발전, 군사적 긴장완화와 상호 불가침 합의, 한반도의 완전한 비핵화 및 평화체제 구축' 등 항구적인 평화체제 구축에 서명함으로써 역사와 민족 앞에 그리고 세계를 향하여 다짐한 것이다. 남북 정상은 5월과 9월에도 잇달아 만나면서 평화가 멀리 있는 것이 아니라는 것을 보여주었다.

[ 판문점선언 주요내용 ]

| 구분 | 주요내용 |
|---|---|
| 남북관계 개선과 발전 | ① 민족자주의 원칙 재확인, 기존의 남북선언과 합의 철저 이행<br>② 정상회담 결과 추진(고위급회담 등 분야별 대화 추진)<br>③ 민간 교류협력 위한 남북공동연락사무소 개성지역 설치<br>④ 민족적 화해와 단합 위한 교류・협력 및 왕래・접촉 활성화<br>⑤ 8・15 계기 이산가족 상봉행사 진행, 남북적십자회담 개최<br>⑥ 10・4선언 합의사업 추진, 경의선 철도와 도로 연결 등 추진 |
| 군사적 긴장완화와 전쟁위험 해소 | ① 일체의 적대행위 전면 중지, 비무장지대를 평화지대로 조성<br>② 서해평화수역 조성, 충돌방지와 안전한 어로활동 보장<br>③ 군사적 보장대책 강구(국방부장관회담, 군사당국자회담 등) |
| 한반도의 항구적이며 공고한 평화체제 구축 | ① 어떠한 형태의 무력도 불사용, 불가침 합의 재확인 및 준수<br>② 군사적 신뢰의 실질적 구축에 따라 단계적으로 군축 실현<br>③ 2018년 종전선언, 평화체제로 전환<br>④ 한반도의 완전한 비핵화 실현 |

이를 발판으로 삼아 북미정상회담도 열렸다. 다시 한번 세계의 이목을 이끌면서 한반도의 운명은 우리가 주도한다는 이른바 '운전자론'이 힘을 받기도 하였다. 미국의 대통령 도널드 트럼프와 김정은은 2018년 6월에 싱가포르에서 만났다. 여기에서 북미는 '새로운 북미관계 수립, 한반도의 항구적 평화정착을 위한 공동 노력, 한반도의 완전한 비핵화, 확인된 전쟁포로의 즉각적인 송환을 포함하여 전쟁포로와 실종자의 수색' 등 네 가지에 합의하는 성과를 보였다.

지난 70여 년간 이어져 온 미국과 북한의 적대관계를 고려하면 새로운 관계를 정립한 회담이었다. 이러한 성과로 인해 매년 정례적으로 해오던 을지프리덤가디언(UFG) 연습을 멈추게 했으며, 7월 말에는 미군 유해 55구의 송환을 이룰 수 있었다. 그러나 가장 핵심은 비핵화에 있었으며, 미국이 요구하는 수준으로 곧바로 이행되지는 않았다. 비핵화 방안과 대북제재 해제에 대한 수준은 양국이 서로 달랐다. 이러한 갈등을 마무리하지 못한 상태에서 2019년 9월에 베트남 하노이에서 정상회담을 열었다. 그러나 하노이회담에서 북미 협상은 예견대로 쉽게 합의에 이르지 못하였다. 미국과 북한은 비핵화에 대한 실무 차원의 논의에서 좀처럼 이견을 좁히지 못하였다. 결국 미국은 '하노이 노딜'을 선언하면서 회담은 파국으로 막을 내렸다.

**그림 6-24. 트럼프 대통령과 김정은 위원장** 출처 : KBS뉴스 화면에서 캡처

북한은 2018년 4월에 노동당 중앙위전원회의에서 풍계리 핵실험장 폐기와 ICBM 등 미사일 실험 중지 등의 조치를 선언하였다. 이는 최대한의 성의를 보임으로써 회담 이전부터 미국과의 관계개선을 통한 제재조치 완화를 위한 목적을 갖고 있었다. 또한 회담의 성공을 통하여 체제를 보장받길 원한 결과이기도 하였다. 그렇지만 미국은 완전한 비핵화를 원하고 있었다. 하노이회담에서 북한은 영변 핵시설 폐기를 들고 나왔으며, 이에 대한 대가로 안보리 제재를 풀어줄 것을 제안하였다. 미국의 요구는 영변뿐이 아닌 더 많은 핵 시설 폐쇄를 제안하였다. 미국의 목표는 완전한 비핵화였다.

비록 회담은 결렬되었으나 양측은 상대방의 패를 확실하게 인식할 수 있는 회담이었다. 그렇지만 북한은 미국과의 회담이 파국으로 끝나자 크게 실망하였다. 미국과의 회담에서 그들이 얻으려 한 것은 제재의 해제 또는 최소한으로 완화를 바라고 있었을 것이다. 그러나 미국은 그리 호락호락하게 넘어가지 않았다. 그동안 운전자론을 내세우며 남북관계를 주도하는 듯 보였던 문재인의 통일정책은 깊은 수렁으로 빠져들고 있었다.

### ❑ 문재인 정부의 통일정책에 대한 북한의 반응

북한은 문재인 대통령과의 정상회담과 뒤이은 북미회담을 앞두고 많은 기대를 하고 있었을 것이다. 그동안 북한은 유엔의 제재와 미국 주도의 제재를 당하면서 경제적으로 어려운 형편에 처해 있었다. 북한에 대한 제재는 제4차 핵실험을 단행한 2016년부터였다. 유엔을 비롯한 국제사회는 북한의 핵·미사일 개발과 관련하여 북한의 대외무역에 대해 직접적인 제한을 가하기 시작하였다.

그렇지만 북한은 연이어 핵실험에 몰두하였으며 갈수록 제재는 높아졌다. 2017년도 상반기 북한의 대중무역 통계를 보면, 수출액이 큰 폭으로 감소하고 있다는 점에서 유엔 대북제재의 효과가 나타나고 있는 것으로 보인다. 특히 2017년 2분기 수출액은 전년 동기 대비 34% 감소한 3억 6,000만 달러에 그쳤다.[34] 이는 분기별 수출액으로는 2010년 2분기 이후 7년 만의 최저치였다. 설상가상으로 2014년부터 이어진 가뭄 피해는 경제를 더욱 어렵게 만들었다. 2015년의 북한 경제는 마이너스 성장을 기록하였다.

[ 김정은 시대 북한의 경제성장률 ]

| 연도 | 2016년 | 2017년 | 2018년 | 2019년 | 2020년 |
|---|---|---|---|---|---|
| % | 3.9 | −3.5 | −4.1 | 0.4 | −4.5 |

출처 : 한국은행 〈www.bok.or.kr〉 (검색일 : 2022.2.7.)

문재인은 평창동계올림픽을 고리로 하여 연이은 남북정상회담과 판문점선언으로 남북관계의 주도권을 유지하고 있었다. 또한 미국과 북한의 정상회담 개최 성공은 '운전자론'에 걸맞는 역할을 하였다는 평가를 받았다. 북한의 반응도 긍정적으로 평가할 수 있는 변화를 보였다. 판문점선언에 따라 비무장지대 경계초소 폭파, 풍계리 핵실험장 폭파 등은 남북관계의 새로운 장을 여는 듯 보였다. 북한은 2018년 4월 노동당 중앙위전원회의에서 핵실험장 폐기와 함께 핵실험 및 대륙간탄도미사일(ICBM) 시험발사를 중단하겠다고 선언하였다. 이를 바라보는 문재인 정부는 한반도 평화프로세스가 제대로 작동하기 시작했다고 믿었다.

그러나 북한은 미국과의 하노이 선언이 결렬되면서 태도를 돌변하기 시작하였다. 이러한 상황에서 문재인은 2020년 1월 신년사에서 남북협력에서 큰 진전이 없었음

34) "김정은 정권 5년의 북한경제: 경제정책을 중심으로", 『KINU 연구총서 17-18』, 통일연구원, 2017. p.106.

**그림 6-25. 풍계리 핵실험장을 폭파하는 북한** 출처 : 한국일보(2018.5.25.)

을 시인하면서, '북미 대화가 성공하면 남북협력의 문이 더 빠르게 더 활짝 열릴 것'을 기대했다고 말하였다. 그러면서 북한과는 '생명공동체'임을 강조하면서 도쿄올림픽 단일팀 제안, 남북 간 철도와 도로 연결 사업 실현, 금강산 관광 재개, 개성공단 재가동 등에 대해 노력할 것임을 말하였다. 또한 김정은의 답방 여건을 위해 남북한의 노력을 촉구하였다. 그러나 북한은 움직이지 않았다.

오히려 6월에 접어들자 남북 통신연락선을 차단하는 등 대화를 이어가지 않겠다는 의중을 드러내고 있었으며, 16일 김여정은 판문점선언의 상징인 남북공동연락사무소를 폭파하기에 이르렀다.[35] 폭파 이유는 일부 탈북민들의 대북전단 살포를 정부에서 적극적으로 방지하지 않았다는 것을 구실로 들었다.

문재인은 2021년 제76주년 광복절 경축사에서 '비록 통일에는 더 많은 시간이 걸릴지라도 남북이 공존하며, 한반도 비핵화와 항구적 평화를 통해 동북아시아 전체의 번영에 기여하는 '한반도 모델'을 만들어 낼 수 있다'고 하였다. 이에 대하여 북한의 조평통은 '삶은 소대가리도 앙천대소할 노릇이라고 하면서 이 말을 어찌 해석할 것이며, 그들의 반대를 무릎쓰고서라도 이뤄낼 자신이 있다고 생각하는가'라며 평가절하하였다.

35) 남북공동연락사무소는 2018년 9월 14일 개성공단 내에 설치되었다. 수행하는 기능은 남북 간 교섭 및 연락, 당국 간 회담 및 협의, 민간교류 지원, 왕래 인원 편의 보장 등의 활동이었다.

문재인은 2022년 1월 5일 최단 북단 철도역인 강원도 고성군 제진역에서 동해선 강릉~제진 철도건설 착공식에 참석하였다. 판문점 선언에서 이행하기로 한 철도연결 사업 현장을 확인하고 남북간의 약속을 이행하겠다는 의지를 새해 첫 행사로 보여주고자 한 것으로 보인다. 그러나 북한은 이날 아침 동해로 탄도미사일을 발사하였다. 남북관계 개선을 위한 일정을 잡은 새해 벽두부터 북한은 미사일 발사로 답변을 한 것이다.

북한은 2022년 1월 '대미 신뢰조치'를 제고하겠다는 발표를 하였다. 대미 신뢰조치는 2018년에 발표한 핵실험장 폐기와 대륙간 탄도미사일 발사 중지를 철회하겠다는 의미로 보인다. 북한은 2018년의 조치를 미국과의 신뢰를 위한 것이라는 입장을 보이면서, 이를 고려한 제재 완화와 상응하는 조치를 요구하였다. 그러나 2019년 하노이 북미정상회담에서 얻은 것이 없게 되자 더 이상의 신뢰를 유지할 필요가 없다고 주장한 것이다.

문재인 정부의 통일정책에서 가장 큰 성과는, 북한이 2018년 4월 노동당중앙위전원회의에서 핵실험장 폐기와 함께 핵실험 및 대륙간탄도미사일(ICBM) 시험발사를 중단하겠다는 발표를 이끌어 낸 것이다. 드디어 도착지가 보이는 듯했으나, 앞선 정부에서와 마찬가지로 북한은 회귀 본능을 나타냈다. 지루한 트랙돌기 경주는 문재인 정부에서 추진한 정상회담 3회 성사에도 불구하고 계속 진행중이다. 그동안 주장해 온 종전선언 역시 북한의 2018년 4월의 발표에 근거한 것이었다. 북한의 태도 변화 등을 고려하면 이를 추진하기 위한 동력은 이미 상실하였다. 이러한 상황에서 북한이 다시 한번 핵실험을 단행하거나 대륙간탄도미사일을 발사한다면 모든 것은 완벽하게 원점으로 되돌리는 결과가 되고 말 것이다.

그림 6-26. 2022년 1월 북한의 미사일 발사 출처 : KBS뉴스 화면에서 캡처

# 제 7 장

# 회귀하는 보수의 시대

1. 진보에서 보수로의 정권교체
2. 주변정세와 한반도
3. 이명박 정부의 통일정책
4. 박근혜 정부의 통일정책

## 1. 진보에서 보수로의 정권교체

### ❑ 기업가 출신 이명박의 등장과 실용주의

이명박은 압도적인 지지를 받으며 제17대 대통령에 당선되면서 2008년 2월 25일 취임식을 가졌다. 보수정당 후보였던 그는 2위로 낙선한 진보정당 후보를 무려 22% 이상의 표차로 누르고 당선되었다. 이처럼 많은 표의 차이는 지난 10년간의 진보정당에 대한 실망감의 표출이었다. 통일문제 등 대북정책에서는 성과를 보였지만, 특히 양극화와 불평등의 심화는 국민의 몫으로 돌아와야 했다. 이러한 실정은 정권에 등을 돌리게 만든 주요요인이었으며, 다음 날 아침 신문에서는 이와 같은 내용을 요지로 하여 당선 사실을 알리고 있었다.

불과 5년 전에는 진보정당에 환호를 보냈던 국민의 다수가 먹고사는 문제를 해결해 주고 선진국으로 진입시키겠다는 보수정당의 이명박으로 기운 결과였다. 진보성향으로 여겼던 젊은 유권자들도 상당수가 이명박에게 표를 던졌다. 당시의 젊은층은 진보성향으로 여겨졌지만, 많은 유권자들은 보수정당의 이명박이 내세운 경제대통령에게 더 많은 관심을 표명한 결과였다. 특히 일명 '88만원 세대'[1]로 불리던 20～30대 세대는 서민경제가 황폐화되면서 겪는 사회・경제적 절망감을 안고 있었다. 이들뿐만 아니라 대다수 국민들이 체감하는 기본적인 삶의 문제는 절박한 상황이었다.

이명박이 내건 선거구호는 '국민성공시대, 경제대통령'이었다. 그는 '샐러리맨의 신화'를 일군 기업가 출신이 주는 실용주의적 이미지를 풍기고 있었다. 그는 경제를 재건시켜 선진국에 진입하겠다면서 실용주의를 내세웠다. 그가 내세운 실용주의는 이전 정부의 성공 상징처럼 여겨졌던 통일정책과 대비되는 측면도 있었다. 통일문제는 발등의 불은 아니었다. 그러므로 그리 절박하게 집중해야 할 이유의 타당성을 찾기는 어려웠다. 우선 시급한 것은 경제문제였으며, 가장 먼저 대처할 문제로 보였다. 시대적 흐름을 명찰한 이명박의 승리는 이미 선거구호에서 나와 있었다. 더군다나 대통령 후보로 선출된 그의 이미지는 '경제대통령'으로 각인될 만한 이력을 갖고 있었다. 그

---

1) 2007년에 출간된 경제문제를 다룬 비평서에서 20대가 처한 세대간의 불평등을 지칭하는 용어로 등장하였다. 이 비평서의 제목이 '88만원세대'였으며 이후에 20대를 지칭하는 대명사로 한동안 사용되었다.

는 샐러리맨의 신화라는 화려한 타이틀을 이미 갖고 있었 으며, 이것은 경제와 제대로 연계되는 일치감을 보이고 있었다.

반면 진보정당의 후보는 '가족행복시대'를 구호를 내걸었다. 교육·주택·일자리·노후 등 국민의 '4대 불안'을 해소하여 평범한 사람들이 행복하게 사는 나라를 만들겠다는 의지였다. 그렇지만 그의 이력에서 경제와 일치되는 이미지를 찾기는 어려웠다. 여기에 더해 '평화대통령', '개성공단' 등을 전면에 내세우고 있었다. 이것은 철 지난 상품을 진열대에 올려놓은 것과 같았다. 이러한 이슈를 가지고 이명박의 경제대통령 이미지를 퇴색시킬 수는 없었다.

시대가 요구하는 이미지에서 이명박은 더욱 적합한 인물로 다가왔다. 그동안 우리나라는 체제수호와 개발을 내세운 독재시대를 거치면서 산업화를 이루었으며, 문민시대를 거치면서는 민주화를 이루었다. 국민들 다수가 이명박을 선택한 것은 선진국으로 진입시킬 적임자라는 생각이 컸기 때문이었다. 이러한 분위기를 간파한 그는 시대적 분위기를 제대로 읽고 있었으며 이에 부응할 수 있는 경제를 전면에 내세우면서 승기를 굳혀나갔다.

이명박은 경제대통령이라는 모토를 내세우면서, 연평균 경제성장률 7%, 10년 내에 1인당 국민소득 4만 달러 달성, 10년 내에 세계 7대 경제강국 진입 등의 경제공약을 제시하였다. 이른바 '747공약'이었다. 경제대통령의 이미지다운 선거모토였다. 이

경제 활성화를 요망하는 시대적 분위기에서 경제대통령의 이미지를 각인시킨 그는 국민적 기대가 높았다. 그 결과 높은 득표율로 당선되어 글로벌 금융 위기를 극복하였으나, 남북관계는 과거로 회귀하는 현상을 보이며 임기를 마쳐야 했다.

그림 7-1. 제17대 대통령 이명박 대통령 취임식 출처 : 대통령기록관

명박은 후보 시절 기자회견에서 "선진화로 가는 길을 여는 것은 대한민국의 숙명이자 이 시점에서 역사적 소명"이라는 견해를 밝히기도 하였다.

당시 우리나라가 처한 상황은 경제의 잠재성장률 둔화, 자산과 소득 양극화로 인한 상대적 박탈감의 증가, 고령화 사회에 대한 준비 부족, 저출산, 청년 실업, OECD 최고의 자살률 등으로 활기를 잃어가고 있던 시절이었다. 그동안의 고속성장에 따른 후유증의 결과였다. 그중에서도 정체되다시피 한 경제성장률은 가장 큰 두려움으로 여기고 있었다. 이명박 정부는 그동안 성장을 주도하였던 산업화의 신화와 민주화의 가치를 계승하면서 대한민국을 선진화로 이끌어 달라는 국민의 요청을 안고 출발하였다. 당시의 상황은 산업화, 민주화 시대를 거쳐 선진화 시대로의 진입을 앞두고 동력이 소진된 상태에서 이를 부활시킬 지도자를 원하고 있었다.

### ❑ 글로벌 경제위기의 극복

2008년 2월부터 임기를 시작한 이명박 정부는 무엇보다도 경제성장을 주도하여야 했다. 이에 따라 감세계획과 대대적인 규제완화를 추진하였다. 그러나 글로벌 금융위기가 발발하면서 우리 경제는 큰 시련을 맞았다. 1997년의 외환위기 때와는 상황이 달랐다. 당시에는 우리나라를 비롯해 일부 국가의 문제였으므로 우리 경제가 제자리를 잡게 되면 극복의 길을 쉽게 찾을 수 있었다. 그렇지만 2008년의 글로벌 금융위기는 전세계에 해당하는 문제였다. 2007년 미국의 서브프라임 모기지 부실에서 시작되어 2008년 9월 리먼브라더스의 파산신청과 함께 세계경제 위기가 찾아왔다.

세계경제는 예전과는 다르게 상호 밀접하게 연결되어 있다. 그러므로 위기의 파급효과는 과거의 개별국가 차원의 위기가 아니다. 시스템으로 연결된 현대의 경제는 특정지역에 국한되어 위기가 발생하지는 않는다는 것이다. 시스템의 연결을 통하여 지구촌 전체가 순식간에 위기에 빠져드는 글로벌 시스템의 위기로 변모하는 경향을 보인다. 시스템의 발전에 따라 위기마저 진화하는 특성을 갖게 되었다. 이러한 특성으로 인하여 선진국에서 출발한 금융위기는 순식간에 글로벌 경제위기로 변하였다. 이로 인해 세계경제는 2009년에 마이너스 성장을 기록하였다.

글로벌 금융위기의 영향은 국내 금융시장에 충격을 주었다. 금리, 주가, 환율 등의 가격변수가 크게 요동쳤으며 신용이 경색되면서, 실물경제도 침체를 맞게 되었다. 경제성장률은 저하되기 시작하였다. 2007년 5.1%, 2008년 2.3%, 2009년 0.3%로 급락하였다. 금융위기의 영향은 경제성장률 하락과 큰 폭의 고용감소로 나타났다. 정부는 선제적 조치에 총력을 경주하였다. 2009년 신년국정연설에서 비상경제체제로 정부를 운영하겠다고 선포하기에 이르렀다. 대통령 주재 비상경제대책회의를 설치하고 위기대응체계를 유지하였다. 그 결과 국내 금융시장은 빠르게 안정을 찾게 되었고, 경제 회복세는 OECD국가 중에서 가장 빠르게 나타났다.

## 2. 주변정세와 한반도

이명박 정부가 출범할 당시의 국제정세는 정치군사적인 상황보다는 경제적인 상황에 더욱 관심을 집중시켜야 하는 시기였다. 2007년 초반부터 시작된 미국의 경제위기에도 불구하고 중국은 G2 국가로 부상하고 있었으며 경제력에 힘입어 국방비를 증액하면서 군사력을 계속 증강하고 있었다.[2] 또한 2007년 1월에는 탄도미사일로 자국의 위성을 파괴하는 실험에 성공했으며, 10월에는 달 탐사선을 발사하고 우주정거장 건설계획을 세웠다. 우리나라는 미국과 중국의 관계에 따라 국내상황의 안정이 좌우되는 특성을 갖고 있다. 즉, 정치군사적인 면에서는 미국의 영향을 많이 받는 반면 경제적인 면에서는 중국의 영향을 많이 받고 있기 때문이다. 따라서 미국과 중국의 움직임은 중요할 수밖에 없다.

세계는 전통적인 군사적 위협보다는 핵을 비롯한 대량살상무기와 그 운반수단인 탄도미사일 확산이 세계안보의 주요관심으로 떠오르고 있었다. 그에 따라 북핵문제는 여전히 주요관심 사항 중의 하나로 인식하고 있었으나 해결되지는 않고 있었다. 북한은 2006년 10월에 핵실험을 강행하여 동북아에 긴장을 조성하였다. 이를 해결하기 위한 6자회담이 지속되면서, 2007년에는 6자회담 참가국들의 합의가 있었다. 이는 북한의 9·19조치를 이행하기 위한 조치였다. 북한의 상황 역시 미국과 중국은 지대한 관심의 영역이며 우리 역시 직접적인 당사자의 관계이다. 따라서 미국과 중국이라는 강대국과의 관계, 북한과의 관계는 쉽게 풀기 힘든 고차원의 방정식과도 같은 구도이다. 이러한 구도 속에서 생존을 넘어 발전을 추구하는 것은 힘든 과제임에는 틀림이 없다.

세계 각지에서는 영토분쟁 등이 계속적으로 발생하여 국지분쟁은 계속되고 있었으며, 에너지 자원을 확보하기 위한 국가 간의 경쟁이 새로운 변수로 등장하고 있었다. 세계화의 추세에 따라 전염성 질병과 대규모 자연재해 등은 국제사회가 공동으로 대응해야 하는 과제가 되었다. 2011년 3월에는 후쿠시마 원전 폭발사고가 있었으며, 방사능 공포가 일기도 하였다. 또한 국내의 원전에 대한 우려가 제기되는 계기가 되

2) 중국은 2008년 전년대비 17.6% 증액한 572억 불을 국방비로 책정하였다. 이는 2007년 총예산의 7.2%에 해당한다. 한편 미국은 중국의 국방비를 이보다 약3 배로 추정하고 있었다. 출처: 국방부, 『2008 국방백서』, p.16.

기도 하였다. 이러한 예측이 힘든 국제환경의 변화는 자국의 이익을 위해 과거와는 다른 질서를 재편하고 있었다. 미국은 2007년 11월에 국방장관이 중국을 방문하여 양국의 군사 핫라인 설치에 합의하여 2008년 4월에 개통하였다. 중국과 일본도 영토 분쟁을 안고 있으면서도 양국은 군사협력을 지속하면서 2007년에는 군사교류를 전개하기도 하였다.

일본은 미국과의 군사동맹을 더욱 강화하면서 안보위협에 공동대처하겠다고 밝혔다. 또한 미국의 대테러정책과 북핵문제 해결에 부응하면서 '보통국가의 보통군대화'를 추구하고 있다.[3] 즉, 이 기회에 자위대의 활동 범위를 넓혀 세계적 차원으로 확대하려는 움직임을 보이고 있었다. 2019년 트럼프는 일본을 방문하였다. 트럼프는 일본의 항공모함 가가함에 승선하여, 아베와 함께 미군과 자위대를 격려하는 행사를 가졌다. 미국과 일본의 긴밀한 군사동맹을 과시하는 행사였다. 가가함은 일본 제국주의 시절 항공모함의 이름이며, 중일전쟁에도 참전하였다. 1942년 6월 4일 미드웨이 해전에서 미군의 공격을 받고 침몰하였다. 적과 적의 관계에서 현재는 동맹의 관계로 변한 것이다. 미국은 9・11테러의 배후를 응징하겠다며 벌인 테러와의 전쟁에서

그림 7-2. 일본의 항공모함 가가호에 오른 트럼프 출처 : KBS뉴스 화면에서 캡처

3) 국방부, 『2008 국방백서』(서울: 국방부), p.8.

2011년 5월에 마침내 파키스탄에 은신하고 있던 오사마 빈 라덴을 색출하여 사살하였다. 그러나 이때 미국은 작전을 수행하기 위하여 파키스탄으로 잠입하는 과정에서 파키스탄 정부에 사전통보 없이 진행하였다.[4] 이것은 미국의 탁월한 정보능력과 우수한 군사력을 입증한 것이었다. 반면에 목표를 달성하는 과정에서는 철저히 자국 위주로 판단한다는 냉엄한 현실을 보여주기도 하였다.

튀니지에서 시작한 중동의 민주화운동은 예멘, 이집트, 리비아까지 확산되었다. 특히 리비아의 독재로 군림하던 카다피는 독재정권에 대한 반정부시위가 확산되는 과정에서 2011년 11월에 사망하였다. 카다피는 40년 이상을 인권탄압, 테러, 핵실험 의혹 등의 의혹을 받으면서 리비아를 통치하였다. 따라서 그의 죽음이 보도되자 북한의 독재정권과도 비교하기도 하였다. 즉, 리비아와 북한은 공통점이 있는 것으로 보고 있었다는 반증이기도 하였다. 그렇지만 북한의 체질은 여타의 다른 나라와는 다른 특이점이 있었다. 그동안 깊이 세뇌된 우상화 작업과 폐쇄적인 국가운영은 주민들의 눈과 귀를 틀어막아 놓았다. 그 결과 세계 도처에서 발생하는 주요뉴스는 북한주민에게 전달되지 못하고 있었으며, 그로 인해 내부로부터의 변화를 이끌어 낼 수 있는 동력을 생성해 내지 못하는 한계를 갖고 있는 상상하기 힘든 국가이다.

2008년 9월에는 김정일의 건강 이상설이 돌기도 하였다. 그러나 2010년 9월 28일의 당대표자회의에 모습을 드러내면서 후계구축을 위한 본격적인 활동을 시작하였다. 김정은을 당중앙위원회 위원이자 당중앙군사위원회 부위원장으로 등장시킨 것이다. 즉, 3대 세습을 공식화한 것이었다. 그 후 김정일은 2011년 12월에 사망하면서 김정은 정권을 등장시켰다.

2009년에 등장한 미국의 오바마 대통령은 무난히 재선에 성공하였다. 오바마는 집권초기부터 아시아・태평양 재균형 전략을 추진하고 있었다.[5] 미국은 세계 어디에서나 패권을 유지하면서 미국의 이익을 관철시키고자 한다. 그러므로 아시아에서 무서운 속도로 부상하는 중국을 견제하고자 하는 전략의 수립과 추진은 당연한 수순이었다. 아시아・태평양 재균형 전략의 핵심은 결국 중국의 견제였다. 이를 위하여 전통적 우방인 일본과의 동맹을 더욱 강화하고자 할 것이다. 또한 더 강력한 힘을 추구하

4) 한계레신문.「죽었다는 오사마 빈 라덴은 왜 자꾸 살아나나」, 2016.5.6.
5) 오바마 대통령은 2011년 11월 호주 의회연설에서 미국이 아시아와 태평양지역에서 중요한 역할을 장기적으로 수행할 것이라는 의지를 나타낸 적이 있었다.

기 위해서 한・미・일의 삼각동맹을 더욱 요구할 것이다. 이러한 전략을 추진하기 위해서는 중국과 인접한 우리나라에 핵심전략무기를 배치하는 것이 필요했을 것이다. 즉, 제2차 세계대전 후의 미국의 봉쇄정책을 연상시키는 대목이었다. 따라서 동북아에서의 지역주도권 경쟁은 가속화될 것임을 쉽게 예측해 볼 수 있다.

중국은 시진핑이 2012년에 당 총서기 및 당 주석에 선출되어 2013년 3월에 주석직에 취임하였다. 2013년은 한중 양국에서 새로운 지도체제가 출범하였다. 중국은 전통적으로 한반도와는 긴밀한 관계를 유지하면서 그 가치를 중시하여왔다. 따라서 시진핑 시대에도 한반도에 대한 전략적 가치를 중시하는 기본인식의 변화는 없을 것으로 예측된다. 중국은 북한의 핵무기 실험 등은 반대하면서도 제재에 있어서는 다소 소극적인 태도로 일관하고 있다. 그것은 중국에 대한 북한의 가치를 인정하기 때문이었다. 중국은 미국의 아시아・태평양에서의 중국견제에 대응하여 북한을 최대한 활용할 것임은 분명하며 앞으로도 변하지 않을 것이다. 또한 이러한 구도에서 우리나라에 대한 정책을 탄력적으로 발전시켜 나갈 것이다.

일본은 2012년 12월 아베는 총리에 취임하여 그 동안의 경기침체를 벗어나기 위한 일명 '아베노믹스'를 추진하면서 세력을 확장하는 중국에 맞서기 위하여 북한의 핵문제를 활용한 군사대국화를 노리고 있었다. 2012년 재등장한 러시아의 푸틴 대통령은 소련시대의 강한 위상을 되찾기 위하여 중국과의 관계개선을 도모하고 있었다.

북한은 2011년 12월 김정일이 급사하면서 3대 세습을 유지하기 위한 정지작업을 완료한 시점이었다. 2012년 4월 11일 당대표자회의와 4월 13일 최고인민회의 제12기 제5차 회의를 통해 당 제1비서 및 당중앙군사위원장과 국방위원회제1위원장으로 추대되었다. 당・군・정의 최고직위에 추대됨으로써 사실상의 승계작업은 완료한 셈이었다. 그는 조기에 체제를 안정시키기 위하여 세대교체와 숙청을 주도하고 있었다. 그러면서 2013년 4월 1일 최고인민회의 제12기 제7차 회의를 통하여 '경제건설 및 핵무력 건설 병진추진'을 새로운 전략노선으로 제시하였다.[6] 이는 순탄치 않을 남북관계를 예고해 주고 있었다.

6) 통일부 통일교육원, 『2021 북한이해』(서울: 통일교육원), p.125.

## 3. 이명박 정부의 통일정책

### ❑ 상생과 공영의 대북정책

이명박 정부는 이전의 진보정권 시절의 통일정책을 긍정적으로 평가하지는 않았다. 따라서 남북관계에 대한 새로운 인식의 전환이 요구 된다는 입장을 견지하였다. 남북관계가 교류와 대북지원 등에서는 양적으로 증대했으나 북한을 본질적으로 변화시키지는 못했다는 것을 실패의 결과로 지적하였다. 오히려 대남도발도 지속되었으며 무엇보다도 핵과 미사일 프로그램을 더욱 향상시켰다는 것이다.

진보정권 10년 동안 북한은 경제적 지원을 받기 위한 회담에만 관심이 있었으며, 비핵화와 남북한의 긴장완화를 위한 조치에는 별다른 적극성을 보이지 않았다는 것이 주된 평가였다. 또한 북한에 대한 경제지원이 지속적으로 이어졌으나, 이산가족문제는 일회성 상봉행사에 불과했으며, 국군포로 및 납북자 문제는 전혀 진전을 이루지 못하고 있는 것으로 보았다. 무엇보다도 쌀, 비료 등의 지원에도 불구하고 북한 주민에 대한 식량의 어려움은 전혀 개선되지 않았음은 문제가 있었다고 평가하였다.

이명박 정부의 이러한 인식은 우리 사회 일각의 분위기를 반영한 것이기도 하였다. 일각의 분위기는, 북한은 변하지 않는데 왜 무작정 퍼주기식 지원을 하는가의 문제 제기였다. 오히려 지원해 주는 식량이 군량미로 전용된다는 주장 등이 이어졌으며, 무엇보다도 대북 저자세를 문제 삼고 있었다. 결과적으로 안보위협을 감소시키지도 못하였다는 주장이었다. 무엇보다도 장기간 끌고 있는 북핵문제는 시급히 해결해야 할 과제로 거론되고 있었다. 북핵문제가 불거진 1990년대 초부터 북한의 일관된 주장은 핵 개발의 명분을 미국의 대북 적대시 정책 때문이라고 주장하고 있었다. 미국으로부터 체제를 위협받고 있으므로 이를 지켜내기 위해서 핵무기가 필요하다는 주장이었다. 이명박 정부는, 이러한 북한의 변명을 지난 진보정권이 무려 10년 동안 표용과 평화의 명분으로 받아주었다는 것을 문제로 인식하고 있었다. 진보정권은 경제지원을 통한 남북협력을 증대하였으나, 이는 결국 북한에게 핵 능력을 고도로 향상시키는 역량과 시간을 부여한 것이 되고 말았다는 것이다. 또한 문제 해결을 위하여 공조를 이루어야 할 관련국인 미국, 일본 등과의 관계마저도 일방적인 대북지원으로 소원해지면서 균열을 자초했다는 인식이었다. 이러한 인식을 갖고 있는 이명박 정부는 남북관계를 재점검한 후 성과는 이어 가겠지만 보다 생산적이고 실용적인 미래지향적 남북관계를 이루어야 한다고 밝혔다. 따라서 진보정권이 추진해 온 포용과 평화를 기반으로 하는 통일정책에서 벗어나 무엇보다도 실용을 표방하는 통일정책으로의 전환이 필요함을 역설하였다. 이명박이 추진하고자 하는 실용을 기반으로 하는 통일정책은 이미 주요연설에서 나타나고 있었다.

[2008년 2월 25일 취임사]

"남북통일은 7천만 국민의 염원입니다. 남북관계는 이제까지보다 더 생산적으로 발전해야 합니다. 이념의 잣대가 아니라 실용의 잣대로 풀어가겠습니다. 남북한 주민이 행복하게 살고 통일의 기반을 마련하는 것이 우리의 목표입니다."

[2008년 6월 6일 현충일 추념사]

"남과 북은 그동안 대화와 교류 협력을 꾸준히 이어왔습니다. 만족스러운 수준은 아니지만 상당한 진전이 있었다고 생각합니다. (중략) 이제 우리는 진정성과 호혜성을 가지고 '선언의 시대'를 넘어'실천의 시대'로 나아가야 합니다. 남과 북이 진정으로 화해하고 협력하면서 한반도의 평화와 공동번영 그리고 통일을 위해 힘쓸 때입니다."

[2008년 7월 11일 국회개원 연설]

"우리의 대북정책은 북한의 비핵화를 최우선으로 하면서 남과 북 모두에게 이익이 되는 상생과 공영의 길을 개척해 나가는 것입니다. (중략) 남북관계도 이제는 새로운 사고, 새로운 방향이 절실히 필요합니다. 우리는 '호혜의 정신에 기초하여 선언의 시대'를 넘어 '실천의 시대'로 나아가야 합니다."

[2008년 8월 15일 광복절 경축사]

"남과 북 모두가 함께 잘사는 꿈을 결코 포기하지 않을 것입니다. 그러기 위해서는 무엇보다 평화가 정착되어야 합니다. 불신과 갈등의 원천이 되는 핵무기가 완전히 사라지고 그 자리를 상생과 공영의 기회로 채워 나가야 합니다."

[2008년 9월 22일 민주평통자문회의 국내지역회의 개회사]

"취임 이후 지금까지 남북한의 '상생과 공영'이라는 일관된 입장을 견지해 왔으며, 앞으로도 변함이 없을 것입니다. 북한은 남북한 상생공영을 위해 즉각 대화에 나설 것을 다시 한번 촉구합니다."

연설의 주요핵심은 '실용'을 강조하고 있으며, 이것을 상생과 공영이라고 보고 있었다. '이념의 시대'를 넘어 '실용의 시대'로 나아가는 시대적 흐름 속에서 서로에게 win-win이 되는 '상생과 공영'의 남북관계가 되어야 한다는 것이 기본 입장이었다. 상생과 공영의 대북정책은 정부의 국정철학인 실용주의와 맥을 함께 하고 있다. 이에 대해서는 호혜의 정신이 필요함을 말하였다. 받은 만큼 대가를 주겠다는 의미다. 또한 비핵화를 최우선을 한다는 것은, 북한이 핵문제 해결에 적극적으로 임하면 그에 대한 적절한 보상을 하겠다는 것이다. 상생과 공영의 대북정책은 한반도에 비핵·평화구조를 정착시키고, 남북한이 호혜적 경제공동체를 형성하면서, 평화통일의 실질적 기반을 마련하여 나가고자 하는 포괄적인 통일정책 구상이라고 말할 수 있다.

[ 상생과 공영의 대북정책 체계 ]

| 구분 | | 주요내용 |
|---|---|---|
| 비전 | | 실용과 생산성에 기초한 상생과 공영의 남북 관계 발전 → '평화공동체, 경제공동체, 행복공동체' 실현 → 평화통일의 실질적 토대 확충 |
| 추진 원칙 | 실용과 생산성 | 실용과 생산성에 기초하여 정책을 추진<br>이념의 잣대가 아니라 실용의 잣대 |
| | 유연성 | 대화를 통해 공존공영의 원칙 준수<br>현실을 고려하여 유연하게 대처 |
| | 국민참여 | 국민에게 정보제공으로 국민의 참여 보장 |
| | 협력과 조화 | 남북협력과 국제협력의 조화<br>국제사회의 신뢰 통한 지지기반 확보 |

비전에서 말하는 평화공동체는 한반도의 비핵화를 이룩하고 남북한의 군사적 신뢰 구축과 긴장완화를 실현하는 것이며, 경제공동체는 북한의 발전과 국제사회의 참여를 돕고 남북 모두에게 이익이 되는 경제협력을 추구하겠다는 것이며, 행복공동체 실현은 남북한의 인도적 문제를 해결하고 남북 주민의 삶의 질을 향상시켜 남북 7천만 모두의 행복을 추구하겠다는 것을 말한다.

추진원칙으로는 4가지를 세웠다. ① 화해와 협력의 정신을 바탕으로 실용과 생산성을 추구한다. 국민이 원하는 정책, 북한 주민의 삶의 질을 향상시키는 정책, 비용 대비 성과가 있는 정책, 북한의 발전을 촉진하는 정책, 평화통일에 기여하는 정책을 추진하겠다는 것이다. ② 원칙을 철저하게 지켜가면서도 유연하게 접근한다. 북한 핵을 조속히 폐기하기 위한 내실 있는 대화를 추진한다는 원칙을 지키되, 접근방식은 현실을 고려해서 유연하게 하겠다는 것을 말한다. ③ 국민합의에 기반하여 투명한 정책을 추진한다. 국민의 의사를 폭넓게 수렴하고 초당적 협력을 추진하며 국민과 함께 하는 대북정책을 추진하겠다는 것이다. ④ 남북협력과 국제협력의 조화로운 진전을 이루어 간다. 6자회담을 통해 북핵 문제를 평화적으로 해결하고 국제사회와 협력을 하면서 남북관계 개선을 이루어 가겠다는 것이다.

4대원칙을 기반으로 하여 추진할 과제는 '진정성 있는 남북대화 추진, 6자회담을 통한 북한의 핵 포기를 위한 지속적 노력, 상생과 호혜의 남북경협 추진, 사회문화 교류 활성화, 인도적 문제 해결' 등의 5가지를 선정하였다.

① 진정성 있는 남북대화 추진은, 남북관계의 실질적인 진전을 위해서는 진정성 있는 대화가 필요하며, 남북대화는 문제를 해결하는데 실질적인 도움이 되는 대화를 해야 한다는 것이다. '진정성 있는 대화 = 남북문제 해결'이라는 등식이 성립함을 말한다. 이를 위해서 남북은 상대방 체제를 인정하고 존중하기로 이미 1992년에 '남북기본합의서'에서 합의한 바 있으므로 이를 준수한다면 진정성 있는 대화는 가능한 것이다. 7천만 민족을 잘 살게 하고 통일을 위한 뜻 있는 협력을 위해서라면 남북의 정상은 언제든지 만날 수 있다는 점도 포함하고 있다.

② 6자회담을 통한 북한의 핵 포기를 위한 지속적 노력은, 한반도의 평화와 안정을 위해서는 북한의 핵문제가 반드시 해결되어야 한다. 핵문제가 해결되어야만 북한도 번영하고 국제사회의 일원으로 변화할 수 있다. 따라서 6자 회담을 통한 북한의 핵 포기를 지속적으로 추진해야 한다. 남북 간의 군사적 긴장완화와 신뢰구축을 위한 비무장지대의 평화적 이용 등이 필요하다. 또한 현재의 정전상태를 평화상태로 전환시키는 것이 필요하다.

③ 상생과 호혜의 남북경협 추진은, 남북 간에 서로 도움이 되고 생산적인 경제협력을 추진하여 상생과 호혜가 되도록 한다. 실질적인 남북경협 추진을 위하여 3통(통행・통신・통관), 신변안전 등의 문제점을 조치해야 한다. '비핵・개방・3000 구상'은 북한에게 핵 포기시 얻게 될 분명한 혜택을 제시하여 북한의 선택을 유도하는 전략적 방안이다.

④ 사회문화 교류 활성화는, 남북간 교류와 접촉을 통해 민족공동체 의식을 고양시켜 나간다. 우리 고유의 역사와 문화, 학술, 종교, 체육 등 다양한 분야에서 소통

과 교류를 높여 민족공동체 의식을 높인다. 특히 민간 차원의 사회・문화교류의 통로를 열어주고 안내함으로써 남북교류협력이 안정적으로 발전해 가도록 한다.

⑤ 인도적 문제 해결은, 이산가족・납북자・국군포로 등 인도적 문제는 남북이 분단된 지 60년이 넘은 현재까지도 해결되지 못하고 있다. 이를 위하여 이산가족의 상시적 만남을 보장하며, 생사・주소 확인과 서신교환, 고향방문 등을 단계적으로 추진한다. 국군포로・납북자 문제는 자국민 보호라는 관점에서 우선적 과제로 추진한다. 또한 북한 인권은 인류의 보편적 가치의 차원에서 접근한다.

### ❑ 비핵・개방・3000정책

비핵・개방 3000은 2007년의 대통령 선거과정에서 제시되면서 이명박 통일정책의 상징으로 꼽혔다. 2006년 북한의 미사일 발사와 핵 실험은 한반도는 물론이고 국제사회의 우려를 자아냈다. 이것은 심각한 상황이었으며 다음해에 실시되는 대통령 선거에서는 관리해야 할 핵심안보 이슈로 떠올랐다. 이명박은 선거를 준비하면서 대통령 후보로서 북한의 핵 폐기를 유도하기 위한 방안을 제시해야 할 필요성을 절감하였다. 이에 따라 '비핵・개방・3000'은 북한의 핵 포기 결단을 유도하기 위해 제시된 대북정책이었으며, 선거 기간에 대북정책의 대표적인 방안으로 위상을 갖고 있었다.

그러나 대통령으로 취임한 후 발표한 통일정책에서는 '상생공영이란 거시적 비전과 목표를 달성하기 위한 수단적 목표로서 비핵・개방 3000이 있는 것'으로 그 개념을 수정하였다. 즉, 비핵・개방 3000은 이명박 통일정책의 근간에 해당하는 상생과 공영을 달성하기 위한 하위 수단으로 위치의 변동을 가져왔다. 별도의 항목이 아닌 상생과 호혜의 남북경협에 포함되어 추진됨을 의미하는 것이다.

비핵・개방 3000은 단계화하여 추진되는데 호혜성에 따라 북한의 비핵화가 추진되는 상황에 따라 보상을 하겠다는 것이 핵심이다. 북한이 자발적으로 핵문제 해결을 진행시키면, 이에 따라서 단계적으로 북한에게 지원책을 가동하는 시스템을 의미한다.

1단계는 '북한의 핵시설 불능화 완료' 이다. 이를 달성하면 '남북경협의 활성화, 투자・무역의 편리화, 남북교역의 자유화' 등을 법적・제도적으로 보장하도록 추진한다. 2단계는 '북한의 핵 폐기 이행'으로, 5대중점 프로젝트(경제, 교육, 재정, 인프라, 생활 향상 등) 중에서 교육과 생활안정 등의 즉시 시행 가능한 보상을 한다. 3단계는

그림 7-3. 2012통일부 업무보고에서의 이명박 대통령 출처 : 대통령기록관

'북한의 핵 폐기 완료'이며, 이를 달성하면 5대중점 프로젝트를 본격 가동하고 400억 달러의 국제협력자금을 조성한다는 것을 핵심내용으로 한다.

북한은 특히 비핵·개방 3000에 대하여 '반통일 선언'이라고 격렬하게 비난하였다. 이러한 북한의 태도를 고려하면, 남북관계의 원활한 상황을 관리하기 위해서는 하위 개념으로의 하향이 필요했을 것으로 평가할 수 있다. 남북관계를 최대한 유연한 대응으로 풀어가겠다는 의지로 이해할 수 있는 대목이기도 하다.

이명박의 실용주의에 입각한 통일정책에 대해서는 대통령에 취임하기 이전부터 비판적인 견해가 많았다. 즉, 비핵·개방 3000에 대해서는 비판적인 견해가 긍정적으로 보는 것보다 많았다는 것이다.[7] 어느 대학의 연구소에서 남북관계 전문가 설문조사를 한 결과를 바탕으로 통일정책의 타당성을 살펴본 결과였다. 32명의 전문가로부터 답신을 받은 결과 24명의 전문가들은 '철학의 부재' '현실성 결여' '무지 소치' 등으로 매섭게 비판한 것으로 나타났다. 이명박 정부의 대북정책을 긍정적으로 평가한 전문가들도 취임 뒤 남북관계에 대한 이해를 높여야 한다고 조언하였다. 이를 보면 이

7) 한계레신문. 「"비핵 개방 3000, 뜬구름 잡기" 비판적 견해 다수」, 2008.2.12.

명박은 남북관계를 너무 실용주의 입장에서만 접근한 것으로 보인다. 이러한 접근은 대북정책으로서는 적절하지 못하다는 비판을 정부 출범 이전부터 받고 있었다.

10년의 진보정권에서 보수정권으로의 압도적 지지를 통하여 정권교체를 이루게 되었다. 압도적 지지에는 진보정권의 통일정책도 한 요인이 되었다는 평가가 대체적인 시각이다. 진보정권 10년간 북한은 도발의 행태를 계속하여 왔다. 핵실험은 물론이고 서해북방한계선에서의 침범도 멈추지 않고 있었다. 따라서 국민의 입장에서는 처음에는 박수를 보내며 통일정책을 지지했으나 고개를 젓게 만드는 경향이 강해지고 있던 시기였다. 선거기간 중에도 전임 정부에 대한 대북 퍼주기 논란은 자주 거론되는 내용 중의 하나였다. 퍼주기 논란은 원칙의 문제로 바라볼 수 있었다. 북한이 '떼쓰면 지원해 준다'는 인식은 원칙과는 거리가 먼, 북한에 일방적으로 끌려 다니는 통일정책이라는 비판도 받아야 했다.

이명박 대통령은 진보정권과는 차별화된 통일방안을 제시하고자 하였다. 그는 경제인 출신답게 2008년 2월 25일 취임사에서 남북관계는 이념의 잣대가 아니라 실용의 잣대로 풀어나갈 것임을 천명하였다. 실용은 경제적인 관점에서는 무언가 남는 것이 있던가, 얻을 것이 있던가 해야된다는 것이 일반적인 기준이다. 진보정권에서는 정치와 경제를 분리하여 추진했으나, 이명박 정부는 경제와 정치를 연계하고자 한 것이다. 일종의 경제논리를 적용하여 대북관계를 정립하려고 한 것으로 보인다. 북한이 핵 관련 문제(정치)를 포기하는 만큼 상응하는 보상(경제)의 절차를 한다는 것이다.

통일재원 마련은 실질적 통일추진의 과제로 강조하기도 하였다. 2010년 광복절 경축사에서 통일세를 언급하기도 하였다. 통일부 주도로 일명 '통일 항아리'사업이 추진되기도 하였다.[8)] 북한이 급변사태를 맞게 되면 이에 대비해야 한다는 것을 이유로 들었다. 이러한 것은 통일이 어느 정도 임박했음을 염두에 둔 것이 아니고서는 설명이 곤란하다. 북한은 세습체계와 심각한 경제문제에도 불구하고 자체적으로 붕괴될 가능성이 희박한 특징이 있다. 그럼에도 불구하고 북한의 급변사태를 언급한 것은 그 이유를 알기 어렵다. 이를 보면 이명박 정부는 북한의 붕괴에 기댄 흡수통일을 기대하고 있었음을 짐작하게 한다. 이명박 정부의 강력한 원칙 중심을 근간으로 삼은 통일정책은 흡수통일을 염두에 둔 것이라는 북한의 인식을 불러오기도 하였다. 결국 이

8) 2012년 이대통령이 한 달 월급 전액을 기부하면서 시작한 사업이며 첫해는 7억 5천 800만원의 성금이 모금되었다. 그러나 점차 줄어들게 되었다. 출처: 경향신문, 「원 맨쇼하는 박근혜 정부의 통일 대박론」, 2014.4.8.

명박 정부는 원칙 있는 통일정책을 추진하고자 했으나 경제와 남북관계 모두에서 최악의 상황을 맞이하며 막을 내려야 했다.

### ❑ 상생과 공영의 정책에 대한 북한의 반응

이명박 정부의 상생과 공영정책은 북한의 반발과 계속되는 도발로 인하여 과거 진보정권의 남북관계와 비교해 보면 급격히 경색되어 갔다. 정책의 원칙에서는 유연성을 포함하고 있었으나 정작 정책을 추진하는 과정에서의 유연성을 발휘하지 못한 결과였다. 특히 북핵문제 해결을 최우선적인 정책과제로 삼았으나 진전을 보지 못했다. 김대중 대통령 국장을 치르던 2009년에 북한의 조문단이 방문하여 이명박 대통령을 만나면서 관계개선을 기대하기도 했으나 경색국면은 계속 이어졌다.

북한은 일방적으로 2008년 12월 1일 이른바 '12 · 1' 조치를 취하였다. 내용은 '교류협력 인원의 통행 제한, 개성공단 상주인원 감축, 남북 간 철도 운행과 개성관광 중단, 경협협의사무소 폐쇄' 등이 주요 내용이었다. 이러한 조치를 일방적으로 취한 것은 2008년에 우리의 신문 등에서 김정일 위원장 건강이상과 급변사태설 등에 대해서 보도한 것에 대한 반발이었다. 북한은 이 조치를 2009년 8월 21일 해제하였다.[9]

**그림 7-4. 북한의 집단체조 장면** 출처: KBS '남북의 창' 화면에서 캡처

9) 통일부 통일교육원 (2016), 앞의 책, p.588.

2008년 7월 11일 우리 측 금강산 관광객 1명이 북한 군인의 총격을 받아 사망하는 사건이 발생했다. 이에 대해 우리 정부는 금강산 관광을 잠정 중단하는 조치를 취하고 당국 간 협의를 통해 진상 규명과 재발 방지, 신변안전보장 대책을 확실히 취한 다음 관광을 재개한다는 입장을 정했다. 그러자 북한 군부는 금강산 지역의 남측 체류인원을 추방하고 군사분계선 통과를 제한하며 사소한 적대행위에도 군사적 대응을 하겠다고 발표하였다.

북한은 2012년 4월 18일 북한군 최고사령부 대변인 성명, 4월 23일 북한군 최고사령부 특별작전행동소조 통고, 6월 4일 북한군 총참모부 공개통첩장 등을 통해 '도발 근원 초토화', '주요 언론사 조준타격'등으로 위협하면서 남북 간 긴장을 고조시켰다.[10] 2009년 5월의 2차 핵실험과 2012년 4월과 12월에 장거리 미사일을 발사하였으며, 2012년에 개정한 그들의 사회주의 헌법 서문에 '핵 보유국'을 명시하기도 하였다. 2012년 3월 16일 조선우주공간기술위원회 대변인 담화를 통해 미국과 북한 간의 '2・29합의'[11]에도 불구하고, 북한은 소위 '실용위성' 발사 계획을 발표하였다. 북한은 "광명성 3호는 극궤도를 따라 도는 지구관측위성으로서 평안북도 철산군 서해위성발사장에서 남쪽 방향으로 4월 12일부터 16일 사이에 발사할 계획"이라고 발표하면서, 평화적 목적의 인공위성임을 강조하였다. 북한이 이와 같이 인공위성임을 강조하고자 한 것은 북한과 미국이 체결한 2・29합의에 대한 위반여부인 것으로 보인다. 위성인 경우에는 위반이 아니기 때문이다.

2012년 7월 29일 국방위원회 대변인 성명을 통해 '실제적인 초강경 대응', '강한 물리적 대응공세'등의 위협을 하였다. 2012년 8월 2일에는 독소조항이 다수 포함된 '개성공업지구 세금규정 시행세칙' 개정안을 일방적으로 통보하였다. 시행세칙 개정안은 소급과세허용, 소멸시효 삭제, 자의적 추정과세 허용, 과세근거 설명의무 삭제, 개성공단 입주기업 자료제출 의무 확대, 일부세율 상승, 벌금범위 200배 확대 등 남북합의와 국제관례를 무시하는 조치를 광범위하게 포함하고 있었다.

2012년 8월 25일 김정은은 '김정일 선군혁명 영도 기념 8・25 경축연회' 연설을 통해 "조국통일 대업을 성취하기 위한 전면적 반공격에로 이행할 데 대한 명령을 전군에

---

10) 통일부 통일교육원, 『2013 통일백서』 2013, pp.21~25에서 요약정리.

11) 2・29합의는 오바마 행정부 출범 후 2012년 북한과 맺은 첫 합의였다. 여기에 '장거리 미사일 발사 유예' 조항이 있었다. 이것은 해석의 이견이 있었다. '위성 목적의 로켓발사'가 포함되느냐의 이견이었다. 그렇기 때문에 북한은 이를 위성 목적이라고 주장한 것이다. 즉, 위반조항이 아니라는 것이었다.

하달하였으며, 이를 위한 작전계획을 검토하고 최종수표 하였다."라고 하면서 대남 위협 수위를 최고조로 끌어 올렸다. 북한 서부전선사령부는 10월 19일 공개통고장을 통해 우리 민간단체의 대북 전단 살포 계획과 관련하여 "임진각과 그 주변을 조준격파 사격", "해당지역 남한 주민은 미리 대피할 것" 등 군사적 위협을 지속하였다. 이러한 일련의 상황에서 발생한 남북의 경색국면은 점차 굳어지고 있었으며 정부의 유연성 있는 대응도 부재한 상태였다. 남북관계는 강대강의 대결구도로 치닫고 있었다.

순항을 이어가던 경협의 상징인 개성공단에 위기가 찾아왔다. 2010년 3월 26일 천안함 폭침사건이 발생하여 장병 46명이 전사했다. 외국 전문가가 포함된 민・군 합동조사단이 5월 20일 조사결과를 발표하고, 이어서 정부는 5월 24일에 대북조치를 발표하였다. 5월 24일 오전 이명박 대통령은 서울 용산 전쟁기념관에서 천안함 사태와 관련하여 대국민 담화를 발표했는데 이를 5・24조치라 한다. 주요내용은 '북한 선박의 우리측 해역 운항 금지, 대북 교역 및 교류 전면 중단, 개성・금강산 지구 외 우리 국민의 방북 불허, 순수 인도적 지원 외 지원사업 전면 보류' 등을 담고 있다. 결과는 근무인원의 대폭적인 축소로 이어졌다. 겨우 명맥을 유지하는 수준이었다.

11월 23일에는 연평도 포격도발이 발생하였다. 북한은 170여 발의 포격 도발을 감행하였는데, 이는 민간인을 겨냥한 무차별적인 도발이었다는 점에서 사태의 심각성

그림 7-5. 북한의 포격으로 폐허가 된 연평도 마을 출처 : KBS뉴스 화면에서 캡처

이 있었다. 정부는 상황의 악화를 대비하여 개성공단 근무자에 대한 신변안전 조치를 실시하였다. 그렇지만 남북관계의 상징성과 특수성을 고려하여 생산활동은 유지되었다. 남북관계가 개선될 기미가 없던 중에 북한은 2013년에 개성공단의 입경과 출경을 중단하고 근로자들을 일방적으로 철수시켰다. 이후 8월 28일에 '개성공단 정상화를 위한 합의서'를 채택하면서 9월 16일 재가동을 하게 되었다. 그러나 개성공단의 운명은 밝아지지 않았다. 박근혜 정부 들어 북한의 2016년 1월 6일 4차 핵실험과 2월 7일 장거리 미사일 발사 시험 등으로 남북관계는 다시 경색되었다. 이에 정부에서는 근무자들을 철수시키고 2016년 2월 10일에 중단을 발표하였다.

이명박 정부는 원칙에 입각하여 대북관계를 추진하겠다는 의지를 보였다. 북한이 지원을 받는 만큼 상응하는 태도를 보여야 한다는 논리였다. '잘한 행동은 보상, 잘못된 행동은 보상 배제'를 말하고 있었다. 이를 상생과 공영으로 표현한 것이다. 이는 강력한 대북 원칙중심의 정책을 추진하고자 한 것이다. 그 반면에 과거 정권에서는 크게 주목받지 못한 분야에 대한 관심도 표명하였다. 국군포로와 납북자 문제가 대표적이었다. 인권과 관련된 문제에 관심을 보임으로써 자칫 보수정권에서 소홀하게 다룰 수 있다는 인권을 중시함으로써 차별성을 보이기도 하였다.

그러나 이러한 제안에 대하여 북한에서는 호응하지 않았다. 대화는 혼자 할 수 있는 것이 아닌 이상 아무리 훌륭한 소재를 준비해 놓았다 해도 의미가 상실되는 것이다. 이명박 정부는 나름대로 차별화되고 북한의 구미를 당길만한 경제적 보상을 제시했으나 결과는 신통치 못하였다. 오히려 잘 진행되던 금강산관광마저 북한군의 총격사건이 발생하자 중단되고 말았다. 남북관계의 발전보다는 오히려 퇴행의 조짐을 보이며 남북관계는 최악을 맞고 있었다. 북한은 2009년에 장거리 미사일을 발사하였으며 2009년 5월 25일에는 2차 핵실험을 하기에 이르렀다. 연이어 터진 천암함 폭침과 연평도 포격도발은 남북관계의 냉각을 넘어 전쟁의 분위기를 조성하였다. 자신감 있게 출발한 이명박 대통령은 북한이라는 폭주하는 열차를 제어할 수단을 안일하게 판단한 측면이 있다. 폭주를 멈추면 국민소득 3000불이 되도록 하겠다는 선언을 하였지만, 북한은 이에 반응하지 않았다.

북한은 천암함 폭침사건과 연평도 포격사건을 '북남의 대결을 격화시기키고 긴장을 조성하기 위한 기도 아래 일으킨 반공화국도발사건'이라고 주장하였다. 이와 같은 주장은 노동신문 2011년 6월 17일의 '북남관계는 왜 파국에서 벗어나지 못하는가'라는 제목의 기사에서 나타나고 있다. 여기에서 북한은 천안함 폭침과 연평도 포격이 있기 전에 온전한 대화 한번 없었다고 하면서 이전의 정권과는 대비된다고 하였다. 그러면서 '북남관계가 파국에서 벗어나지 못하는 것은 천안호사건과 연평도사건이 아니라 그것을 빚어낸 남조선당국의 반공화국대결정책 때문이다'는 주장을 하였다.

또한 '남조선당국은 6·15공동선언과 10·4선언을 부정하고 그 이행을 거부하면서 비핵·개방·3000이라는 것을 대북정책으로 들고나왔다. 그것은 우리의 선핵포기가 없이는 대화도 안하고 협력도 절대 하지 않겠다는 극단적인 대결정책이다'고 하면서 핵문제를 구실로 대화를 거부한다고 주장하였다. 이를 보면 북한은 핵을 먼저 포기할 의사가 없다는 것과 남북정상회담에서 선언한 내용에 대한 이행을 먼저 할 것을 원하고 있었다. 즉, 핵포기는 안할 것이며, 경제적인 지원에 대한 약속을 지켜야 한다는 주장으로 볼 수 있다.

## 4. 박근혜 정부의 통일정책

### ❑ 보수정권 재창출과 박근혜 정부 출범

2012년 12월 19일 실시된 대선에서 집권 여당의 박근혜 후보는 51.6%의 득표로 보수정권을 재창출하였다. 제3공화국을 열었던 아버지의 뒤를 이은 최초의 부녀대통령이자 최초의 여성대통령이었다. 이명박 정부를 출범시킬 당시의 정서는 경제부흥의 기대가 컸다. 그렇지만 세계적으로 불어 닥친 경제위기 등의 영향으로 국민들의 기대를 충족시키지는 못한 감이 있었다. 그렇기에 여전히 국민들이 바라는 것은 경제부흥이었다.

박근혜는 '경제민주화'를 공약으로 제시하면서 경제라는 이슈를 선점하는 데 성공하였다. 당시는 경제성장이 정체기에 접어든 상황이었으며, 이러한 영향으로 국민들이 체감하는 살림살이는 팍팍해졌다는 인식이 대세였다. 박근혜가 외친 경제민주화는 강력한 리더십으로 경제개발을 주도하면서 고도성장기를 이끌었던 박정희에 대한 향수를 불러 왔다. 이와 함께 '잘살아보세'라는 새마을 운동 당시의 구호를 꺼내 들면

그림 7-6. 제18대 박근혜 대통령 취임식 출처 : 대통령기록관

서 박정희 대통령에 대한 향수를 자극했다. 이러한 향수는 장년층 이상에서 더욱 공감을 얻었으며 마침내 승세를 굳히게 되었다.

2013년 2월 25일 취임한 박근혜는 '경제부흥, 국민행복, 문화융성, 평화통일 기반 구축'을 국정기조로 삼았다. 취임시기의 국내상황은 개성공단 폐쇄 등의 남북관계 경색이 지속되면서 안보불안이 잠재되어 있었다. 또한 경제문제는 여전히 어려운 상황이 계속되고 있었다. 5년 전에 보수정권이 들어설 때 국민들은 경제가 다시 한번 도약할 것으로 기대했었다. 그러나 오히려 진보정권 시절보다 경제성장률은 저조하였다. 이를 의식해서인지 박근혜는 국정의 기조로 제시한 첫째가 '경제부흥'이었다. 이것은 새마을 운동과 경제개발계획을 강력하게 주도하면서 경제발전을 이룬 아버지의 영향과 향수도 작용했던 듯하다. 취임사에서도 아버지 시절에 회자 되었던 '한강의 기적'을 연상시키는 '제2의 한강의 기적'을 언급하기도 하였다.

### ❑ 한반도 신뢰프로세스정책

정치인 박근혜가 즐겨 사용한 용어 중의 하나는 '신뢰'이다. 신뢰는 박근혜를 관통하는 언어로 자리 잡았다. 반면에 이와 대척점으로 '배신'이라는 용어를 자주 사용하기도 하였다. 박근혜의 인생역정에서 신뢰와 배신은 깊이 각인된 단어로 보인다. 이러한 인식은 통일정책에서도 나타났다. 박근혜는 통일정책의 명칭에 '신뢰'를 사용하였다. 박근혜 정부의 북한을 보는 시각은 '도발 → 위기국면 조성 → 타협 → 보상 → 도발'의 악순환 관계였다.[12] 즉, 전진과 후진을 반복하는 진전이 없는 악순환으로 보았다.

진보정권 시절에 보였던 대화와 교류를 근간으로 한 포용정책과 평화번영정책은 북한을 의미 있게 변화시키지 못했다고 평가하였다. 대화와 교류 중심의 정책은 남북간 협력을 증대시키기는 했으나 원칙을 훼손한 측면이 있었으며, 보수정권 이었던 전임 정부의 원칙 중심의 통일정책도 한계성을 보였다고 평가하였다. 원칙 중심의 통일정책은, 원칙은 확보했지만 유연성이 떨어지는 문제가 있었다고 보았다. 그리고 무엇보다도 북한의 핵개발과 도발을 저지하는 데 한계를 보였다고 분석하였다. 결국 포용과 압박을 키워드로 하는 지금까지 보였던 대표적인 두 개의 통일정책 모두는 북한의 변화를 이끌지 못했다고 인식한 것이다. 이로 인해 남북관계는 제자리걸음을 면하지 못

12) 통일부, 『2014 통일백서』(서울: 통일부), p14.

하고 있다고 평가하였다. 남북 간의 근원적 대립을 대화와 교류, 원칙 중심의 통일정책으로도 개선시키지 못하였으며, 그 원인으로는 기저에 깔린 불신이라고 결론 지었다.

특히 북한의 잘못된 패턴이 반복되는 것은, 신뢰보다는 '적당한 타협과 보상'에 우선을 둔 것을 원인으로 보았다. 그러므로 북한의 도발과 잘못된 행동에는 강력한 대응을 기본으로 하는 조치가 필요하다는 입장이었다. 반면, 북한의 변화를 이끌 수 있는 대화와 협력을 병행하여 추진할 필요가 있다는 것이다. 따라서 과거 정부의 통일정책을 비판하면서도 장점을 수용하는 통합적인 접근을 하겠다며 내놓은 정책이 '한반도 신뢰프로세스정책'이다. 이처럼 진보와 보수정권에서 추진하였던 통일정책의 장점을 계승한다면 추진과정에서 발생할 수 있는 남남갈등을 방지하는 성과도 나타날 것으로 기대하였다. 취임사에서 밝힌 한반도 신뢰프로세스정책과 관련된 내용을 살펴보면, 통일정책의 추진은 남북의 신뢰를 바탕으로 추진하겠다는 의지를 읽을 수 있다. 한반도 신뢰프로세스는, 대화와 협력 추진 → 북한의 변화 유도 → 남북관계 발전과 한반도 평화구축 → 통일기반 조성을 흐름으로 하고 있다.

개념과 의미는 긍정적으로 보였으나 북한의 태도 변화를 어떻게 끌어낼 것인지에 대해서는 구체성이 부족하는 평가를 받았다. 그래서인지 박근혜는, 북한의 도발이 거듭될수록 단호한 조치로 일관하다가 남북관계를 수렁으로 빠뜨렸다는 평가를 받아야 했다. 다음은 취임사에서 밝힌 한반도 신뢰프로세스에 관련된 내용이다.

> "최근 북한의 핵실험은 민족의 생존과 미래에 대한 도전이며, 그 최대 피해자는 바로 북한이 될 것이라는 점을 분명히 인식해야 할 것입니다. 북한은 하루빨리 핵을 내려놓고, 평화와 공동발전의 길로 나오기 바랍니다. 더이상 핵과 미사일 개발에 아까운 자원을 소모하면서 전 세계에 등을 돌리며 고립을 자초하지 말고, 국제사회의 책임 있는 일원으로 함께 발전하게 되기를 기대합니다.
> 현재 우리가 처한 안보 상황이 너무도 엄중하지만 여기에만 머물 수는 없습니다. 저는 한반도 신뢰프로세스로 한민족 모두가 보다 풍요롭고 자유롭게 생활하며, 자신의 꿈을 이룰 수 있는 행복한 통일시대의 기반을 만들고자 합니다. 확실한 억지력을 바탕으로 남북 간에 신뢰를 쌓기 위해 한 걸음 한 걸음 나아가겠습니다. 서로 대화하고 약속을 지킬 때 신뢰는 쌓일 수 있습니다. 북한이 국제사회의 규범을 준수하고 올바른 선택을 해서 한반도 신뢰프로세스가 진전될 수 있기를 바랍니다."

박근혜는 북한의 핵무기 실험을 민족의 생존과 관련된 가장 큰 위협요인으로 보고 이를 포기할 것을 촉구하였다. 그렇지만 북한의 핵문제는 그리 쉽게 해결될 수 있는 간단한 것은 아니었다. 지금까지 벌였던 대화와 교류, 대북지원, 다양한 응징에도 여전히 진행형의 문제로 남아 있다. 박근혜 역시 북한이 핵무기를 포기하도록 취임사에서 밝히면서 한반도 신뢰프로세스정책을 선보였지만 수많은 난관에 봉착해야 했다.

한반도 신뢰프로세스정책의 목표는 '남북관계 발전, 한반도 평화정착, 통일기반 구축'으로 설정하였으며, 추진원칙은 '균형 있는 접근, 진화하는 대북정책, 국제사회와의 협력'이다. 이를 도표로 정리해 보면 다음과 같다.

**[ 한반도 신뢰프로세스정책[13] ]**

| 구분 | | 주요내용 |
|---|---|---|
| 목표 | | 남북관계 발전, 평화정착, 통일기반 구축 |
| 추진원칙 | | 균형 있는 접근, 진화하는 대북정책, 국제사회와의 협력 |
| 추진 과제 | 신뢰형성으로 남북관계 정상화 | • 인도적 문제 지속적 해결 추구<br>• 대화채널 구축 및 기존 합의정신 실천<br>• 호혜적 교류・협력 확대・심화<br>• '비전 코리아 프로젝트' 추진 |
| | 지속 가능한 평화추구 | • 평화수호 위한 확고한 안보태세 완비<br>• 북핵문제 해결을 위한 다각적 노력<br>• 'DMZ 세계평화공원' 조성<br>• 정치・군사적 신뢰구축 추진 |
| | 통일 인프라 강화 | • 민족공동체통일방안 발전적 계승<br>• 국민과 함께 하는 통일 추진<br>• 북한 주민의 삶의 질 개선 추구 |
| | 한반도 평화통일과 동북아 평화협력의 선순환 모색 | • 통일에 대한 국제사회의 지지 확대<br>• 동북아의 지속 가능한 평화와 발전추구를 통해 궁극적으로 북한문제 해결에 기여<br>• 북방 3각 협력 추진 |

3개의 목표는 단계화하여 달성한다는 개념을 세웠다. '남북관계 발전 → 한반도 평화정착 → 통일기반 구축'이라는 3단계로 목표를 추진하는 것이다. 첫 단계인 남북관계 발전은 상식과 국제규범이 통하는 새로운 남북관계를 정립하여, 호혜적인 교류・

13) 통일부, 앞의 책(2014), p.16.

협력과 남북 간의 공동이익을 확대하여 경제 및 사회문화의 공동체 건설을 추구해 나가겠다는 것이다. 이것은 원칙을 중시한 남북의 동질성 회복으로 볼 수 있을 것이다. 두 번째 단계인 한반도 평화정착은 남북협력과 국제협력의 균형을 통해 북한의 비핵화를 달성한다는 것이다. 즉, 국제사회와의 공조를 통한 북한의 비핵화를 달성함을 말한다. 세 번째 단계는 통일기반의 구축이다. 통일은 통일을 이룰 힘이 뒷받침될 때 가능하다고 보았다. 따라서 통일을 주도적으로 이끌어 나갈 수 있는 역량의 비축과 국제사회의 협력을 강화하여 그 기반을 조성하겠다는 것이다.

추진원칙은 '균형 있는 접근, 진화하는 대북정책, 국제사회와의 협력'이다. 균형 있는 접근은 이분법이 아닌 통합적인 분석으로 접근한다는 의미이다. 각각의 장단점을 입체적으로 분석하여 접근한다는 것이 균형 있는 접근의 개념이다. 방법론적인 측면을 예로 들어보면, 강경과 유화라는 이분법적인 사고를 벗어난다는 것이다. 즉, 강경과 유화의 중간이 균형이 아니라는 것이다. 때로는 더욱 강경하게 또는 더욱 유연하게 하는 것이 균형 있는 것이며, 이는 상황 등을 고려하여 통합적이고 입체적으로 판단하는 것이다.

통일정책은 남북관계와 국제관계를 동시에 바라보는 것을 균형 있는 접근으로 보았다. 남북관계 발전에만 매달려 통일정책을 추진하면 국제적인 차원의 공동전선 구축에 차질이 발생하기도 한다. 남북관계는 국제사회와의 공조가 동반되어야 한다. 균형 있는 접근은 이와 같이 통합적인 분석을 통하여 통일정책을 추진해야 한다는 점을 중시한 것이다. 교류・협력은 안보와의 균형을 고려하는 것으로, 남북교류에 집착하여 안보를 소홀히 하면 더 큰 문제가 발생하게 된다. 따라서 안보와 교류・협력은 어느 한쪽 측면만이 아닌 입체적이고 통합적인 관점으로 분석한 후 접근해야 한다. 교류와 협력을 활성화한다는 명분으로 안보의 저해를 가져온다면, 그것은 균형을 상실한 것이다. 이처럼 균형은 특정 분야만을 말하는 것이 아니라 모든 분야에서의 균형을 포함한다.

진화하는 대북정책은 북한으로 하여금 비핵화 추진 등으로 국제사회의 일원으로 동참하도록 하겠다는 의미이다. 또한 통일정책은 국제사회의 상황변화와 북한의 대응에 따라 지속적으로 보완하고 발전시켜 능동적이고 선제적으로 대처한다는 뜻이다.

국제사회와의 협력은 한반도 문제는 세계적인 문제로 발전해 있음을 감안하여 국제사회와의 긴밀한 협의와 협력을 통해 북한의 핵문제 등 안보위기를 해결하고 동북아의 평화를 보장하는 선순환의 구조를 추구하겠다는 것이다.

박근혜는 그의 정치적 이미지이기도 한 신뢰를 기반으로 한 장밋빛 청사진을 제시하였다. 그렇지만 결론은 실패로 귀결되었다. 북한은 박근혜 정부 출범 직전인 2013년 2월 12일 3차 핵실험을 단행하였다. 정책을 제대로 적용해 보기도 전에 어려운 상황을 맞이하고 말았다. 박근혜는 2014년 3월에 북한에 민생 인프라 구축과 인도적 문제의 해결, 남북의 동질성 회복 등을 골자로 하는 '드레스덴 선언'을 제시했지만 북한의 도발은 계속되었다. 결정적인 계기는 2016년 1월의 제4차 핵실험이었다. 이어서 북한은 2월에는 장거리 미사일 시험 발사까지 감행하였다. 이를 본 박근혜는 제재와 압박으로 일관하다가 마지막 보루로 여기던 개성공단까지 문을 닫게 만들었다.

북한의 핵과 미사일 개발에 대한 국제사회의 우려가 해소되는 등 여건이 조성되면 공단을 다시 가동할 수 있도록 전면 폐쇄가 아닌 중단조치를 취하겠다는 발표였다. 하지만 공단 폐쇄는 예고도 없이 이루어지면서, 입주기업들은 당혹감에 빠졌다. 정부에서는 "강력한 압박을 통해 북한이 핵을 포기할 수밖에 없도록 만들기 위한 조치"라며 폐쇄할 수밖에 없는 이유를 설명하였다. 그러나 북한은 현재까지도 핵을 포기하고 있지 않은 상태이다. 개성공단의 명운이 다하고 말았다는 평가를 받게 만들고 말았다.

무엇보다도 입주기업들은 생계의 문제가 달린 심각한 문제였다. 입주기업들은 2016년 5월에 적법 절차 없이 개성공단 운영이 중단됐다며 헌법재판소에 위헌확인 헌법소원심판을 청구했다. 그러나 5년이 지난 2022년 1월에 헌재는 정부의 결정이 합헌이라

그림 7-7. 개성공단에서 철수하는 입주기업 차량들 출처: KBS뉴스 화면에서 캡처

고 판단하였다. 입주기업들은 사형선고나 마찬가지라고 허탈해 하였다. 정경분리의 원칙이 상실된 상태에서 언제라도 만날 수 있는 위험을 여지없이 드러낸 사례이다. 이 시점의 국제사회는 북한에 대하여 강력한 대북제재를 가하여 나가고 있었다. 정부는 대북제재에 동참할 필요성이 있다고 판단했으며, 개성공단은 북한으로서는 엄청난 현금을 벌어들일 수 있는 원천이었다. 정부는 개성공단의 현금을 핵과 미사일 개발에 전용한다는 확고한 확신을 갖게 되었으며, 이를 바라보고만 있을 수는 없다는 명분을 얻게 되었다. 현금이 유입되는 개성공단을 폐쇄한다는 결정은 이러한 판단과 명분에서 단행 되었다. 개성공단이 폐쇄되자 일각에서는 북한에 시장경제를 학습시키고 남북한의 성공적인 경제모델로 커나가고 있는 개성공단 폐쇄는 너무 성급하다는 지적을 제기하기도 하였다.

박근혜 정부가 추구하고자 한 통일은 북한의 붕괴를 통한 통일에 있었다. 서서히 준비하는 차원의 점진적이고 단계적인 통일정책을 추구하지 않았다. 그 대표적인 예를 든다면 어느 날 갑자기 발언한 모호하면서도 황당한 '통일 대박론'이다. 이 발언은 구체적인 근거를 갖고 분석한 결과에서 나온 것이 아니라 애매하고 즉흥성에 가깝다는  평가를 받기도 하였다. 2014년 신년기자회견에서 처음 제시하였으며 이후 독일의 드레스덴에서 또 한 차례 언급하여 화제가 되기도 하였다. 이는 듣는 관점에 따라서는 북한의 급격한 붕괴에 따른 흡수통일을 의미하기도 한다. 어느 날 갑자기 통일이 올 수도 있으며, 이것은 굉장한 횡재라는 식의 논리이다. 또한 이것은 과정에 대한 준비 없이 경제적인 면에서의 통일론으로 정착될 수도 있는 것이었다. 따라서 진정한 의미에서의 통일을 준비하는 대화와 교류, 대북관계 개선을 위한 노력이 부재한 발언으로 볼 수 있다. 북한의 붕괴론에 기대고 있었던 측면이 있다는 것이다.

2014년은 그 어느 때 보다 북한 붕괴론과 북한에 대한 선제공격 주장이 성행한 시기였다. 무엇보다도 우리나라 대북정보 최고책임자인 국정원장이 주재한 국정원 간부 2013년 12월 21일 송년모임에서도 '2015년에는 자유대한민국 체제로 통일이 되어있을 것'이라는 말들이 오고 간 것으로 전해지고 있었다.[14] 최고의 대북정보를 다루는 국가기관의 주요간부들이 모인 자리에서 아무리 회식 석상이기는 하지만, 이러한 말들이 오고 갔다는 것은 무언가 근거를 바탕으로 했을 것이다. 막연한 의지를 표현한 것으로만 보기는 힘든 점이 있다.

---

14) 조선일보, 「남재준 2015년 통일가능 vs 류길재 기개만으론 안돼」, 2013.12.24.

**그림 7-8. 독일 드레스덴 연설** 출처 : 대통령기록관

따라서 당시의 정부 분위기는 북한이 곧 붕괴 되거나, 적극적인 방법을 동원하여 북한을 붕괴시켜야 한다는 것 등이 지배적이었을 것으로 보인다. 이러한 인식이 대북정책에 미쳤을 개연성은 충분해 보이며, 대통령의 통일 대박론으로 이어진 것으로 짐작해 볼 수 있다. 특히 2013년은 북한의 2인자이자 김정은의 고무부였던 장성택의 처형 등으로 김정은 1인독재체제의 정착을 위한 공포 분위기 조성이 본격화 되고 있었다. 이러한 공포정치는 정권의 붕괴로 이어질 수 있다고 보는 강한 기류가 형성되어 있기도 하였다. 이를 보았을 때 통일 대박론은 북한의 흡수통일을 지향하는 과정에서 분석적이고 논리적인 여과 없이 즉흥적으로 나온 것으로 볼 수 있다. 이것은 우리의 통일정책과도 일치하지 않으며 북한을 대화의 장으로 이끌고자 하는 것과도 거리가 있었다. 이러한 판단력과 분석력을 갖고 있었던 박근혜의 남북관계는 이미 그 파탄을 예고하고 있었다.

미국의 전 국방장관 등 전직 군 인사들이 주축이 된 미국 국방자문단은 2014년 7월 31일 발간한 국방 전략검토 보고서에서 '한반도에서 개연성 있는 비상사태는 전쟁 또는 북한 붕괴'라며 중국과 비상사태 대응계획을 소통해야 한다고 제언하기도 하였다.[15] 즉, 북한은 전쟁 또는 붕괴에 의해서 무너질 수밖에 없다는 상황인식을 갖게 만

15) 경향신문, 「페리 전 국방장관 등 한반도 개연서 있는 비상사태는 전쟁 또는 북한붕괴」, 2014.8.11.

드는 미국으로부터 들려온 소리였다. 우리가 흔히 독일의 통일을 논할 때 동독이 서독에 흡수된 상황을 예로 든다. 그러나 이것은 그 이면을 생략한 통일 당시의 모양만을 말하는 것이다. 1989년 베를린 장벽 붕괴에 이어 1990년 동독은 서독에 편입되었다. 통일을 위하여 독일은 1970년부터 교류와 협력, 화해와 존중의 통일정책을 지속적으로 추진하였다. 이러한 토대 없이 통일을 이룬다는 것은 가능성이 희박하다. 서독은 동독과의 화해와 협력을 정권의 향방과 관계없이 지속하였다. 이러한 일관된 정책은 세월이 흐르면서 동독 주민들의 마음을 얻을 수 있었다. 따라서 독일은 통일을 이룰 수 있었던 것이다.

박근혜 정부의 막연한 북한의 붕괴론을 저변에 둔 통일정책의 추진은 최악의 남북관계로 이어지게 만들었다. 어쩔 수 없는 주변 상황이 만든 것이 아닌 인재(人災)로 평가할 수 있다. 박근혜 정부 시절의 남북관계는, 북한이 핵실험에 집중되는 등 남북관계는 최악의 상황으로 빠져들고 있었다. 금강산 관광의 재개는 고사하고 개성공단마저 폐쇄하는 강수를 두고 있었다. 이후에도 남북관계는 한 걸음도 앞으로 나가지 못하였으며, 마침내 국정농단 사건이 불거지면서 정권의 몰락을 맞이하고 말았다. 북한이 붕괴되면 통일문제가 해결되고 뒤이어 엄청난 국가발전이 진행될 것으로 생각하는 것은 불로소득을 구하는 것이나 다름없다. 통일은 과정이며 그 과정은 땀을 필요로 한다.

### ❑ 한반도 신뢰프로세스정책에 대한 북한의 반응

북한의 한반도 신뢰프로세스에 대한 반응은 대통령 취임사가 발표된 후 며칠 만에 나왔다. 2월 27일에 조선신보는 '핵문제를 대화・접촉의 전제조건으로 걸면 아무런 진전이 없다는 것이 과거 5년의 교훈'이라고 하면서, '새집권자가 전임자의 전철을 밟지 말 것'을 강조한다고 발표하였다. 대화를 위해서는 어떠한 조건도 있을 수 없다는 것을 명백하게 한 것이다. 박근혜는 이어서 삼일절 경축사에서도 한반도 신뢰프로세스에 대한 언급을 하였다. "북한이 핵을 포기하고 도발을 중지할 때, 남북한 공동 발전의 길이 열릴 것이고, 한반도 신뢰프로세스도 제대로 진행해 나갈 수 있을 것입니다." 이에 대해 북한의 조평통은 3월 8일 '북남 사이의 불가침에 관한 모든 합의 전면폐기, 비핵화 공동선언 완전 백지화, 판문점 연락통로 차단한다'는 성명을 발표하였다.

북한의 발표에 대하여 국방부에서는 3월 6일 "북한이 도발할 경우, 우리 군은 도발 원점과 지원 및 지휘세력까지 강력하고 단호하게 응징한다."는 발표를 하였다. 3월 7일 북한 외무성은 군사적 대응과 핵 선제타격 권리 행사 등을 언급하였다. 이어서 3월

26일 북한 최고사령부 대변인은 '1호 전투근무태세 진입, 남측 당국자들에게도 우리(北) 군의 초강경 의지를 물리적 행동으로 보여주게 될 것' 등으로 응수하면서 위협의 수위를 끌어 올렸다. 이처럼 집권 초기부터 북한과는 대립각을 유지하고 있었다. 이런 상황에서 대화는 고사하고 기존에 추진되었던 경협 등도 유지될지가 의문이었으며, 우려가 깊어지는 상황이 계속되었다.

박근혜는 2014년 3월에 독일에서 북한에 민생 인프라 구축과 인도적 문제의 해결, 남북의 동질성 회복 등을 골자로 하는 '드레스덴 선언'을 제시하였다. 하지만 북한의 국방위원회는 2014년 4월 12일 대변인 담화를 통하여 거부의사를 밝혔다. 연설문 중 북한에 제안하는 내용의 요지는 다음과 같았다.

> 저는 최근 외신보도를 통해 북한 아이들의 모습을 보고 가슴이 아팠습니다. 경제난 속에 부모를 잃은 아이들은 거리에 방치되어 있었고, 추위 속에서 배고픔을 견뎌내고 있었습니다. 지금 이 시각에도 자유와 행복을 위해 목숨을 걸고 국경을 넘는 탈북자들이 있습니다. 또한 전쟁 중 가족과 헤어진 후 아직 생사도 모른 채, 다시 만날 날만 손꼽아 기다리는 수많은 남북 이산가족들 역시 분단의 아픔을 고스란히 보여주고 있습니다.
> 독일 국민이 베를린 장벽을 무너뜨리고 자유와 번영, 평화를 이루어냈듯이, 이제 한반도에서도 새로운 미래를 열어가기 위해 장벽을 무너뜨려야 합니다.

북한은 드레스덴 선언을 '흡수통일' 논리이자 '황당무계한' 궤변으로 매도하면서, '배고픔', '고통' 등 없는 사실까지 날조하여 북한을 비방・중상했다고 비난하면서 특히 처참한 현실에 대한 표현을 문제 삼았다. 또한 발표 장소가 독일이라는 것도 문제시하였다. 독일은 서독에 의해 동독이 사실상 흡수통일 되었다는 인식 때문이었다. 2014년 5월 15일 노동신문에서는 '체제통일 망상은 언제가도 실현될수 없다'는 제목으로 통일대박론에 대해서 비판하였다.[16] 요지는 체제통일의 망상이라는 것이다. 즉, 급변사태를 운운하며 흡수통일을 바라는 것이며, 연방제 통일안을 외면하려는 것이라고 주장하였다.

6월 28일에는 '공동선언에 대한 존중인가, 우롱인가'라는 제목의 기사에서, 6・15 공동선언 14주년을 맞아 각지에서 기념행사가 벌어지고 있다고 하면서, 드레스덴 연설을 흡수통일을 바라는 것이라고 비판하였다. 또한 보수정당에서 6・15공동선언의

16) 노동신문, 「체제통일 망상은 언제 가도 실현될수 없다」, 2014.5.15.

정신을 이어가자고 한 것은 민심과 내외여론을 기만하기 위한 것에 지나지 않는다는 비판을 이어갔다.[17)]

북한은 박근혜 정부가 들어서기 직전부터 도발을 이어갔다. 특히 대통령 취임 직전인 2013년 2월 12일에는 3차 핵실험, 2016년 1월 6일에는 4차 핵실험, 9월 9일에는 5차 핵실험을 감행하기도 하였다. 현재까지 총 6번의 핵실험 중 절반이 박근혜 정부 시절에 이루어진 것이다. 또한 북한은 2015년 5월 20일에 핵타격 수단 소형화, 다종화, 장거리 미사일 정밀화 등을 이루었다고 주장하였고, 12월 10일 김정은은 "자위의 핵탄 · 수소탄의 거대한 폭음을 울릴 수 있는 강대한 핵보유국"이라는 주장을 하기도 하였다.

2015년 8월 20일 북한은 연천지역에 포격 도발을 하였으며, 21일에는 전선지대 준전시 상태를 최고사령관 명령으로 선포하였다. 10월 10일 당 창설 70주년 열병식에서는 "미제가 원하는 그 어떤 형태의 전쟁에도 다 상대해 줄 수 있다."는 발표를 하기도 하였다. 2016년 1월 1일 신념사에서 김정은은 "평화와 통일을 바라는 사람이라면 누구와도 마주 앉아 민족문제, 통일문제를 허심탄회하게 논의하자."고 하였다. 이에 대해 우리

그림 7-9. 북한의 대륙간 탄도미사일 출처: KBS뉴스 화면에서 캡처

17) 노동신문, 「공동선언에 대한 존중인가, 우롱인가」, 2014.6.28.

정부에서는 "남북간 대화의 문을 열어놓고, 평화통일의 한반도 시대를 향해 나아가겠다는 정부의 입장은 확고하다."고 발표하였다.

2월 11일에는 조평통 성명으로 개성공단 폐쇄를 발표하면서 군사분계선 전면 봉쇄, 남북관리구역 서해지구 육로 차단, 군통신선・판문점 연락채널 폐쇄, 남측 인원 추방을 발표하였다. 2월 23일에는 최고사령부 명의의 중대성명을 통해 청와대와 미본토를 타격하겠다는 위협과 함께 1차 타격대상은 청와대와 통치기관, 2차 타격대상은 아태지역 미군 기지들과 미본토라고 발표하였다. 3월 9일에는 노동신문을 통하여 핵탄두와 KN-08 사진을 공개하였으며, 김정은은 "핵탄을 경량화하여 탄도로케트에 맞게 표준화・규격화를 실현했다. 필요한 핵물질들을 꽝꽝 생산하고 있으며, 이미 실전 배비한 핵타격 수단들도 부단히 갱신하여 주저 없이 핵으로 먼저 냅다 칠 것이다." 등의 발언으로 위협하였다.[18]

이처럼 북한이 그 어느 때보다도 핵개발에 주력한 것은 김정은의 위치가 안정되었다는 반증과 함께 핵무기를 자위의 수단으로 인식하고 있었기 때문으로 보인다. 그러므로 북한은 어떠한 일이 발생하여도 핵무기를 포기하기는 어려울 것이며, 또한 이를 기대하며 희망을 건다는 것은 의미가 없는 일이기도 할 것이다. 김정은이 말한 '자위의 핵탄・수소탄의 거대한 폭음, 강대한 핵보유국' 등이 대표적 증표이기도 하다. 북한의 김정은은 2012년 4월 권력 승계 절차를 마무리하였다. 이어서 김정은은 당・정・군 지도부의 세대교체를 통해 권력을 공고히 하였다. 당・정・군 고위직의 숙청과 강등, 복권을 반복하면서 권력을 안정화하고 1인 지배체제를 강화하는데 주력하였다. 대표적인 사례가 그의 고무부 장성택을 2013년 12월에 반혁명분자로 몰아 숙청시킨 것이다. 2016년 5월 제7차 노동당대회에서 김정은 시대의 본격적인 개막과 핵보유 입장을 공식화하였다. 김정은을 중심으로 당조직을 정비하고 측근 인물들을 핵심 직위에 중용하는 것으로 유일지배체제를 구축하고 체제 결속을 강화하였다. 나름 자신감이 축척되고 있었으며, 이로 인해 더욱 과감한 행보를 이어갈 수 있었을 것으로 보인다.

이에 따라 정부에서는 유엔의 대북제재와 별도로 북한에 대한 제재를 단행하였다. 2016년 3월 8일 북한에 대한 금융제재, 해운통제, 수출입통제 강화 등을 단행하였고, 12월 2일에는 금융제재 대상 확대, 북한 기항 외국선박 입항조건 강화, 북한 방문 외국인 출입국 제한 등 대북제재를 이어갔다.

---

18) 국방부, 앞의 책(2016), pp.241~250에서 발췌하여 정리.

**그림 7-10. 개성공단의 야경 모습** 출처 : 개성공단지구 지원재단 홈페이지에서 캡처

박근혜 정부 시기에는 무엇보다도 북한의 핵실험을 비롯한 군사도발이 연이어 발생했다. 김정은이 말한 2013년의 경제건설 및 핵무력 건설 병진노선 선포, 핵무력 완성은 김정은의 핵개발 프로세스였다. 그는 무려 집권 10년에 걸쳐 네 차례의 핵실험을 감행한 끝에야 핵무력 선포를 할 수 있었다. 그는 핵개발 프로세스를 완성할 욕심만이 있었던 것이다. 연이은 핵실험 과정을 거친 끝에 2017년 11월에 이르러 핵무력 완성으로 이어지는 핵개발 프로세스는, 박근혜의 한반도 신뢰프로세스와 병진노선을 걸을 수 없었다. 그 둘의 성격은 시작부터 본질이 달랐다. 그렇기에 사사건건 충돌을 일으키기에 충분한 요인이 되었다. 또한 여기에 더해 보수정권 특유의 대북인식과 유연하지 못한 접근방식은 북한의 반발을 불러오기에 충분하였다.

박근혜 정부가 들어선 시기의 세계질서는 여전히 초강대국 미국의 권위가 여전했으나, 이른바 G2 시대로 변화하고 있었다. 중국의 도약은 세계의 정세뿐 아니라 동북아의 질서에 대단히 중요한 요인으로 작용한다. 특히 북한과의 관계는 너무나 긴밀하게 연결되어 있다. 이러한 국제질서의 변화와 북한의 핵보유국 선언 속에서 남북관계를 주도해야 했다. 그렇지만 주변 정세에는 탄력적인 대응능력을 발휘하지 못하였으며, 북한과는 시종일관 유연성을 찾지 못하고 부딪치기만 했다. 국제관계와 남북관계에서 보여준 모습은 너무나 굳어버린 체질이었다. 패러다임의 변화가 필요한 초연결시대 에 경제개발 시대의 아날로그 향수에 빠진 모습이었다.

# 부 록

- 7 · 4남북공동성명
- 남북 사이의 화해와 불가침 및 교류 · 협력에 관한 합의서(남북기본합의서)
- 한반도의 비핵화에 관한 공동선언
- 6 · 15공동선언
- 10 · 4선언
- 판문점 선언

## ❑ 7·4남북공동성명

### 7·4남북공동성명

최근 평양과 서울에서 남북관계를 개선하며 갈라진 조국을 통일하는 문제를 협의하기 위한 회담이 있었다. 서울의 이후락 중앙정보부장이 1972년 5월 2일부터 5월 5일까지 평양을 방문하여 평양의 김영주 조직지도부장과 회담을 진행하였으며 김영주 부장을 대신한 박성철 제2부수상이 1972년 5월 29일부터 6월 1일까지 서울을 방문하여 이후락 부장과 회담을 진행하였다. 이 회담들에서 쌍방은 조국의 평화적 통일을 하루빨리 가져와야 한다는 공통된 염원을 안고 허심탄회하게 의견을 교환하였으며 서로의 이해를 증진시키는데서 큰 성과를 거두었다. 이 과정에서 쌍방은 오래동안 서로 만나보지 못한 결과로 생긴 남북 사이의 오해와 불신을 풀고 긴장의 고조를 완화시키며 나아가서 조국통일을 촉진시키기 위하여 다음과 같은 문제들에 완전한 견해의 일치를 보았다.

1. 쌍방은 다음과 같은 조국통일원칙들에 합의를 보았다.
   첫째, 통일은 외세에 의존하거나 외세의 간섭을 받음이 없이 자주적으로 해결하여야 한다.
   둘째, 통일은 서로 상대방을 반대하는 무력행사에 의거하지 않고 평화적 방법으로 실현하여야 한다.
   셋째, 사상과 이념, 제도의 차이를 초월하여 우선 하나의 민족으로서 민족적 대단결을 도모하여야 한다.
2. 쌍방은 북과 남 사이의 긴장상태를 완화하고 신뢰의 분위기를 조성하기 위하여 서로 상대방을 중상 비방하지 않으며 크고 작은 것을 막론하고 무장도발을 하지 않으며 불의의 군사적 충돌사건을 방지하기 위한 적극적인 조치를 취하기로 합의하였다.
3. 쌍방은 끊어졌던 민족적 연계를 회복하며 서로의 이해를 증진시키고 자주적 평화통일을 촉진시키기 위하여 남북 사이에 다방면적인 제반교류를 실시하기로 합의하였다.
4. 쌍방은 지금 온 민족의 거대한 기대 속에 진행되고 있는 남북적십자회담이 하루빨리 성사되도록 적극 협조하는데 합의하였다.
5. 쌍방은 돌발적 군사사고를 방지하고 남북 사이에 제기되는 문제들을 직접, 신속 정확히 처리하기 위하여 서울과 평양 사이에 상설 직통전화를 놓기로 합의하였다.

6. 쌍방은 이러한 합의사항을 추진시킴과 함께 남북사이의 제반문제를 개선 해결하며 또 합의된 조국통일 원칙에 기초하여 나라의 통일문제를 해결할 목적으로 이후락 부장과 김영주 부장을 공동위원장으로 하는 남북조절위원회를 구성, 운영하기로 합의하였다.
7. 쌍방은 이상의 합의사항이 조국통일을 일일천추로 갈망하는 온 겨레의 한결같은 염원에 부합된다고 확신하면서 이 합의사항을 성실히 이행할 것을 온 민족 앞에 엄숙히 약속한다.

서로 상부의 뜻을 받들어

이후락 김영주

1972년 7월 4일

## ❑ 남북 사이의 화해와 불가침 및 교류 · 협력에 관한 합의서 (남북기본합의서)

### 남북 사이의 화해와 불가침 및 교류 · 협력에 관한 합의서

남과 북은 분단된 조국의 평화적 통일을 염원하는 온 겨레의 뜻에 따라 7 · 4남북공동성명에서 천명된 조국통일 3대 원칙을 재확인하고 정치 군사적 대결상태를 해소하여 민족적 화해를 이룩하고 무력에 의한 침략과 충돌을 막고 긴장완화와 평화를 보장하며 다각적인 교류 · 협력을 실현하여 민족공동의 이익과 번영을 도모하며 쌍방사이의 관계가 나라와 나라사이의 관계가 아닌 통일을 지향하는 과정에서 잠정적으로 형성되는 특수관계라는 것을 인정하고 평화통일을 성취하기 위한 공동의 노력을 경주할 것을 다짐하면서 다음과 같이 합의하였다.

#### 제1장 남북화해

제1조 남과 북은 서로 상대방의 체제를 인정하고 존중한다.

제2조 남과 북은 상대방의 내부문제에 간섭하지 아니한다.

제3조 남과 북은 상대방에 대한 비방 · 중상을 하지 아니한다.

제4조 남과 북은 상대방을 파괴 · 전복하려는 일체 행위를 하지 아니한다.

제5조 남과 북은 현 정전상태를 남북사이의 공고한 평화상태로 전환시키기 위하여 공동으로 노력하며 이러한 평화상태가 이룩될 때까지 현 군사정전협정을 준수한다.

제6조 남과 북은 국제무대에서 대결과 경쟁을 중지하고 서로 협력하며 민족의 존엄과 이익을 위하여 공동으로 노력한다.

제7조 남과 북은 서로의 긴밀한 연락과 협의를 위하여 이 합의서 발효 후 3개월 안에 판문점에 남북연락사무소를 설치 · 운영한다.

제8조 남과 북은 이 합의서 발효 후 1개월 안에 본 회담 테두리 안에서 남북정치분과위원회를 구성하여 남북화해에 관한 합의의 이행과 준수를 위한 구체적 대책을 협의한다.

#### 제2장 남북불가침

제9조 남과 북은 상대방에 대하여 무력을 사용하지 않으며 상대방을 무력으로 침략하지 아니한다.

제10조 남과 북은 의견대립과 분쟁문제들을 대화와 협상을 통하여 평화적으로 해결한다.

제12조 남과 북은 불가침의 이행과 보장을 위하여 이 합의서 발효 후 3개월 안에 남북군사공동위원회를 구성·운영한다. 남북군사공동위원회에서는 대규모 부대이동과 군사연습의 통보 및 통제문제, 비무장지대의 평화적 이용문제, 군인사 교류 및 정보교환 문제, 대량살상무기와 공격능력의 제거를 비롯한 단계적 군축실현문제, 검증문제 등 군사적 신뢰조성과 군축을 실현하기 위한 문제를 협의·추진한다.

제13조 남과 북은 우발적인 무력충돌과 그 확대를 방지하기 위하여 쌍방 군사 당국자 사이에 직통전화를 설치·운영한다.

제14조 남과 북은 이 합의서 발효 후 1개월 안에 본 회담 테두리 안에서 남북군사분과위원회를 구성하여 불가침에 관한 합의의 이행과 준수 및 군사적 대결상태를 해소하기 위한 구체적 대책을 협의한다.

## 제3장 남북교류·협력

제15조 남과 북은 민족경제의 통일적이며 균형적인 발전과 민족 전체의 복리향상을 도모하기 위하여 자원의 공동개발, 민족내부교류로서의 물자교류, 합작투자 등 경제교류와 협력을 실시한다.

제16조 남과 북은 과학·기술, 교육, 문학·예술, 보건, 체육, 환경과 신문, 라디오, 텔레비전 및 출판물을 비롯한 출판·보도 등 여러 분야에서 교류와 협력을 실시한다.

제17조 남과 북은 민족구성원들의 자유로운 왕래와 접촉을 실현한다.

제18조 남과 북은 흩어진 가족·친척들의 자유로운 서신거래와 왕래와 상봉 및 방문을 실시하고 자유의사에 의한 재결합을 실현하며, 기타 인도적으로 해결할 문제에 대한 대책을 강구한다.

제19조 남과 북은 끊어진 철도와 도로를 연결하고 해로, 항로를 개설한다.

제20조 남과 북은 우편과 전기통신교류에 필요한 시설을 설치·연결하며, 우편·전기통신 교류의 비밀을 보장한다.

제21조 남과 북은 국제무대에서 경제와 문화 등 여러 분야에서 서로 협력하며 대외에 공동으로 진출한다.

제22조 남과 북은 경제와 문화 등 각 분야의 교류와 협력을 실현하기 위한 합의의 이행을 위하여 이 합의서 발효 후 3개월 안에 남북경제교류·협력공동위원회를 비롯한 부문별 공동위원회들을 구성·운영한다.

### 제4장 수정 및 발효

제24조 이 합의서는 쌍방의 합의에 의하여 수정 보충할 수 있다.

제25조 이 합의서는 남과 북이 각기 발효에 필요한 절차를 거쳐 그 문본을 서로 교환한 날부터 효력을 발생한다.

1991년 12월 13일

| | |
|---|---|
| 남 북 고 위 급 회 담 | 북 한 고 위 급 회 담 |
| 남측대표단 수석대표 | 북 측 대 표 단 단 장 |
| 대 한 민 국 | 조선민주주의인민공화국 |
| 국무총리 정 원 식 | 정무원 총리 연 형 묵 |

## ❑ 한반도의 비핵화에 관한 공동선언

### 한반도의 비핵화에 관한 공동선언

남과 북은 한반도를 비핵화함으로써 핵전쟁위험을 제거하고 우리나라의 평화와 평화통일에 유리한 조건과 환경을 조성하며 아시아와 세계의 평화와 안전에 이바지하기 위하여 다음과 같이 선언한다.

1. 남과 북은 핵무기의 시험, 제조, 생산, 접수, 보유, 저장, 배비, 사용을 하지 아니한다.
2. 남과 북은 핵에너지를 오직 평화적 목적에만 이용한다.
3. 남과 북은 핵재처리시설과 우라늄 농축시설을 보유하지 아니한다.
4. 남과 북은 한반도의 비핵화를 검증하기 위하여 상대측이 선정하고 쌍방이 합의하는 대상들에 대하여 남북핵통제공동위원회가 규정하는 절차와 방법으로 사찰을 실시한다.
5. 남과 북은 이 공동선언의 이행을 위하여 공동선언이 발효된 후 1개월 안에 남북핵통제공동위원회를 구성・운영한다.
6. 이 공동선언은 남과 북이 각기 발효에 필요한 절차를 거쳐 그 문본을 교환한 날부터 효력을 발생한다.

1992년 1월 20일

| | |
|---|---|
| 남 북 고 위 급 회 담 | 북 한 고 위 급 회 담 |
| 남측대표단 수석대표 | 북 측 대 표 단 단 장 |
| 대 한 민 국 | 조선민주주의인민공화국 |
| 국무총리 정 원 식 | 정무원 총리 연 형 묵 |

## ❑ 6 · 15공동선언

### 6 · 15공동선언

조국의 평화적 통일을 염원하는 온 겨레의 숭고한 뜻에 따라 대한민국 김대중 대통령과 조선민주주의인민공화국 김정일 국방위원장은 2000년 6월 13일부터 6월 15일까지 평양에서 역사적인 상봉을 하였으며 정상회담을 가졌다.

남북 정상들은 분단 역사상 처음으로 열린 이번 상봉과 회담이 서로 이해를 증진시키고 남북관계를 발전시키며 평화통일을 실현하는데 중대한 의의를 가진다고 평가하고 다음과 같이 선언한다.

1. 남과 북은 나라의 통일문제를 그 주인인 우리 민족끼리 서로 힘을 합쳐 자주적으로 해결해 나가기로 하였다.
2. 남과 북은 나라의 통일을 위한 남측의 연합제 안과 북측의 낮은 단계의 연방제안이 서로 공통성이 있다고 인정하고 앞으로 이 방향에서 통일을 지향시켜 나가기로 하였다.
3. 남과 북은 올해 8 · 15에 즈음하여 흩어진 가족, 친척 방문단을 교환하며 비전향장기수 문제를 해결하는 등 인도적 문제를 조속히 풀어 나가기로 하였다.
4. 남과 북은 경제협력을 통하여 민족경제를 균형적으로 발전시키고 사회, 문화, 체육, 보건, 환경 등 제반 분야의 협력과 교류를 활성화하여 서로의 신뢰를 다져 나가기로 하였다.
5. 남과 북은 이상과 같은 합의사항을 조속히 실천에 옮기기 위하여 빠른 시일 안에 당국사이의 대화를 개최하기로 하였다.

   김대중 대통령은 김정일 국방위원장이 서울을 방문하도록 정중히 초청하였으며 김정일 국방위원장은 앞으로 적절한 시기에 서울을 방문하기로 하였다.

2000년 6월 15일

| 대한민국 | 조선민주주의인민공화국 |
|---|---|
| 대통령 | 국방위원장 |
| 김대중 | 김정일 |

## ❑ 10 · 4선언

### 남북관계 발전과 평화번영을 위한 선언

대한민국 노무현 대통령과 조선민주주의인민공화국 김정일 국방위원장 사이의 합의에 따라 노무현 대통령이 2007년 10월 2일부터 4일까지 평양을 방문하였다.
방문기간중 역사적인 상봉과 회담들이 있었다.
상봉과 회담에서는 6 · 15 공동선언의 정신을 재확인하고 남북관계발전과 한반도 평화, 민족공동의 번영과 통일을 실현하는데 따른 제반 문제들을 허심탄회하게 협의하였다. 쌍방은 우리민족끼리 뜻과 힘을 합치면 민족번영의 시대, 자주통일의 새시대를 열어 나갈수 있다는 확신을 표명하면서 6 · 15 공동선언에 기초하여 남북관계를 확대 · 발전시켜 나가기 위하여 다음과 같이 선언한다.

1. 남과 북은 6.15 공동선언을 고수하고 적극 구현해 나간다.

   남과 북은 우리민족끼리 정신에 따라 통일문제를 자주적으로 해결해 나가며 민족의 존엄과 이익을 중시하고 모든 것을 이에 지향시켜 나가기로 하였다.

   남과 북은 6.15 공동선언을 변함없이 이행해 나가려는 의지를 반영하여 6월 15일을 기념하는 방안을 강구하기로 하였다.

2. 남과 북은 사상과 제도의 차이를 초월하여 남북관계를 상호존중과 신뢰 관계로 확고히 전환시켜 나가기로 하였다.

   남과 북은 내부문제에 간섭하지 않으며 남북관계 문제들을 화해와 협력, 통일에 부합되게 해결해 나가기로 하였다.

   남과 북은 남북관계를 통일 지향적으로 발전시켜 나가기 위하여 각기 법률적 · 제도적 장치들을 정비해 나가기로 하였다.

   남과 북은 남북관계 확대와 발전을 위한 문제들을 민족의 염원에 맞게 해결하기 위해 양측 의회 등 각 분야의 대화와 접촉을 적극 추진해 나가기로 하였다.

3. 남과 북은 군사적 적대관계를 종식시키고 한반도에서 긴장완화와 평화를 보장하기 위해 긴밀히 협력하기로 하였다.

   남과 북은 서로 적대시하지 않고 군사적 긴장을 완화하며 분쟁문제들을 대화와 협상을 통하여 해결하기로 하였다.

남과 북은 한반도에서 어떤 전쟁도 반대하며 불가침의무를 확고히 준수하기로 하였다.

남과 북은 서해에서의 우발적 충돌방지를 위해 공동어로수역을 지정하고 이 수역을 평화수역으로 만들기 위한 방안과 각종 협력사업에 대한 군사적 보장조치 문제 등 군사적 신뢰구축조치를 협의하기 위하여 남측 국방부 장관과 북측 인민무력부 부장간 회담을 금년 11월중에 평양에서 개최하기로 하였다.

4. 남과 북은 현 정전체제를 종식시키고 항구적인 평화체제를 구축해 나가야 한다는데 인식을 같이하고 직접 관련된 3자 또는 4자 정상들이 한반도지역에서 만나 종전을 선언하는 문제를 추진하기 위해 협력해 나가기로 하였다.

   남과 북은 한반도 핵문제 해결을 위해 6자회담 '9.19 공동성명'과 '2.13 합의'가 순조롭게 이행되도록 공동으로 노력하기로 하였다.

5. 남과 북은 민족경제의 균형적 발전과 공동의 번영을 위해 경제협력사업을 공리공영과 유무상통의 원칙에서 적극 활성화하고 지속적으로 확대 발전시켜 나가기로 하였다.

   남과 북은 경제협력을 위한 투자를 장려하고 기반시설 확충과 자원개발을 적극 추진하며 민족내부협력사업의 특수성에 맞게 각종 우대조건과 특혜를 우선적으로 부여하기로 하였다.

   남과 북은 해주지역과 주변해역을 포괄하는 '서해평화협력특별지대'를 설치하고 공동어로구역과 평화수역 설정, 경제특구건설과 해주항 활용, 민간선박의 해주직항로 통과, 한강하구 공동이용 등을 적극 추진해 나가기로 하였다.

   남과 북은 개성공업지구 1단계 건설을 빠른 시일안에 완공하고 2단계 개발에 착수하며 문산-봉동간 철도화물수송을 시작하고, 통행·통신·통관 문제를 비롯한 제반 제도적 보장조치들을 조속히 완비해 나가기로 하였다.

   남과 북은 개성-신의주 철도와 개성-평양 고속도로를 공동으로 이용하기 위해 개보수 문제를 협의·추진해 가기로 하였다.

   남과 북은 안변과 남포에 조선협력단지를 건설하며 농업, 보건의료, 환경보호 등 여러 분야에서의 협력사업을 진행해 나가기로 하였다.

   남과 북은 남북 경제협력사업의 원활한 추진을 위해 현재의 '남북경제협력추진위원회'를 부총리급 '남북경제협력공동위원회'로 격상하기로 하였다.

6. 남과 북은 민족의 유구한 역사와 우수한 문화를 빛내기 위해 역사, 언어, 교육, 과학기술, 문화예술, 체육 등 사회문화 분야의 교류와 협력을 발전시켜 나가기로 하였다.

남과 북은 백두산관광을 실시하며 이를 위해 백두산-서울 직항로를 개설하기로 하였다.

남과 북은 2008년 북경 올림픽경기대회에 남북응원단이 경의선 열차를 처음으로 이용하여 참가하기로 하였다.

7. 남과 북은 인도주의 협력사업을 적극 추진해 나가기로 하였다.

남과 북은 흩어진 가족과 친척들의 상봉을 확대하며 영상 편지 교환사업을 추진하기로 하였다. 이를 위해 금강산면회소가 완공되는데 따라 쌍방 대표를 상주시키고 흩어진 가족과 친척의 상봉을 상시적으로 진행하기로 하였다.

남과 북은 자연재해를 비롯하여 재난이 발생하는 경우 동포애와 인도주의, 상부상조의 원칙에 따라 적극 협력해 나가기로  하였다.

8. 남과 북은 국제무대에서 민족의 이익과 해외 동포들의 권리와 이익을 위한 협력을 강화해 나가기로 하였다.

남과 북은 이 선언의 이행을 위하여 남북총리회담을 개최하기로 하고, 제 1차 회의를 금년 11월중 서울에서 갖기로 하였다.

남과 북은 남북관계 발전을 위해 정상들이 수시로 만나 현안 문제들을 협의하기로 하였다.

2007년 10월 4일

평 양

| 대한민국 | 조선민주주의인민공화국 |
|---|---|
| 대통령 | 국방위원장 |
| 노무현 | 김정일 |

## ❑ 판문점 선언

### 한반도의 평화와 번영, 통일을 위한 판문점 선언

대한민국 문재인 대통령과 조선민주주의인민공화국 김정은 국무위원장은 평화와 번영, 통일을 염원하는 온 겨레의 한결같은 지향을 담아 한반도에서 역사적인 전환이 일어나고 있는 뜻깊은 시기에 2018년 4월 27일 판문점 평화의 집에서 남북정상회담을 진행하였다.

양 정상은 한반도에 더 이상 전쟁은 없을 것이며 새로운 평화의 시대가 열리었음을 8천만 우리 겨레와 전 세계에 엄숙히 천명하였다.

양 정상은 냉전의 산물인 오랜 분단과 대결을 하루 빨리 종식시키고 민족적 화해와 평화번영의 새로운 시대를 과감하게 열어나가며 남북관계를 보다 적극적으로 개선하고 발전시켜 나가야 한다는 확고한 의지를 담아 역사의 땅 판문점에서 다음과 같이 선언하였다.

1. 남과 북은 남북 관계의 전면적이며 획기적인 개선과 발전을 이룩함으로써 끊어진 민족의 혈맥을 잇고 공동번영과 자주통일의 미래를 앞당겨 나갈 것이다.
   남북관계를 개선하고 발전시키는 것은 온 겨레의 한결같은 소망이며 더 이상 미룰 수 없는 시대의 절박한 요구이다.
   ① 남과 북은 우리 민족의 운명은 우리 스스로 결정한다는 민족 자주의 원칙을 확인하였으며 이미 채택된 남북 선언들과 모든 합의들을 철저히 이행함으로써 관계 개선과 발전의 전환적 국면을 열어나가기로 하였다.
   ② 남과 북은 고위급 회담을 비롯한 각 분야의 대화와 협상을 빠른 시일 안에 개최하여 정상회담에서 합의된 문제들을 실천하기 위한 적극적인 대책을 세워나가기로 하였다.
   ③ 남과 북은 당국 간 협의를 긴밀히 하고 민간교류와 협력을 원만히 보장하기 위하여 쌍방 당국자가 상주하는 남북공동연락사무소를 개성지역에 설치하기로 하였다.
   ④ 남과 북은 민족적 화해와 단합의 분위기를 고조시켜 나가기 위하여 각계각층의 다방면적인 협력과 교류 왕래와 접촉을 활성화하기로 하였다.

안으로는 6・15를 비롯하여 남과 북에 다 같이 의의가 있는 날들을 계기로 당국과 국회, 정당, 지방자치단체, 민간단체 등 각계각층이 참가하는 민족공동행사를 적극 추진하여 화해와 협력의 분위기를 고조시키며, 밖으로는 2018년 아시아경기대회를 비롯한 국제경기들에 공동으로 진출하여 민족의 슬기와 재능, 단합된 모습을 전 세계에 과시하기로 하였다.

⑤ 남과 북은 민족 분단으로 발생된 인도적 문제를 시급히 해결하기 위하여 노력하며, 남북 적십자회담을 개최하여 이산가족・친척상봉을 비롯한 제반 문제들을 협의 해결해 나가기로 하였다. 당면하여 오는 8・15를 계기로 이산가족・친척상봉을 진행하기로 하였다.

⑥ 남과 북은 민족경제의 균형적 발전과 공동번영을 이룩하기 위하여 10.4선언에서 합의된 사업들을 적극 추진해 나가며 1차적으로 동해선 및 경의선 철도와 도로들을 연결하고 현대화하여 활용하기 위한 실천적 대책들을 취해나가기로 하였다.

2. 남과 북은 한반도에서 첨예한 군사적 긴장상태를 완화하고 전쟁 위험을 실질적으로 해소하기 위하여 공동으로 노력해 나갈 것이다.

① 남과 북은 지상과 해상, 공중을 비롯한 모든 공간에서 군사적 긴장과 충돌의 근원으로 되는 상대방에 대한 일체의 적대행위를 전면 중지하기로 하였다.
당면하여 5월 1일부터 군사분계선 일대에서 확성기 방송과 전단살포를 비롯한 모든 적대 행위들을 중지하고 그 수단을 철폐하며 앞으로 비무장지대를 실질적인 평화지대로 만들어 나가기로 하였다.

② 남과 북은 서해 북방한계선 일대를 평화수역으로 만들어 우발적인 군사적 충돌을 방지하고 안전한 어로 활동을 보장하기 위한 실제적인 대책을 세워나가기로 하였다.

③ 남과 북은 상호협력과 교류, 왕래와 접촉이 활성화 되는 데 따른 여러 가지 군사적 보장대책을 취하기로 하였다.

남과 북은 쌍방 사이에 제기되는 군사적 문제를 지체 없이 협의 해결하기 위하여 국방부장관회담을 비롯한 군사당국자회담을 자주개최하며 5월 중에 먼저 장성급 군사회담을 열기로 하였다.

3. 남과 북은 한반도의 항구적이며 공고한 평화체제 구축을 위하여 적극 협력해 나갈 것이다.
한반도에서 비정상적인 현재의 정전상태를 종식시키고 확고한 평화체제를 수립하는 것은 더 이상 미룰 수 없는 역사적 과제이다.

① 남과 북은 그 어떤 형태의 무력도 서로 사용하지 않을 데 대한 불가침 합의를 재확인하고 엄격히 준수해 나가기로 하였다.

② 남과 북은 군사적 긴장이 해소되고 서로의 군사적 신뢰가 실질적으로 구축되는데 따라 단계적으로 군축을 실현해 나가기로 하였다.

③ 남과 북은 정전협정체결 65년이 되는 올해에 종전을 선언하고 정전협정을 평화협정으로 전환하며 항구적이고 공고한 평화체제 구축을 위한 남・북・미 3자 또는 남・북・미・중 4자회담 개최를 적극 추진해 나가기로 하였다.

④ 남과 북은 완전한 비핵화를 통해 핵 없는 한반도를 실현한다는 공동의 목표를 확인하였다. 남과 북은 북측이 취하고 있는 주동적인 조치들이 한반도 비핵화를 위해 대단히 의의 있고 중대한 조치라는데 인식을 같이 하고 앞으로 각기 자기의 책임과 역할을 다하기로 하였다.

남과 북은 한반도 비핵화를 위한 국제사회의 지지와 협력을 위해 적극 노력하기로 하였다.
양 정상은 정기적인 회담과 직통전화를 통하여 민족의 중대사를 수시로 진지하게 논의하고 신뢰를 굳건히 하며, 남북관계의 지속적인 발전과 한반도의 평화와 번영, 통일을 향한 좋은 흐름을 더욱 확대해 나가기 위하여 함께 노력하기로 하였다.
당면하여 문재인 대통령은 올해 가을 평양을 방문하기로 하였다.

2018년 4월 27일

판 문 점

대한민국대통령 대통령 문재인 조선민주주의인민공화국 국무위원회 위원장 김정은

## 글을 마치며

그동안 남북은 통일에 대하여 수없이 많은 말을 주고 받았다. 그러면서, 이번만은 변치 말자는 맹세를 담은 멋진 싸인을 곁들인 문서를 카메라 앞에 내보이기도 하였다. 남북관계의 분위기에 따라 자주 나타나기도, 한동안 뜸하기도 하는 반복되는 장면이었다. 사진에 찍힌 그들의 모습은 다정다감한 친한 친구처럼 보였다. 다음날 신문은 이를 대서특필하면서 성과를 말하였다. 그러나 서명된 잉크가 채 마르기도 전에, 다정해 보였던 사진은 어느 날의 추억을 말하는 빛바랜 앨범 속의 사진으로 변하였다. 밤을 세우며 만든 합의문은 재활용조차 할 수 없는 종이조각으로 변해 있었다. 노력은 하였으되 성과는 없는 안타까운 세월은 흐르고 흘렀다. 통일부 남북회담본부의 자료에 의하면, 남북한이 1971년부터 정치·군사·경제·인도·사회문화 분야 등에서 개최한 회담은 2018년까지 667회를 기록하고 있다. 국민들은 반복되는 장면을 보면서 지속되지 못함에 대한 안타까움을 느끼면서 한숨을 쉴 수밖에 없다. 이에 대해 누구의 잘못인가를 따지며 책임을 운운하는 것은 더욱더 큰 피로감를 느끼게 하고 있다.

이처럼 트랙 돌기에 머물러야 했던 세월의 반복은 분단의 고착화를 가져올지 모른다는 우려를 낳게 하고 있다. 통일을 원하지 않는다는 응답이 절반 정도를 차지하니 당연한 일이다. 통일이 되기에는 너무 늦었다거나, 차라리 통일을 포기하는 것이 현실적이라는 주장도 나온다. 물론 주장하는 쪽의 타당성은 제법 설득력이 있기도 하다. 그렇지만 통일은 더 강한 나라, 더 살기 좋은 나라를 위해 필요하다. 이념에 의한 분단은 항상 충돌의 위험을 안고 있다. 평화를 보장받지 못한다는 것이다. 진정한 의미의 평화를 원한다면 통일을 이루어야 한다. 통일은 국력을 크게 끌어올릴 수 있다. 당연한 이치이다. 두 개의 힘이 합쳐지면 더 큰 힘을 발휘하게 된다는 것은 누구나 알고 있는 이치이다. 평화가 보장되면 투자도 늘어나면서 경제는 크게 도약할 것이며, 그 결과 더 부강한 나라로 변할 것이다. 이처럼 통일은 현실적으로 유리한 점이 많으며, 이산가족의 문제를 해결하는 인도주의적 이점도 함께 누리게 된다.

남북이 통일되지 않는 한 강대국의 영향력에서 벗어나기가 어려울 것이다. 분단된 남북의 현실은 강대국의 관심 아닌 간섭을 크게 받게 된다는 것이다. 대표적인 국가인 중국과 미국은 한반도를 사이에 두고 힘의 균형을 유지하기도 하며, 상황에 따라서는 영향력의 확장을 도모하고 있다. 자국의 이익을 실현하기 위한 방편이며, 분단된 한반도는 그 수단으로 이용되고 있는 것이 현실이다. 강대국은 자국의 이익을 관철하기 위하여 힘의 우위를 앞세워 남과 북을 저울질하며 가치를 평가할 것이다. 가치는 정세의 변화에 따라 시시각각으로 변화를 거듭하는 생물이다. 가치에 따라 보호자임을 자처하기도 하겠지만, 가치가 없어졌다고 여기면 냉정하게 버려질 것이다. 또한 관심이 아닌 간섭의 행태를 보일 것이다.

당당한 강국으로 가기 위해서는 선행조건으로 통일이 이루어져야 한다. 통일은 우리의 가치를 높일 것이며, 주변의 관심을 갖게 만들 것이다. 그동안의 합의서가 재활용의 차원을 넘어, 남북관계를 풀어가는 소중한 근거로 활용되는 날이 오기를 기대해 본다. 반드시 그날은 올 것이다. 남북의 힘을 결집하는 것이 무엇보다도 필요한 시기라고 생각하면서 글을 마치고자 한다.

자자 석야 씀

# 참고문헌

## 1. 공식간행물 및 단행본


- 강준만, 『한국현대사 산책, 1950년대 편』, 서울: 인물과 사상사, 2004.
- 고유환, 『로동신문을 통해 본 북한변화』, 서울: 선인, 2006.
- 고태우, 『북한현대사 101장면』, 서울: 가람기획, 2001.
- 국가안보실, 『문재인 정부의 국가안보전략』, 서울: 국가안보실, 2018.
- 국방부, 『1998~2002 국방백서』, 서울: 국방부, 2002.
- 국방부, 『2000 국방백서』, 서울: 국방부, 2006.
- 국방부, 『2006 국방백서』, 서울: 국방부, 2000.
- 국방부, 『2012 국방백서』, 서울: 국방부, 2012.
- 국방부, 『2016 국방백서』, 서울: 국방부, 2016.
- 국방부, 『2018 국방백서』, 서울: 국방부, 2018.
- 국방부, 『2020 국방백서』, 서울: 국방부, 2020.
- 국방군사연구소, 『한국전쟁(上)』, 서울: 국방부, 1995.
- 국방부 군사편찬연구소, 『6・25 전쟁사, 전쟁의 원인과 배경』, 서울: 국방부, 2004,
- 국방부 군사편찬연구소, 『한미동맹 60년사』, 서울: 국방부, 2013,
- 국방부국방부국방부국, 『중국군의 한국전쟁사』, 3권, 서울: 국방부, 2005,
- 국정홍보처, 『참여정부 국정운영백서 5』, 서울: 삼화인쇄, 2008.
- 국토통일원, 『남북대화백서』, 서울: 남북대화사무국, 1988.
- 국회사무처, 『대한민국 국회 60년사』, 서울: 예당문화, 2008.
- 국회예산정책서, 『개성사업평가』, 서울: 성문인쇄사, 2006.
- 김계동, 『북한의 외교정책과 대외관계』, 서울: 명인문화사, 2013.
- 김계동 외, 『북한의 체제와 정책』, 서울: 명인출판사, 2014.

- 김대중, 『김대중 자서전』, 서울: 삼인, 2010.
- 김대중, 『나의 길 나의 사상』, 서울: 한길사, 2009.
- 김대중, 『김대중 옥중 서신』, 서울: 한울, 2009.
- 김삼웅, 『독부 이승만』, 서울: 책보세, 2012.
- 김영삼, 『나와 조국의 진실』, 서울: 일월서각, 1984.
- 김창진, 『대통령과 통일정책』, 서울: 문운당, 2019.
- 김창진, 『삼국지로 이해하는 전략과 전술』, 서울: 문운당, 2021.
- 김창진, 『우리에게 6・25 전쟁이란?』, 인천: 진영사, 2018.
- 김창진, 『전쟁사와 무기체계』, 서울: 문운당, 2019.
- 김학노, 『남과 북의 서로 주체적 통합』, 서울: 사회통합아카데미, 2018.
- 김현태, 『이승만 박사의 반공정신과 대한민국 건국』, 서울: 비봉출판사, 2016.
- 노무현, 『노무현이 만난 링컨』, 서울: 학고재, 2001.
- 노무현 재단, 『운명이다(노무현 자서전)』, 서울: 돌베개, 2010.
- 노중선, 『남북대화 백서』, 서울: 한울아카데미, 2001.
- 노중선, 『남북한 통일정책과 통일운동 50년』, 서울: 사계절, 1996.
- 대통령 비서실, 『문재인 대통령 연설문 상권』, 서울: 대통령 비서실, 2018.
- 도진순, 『한국민족주의와 남북관계』, 서울대학교 출판부, 1997.
- 문재인, 『대한민국이 묻는다』, 서울: 오디언소리, 2018.
- 문재인, 『운명』, 서울: 가교, 2011.
- 문재인, 『운명에서 희망으로』, 서울: 오디언소리, 2018.
- 박근혜, 『고난을 벗삼아 진실을 등대삼아』, 서울: 부일, 1998.
- 박영택, 『북한 김정은 체제 이해』, 서울: 북코리아, 2017.
- 박태균, 『한국전쟁』, 서울: 책과 함께, 2007.
- 심지연, 『남북한 통일방안의 전개와 수렴』, 서울: 돌베개, 2001.
- 유승찬, 『문재인의 위대한 시작』, 서울: 미르북스, 2013.
- 윤해동 외, 『대한민국을 만든 국제회의』, 서울: 대한민국역사박물관, 2016.
- 이근호, 『한국사를 움직인 100대 사건』, 서울: 청아출판사, 2011.

- 이동영, 『김대중 vs 김영삼』, 서울: 왕의 서재, 2011.
- 이명박, 『신화는 없다』, 서울: 김영사, 1995.
- 국방부, 『대통령의 시간』, 서울: 알에치 코리아, 2015.
- 이완범, 『카터 시대의 남북한』, 서울: 한국중앙회연구원출판부, 2018.
- 이진, 『노무현의 색깔』, 서울: 개마고원, 2002.
- 이채윤, 『노무현의 서재』, 서울: 푸른영토, 2012.
- 이홍구, 『한민족공동체 통일방안의 정책기조와 실천방향』, 서울: 국토통일원, 1990.
- 외교통상부, 『한국외교 60년』, 서울: 외교통상부, 2009.
- 외무부, 『한국외교 30년』, 서울: 외무부, 1990.
- 정정길, 『정책학원론』, 서울: 대명출판사, 2000.
- 정주영, 『이 땅에 태어나서』, 서울: 솔출판사, 1998.
- 제성호, 『한반도 평화체제의 모색』, 서울: 지평서원, 2000.
- 최상오, 『이승만과 대한민국 건국』, 서울: 연세대학교 출판부, 2011.
- 통계청, 『남북한 경제사회상 비교』, 서울: 통계청, 1995.
- 통계청, 『2013 북한의 주요통계지표』, 서울: 통계청, 2013.
- 통계청, 『2017 북한의 주요통계지표』, 서울: 통계청, 2017.
- 통일부, 『2002 대북정책』, 서울: 통일부, 2002.
- 통일부, 『2005 통일백서』, 서울: 통일부, 2005.
- 통일부, 『2009 통일백서』, 서울: 통일부, 2009.
- 통일부, 『2013 통일백서』, 서울: 통일부, 2013.
- 통일부, 『2014 통일백서』, 서울: 통일부, 2014.
- 통일부, 『2017 통일백서』, 서울: 통일부, 2017.
- 통일부, 『2018 통일백서』, 서울: 통일부, 2018.
- 통일부, 『2019 통일백서』, 서울: 통일부, 2019.
- 통일부, 『2020 통일백서』, 서울: 통일부, 2020.
- 통일부, 『개성공단 5년』, 서울: 통일부, 2002.
- 통일부, 『국민과 함께 여는 평화번영의 길』, 서울: 통일부, 2006.

- 통일부, 『국민의 정부 5년 - 평화와 협력의 실천』, 서울: 통일부, 2002.
- 통일부, 『남북대화 제1호』, 서울: 통일부, 1973.
- 통일부, 『남북대화 제4호』, 서울: 통일부, 1974.
- 통일부, 『남북대화 제28호』, 서울: 통일부, 1982.
- 통일부, 『남북대화 제45호』, 서울: 통일부, 1989.
- 통일부, 『남북대화 제51호』, 서울: 통일부, 1990.
- 통일부, 『남북대화 제67호』, 서울: 통일부, 2001.
- 통일부, 『대북정책 추진현황』, 서울: 통일부, 2002.
- 통일부, 『대북지원업무 편람』, 서울: 통일부, 2002.
- 통일부, 『박근혜 정부의 통일구상』, 서울: 통일부, 2013.
- 통일부, 『북한주요인사 인물정보』, 서울: 통일부, 2018.
- 통일부, 『참여정부 4년 대북정책』, 서울: 통일부, 2007.
- 통일부, 『평화번영정책 해설자료』, 서울: 통일부, 2004.
- 민족문제연구소, 『친일인명사전』, 2009.
- 통일부 통일교육원, 『2018 북한이해』, 서울: 통일교육원 연구개발과, 2018.
- 통일부 통일교육원, 『2021 북한이해』, 서울: 통일교육원 연구개발과, 2021.
- 통일부 통일교육원, 『2022 북한이해』, 서울: 통일교육원 연구개발과, 2022.
- 통일부 통일교육원, 『2018 통일문제 이해』, 서울: 통일교육원 연구개발과, 2018.
- 통일부 통일교육원, 『2021 통일문제 이해』, 서울: 통일교육원 연구개발과, 2021.
- 통일부 통일교육원, 『2022 통일문제 이해』, 서울: 통일교육원 연구개발과, 2022.
- 통일부 통일교육원, 『남북관계지식사전』, 서울: 통일교육원 교육개발과, 2015.
- 통일부 통일교육원, 『북한지식사전』, 서울: 통일교육원 교육개발과, 2016.
- 통일부 통일교육원, 『통일교육위원 특별연찬 참고자료』, 2006.
- 통일부 통일교육원, 『평화 · 통일교육 방향과 관점』, 2018.
- 최원기외, 『남북정상회담 600일』, 서울: 김영사, 2000.
- 한국은행경제연구원, 『BOK경제연구』 '2020-17호 요약본 , 서울: 한국은행, 2020.

• 한국자유총연맹, 『남북합의서와 평화통일』, 서울: 예림상사, 1992.
• 함성득, 『김영삼 정부의 성공과 실패』, 서울: 나남, 2001.
• 허태희, 『해방이후 남북관계 70년』, 서울: 대한민국역사박물관, 2016.

## 2. 저널 및 신문기사

• 국방일보, 「60여년 철통요새, 살아있는 평화의 역사로」, 2019.2.14.
• 국방일보, 「남북군사합의에 따라 GP를 폭파하는 모습」, 2018.12.18.
• 국방일보, 「남북철도 현지공동조사단 열차 출발」, 2018.12.1.
• 국회, 「국회보 2013년 7월호」, 2003.
• 경향신문, 「'북핵 협상용 아닌 체제 유지용' 귀순자 일문일답」, 1994.7.28.
• 경향신문, 「3저호황 곧단 푸짐한 연말」, 1986.12.9.
• 경향신문, 「72년 이후락씨 첫 평양방문」, 1999.5.10.
• 경향신문, 「DJ · 참여정부 대북지원 70억 달러로 핵 개발, 논란의 진실은?」, 2017.5.2.
• 경향신문, 「광주사태」, 1980.5.24.
• 경향신문, 「긴급조치 9호 해제, 구속자 68명 석방」, 1979.12.8.
• 경향신문, 「긴급조치 9호 해제」, 1979.10.27.
• 경향신문, 「김대통령-옐친 정상회담, 러 포용정책 지지」, 1998.11.21.
• 경향신문, 「김영삼의원 제명」, 1979.10.4.
• 경향신문, 「김일성 어록」, 1994.7.10.
• 경향신문, 「김일성부자 인신공격 등 비난방송중단」, 1988.7.20.
• 경향신문, 「남북연합 거쳐 통일로」, 1991.6.18.
• 경향신문, 「닉슨, 오늘 모스크바 도착」, 1972.5.22.
• 경향신문, 「다가선 남북한 유엔 첫 대결」, 1973.11.6.
• 경향신문, 「대북포용정책 공조 합의」, 1998.11.21.
• 경향신문, 「대북포용정책 긍정 56%」, 1998.12.22.
• 경향신문, 「로동신문 등 북한자료 전면개방」, 1988.9.3.
• 경향신문, 「미군원 안 발효」, 1949.3.10.

- 경향신문, 「박정희 대통령 서거」, 1979.10.27.
- 경향신문, 「북 도발 땐 평양까지 점령」, 1994.3.25.
- 경향신문, 「북 매체, 박 대통령 드레스덴 구상 막말 비난」, 2014.4.1.
- 경향신문, 「북조선도 선거 실시하라」, 1948.6.12.
- 경향신문, 「북진은 한국의 부동원칙」, 1953.12.11.
- 경향신문, 「분수 모르는 소비자 너무 많다」, 1948.6.12.
- 경향신문, 「세계만방 대한민국 공동 승인」, 1948.12.14.
- 경향신문, 「신정부의 평화통일정책 환영」, 1960.11.3.
- 경향신문, 「실지회복을 자부」, 1949.10.2.
- 경향신문, 「염원은 통일독립」, 1948.2.11.
- 경향신문, 「원 맨쇼하는 박근혜 정부의 통일 대박론」, 2014.4.8.
- 경향신문, 「월남 무조건 항복」, 1975.4.30.
- 경향신문, 「월북작가 해방전 작품 해금」, 1988.7.19.
- 경향신문, 「유류 59%, 전기료 35% 인상」, 1979.7.9.
- 경향신문, 「유신헌법 국민투표 가결」, 1975.2.13.
- 경향신문, 「이 대통령 특별발표」, 1949.6.28.
- 경향신문, 「이차 인준도 거부면 정국 혼란」, 1960.8.19.
- 경향신문, 「일본 항복식 받는 조만식」, 1992.10.2.
- 경향신문, 「재외동포 남북방문 신변보장 협의제의」, 1988.7.20.
- 경향신문, 「준비없는 통일은 위험」, 1960.11.19.
- 경향신문, 「총살형 1명」, 1949.2.17.
- 경향신문, 「캄보디아 비동맹 중립 선언」, 1975.4.18.
- 경향신문, 「통일정책 환영」, 1960.11.3.
- 경향신문, 「통일한국 유엔가입 외교강화」, 1960.8.28.
- 경향신문, 「파월방병에 무운 빌어」, 1965.2.9.
- 경향신문, 「혼란 일으킨 통일방안」, 1960.11.3.
- 노동신문, 「5.24조치가 빚어낸 파국적 후과」, 2011.6.4.

- 노동신문, 「고려민주련방공화국창립방안에 의한 자주적평화통일을 전적으로 지지한다」, 1982.1.24.
- 노동신문, 「공동선언에 대한 존중인가, 우롱인가」, 2014.6.24.
- 노동신문, 「누가 북남관계의 총체적 파국을 몰아왔는가」, 2011.3.3.
- 노동신문, 「대결광들의 대화타령은 말장난이다」, 1980.5.24.
- 노동신문, 「문민정권은 어디로 가고 있는가」, 1994.8.21.
- 노동신문, 「북남관계는 왜 파국에서 벗어나지 못하는가」, 2011.6.17.
- 노동신문, 「적대세력의 흉심은절대로 변할 수 없다」, 2014.4.13.
- 노동신문, 「조국평화통일위원회 대변인대답」, 2011.5.12.
- 노동신문, 「체제통일 망상은 언제 가도 실현될수 없다」, 2014.5.15.
- 노동신문, 「한민족공동체 통일방안의 분렬주의적 본질」, 1989.9.30.
- 노동신문, 「핵위협의 근원제거는 조선반도평화와 안전보장의 근본담보」, 2013.1.31.
- 노동신문, 「현실화되는 보수정권 붕괴사태」, 2011.6.4.
- 뉴시스, 「문대통령 초청한 쾨르버 재단은 어떤 곳?」, 2017.7.7.
- 동아일보, 「70년대 후반엔 평화통일 길 열려」, 1971.4.17.
- 동아일보, 「GNP북괴의 3.6배」, 1975.6.17.
- 동아일보, 「국군 단독북진」, 1953.5.1.
- 동아일보, 「국군정예 북상 총반격」, 1950.6.27.
- 동아일보, 「국토양분은 미소책임」, 1949.5.8.
- 동아일보, 「김대중 무기로 감형」, 1981.1.23.
- 동아일보, 「김일성 남북정상회담 용의」, 1988.9.9.
- 동아일보, 「남북관계 73년의 장 남북시대의 외교」, 1973.1.9.
- 동아일보, 「남북관계 73년의 장 남북시대의 외교」, 1973.1.9.
- 동아일보, 「남북협상안 제시」, 1948.2.11.
- 동아일보, 「남북협상의 비자주성」, 1948.3.30.
- 동아일보, 「남산의 부장들」, 1991.8.9.
- 동아일보, 「눈길 돌린 악수」, 1994.3.20.

• 동아일보, 「미군 군사원조는 낙관」, 1949.7.19.
• 동아일보, 「북진은 한국의 부동원칙」, 1953.12.11.
• 동아일보, 「아시아 평화에의 시구」, 1971.9.16.
• 동아일보, 「올 식량 278만톤 부족 예상」, 1994.5.30.
• 동아일보, 「이박사 군산에」, 1946.6.4.
• 동아일보, 「조봉암씨 김일성과 모종내통?」, 1958.1.21.
• 동아일보, 「중공, 미국탁구팀 초청」, 1971.4.8.
• 동아일보, 「통일방안 또 논쟁」, 1960.7.14.
• 동아일보, 「페리 전 국방장관 등 한반도 개연서 있는 비상사태는 전쟁 또는 북한 붕괴」, 2014.8.11.
• 동아일보, 「한민족공동체 통일방안」, 1989.9.6.
• 매일경제신문, 「무장공비 침투로 남북관계 급랭」, 1996.10.5.
• 매일경제신문, 「올 국민총생산 5.7% 감소」, 1980.12.30.
• 매일경제신문, 「정권탈취 목적 김재규의 계획된 범행」, 1979.11.6.
• 매일경제신문, 「정치활동중지 대학에 휴교령」, 1980.5.19.
• 매일경제신문, 「한・소 오늘부터 수교」, 1990.10.1.
• 민주조선 「민족대단결로 조국통일을 이룩하여야 한다」, 2014.4.6.
• 조선일보, 「공위가 재개 안되면 통일기관 즉시 설립」, 1946.6.5.
• 조선일보, 「남북요인의 평양회담」, 1948.3.27.
• 조선일보, 「남재준 2015년 통일가능 vs 류길재 기개만으론 안돼」, 2013.12.24.
• 조선일보, 「북 송금 수사발표」, 2003.6.26.
• 조선일보, 「선거급속착수」, 1948.2.24.
• 조선일보, 「통일에 실력뿐」, 1949.3.10.
• 조선일보, 「평화통일 위한 국력배양」, 1972.11.1.
• 한겨레신문, 「"비핵 개방 3000, 뜬구름 잡기" 비판적 견해 다수」, 2008.2.12.
• 한겨레신문, 「금강산 상설면회소 개소, 화상상봉・영상편지 우선 추진」, 2018.9.19.
• 한겨레신문, 「금강산 품에 하나된 남북」, 1998.11.23.

- 한겨레신문, 「김일성 주석 사망」, 1994.7.10.
- 한겨레신문, 「북한, 7·7 특별선언 거부」, 1988.7.12.
- 한겨레신문, 「죽었다는 오사마 빈 라덴은 왜 자꾸 살아나나」, 2016.5.6.
- 한겨레신문, 「청문회에 불려나온 전두환과 답변에 항의하는 의원들」, 1988.12.31.
- 한국일보, 「사진으로 보는 풍계리 핵실험장 폭파 순간」, 2018.5.25.


## 3. 연구논문


- 홍제환, "김정은 정권 5년의 북한경제: 경제정책을 중심으로", 『KINU 연구총서 17-18』, 통일연구원, 2017.


## 4. 홈페이지 및 인터넷 자료


- 4·19 기념도서관 홈페이지
- 개성공단지구 지원재단 홈페이지
- 국가기록원 홈페이지
- 국방부 홈페이지
- 김대중 평화센터 홈페이지
- 대통령기록관 홈페이지
- 대한민국 국회 홈페이지
- 대한민국 역사박물관 홈페이지
- 문화재청 홈페이지
- 인터넷 다음 역사용어사전
- 인터넷 다음백과사전
- 인터넷 한국민족문화대백과사전
- 중앙선거관리 위원회 홈페이지
- 철원군청 홈페이지
- 청와대 홈페이지
- 통계청 홈페이지
- 통일연구원 홈페이지
- 한국은행 홈페이지

# 찾아보기

# 통일정책의 변천과 북한

초판인쇄 | 2022년 3월 24일
초판발행 | 2022년 3월 30일

저　　자 | 김창진
발 행 인 | 이성범
발 행 처 | 문운당
주　　소 | 서울시 종로구 혜화로5길 16 (명륜1가 45-3)
전　　화 | (02)762-6010
팩　　스 | 영업 (02)745-0265 / 편집 (02)762-8758
이 메 일 | 영업 munun2@chol.com
편집 munundang@naver.com
홈페이지 | http://munundang.co.kr

ISBN 979-11-5692-618-4 03390

* 저자와의 협의에 의하여 인지를 생략합니다.

* 저작권법에 의해 보호를 받는 저작물이므로 무단 전재와 복제를 금합니다.

정가 29,000원